제2판

DATA ANALYSIS WITH SPSS

# SPSS를 이용한 자료분석 입문

서울대학교 자연과학대학 통계학과
김용대 · 김우철 · 박병욱 · 박태성 · 오희석 · 원중호 · 이상열
이영조 · 이재용 · 임요한 · 장원철 · 조명희 · 조신섭 지음

자유아카데미

# 머리말

이번 개정판은 2012년에 출시된 SPSS 21.0KO에 따라 개정되었다. 초판이 출시된 이후 9년이 지났으며 초판에 사용된 SPSS 16의 내용들이 현재 사용되고 있는 SPSS 21과 상이함에 따라 기존의 초판을 개정할 필요를 느끼게 되었다. 본 개정판은 기존 초판의 내용을 SPSS 21에 기초한 내용으로 수정 보완하는 수준에서 개정하는 것을 원칙으로 하면서 1판의 오타들을 수정하였다.

통계 용어는 한국통계학회에서 제정한 용어와 SPSS에서 사용한 용어가 다른 경우가 많으므로 두 용어를 혼용하였다. 그러나 본문에서는 학회에서 제정한 용어를 사용하도록 노력하였다.

1장부터 8장까지는 통계학의 기초가 되는 내용으로 모두 다루어야 하며, 9장부터는 선택적으로 다룰 수 있다. 9장의 범주형 자료분석과 10장의 회귀분석은 사회과학과 자연과학 분야에서 많이 사용되며, 11장의 분산분석은 실험을 하는 학문 분야에서 많이 사용되는 통계적 방법이라고 할 수 있다. 12장의 설문조사 방법은 특히 사회과학 분야에서 많이 사용되는 방법으로, 서울대학교 통계연구소에서 상담한 사례들 가운데 많은 사례들이 설문조사 기법을 사용하고 있는 현실을 감안하여, 설문조사 분석에 필요한 최소한의 내용들을 소개하였다.

그동안 본서를 이용해 주신 독자 여러분께 감사드리며 이 책의 개정판을 위해 서울대학교 대학원 김기연 군과 김종대 군의 헌신적인 노력이 있었음을 밝힌다. 이 개정판이 발간되도록 수고해 주신 자유아카데미 여러분께 감사드린다.

2014년 1월
저자 씀

# 차례

## 제1장 서론



## 제2장 기술통계학



## 제3장 확률

## 제8장 추정과 검정의 방법



## 제9장 범주형 자료의 분석



## 제10장 회귀분석

## 제11장 분산분석



## 제12장 조사이론과 설문조사 방법



## 부록

# 제1장 서 론

**통계학**(Statistics)은 관심의 대상에 대한 자료를 수집하고 정리 및 요약하여 이를 토대로 불확실한 사실에 대하여 과학적인 판단을 내릴 수 있도록 그 방법을 제시하여 주는 학문이다.

자료의 수집과 통계적 방법이 이용되는 분야는 일일이 열거할 수 없을 정도로 많다. 예를 들어, 통계학은 일상생활에서 접하는 일기예보, 여론조사, 유해물질의 위험도 분석, 제품의 품질개선 등에서 중요한 역할을 담당하고 있을 뿐만 아니라, 우주선 발사에서 시스템의 안전도 검사, 석유탐사 시 매장성분과 매장량의 추측, 해저광맥의 탐사, 기후변화의 구체적 원인 분석 등에도 도움이 된다.

자료의 요약 및 정리와 과학적 판단을 위한 통계분석 과정에서는 많은 양의 자료를 다루는데, 이러한 방대한 자료의 계산과 자료의 시각화를 위해서는 컴퓨터의 사용이 반드시 필요하다. 컴퓨터로 통계분석이 가능하도록 복잡한 계산 과정을 정리해 놓은 일군의 프로그램을 **통계 패키지**(Statistical Package)라고 한다. 현재 대학이나 연구소에서 많이 사용되는 대표적인 통계 패키지로는 SAS, SPSS, STATA, R 등이 있으며, 사회과학 분야에서는 SPSS가 널리 이용되고 있다. 따라서, 이 책에서는 통계자료의 처리 과정을 SPSS를 이용하여 설명하고자 한다. 1-1절에서는 통계학에서 기본이 되는 두 용어인 모집단과 표본에 대해 소개하고, 1-2절에서는 통계학의 중요한 두 가지 분야인 기술통계학과 추측통계학에 대해 설명한다. 마지막으로 1-3절에서는 SPSS 프로그램의 수행을 위한 기본 메뉴에 대해 간단히 소개한다.

## 1-1 모집단과 표본

통계학을 공부하는 데 가장 기본적인 개념이 되는 것은 **모집단**(population)과 **표본**(sample)이다.

모집단은 관심의 대상이 되는 모든 개체의 관측값이나 측정값의 집합을 일컫는 말이다. 모집단은 그것을 구성하는 원소의 수에 따라서 **유한모집단**(finite population)과 **무한모집단**(infinite population)으로 나누어진다. 유한모집단은 원소의 수가 유한 개인 경우를 가리키며, 무한모집단은 원소의 수가 무한 개인 경우를 가리킨다.

**예 1-1** 4명의 대통령 후보자 A, B, C, D에 대한 대한민국 전체 유권자들의 지지성향을 알아보고자 한다. 한 사람의 유권자가 A라는 후보자를 가장 좋아할 때 그 유권자에 대한 관측값을 'A'라고 표시한다면 모집단은 이러한 관측값들을 모든 유권자에 대하여 모은 것이 된다. 이 경우 모집단은 유한 개의 원소를 가지므로 유한모집단이다.

**예 1-2** 어느 공정에서 생산되는 전구의 평균수명을 알아보고자 한다. 관심의 대상이 되는 모집단은 그 공정에서 생산되는 모든 전구들의 수명이며, 계속 생산되는 공정의 제품은 무한모집단으로 간주할 수 있다.

이 책에서 다룰 대부분의 통계적 이론은 무한모집단을 가정하는데, 이는 유한모집단이라고 할지라도 원소의 수가 〈예 1-1〉의 경우처럼 무한에 가까우면 통계적 처리에 큰 차이가 없기 때문이다.

실제 연구조사에서 모집단 전체를 관측한다는 것은 불가능하거나, 경제적 측면에서나 시간적 측면에서 바람직하지 못한 경우가 많다. 〈예 1-2〉의 경우, 한 번 검사한 전구는 다시 사용할 수 없기 때문에 전구의 평균수명을 알아보기 위해 그 공정에서 생산되는 모든 전구의 수명을 다 검사한다는 것은 무의미하다. 이 경우 그 공정에서 생산되는 전구 중 일부만 선택하여 전구의 수명을 검사하고, 이를 통해 전체 전구의 평균수명을 추측한다. **표본**(sample)이라는 용어는 어떤 정보를 얻기 위해 실제로 조사된 개체의 관측값이나 측정값의 집합을 일컫는 말로써, 표본은 모집단의 일부분이 된다.

## 1-2 기술통계학과 추측통계학

통계학의 이용은 크게 두 가지로 나눌 수 있다.

첫 번째 분야는 표나 그림 또는 대푯값 등을 통하여 수집된 자료의 특성을 쉽게 파악할 수 있도록 자료를 정리·요약하는 방법을 다루는 분야로, **기술통계학**(descriptive statistics)이라고 한다. 예를 들어, 한 백화점에서 매출액을 증가시키기 위한 방법으로 우수 고객용 신용카드 발급을 위해서 고객의 소득, 직업, 나이, 성별, 주소 등 고객들에 대한 다양한 자료가 필요하다고 하자. 백화점의 관리자는 고객들에 관한 방대한 자료로부터 필요한 정보를 얻어내기 위해서 우선적으로 자료를 정리 및 요약하는 것이 필요하다. 이 경우 사용된 통계적 방법은 기술통계학이다.

두 번째 분야는 표본에 내포된 정보를 분석하여 모집단의 여러 가지 특성에 대하여 과학적으로 추론하는 방법을 다루는 분야로, **추측통계학**(inferential statistics)이라고 한다. 예를 들어, 어느 공정에서 생산되는 전구의 평균수명에 대하여 관심이 있다고 하자. 이 경우에는 한 번 검사를 받은 전구는 다시 사용할 수 없으므로, 그 공정에서 생산되는 제품 가운데 일부만 선택하여 수명을 측정하고, 이를 기초로 전체 전구의 평균수명을 추측하는 방법을 생각할 수 있다. 이와 같은 과정에 사용될 수 있는 통계적 방법은 추측통계학이다. 추측통계학은 오늘날의 통계학에서 주류를 이루는 분야이다.

모집단에서 표본을 추출하여 자료를 얻고, 이들 자료에서 모집단에 대한 정보를 얻으며, 이들 정보에 기초하여 다시 모집단에 대한 의사결정을 내리게 된다. 이와 같은 과정을 그림으로 나타내면 [그림 1-1]과 같다. 이 책의 2장에서는 기술통계학을 다루며, 나머지 대부분의 내용은 추측통계학에 관련된 내용들이다.

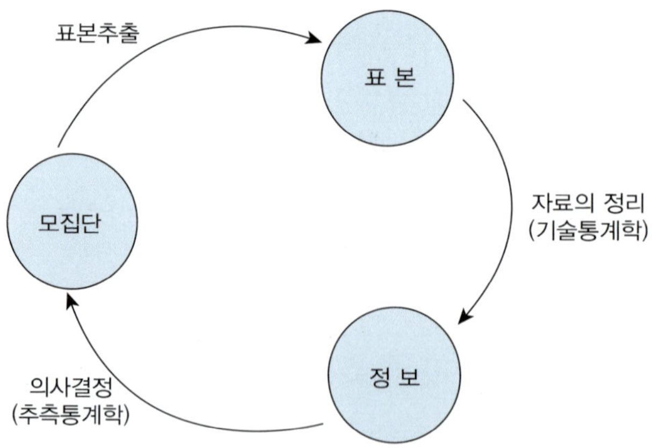


**[그림 1-1]** 모집단과 표본 및 모집단에 대한 의사결정 과정

## 1-3 SPSS 실습

**SPSS**(Statistical Package for the Social Sciences)는 자료입력, 관리 및 통계분석을 목적으로 통계 전문가가 아닌 일반 사용자들도 쉽게 사용할 수 있도록 개발된 통계 소프트웨어이다. SPSS는 1969년에 처음 개발된 이후로 여러 기종의 컴퓨터에 사용되도록 변화되어 왔으며, 1980년대에 개인용 컴퓨터의 급속한 발전에 따라 DOS용 SPSS/PC가 탄생되었고, 1990년대에 이르러 컴퓨터의 환경이 윈도우로 발전됨에 따라 윈도우형 SPSS 버전 6.0이 보급되어 2013년 현재까지 SPSS 버전 21.0이 나오기에 이르렀다.

이 책에서는 SPSS 버전 21.0을 사용하여 SPSS를 어떻게 작동하는가를 알아보고, 이 책에서 설명하는 자료분석을 위해 필요한 기본적인 내용에 관해 살펴보기로 한다. 참고로 이 책에서는 책의 내용을 이해하고 실습하는 것과 관련된 SPSS 기능만을 설명하고 있으며, 보다 자세한 사항이나 기능을 알고자 하는 경우는 다른 SPSS 매뉴얼을 참조할 수 있다.

### 1-3-1 SPSS의 시작과 종료

SPSS가 설치된 PC에서 SPSS를 시작하는 방법은 다음과 같은 것이 있다.

1. Window 화면의 왼쪽 아래에 있는 시작 버튼을 누른 다음 **모든 프로그램**과 **SPSS**를 찾아 차례로 클릭한다.
2. Window 바탕 화면에 SPSS 아이콘이 설치되어 있다면 이 아이콘을 더블 클릭한다.

SPSS를 종료하려면 SPSS 화면에서 상단 오른쪽 끝의 x 부분을 클릭하거나, [그림 1-2]와 같이 파일(F) → 종료(X) 를 선택하면 된다.

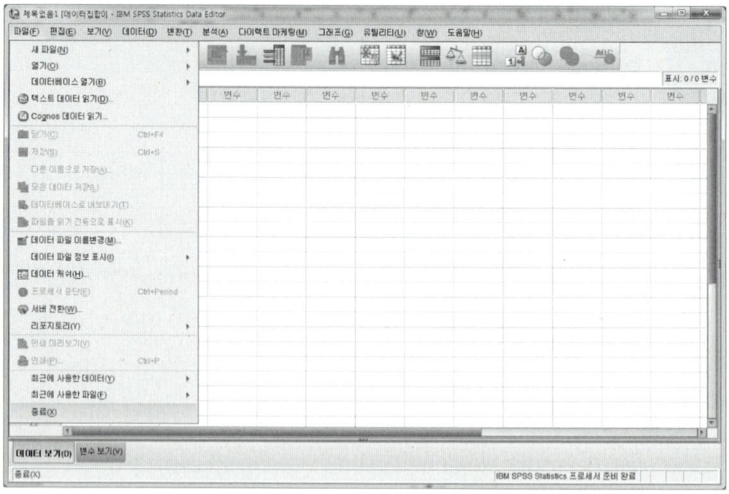

**|그림 1-2|** SPSS의 종료

## 1-3-2 SPSS의 기초화면

SPSS를 처음 실행하면 [그림 1-3]과 같은 초기화면이 나타난다. 그림에서 번호에 따른 설명은 다음과 같다.

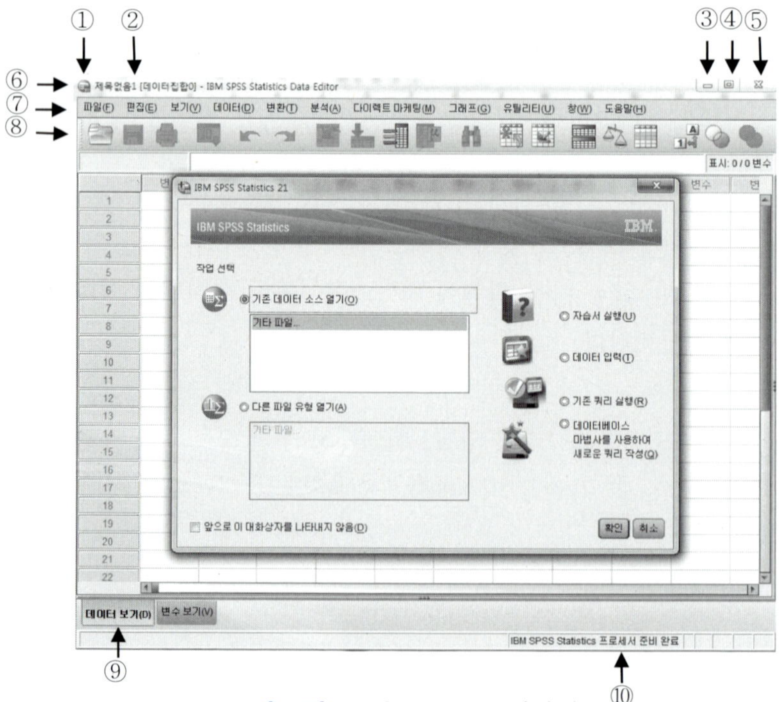


**|그림 1-3|** SPSS 초기화면

① 컨트롤 메뉴 버튼으로 이 버튼을 선택하면 SPSS 화면을 조정할 수 있는 메뉴가 나타난다

② 화면의 가장 위에 위치한 제목 표시줄은 SPSS 창의 이름과 파일 이름을 표시한다. 초기화면에서는 SPSS 데이터 편집기 창이 보여지며, 현재 자료를 저장하지 않았기 때문에 제목없음으로 나타난다.

③ 이 버튼을 누르면 컴퓨터 모니터의 맨 아래쪽에 제목 표시줄만 나타나도록 화면을 축소한다.

④ 이 버튼을 누르면 SPSS 창의 화면이 원래의 크기와 위치로 돌아간다.

⑤ 이 버튼을 눌러서 SPSS 프로그램을 닫을 수 있는데, 데이터를 저장하지 않았으면 저장을 원하는지 묻는다.

⑥ 제목 표시줄 바로 아래에 위치한 메뉴 표시줄은 SPSS 자료편집기를 이용하기 위해 필요한 메뉴들이 정리되어 있다. 이들 메뉴를 설명하면 다음과 같다.

- 파일(F) : 새로운 데이터 파일을 작성하거나 작성된 파일을 불러오고 저장하는 기능을 수행
- 편집(E) : 파일을 편집 및 복사하는 기능을 수행
- 보기(V) : 도구상자(toolbar)나 Grid line 등을 화면에 표시하는 기능을 수행
- 데이터(D) : 변수를 정의하거나 자료를 선택할 때 사용
- 변환(T) : 새로운 변수를 만들거나 변수값 변환 등의 기능을 수행
- 분석(A) : 선택된 데이터에 대한 통계 분석 절차를 선택하여 수행
- 다이렉트 마케팅(M) : 인구 통계학, 구매, 다양한 고객 집단을 정의하는 기타 특성을 식별하고 특정 집단을 대상으로 지정하여 긍정적인 응답비율을 최대화하여 다이렉트 마케팅 캠페인 결과를 향상시키기 위한 일련의 도구를 제공
- 그래프(G) : 그림이나 도표를 작성할 때 사용
- 유틸리티(U) : 파일이나 변수의 정보를 표시
- 창(W) : Window 창 메뉴를 표시
- 도움말(H) : SPSS에 관한 도움말 메뉴를 제공

⑦ 도구상자(toolbar)는 일반적으로 많이 사용되는 파일열기, 저장하기, 인쇄하기 등의 명령어를 그림도구로 표시하고 있다.

⑧ 행 및 변수표시기는 현재 활성화된 셀의 행번호와 변수명이 표시되는 곳이다. [그림 1-3]에서 행번호에 1이 나타난 것은 1행이 현재 활성화되어 있기 때문이다. 현재 활성화된 셀은 [그림 1-3]에서 보는 것처럼 굵은 경계선이 표시된다.

⑨ 현재 시트의 이름을 나타낸다. [그림 1-3]에서 데이터 보기가 활성화된 것은 지금 사용하는 시트가 데이터 시트임을 나타낸다. 변수보기 탭을 클릭하면 데이터 시트에 나타난 변수의 이름과 특성을 볼 수 있다

⑩ 상태표시줄은 화면의 가장 아래에 위치하는 긴 상자로 현재 SPSS 창의 상태를 표시한다

### 1-3-3 자료의 입력과 저장

SPSS에서 자료를 입력하는 방법으로는 외부의 파일을 읽어들이는 방법과 SPSS에서 직접 입력하는 방법이 있다.

만약 이미 형성된 자료 파일이나 SPSS 파일(확장자가 .sav)이 있으면 [그림 1-3]과 같은 초기화면에서 기타 파일 아래에 파일의 이름들이 나열되어 있을 것이며 그중 하나를 선택한 후 확인을 클릭하여 불러온다. 또는 [그림 1-4]에서처럼 메뉴에서 파일(F) → 열기(O) → 데이터(A)를 선택해서 [그림 1-5]를 얻으면 읽어들이고자 하는 자료를 포함하는 파일이름을 지정해서 읽어들일 수 있다. 읽어들일 수 있는 외부 파일의 형태는 확장자가 .sav인 SPSS 전용파일, 확장자가 .txt나 .dat 같은 일반적인 텍스트 파일, 확장자가 .xls인 Excel 파일, 그리고 SAS 파일 등이다.

**|그림 1-4|** 외부 파일 열기 명령어

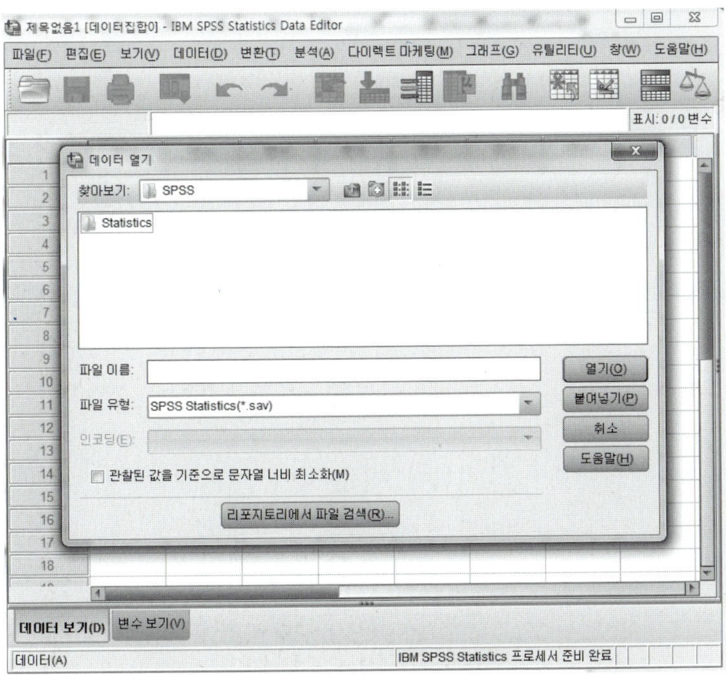


**|그림 1-5|** 외부 파일 불러들이기

만약 이미 형성된 자료가 외부에 없다면 [그림 1-3]의 초기화면에서 취소를 선택한 후 데이터 편집기를 이용하여 자료를 입력하여야 한다. 자료 입력의 예를 들기 위해서 다음의 자료를 사용하자.

어느 대학에서 통계학 과목을 수강하는 학생 중 20명을 뽑아서 다음의 설문조사를 하였다.

1. 성별: ① 남자 ② 여자
2. 학년: ① 1학년 ② 2학년 ③ 3학년 ④ 4학년
3. 졸업 후 진로에 대한 희망 : ① 취직 ② 대학원 ③ 군입대 ④ 해외유학
4. 중간고사 시험성적: (    )점
5. 이 과목을 수강한 후 기대하는 학점: ① A ② B ③ C ④ D ⑤ F
6. 한달 평균 용돈: (    ) 만 원

그 결과 〈표 1-1〉의 자료를 얻었다.

**|표 1-1|** 설문조사 결과 (test.sav)

| 번호 | 성별 | 학년 | 진로 | 시험성적 | 기대 학점 | 용돈 |
|---|---|---|---|---|---|---|
| 1 | 1 | 4 | 1 | 52 | 2 | 35 |
| 2 | 1 | 1 | 2 | 95 | 1 | 33 |
| 3 | 2 | 2 | 4 | 95 | 1 | 28 |
| 4 | 1 | 1 | 3 | 88.5 | 1 | 30 |
| 5 | 2 | 1 | 1 | 80 | 1 | 40 |
| 6 | 2 | 1 | 1 | 90 | 1 | 50 |
| 7 | 2 | 3 | 4 | 68 | 3 | 45 |
| 8 | 1 | 1 | 2 | 88 | 1 | 40 |
| 9 | 1 | 1 | 2 | 87 | 1 | 38 |
| 10 | 1 | 1 | 3 | 76 | 2 | 20 |
| 11 | 1 | 1 | 2 | 92.5 | 1 | 35 |
| 12 | 1 | 1 | 2 | 44 | 4 | 46 |
| 13 | 1 | 1 | 1 | 68 | 2 | 36 |
| 14 | 1 | 1 | 3 | 88 | 1 | 55 |
| 15 | 1 | 2 | 4 | 91 | 1 | 65 |
| 16 | 1 | 1 | 1 | 84.5 | 1 | 50 |
| 17 | 1 | 1 | 3 | 68 | 3 | 45 |
| 18 | 1 | 2 | 2 | 83 | 1 | 52 |
| 19 | 2 | 1 | 1 | 74 | 2 | 40 |
| 20 | 1 | 3 | 1 | 68 | 3 | 18 |

〈표 1-1〉의 자료를 SPSS에서 직접 입력하기 위해서는 데이터 편집기 창에서 입력하고자 하는 셀을 마우스로 클릭하면 [그림 1-6]에서처럼 그 셀이 활성화되어 굵은 선이 나타난다.

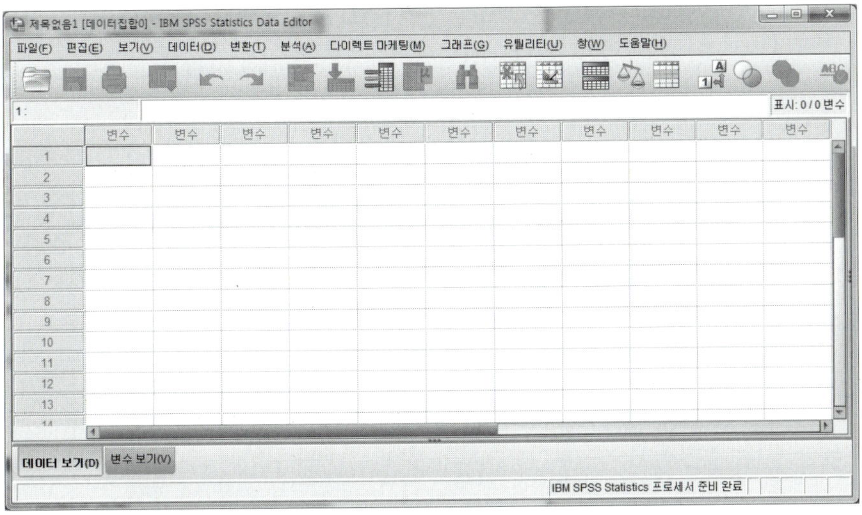


**|그림 1-6|** 자료 입력하기의 준비화면

이제 1번 학생의 성별인 숫자 1을 입력하고 다음 행에 자료를 입력하기 위해 마우스를 움직이면 [그림 1-7]과 같이 열의 이름이 변수 에서 임의의 변수 이름인 VAR00001 로 바뀐다.

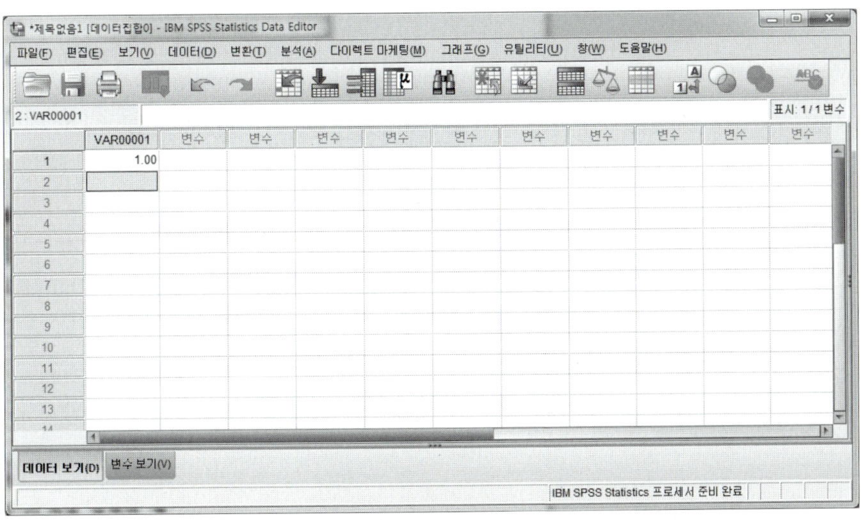


**|그림 1-7|** 자료 입력의 예

여기서 숫자 1을 입력하였는데, 셀에 1.00으로 나타나는 것은 변수의 소수자리를 아직 지정하지 않았고, 임시로 소수 두 자리가 지정되어 있기 때문이다. 또한, [그림 1-7]에서 볼 수 있듯이 행 및 변수표시기가 현재 활성화된 행인 2와 열의 이름인 VAR00001 로 변함을 볼 수 있다. 모든 변수를 입력하게 되면 [그림 1-8]을 얻게 된다.

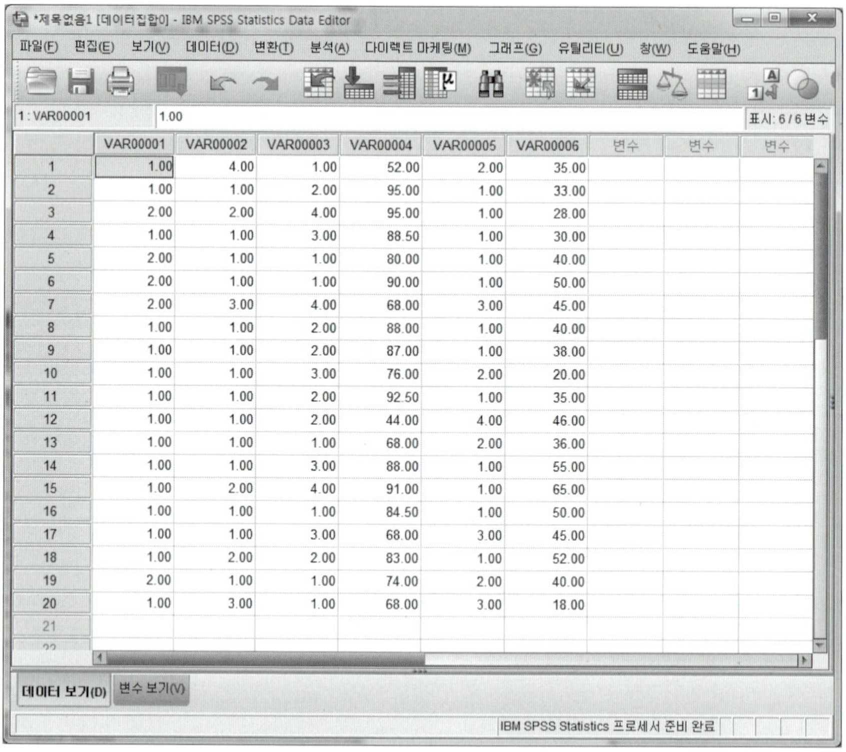


| | VAR00001 | VAR00002 | VAR00003 | VAR00004 | VAR00005 | VAR00006 | 변수 | 변수 | 변수 |
|---|---|---|---|---|---|---|---|---|---|
| 1 | 1.00 | 4.00 | 1.00 | 52.00 | 2.00 | 35.00 | | | |
| 2 | 1.00 | 1.00 | 2.00 | 95.00 | 1.00 | 33.00 | | | |
| 3 | 2.00 | 2.00 | 4.00 | 95.00 | 1.00 | 28.00 | | | |
| 4 | 1.00 | 1.00 | 3.00 | 88.50 | 1.00 | 30.00 | | | |
| 5 | 2.00 | 1.00 | 1.00 | 80.00 | 1.00 | 40.00 | | | |
| 6 | 2.00 | 1.00 | 1.00 | 90.00 | 1.00 | 50.00 | | | |
| 7 | 2.00 | 3.00 | 4.00 | 68.00 | 3.00 | 45.00 | | | |
| 8 | 1.00 | 1.00 | 2.00 | 88.00 | 1.00 | 40.00 | | | |
| 9 | 1.00 | 1.00 | 2.00 | 87.00 | 1.00 | 38.00 | | | |
| 10 | 1.00 | 1.00 | 3.00 | 76.00 | 2.00 | 20.00 | | | |
| 11 | 1.00 | 1.00 | 2.00 | 92.50 | 1.00 | 35.00 | | | |
| 12 | 1.00 | 1.00 | 2.00 | 44.00 | 4.00 | 46.00 | | | |
| 13 | 1.00 | 1.00 | 1.00 | 68.00 | 2.00 | 36.00 | | | |
| 14 | 1.00 | 1.00 | 3.00 | 88.00 | 1.00 | 55.00 | | | |
| 15 | 1.00 | 2.00 | 4.00 | 91.00 | 1.00 | 65.00 | | | |
| 16 | 1.00 | 1.00 | 1.00 | 84.50 | 1.00 | 50.00 | | | |
| 17 | 1.00 | 1.00 | 3.00 | 68.00 | 3.00 | 45.00 | | | |
| 18 | 1.00 | 2.00 | 2.00 | 83.00 | 1.00 | 52.00 | | | |
| 19 | 2.00 | 1.00 | 1.00 | 74.00 | 2.00 | 40.00 | | | |
| 20 | 1.00 | 3.00 | 1.00 | 68.00 | 3.00 | 18.00 | | | |
| 21 | | | | | | | | | |

**[그림 1-8]** 자료 입력의 결과

이제 임의로 지정된 변수 이름을 사용자가 알기 쉬운 이름으로 바꾸기 위해서는 화면의 왼쪽 아래에 위치한 변수 보기(V) 를 클릭하면 [그림 1-9]와 같은 화면을 얻게 된다.

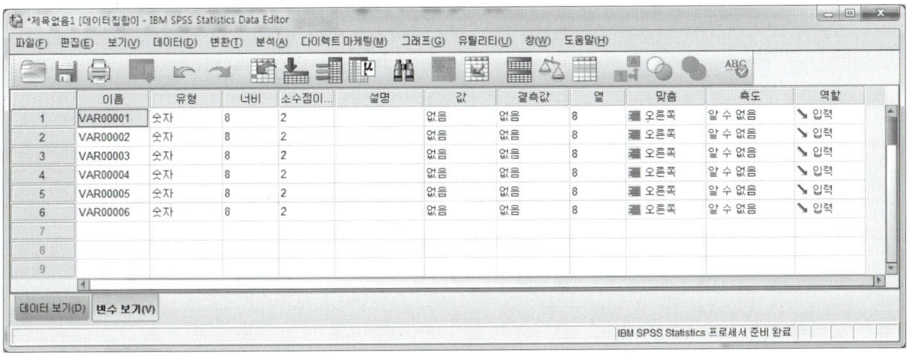


**|그림 1-9|** 변수 보기의 예

다음은 변수 보기 화면의 각 열의 기능에 대해 설명하고자 한다. 변수의 이름을 바꾸고자 하면 이름 열을 이용한다. 이름을 바꾸고자 하는 셀을 마우스로 클릭하여 새로운 변수명을 입력하면 된다. 예를 들어, VAR00001 을 X1으로 바꾸고 싶다면 [그림 1-9]의 화면에서 VAR00001 위에 마우스로 클릭하고 X1을 입력한 후 마우스를 이동하면 된다. 같은 방법으로 변수의 이름을 X2-X6으로 바꾸면 [그림 1-10]과 같다.

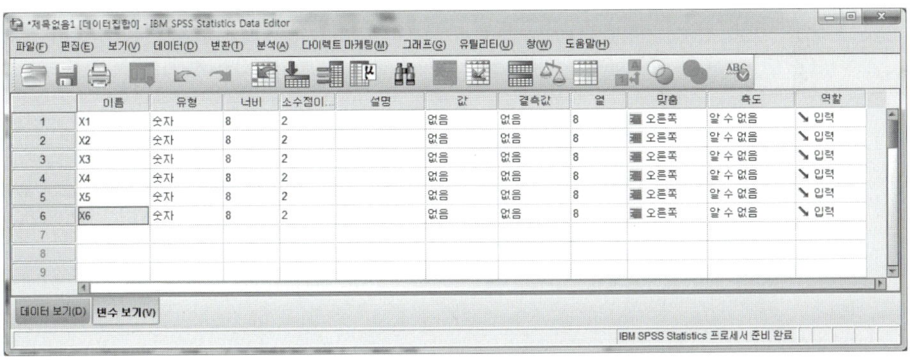


**|그림 1-10|** 변수 이름 바꾸기

[그림 1-10]의 화면에서 소수점이하자리 열을 이용하여 소수 둘째 자리까지 입력된 자료들의 소수점 자리수를 조정할 수 있다. 예를 들어, X1이 소수점 이하 두 자리수로 입력되어 있지만 소수점 없이 입력하도록 조정하기 위해서는 [그림 1-10]의 화면에서 1번째 열의 4번째 셀을 마우스로 선택하여 [그림 1-11]을 얻는다. 이제 2 의 ▼를 한 번 클릭하면 셀 안의 수가 2에서 1로 감소하

고 다시 한 번 클릭하면 0이 된다.

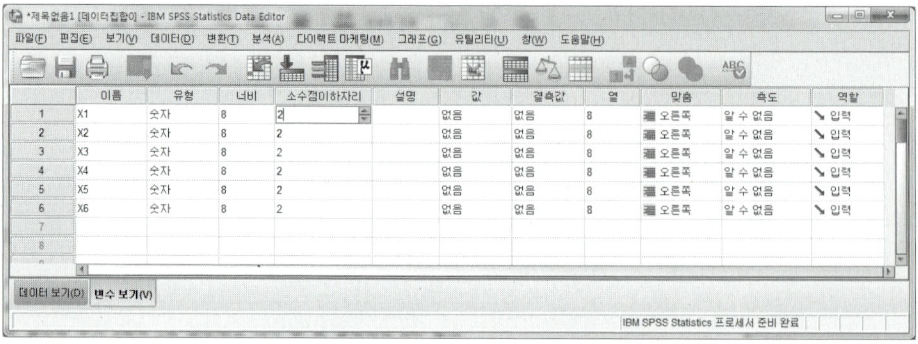


**|그림 1-11|** 소수점 이하 자리 조정

[그림 1-11]에서 첫 번째 변수의 이름이 기호로 지정되어 있는데 이 기호에 대한 설명을 설명 열에 입력할 수 있다. 예를 들어, 변수 X1은 학생의 성별을 나타내는 변수이므로 [그림 1-12]와 같이 성별을 입력한다. 비슷하게 변수 X2-X6의 설명을 추가할 수 있다.

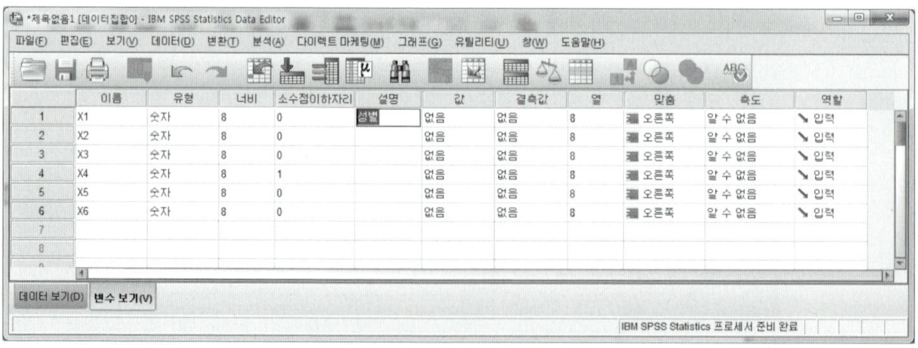


**|그림 1-12|** 변수명에 대한 설명

변수의 값에 대한 설명을 값 열에 입력해 놓으면 나중에 변수 값의 의미를 쉽게 파악할 수 있다. 예를 들어, 성별이라는 변수의 값이 1이면 남자를 나타내고 2이면 여자를 나타낸다는 것을 입력해 두기 위해 1행의 값 열에 마우스를 클릭하면 [그림 1-13]에서처럼 그 셀이 없음 에서 없음 ... 으로 바뀐다. 이제 ... 를 클릭하면 [그림 1-14]와 같은 화면이 열린다.

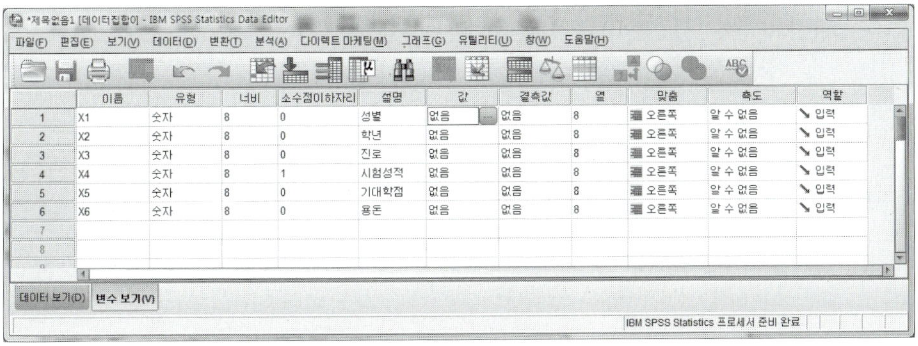


**|그림 1-13|** 변수값의 설명을 추가하기 위한 초기화면

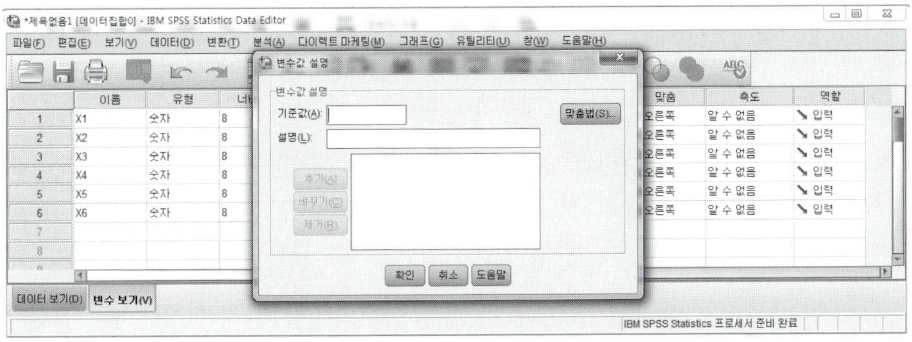


**|그림 1-14|** 변수값 설명의 예 I

그림 1-14의 화면에서 기준값(A): 에 1을 입력하고 설명(L): 에 남자를 입력하고 [그림 1-15]를 얻으면 추가(A) 를 클릭하고 다시 기준값(A): 에 2을 입력하고 설명(L): 에 여자를 입력하고 추가(A) 를 클릭한 후 확인 을 클릭한다.

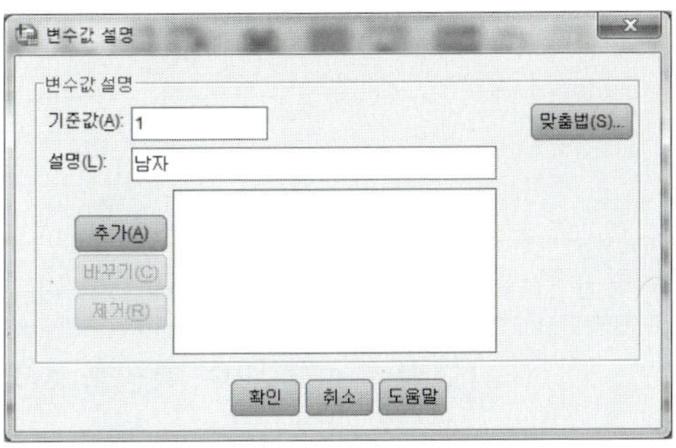


**|그림 1-15|** 변수값 설명의 예 II

마찬가지로 변수 X3와 X5의 값에 대한 설명을 모두 입력하면 [그림 1-16]을 얻게 된다

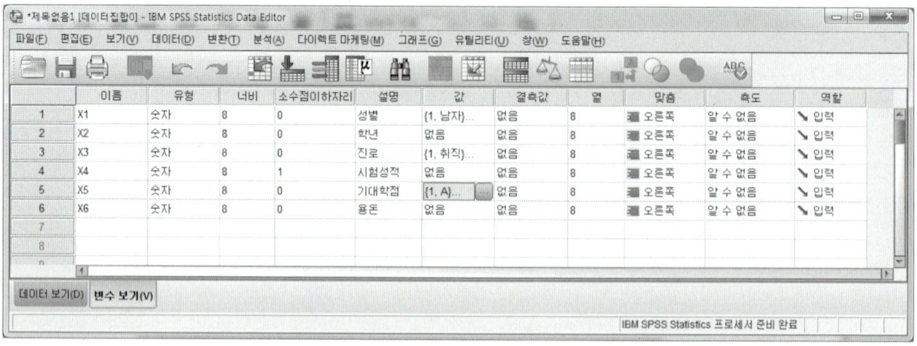


**|그림 1-16|** 변수값 설명 후의 변수 보기 화면

[그림 1-16]에서 보면 **측도** 행에는 임의로 모든 변수가 알 수 없음으로 지정되어 있다. 편의상 모든 자료를 숫자로 입력하였다고 하나 어떤 변수값은 숫자로서의 의미를 가지지 않는다. 예를 들어, 성별은 숫자로 입력되어 있지만 그 숫자는 크기나 순서로서의 의미를 가지지 않는다. 이를 변경하기 위해서 먼저 1행의 측도열을 마우스로 클릭한 후 셀이 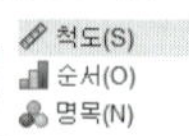

로 변하면 그중 명목을 선택한다. 마찬가지로 진로와 기대학점의 측도를 변경시킨 후 [그림 1-17]을 얻는다.

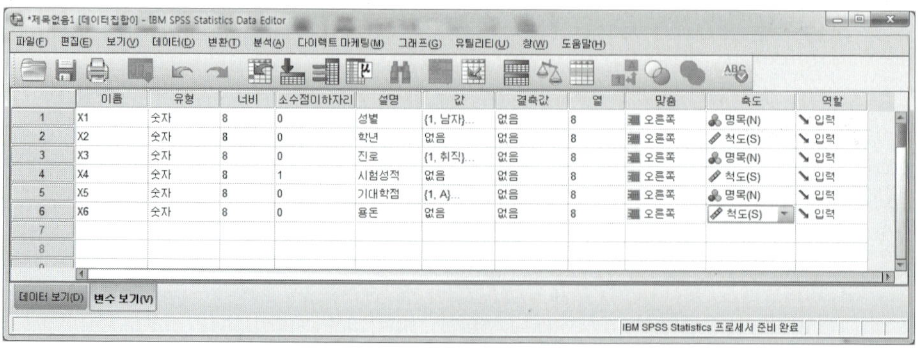


**|그림 1-17|** 변수 특성을 지정한 후 화면

이제 다시 화면의 왼쪽 아래에 위치한 데이터 보기(D) 를 클릭하면 [그림 1-9]가 [그림 1-18]로 변함을 볼 수 있다.

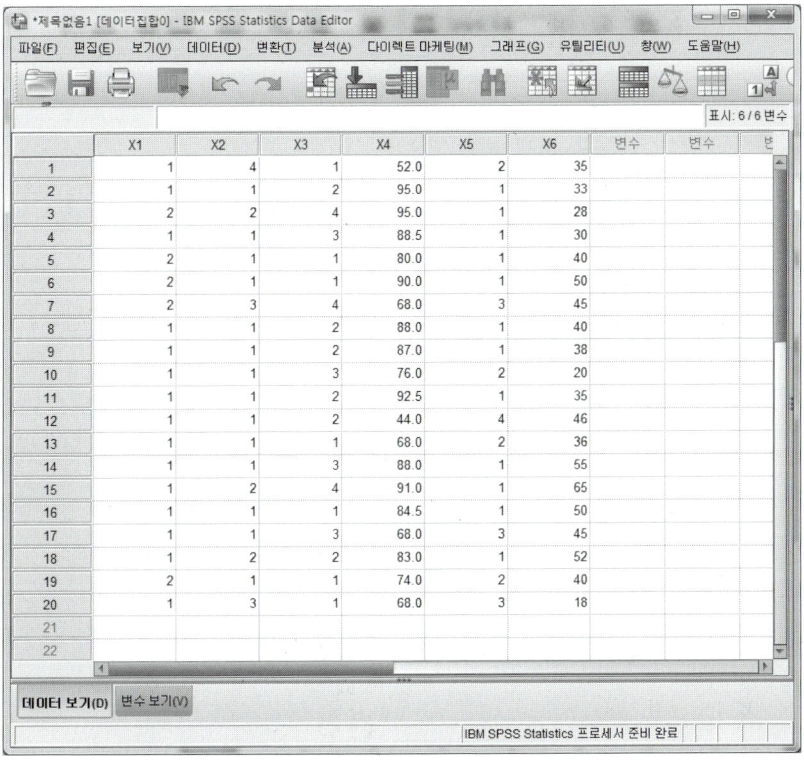


| | X1 | X2 | X3 | X4 | X5 | X6 | 변수 | 변수 |
|---|---|---|---|---|---|---|---|---|
| 1 | 1 | 4 | 1 | 52.0 | 2 | 35 | | |
| 2 | 1 | 1 | 2 | 95.0 | 1 | 33 | | |
| 3 | 2 | 2 | 4 | 95.0 | 1 | 28 | | |
| 4 | 1 | 1 | 3 | 88.5 | 1 | 30 | | |
| 5 | 2 | 1 | 1 | 80.0 | 1 | 40 | | |
| 6 | 2 | 1 | 1 | 90.0 | 1 | 50 | | |
| 7 | 2 | 3 | 4 | 68.0 | 3 | 45 | | |
| 8 | 1 | 1 | 2 | 88.0 | 1 | 40 | | |
| 9 | 1 | 1 | 2 | 87.0 | 1 | 38 | | |
| 10 | 1 | 1 | 3 | 76.0 | 2 | 20 | | |
| 11 | 1 | 1 | 2 | 92.5 | 1 | 35 | | |
| 12 | 1 | 1 | 2 | 44.0 | 4 | 46 | | |
| 13 | 1 | 1 | 1 | 68.0 | 2 | 36 | | |
| 14 | 1 | 1 | 3 | 88.0 | 1 | 55 | | |
| 15 | 1 | 2 | 4 | 91.0 | 1 | 65 | | |
| 16 | 1 | 1 | 1 | 84.5 | 1 | 50 | | |
| 17 | 1 | 1 | 3 | 68.0 | 3 | 45 | | |
| 18 | 1 | 2 | 2 | 83.0 | 1 | 52 | | |
| 19 | 2 | 1 | 1 | 74.0 | 2 | 40 | | |
| 20 | 1 | 3 | 1 | 68.0 | 3 | 18 | | |
| 21 | | | | | | | | |
| 22 | | | | | | | | |

**[그림 1-18]** 변수이름 지정 후의 데이터 보기 화면

작업한 자료를 다음에 다시 사용하기 위해서는 자료파일을 저장하여야 한다. [그림 1-19]와 같이 메뉴에서 파일(F) → 저장(S) 을 선택한 후 파일 이름: 에 파일 이름을 지정한다. [그림 1-20]에서는 파일의 이름을 test.sav라고 지정하였으나, test라고만 입력하여도 .sav라는 확장자가 자동으로 붙는다.

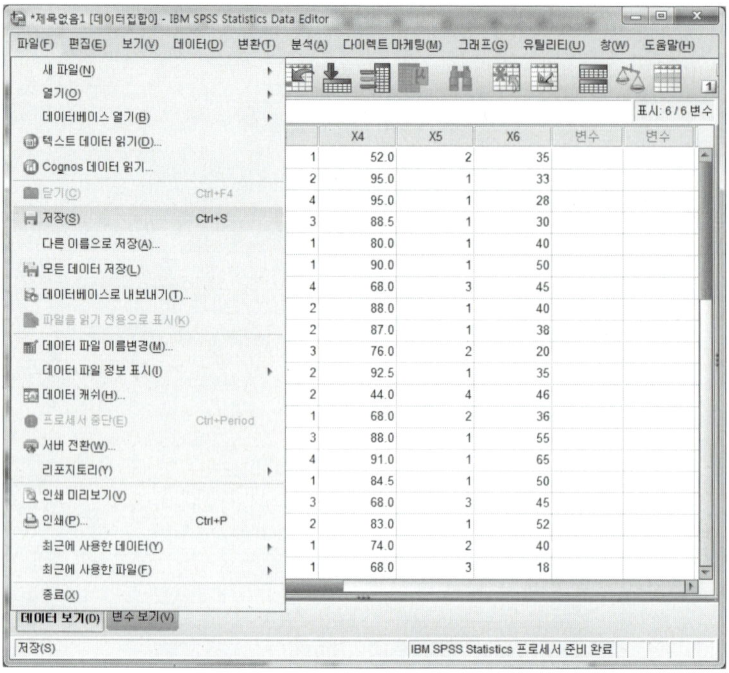

**|그림 1-19|** 파일 저장을 위한 명령어

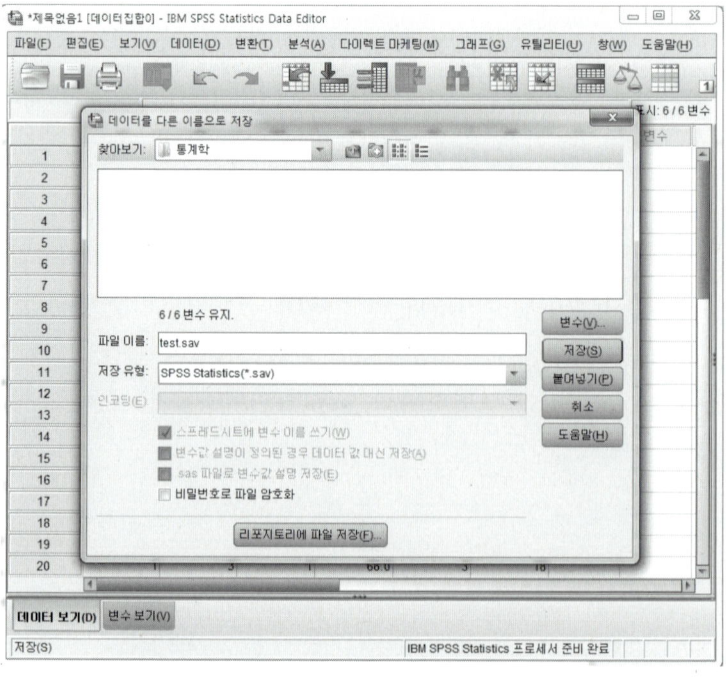

**|그림 1-20|** 저장 파일의 이름을 지정

이 과목에서 사용되는 데이터 파일을 저장하기 위한 폴더(Folder)를 만들고, 그 폴더를 "저장위치"로 지정해 주면 나중에 다시 사용하기 편리할 것이다. 이제 저장(S) 을 클릭하면 [그림 1-21]과 같이 제목 표시줄의 제목없음 이 test.sav 로 바뀐다.

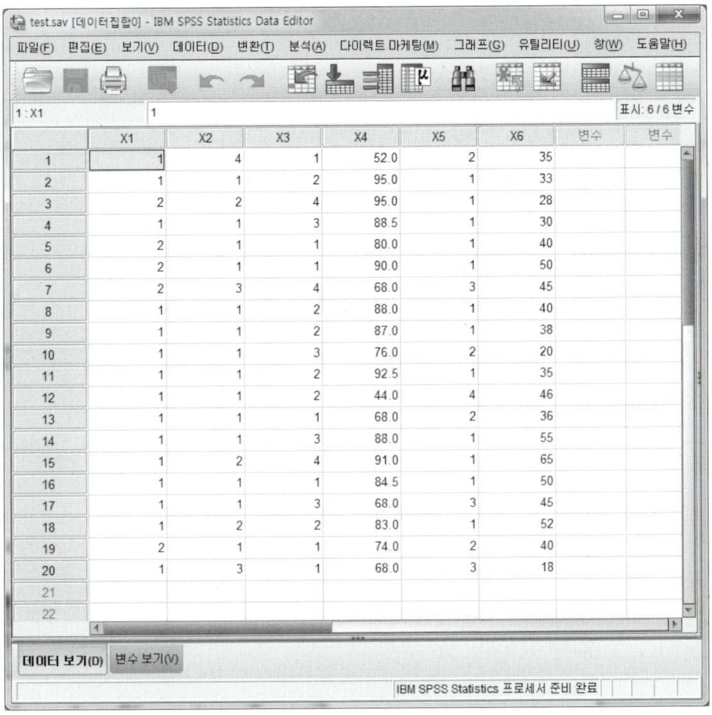


**|그림 1-21|** 파일 이름 지정 후의 화면

## 1-3-4 자료의 수정 및 편집

자료를 입력한 후 케이스(행 또는 관측값)를 추가하고자 한다면, 추가할 행의 번호를 마우스로 클릭하여 블록을 설정하고 메뉴의 편집(E) → 케이스 삽입(I) 을 클릭한다. 예를 들어, 5번째 행에 2학년 남학생으로 졸업 후 취직을 하고자 하며 중간시험 점수가 100점이고 A학점을 기대하며 한달 용돈이 43만 원인 케이스를 추가한다고 가정하자.

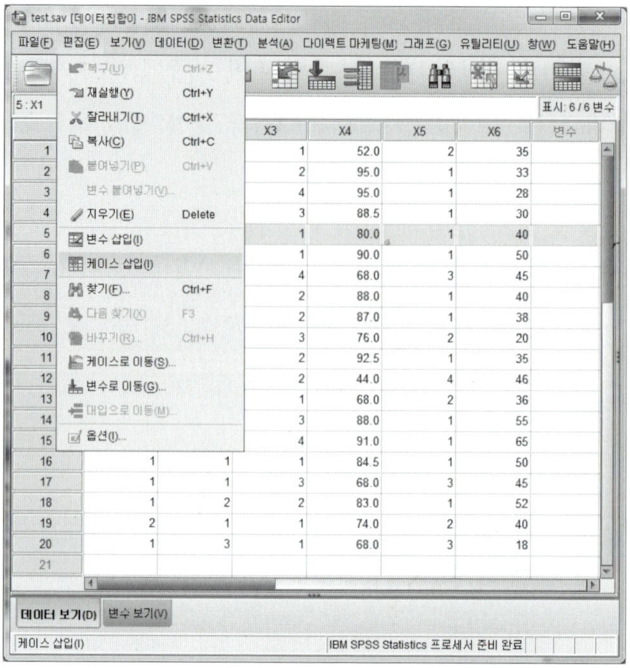

**|그림 1-22|** 케이스 삽입을 위한 명령어

[그림 1-22]와 같이 행 번호 5를 마우스로 클릭하고 메뉴의 편집(E) → 케이스 삽입(I) 을 클릭하면 [그림 1-23]처럼 블록을 설정한 행 번호 5에 새로운 케이스를 입력하도록 공백이 생기고 이후의 케이스들은 한 행씩 아래로 움직이게 된다. 이제 이 공란에 새로운 케이스를 입력하면 된다.

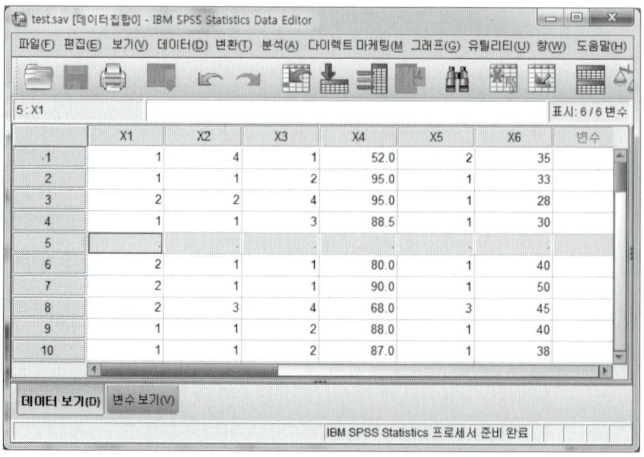

**|그림 1-23|** 케이스 삽입 화면

자료를 입력한 후 케이스나 변수를 삭제하고자 한다면 [그림 1-24]에서처럼 해당 행이나 열의 번호를 마우스로 클릭하여 블록을 설정한 후 메뉴의 편집(E) → 지우기(E)를 클릭하면 된다. 실수로 삭제한 케이스나 변수를 다시 살리기 위해서는 메뉴의 편집(E) → 복구(U)를 클릭하면 된다.

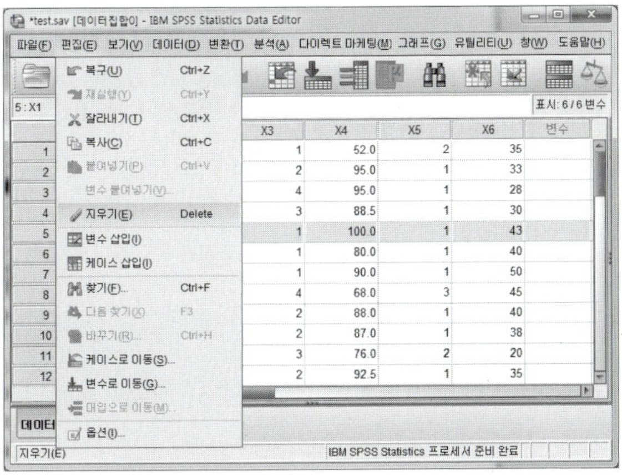

**|그림 1-24|** 케이스 삭제 명령어

입력된 자료에서 새로운 변수를 만들고 편집할 수도 있다. 예를 들어, 중간고사 점수는 마지막 학점을 평가하는 데 20% 기여한다고 하자. 새로운 변수 X7을 X4 × 0.2로 생성하고 그 변수의 설명에 중간 퍼센트로 입력하고자 한다면 먼저 [그림 1-25]와 같이 메뉴에서 변환(T) → 변수 계산(C)... 을 선택하여 [그림 1-26]을 얻는다.

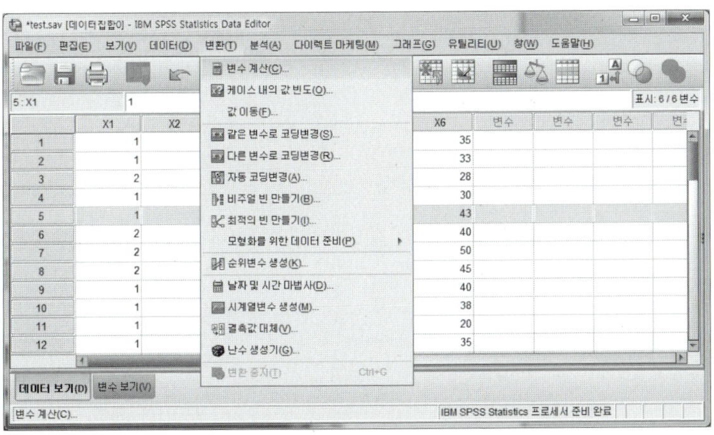

**|그림 1-25|** 변수 변환을 위한 명령어

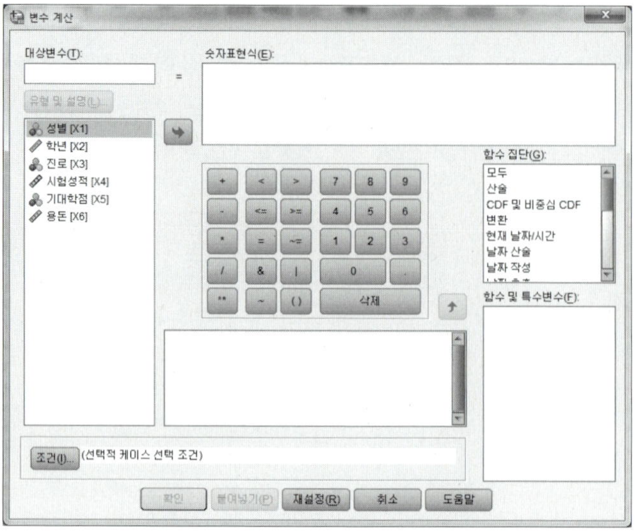


**|그림 1-26|** 변수 계산 화면

대상변수(T): 에 새로운 변수의 이름인 X7을 입력하고 그 아래에 나열된 변수명 중에서 시험성적 [X4]를 선택하고 ➡를 이용하여 오른쪽의 숫자표현식(E): 으로 보낸 다음 숫자표현식 아래에 있는 입력판에서 *와 0.2를 차례로 선택하여 숫자표현식을 완성하면 [그림 1-27]과 같다.

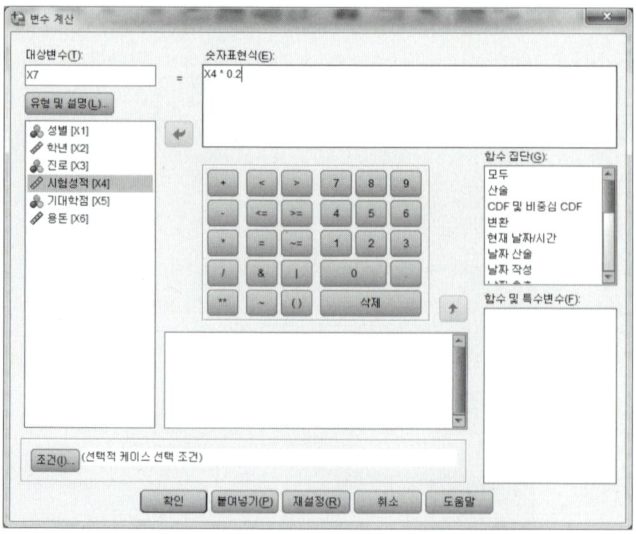


**|그림 1-27|** 새로운 변수 계산식의 표현

유형 및 설명(L)... 을 클릭하여 [그림 1-28]과 같은 화면을 얻으면 새로 생성한 변수 X7에 대한 설명을 입력할 수 있다.

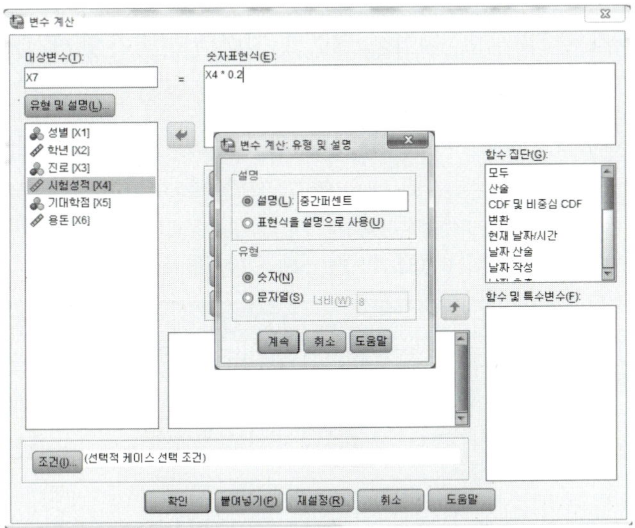


**|그림 1-28|** 새로운 변수의 설명

계속 과 확인 을 클릭하면 [그림 1-29]와 같이 X7이라는 변수가 데이터 보기 창에 새로 생성된다.

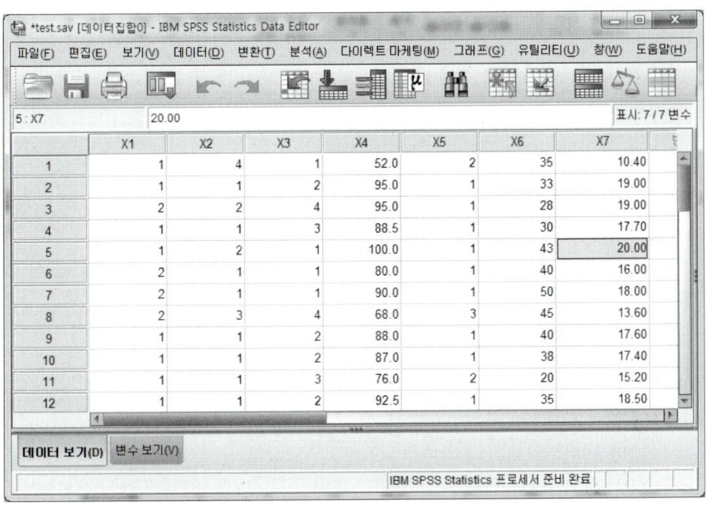


**|그림 1-29|** 새로운 변수가 생성된 후의 데이터 보기 화면

### 1-3-5 SPSS의 창

SPSS에서 사용하는 창으로는 데이터 편집기 창, 뷰어창, 명령문 편집기 창, 도표 편집기 창, 피벗 편집기 창 그리고 텍스트 출력 결과 창이 있으나 여기서는 데이터 편집기 창, 뷰어창 그리고 명령문 편집기 창에 대해서만 설명하기로 한다.

1-3-3절에서 본 것과 같이 데이터 편집기 창에서 생성된 파일은 확장자가 .sav이며 다음 〈표 1-2〉에서 알 수 있는 것과 같이 뷰어창 그리고 명령문 편집기 창은 각각 .spv와 .sps의 확장자를 갖는다.

**|표 1-2|** SPSS 창과 확장자

| 해당 창 | 확장자 |
|---|---|
| SPSS 데이터 편집기 | *.sav |
| SPSS 뷰어 | *.spv |
| SPSS 명령문 편집기 | *.sps |

데이터 편집기 창은 SPSS를 시작하면 그 초기화면에 나타나며 이 창을 이용하여 사용자가 분석하고자 하는 자료를 입력하고 편집할 수 있다. 자료를 입력한 후 적절한 통계절차를 수행하면 SPSS의 출력 결과가 나타나는 새로운 창이 열리는데 이 창이 뷰어 창이다. [그림 1-30]은 test.sav 파일을 가지고 변수 중간고사를 기술통계 처리한 후에 얻게 된 뷰어 창이다. [그림 1-30]에서 볼 수 있듯이 뷰어창에는 데이터 편집기 창에서처럼 컨트롤 메뉴 버튼, 제목 표시줄 등이 있으며, 크게 왼쪽 화면과 오른쪽 화면으로 나누어져 있다. 왼쪽 화면은 결과물의 목차를 나타내고 오른쪽 화면은 SPSS의 출력 결과들이다.

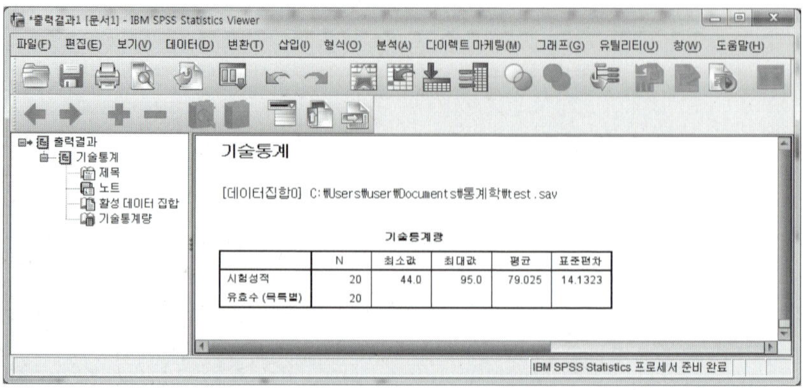


**|그림 1-30|** SPSS 뷰어창의 예

SPSS 뷰어 창에서 결과물을 편집하고 파일로 저장하는 과정에 대하여 간단히 알아보자.

### (1) 수정과 편집

수정 또는 편집하고자 하는 결과를 마우스로 선택한 후 마우스를 더블 클릭하면 [그림 1-31]과 같은 점선이 나타난다. 이 후 수정하고자 하는 부분에 커서를 두고 마우스로 두 번 클릭한 후 수정하면 된다.

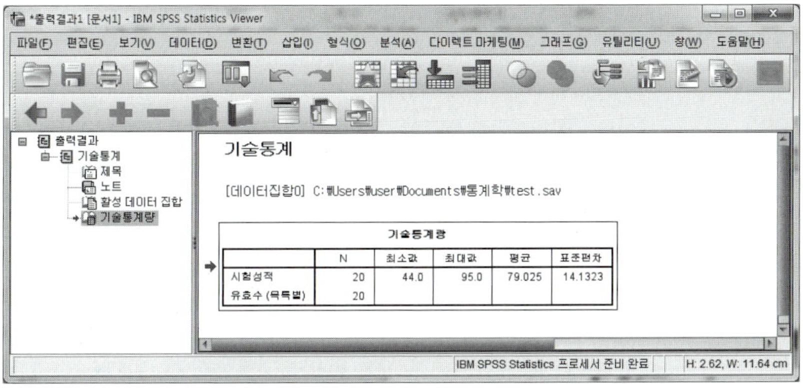


**|그림 1-31|** SPSS 결과 수정하기 I

[그림 1-32]는 [그림 1-31]에서 N을 수정하기 위해 N 위에 커서를 두고 마우스를 두 번 클릭하여 얻은 화면이다.

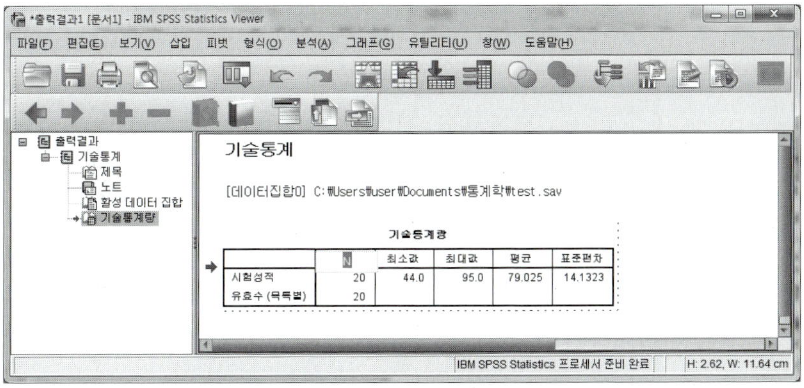


**|그림 1-32|** SPSS 결과 수정하기 II

이제 N을 Backspace로 지우고 표본크기를 입력하면 [그림 1-33]의 결과물을 얻을 수 있다. 비슷한 방법으로 결과물 표에서 불필요한 행이나 열을 삭제할 수 있다.

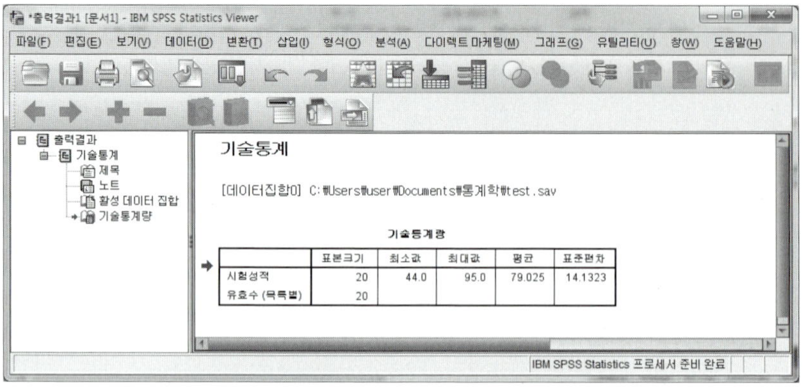


**|그림 1-33|** SPSS 결과 수정의 예

### (2) 결과의 저장

필요한 수정 및 편집을 한 후 결과를 저장하기 위해서는 [그림 1-34]와 같이 메뉴에서 파일(F) → 다른 이름으로 저장(A)... 을 선택함으로써 확장자가 .spv인 SPSS 전용 파일로 저장할 수 있다.

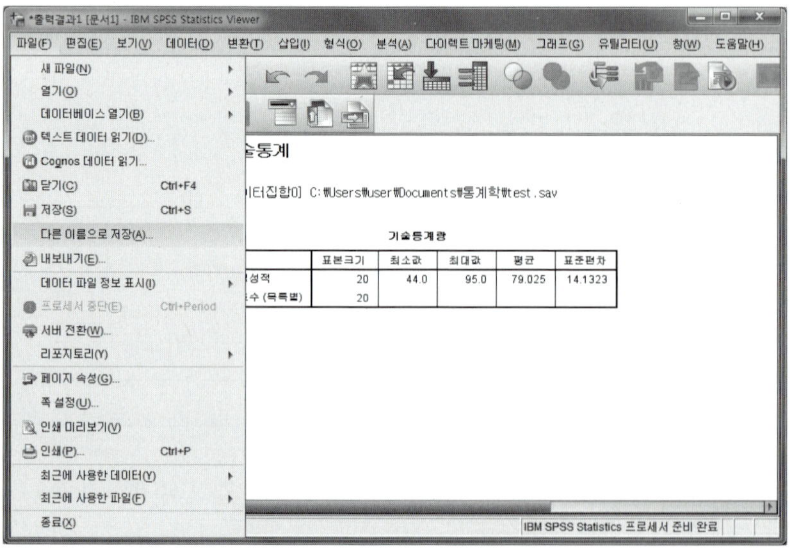


**|그림 1-34|** 결과 저장하기

만약 결과물을 ASCII 파일이나 HTML 문서로 저장하고자 한다면 [그림 1-35]와 같이 파일(F) → 내보내기(E)... 를 선택함으로써 .doc, .txt, .xls 등 여러 형태의 파일로 저장할 수 있다.

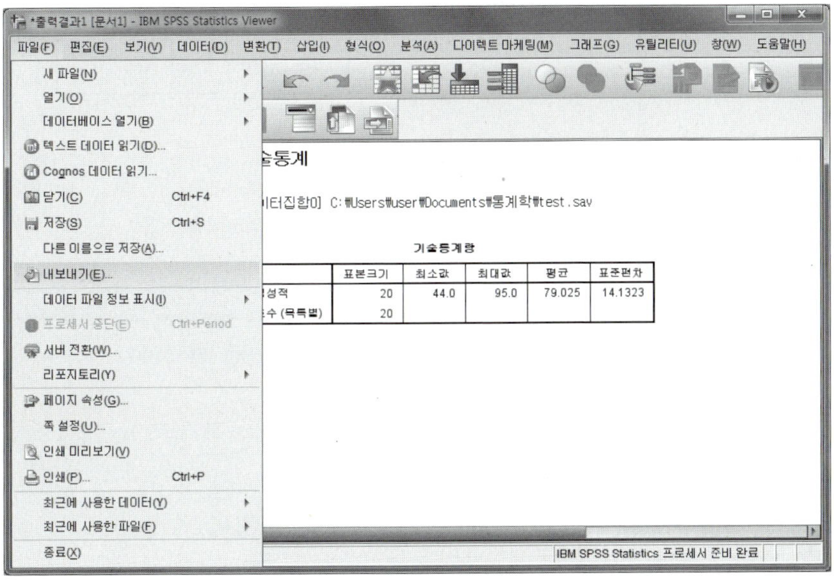


**[그림 1-35]** 결과 내보내기

### (3) 결과를 다른 프로그램에 붙이기

결과물을 MS WORD와 같은 다른 프로그램에 붙이고자 한다면 필요한 결과를 마우스로 선택한 후 [그림 1-36]과 같이 메뉴에서 편집(E) → 복사(C) 를 선택한 후 다른 프로그램에서 Ctrl 키와 V 키를 동시에 선택하거나 또는 붙이기를 클릭하면 된다.

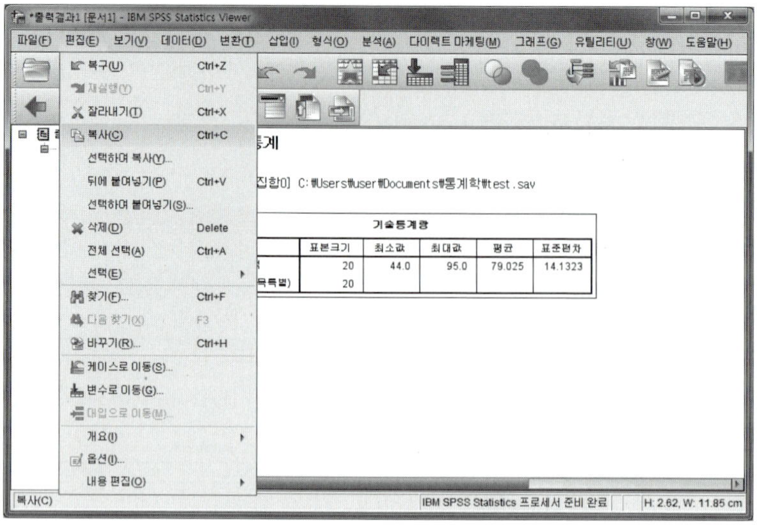

|그림 1-36| 결과물 복사하기

마지막으로 SPSS 명령문 편집기 창은 사용자가 메뉴를 이용하지 않고 직접 통계처리 명령어를 입력할 수 있도록 한다. 이미 작성된 명령문 파일이 외부에 존재하는 경우 [그림 1-37]과 같이 메뉴의 파일(F) → 열기(O) → 명령문(S)... 을 클릭하여 [그림 1-5]와 같은 화면을 얻으면 파일 이름을 지정하여 불러올 수 있다.

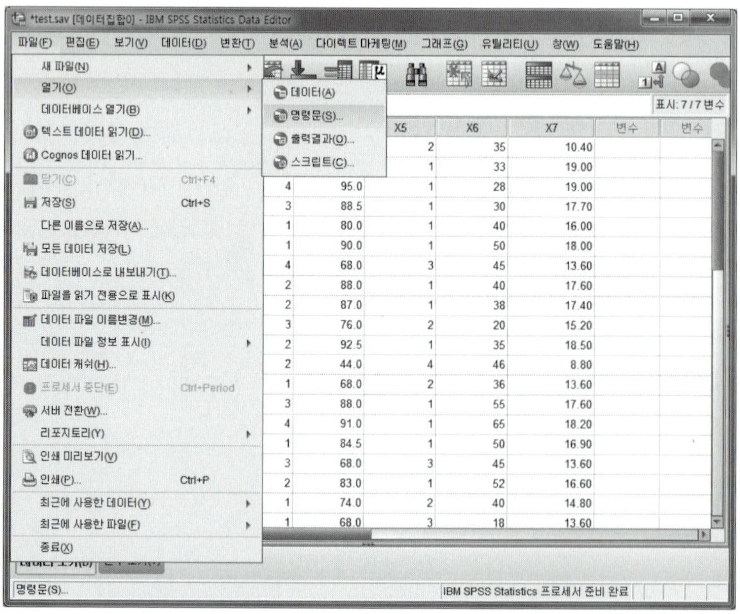

|그림 1-37| 외부 명령문 파일 불러오기

명령문 프로그램을 새로이 작성하기 위해서는 [그림 1-38]과 같이 파일(F) → 새 파일(N) → 명령문(S)을 클릭하면 [그림 1-39]와 같이 빈 명령문 편집기 창이 나타나며 여기서 명령문을 입력한 후 메뉴의 실행(R)을 선택하면 출력 결과 창이 생성된다. 프로그램 작성 시 필요한 명령어는 SPSS 데이터 편집기의 메뉴에서 적절한 통계분석 절차를 선택한 후 얻게 되는 대화 상자에 있는 명령문 단추를 실행하여 볼 수 있다. 이 창은 초보자보다는 SPSS 명령어에 익숙해진 사람에게 유용하기 때문에 여기서는 더 이상의 설명은 생략하기로 한다.

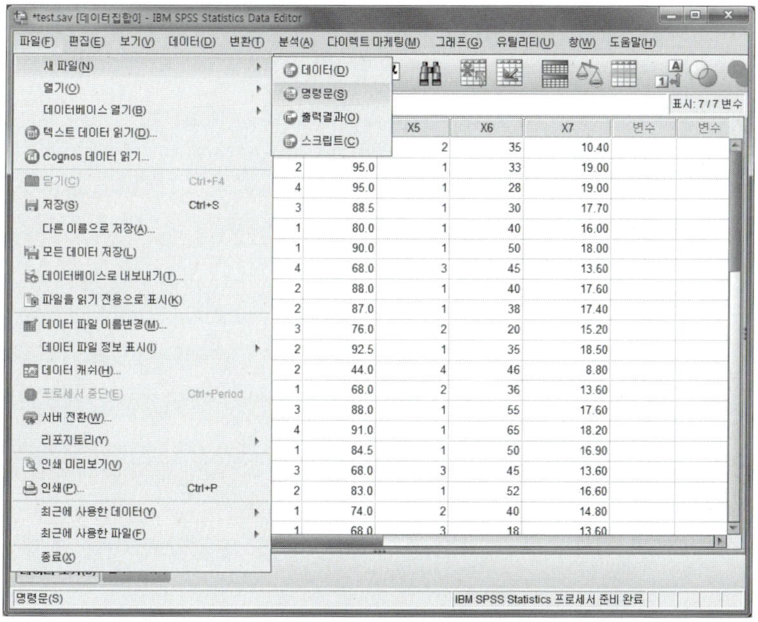

**|그림 1-38|** 명령문 프로그램 새로 만들기 명령어

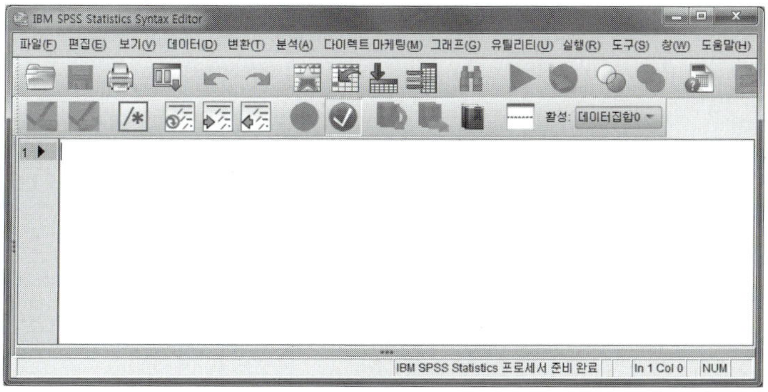

**|그림 1-39|** 명령문 편집기 초기화면

## 1-3-6 SPSS 도움말의 이용

SPSS에는 사용법에 관한 필요한 정보가 내장되어 있으므로 필요할 때마다 도움을 청할 수 있다. 도움말 기능은 항목, 자습서, 케이스 연구, 통계 코치, Command Syntax Reference, 통계 알고리즘 등을 제공하며 메뉴의 도움말(H) 을 클릭하여 이용한다. [그림 1-40]은 메뉴의 도움말(H) → 항목을 클릭하고 검색(S): 에 회귀분석을 입력하여 얻은 결과이다.

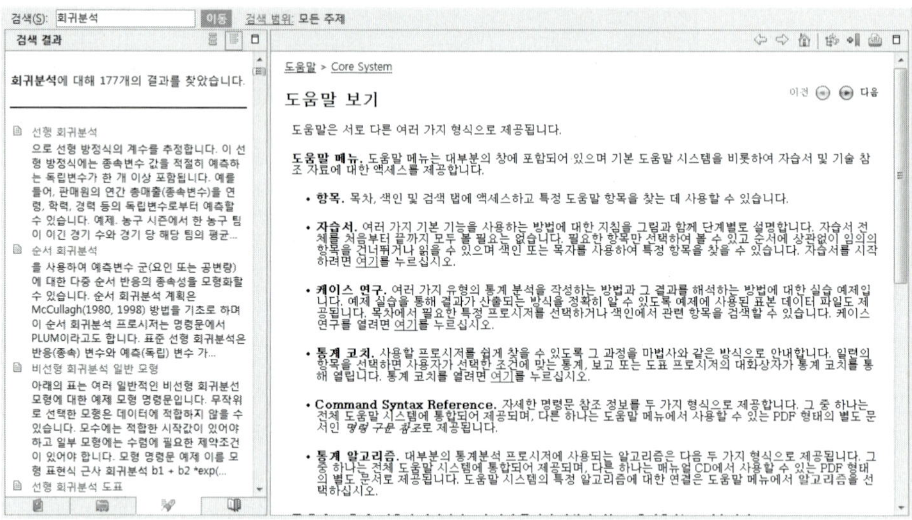

**|그림 1-40|** SPSS 도움말의 이용 예제

## 1장 연습문제

**1.1** 다음의 각 상황에서 모집단과 표본은 각각 무엇인가?

(a) A 대학에서는 학생들의 의견을 수렴하기 위하여 임의로 뽑은 100명을 대상으로 설문조사를 실시하였다.

(b) 우리나라 주부들의 의식구조를 조사하기 위하여 500명의 주부를 대상으로 설문조사를 실시하였다.

(c) TV 시청률을 조사하기 위하여 700가구를 선정하였다.

**1.2** 다음의 각 상황에서 모집단과 표본은 각각 무엇인가?

(a) 한 방송사가 국회의원 선거 당일, 각 투표소에서 500명씩의 유권자들에 대하여 출구 조사를 실시하였다.

(b) 한 맥주회사에서 자사제품의 선호도를 조사하기 위하여 2000명을 대상으로 설문조사를 실시하였다.

(c) 우리나라 고등학교 학생의 시력 상태를 알아보기 위하여 전국에서 1000명의 고등학교 학생을 뽑아 시력검사를 실시하였다.

**1.3** 맥주 소비자들의 맥주에 대한 선호가 맛에 의하여 정해지는지 또는 상표의 이미지에 의하여 정해지는지를 아는 것은 맥주회사가 판매전략을 세우는 데 도움이 된다. 예를 들어, 맥주의 선호가 맛에 의하여 정해지면, 소비자의 취향에 맞게 맛을 개선시켜야 할 것이며, 그것이 상표의 이미지에 의하여 정해진다면, 이미지 개선을 위하여 좀 더 적극적으로 상품광고에 힘을 기울여야 할 것이다. 이를 알아보기 위하여, 200명의 맥주 소비자를 뽑아서 그들을 상대로 4종류의 맥주에 대하여, 한 번은 상표를 붙이고 그 다음은 상표를 떼고서 맛의 점수를 1에서 5까지 표시하게 하였다고 하자. 이때, 모집단과 표본은 무엇인가?

**1.4** 어느 아파트에서는 주차문제를 해결하기 위한 방안으로 한 가정에서 1대 이상의 자동차를 소유한 경우 주차료를 받을 것을 고려하고 있다. 이 방안이 아파트 주민들로부터 지지를 얻을 수 있는지 판단하기 위해 아파트 주민들 중 이 방안에 찬성하는 비율을 알아보고자 한다. 이때, 모집단은 무엇이며 이 모집단은 유한모집단인가 무한모집단인가?

**1.5** 다음과 같은 표본조사에서 올바른 결론을 얻기 어려운 이유를 설명하여라.

(a) 우리나라 고등학생의 학력을 평가하기 위하여 A 고등학교 학생을 대상으로 평가시험을 실시하였다.

(b) A 지점의 교통량을 조사하기 위하여 토요일 아침 8시부터 9시까지 1시간 동안 교통량을 조사하였다.

**1.6** 추측통계학을 위해 다음과 같이 자료를 얻었다면 올바른 결론을 얻기 어려운 이유를 설명하여라.

(a) 에어컨 회사에서 각 대리점의 연 평균 매출액을 조사하기 위해 7월과 8월의 매출액을 조사하였다.

(b) 수도 이전에 대한 전체 국민의 지지도를 알아보기 위해 충청도 지역의 주민들을 표본으로 뽑았다.

**1.7** 전자제품의 수명을 짧은 시간에 알아내기 위하여 가속수명시험(accelerated life testing)이라는 방법을 사용한다. 즉, 제품을 높은 온도나 압력하에서 검사하여 제품의 수명을 측정한 후 이를 제품의 실제 운영환경에서의 수명으로 변환시키는 것이다. 다음 자료는 어떤 전자제품의 수명을 가속수명시험하에서 측정한 자료이다. SPSS 데이터 편집기 창에서 이 자료를 입력하고 변수보기를 이용하여 변수의 소수 자리수를 편리하게 조정한 후 LIFE.sav라는 이름으로 저장하여라.

| 127.3 | 124 | 121 | 118 | 125 | 123 | 136 | 131 | 131 | 120 |
|---|---|---|---|---|---|---|---|---|---|
| 140 | 125 | 142 | 137 | 128 | 140 | 160 | 124 | 119.5 | 137 |
| 133 | 129 | 128 | 125.2 | 141 | 121 | 133 | 124 | 125.6 | 151 |
| 124 | 129 | 131 | 130 | 129 | 142 | 125 | 123 | 122 | 126 |

**1.8** SPSS 데이터 편집기에 있는 다음의 그림도구상자에서 각 아이콘들이 각각 어떤 기능을 수행하는가? 그리고 각 아이콘에 대응되는 메뉴는 각각 무엇인가?

# 제2장 기술통계학

통계자료의 분석은 그 대상이 되는 자료가 어떤 형태를 따르느냐에 따라 분석 방법도 달라진다.

**질적자료**(qualitative data)는 원칙적으로 숫자로 표시될 수 없는 자료를 가리키며, 다른 용어로 **범주형 자료**(categorical data)라고도 한다. 예를 들어, 성별이라든지 교육수준 등에 해당되는 자료가 질적자료에 속한다. 질적자료는 필요에 따라 숫자화할 수 있다. 예를 들어, 교육수준을 나타낼 때 중졸은 1, 고졸은 2, 대졸은 3과 같이 숫자화할 수 있다. 그러나 이때의 숫자는 그것이 지칭하는 자료의 속성과는 전혀 무관하며, 단지 편의상 정한 약속에 불과하다.

**양적자료**(quantitative data)는 자료 자체가 숫자로 표현되어 있으며, 이때 숫자는 질적자료와는 달리 자료의 속성을 그대로 반영한다. 예를 들어, 나이, 시험성적, 몸무게, 전구의 수명 등에 관한 자료가 양적자료에 속한다. 양적자료는 경우에 따라 질적자료의 형태로 변환될 수 있다. 예를 들어, 0점에서 100점 사이로 기록된 시험성적을 90~100점을 수, 80~89점을 우, 70~79점을 미, 60~69점을 양, 60점 미만을 가로 바꾸었다면 양적자료가 질적자료로 변환된 것이다.

2-1절에서는 질적자료나 양적자료를 그래프나 도표를 이용하여 정리하는 방법을 소개하고 2-2절에서는 양적자료를 수리적 측도로 요약하는 방법을 설명한다. 마지막으로 2-3절에서는 SPSS 프로그램과 출력결과의 해석을 다룬다.

## 2-1 그래프를 이용한 자료 정리

도표나 그래프를 이용하여 자료를 요약하면 통계학에 대한 전문 지식이 없이도 자료의 특성을 쉽게 파악할 수 있다.

### 2-1-1 질적자료의 정리

이 절에서는 질적자료를 쉽고 빠르게 정리하는 방법으로 사용하는 그래프나 도표에 대하여 알아보기 위해 [예제 2-1]의 자료를 사용한다.

**예제 2-1** 포브스(Forbes) 잡지는 매년 미국의 최고 경영자 연봉을 발표하고 있다. 다음은 2003년에 가장 많은 연봉을 받은 25명의 CEO들의 교육 정도에 대한 자료이다.

**|표 2-1|** 2003년 최고 경영자의 교육 정도

| 번호 | 이름 | 학위 | 번호 | 이름 | 학위 |
|---|---|---|---|---|---|
| 1 | R. Mark | 석사 | 14 | L. Raymond | 박사 |
| 2 | G. David | 석사 | 15 | S. Bollenbach | 석사 |
| 3 | R. Fuld Jr. | 석사 | 16 | A. Deering | 석사 |
| 4 | H. Silverman | 박사 | 17 | L. Glasscock | 학사 |
| 5 | D. Schar | 학사 | 18 | P. Purcell | 석사 |
| 6 | L. Ellison | 학위없음 | 19 | R. Glynn Jr. | 석사 |
| 7 | R. Kovacevich | 석사 | 20 | R. Ulrich | 학사 |
| 8 | H. Solomon | 박사 | 21 | K. Freeman | 석사 |
| 9 | J. Cayne | 학위없음 | 22 | L. Schaefferf | 학사 |
| 10 | T. Nelson | 석사 | 23 | J. Dimon | 석사 |
| 11 | R. Montgomery | 학위없음 | 24 | A. Mozilo | 학사 |
| 12 | R. Irani | 박사 | 25 | W. Greehey | 학사 |
| 13 | T. Semel | 석사 | | | |

### (1) 도수분포표

질적자료의 경우에 자료값들은 **계급**(class)이라고 불리는 여러 범위로 분류될 수 있다. 질적자료를 정리하는 방법으로는 각 계급에 속하는 자료의 수를 세는 **도수** 또는 **빈도**(frequency)와 이 도수를 전체 자료의 개수로 나눈 **상대도수**(relative frequency)가 있다.

〈표 2-1〉에서 학위라는 질적변수는 학위없음, 학사, 석사, 박사의 네 계급을 가지며, 각 계급에 속하는 도수는 다음과 같다.

학위없음: 3,　학사: 6,　석사: 12,　박사: 4

이 결과를 정리하면 다음의 도수분포표(frequency table)를 얻을 수 있다.

**|표 2-2|** 2003년 최고 경영자의 교육 정도의 도수분포표

| 교육 정도 | 도수 | 상대도수 |
|---|---|---|
| 학위없음 | 3 | 0.12 |
| 학사 | 6 | 0.24 |
| 석사 | 12 | 0.48 |
| 박사 | 4 | 0.16 |
| 합 계 | 25 | 1.00 |

도수분포표로부터 각 계급이 전체에서 차지하는 비율을 쉽게 파악할 수 있다. 〈표 2-2〉의 도수분포표에서 거의 절반에 가까운 CEO들(48%)이 석사학위를 가지고 있음을 알 수 있다.

### (2) 막대도표와 원도표

질적자료를 막대도표나 원도표로 요약하면 쉽게 그 자료를 이해할 수 있다. 막대도표는 각 자료값의 도수를 같은 폭의 막대로 나타내며, 하나의 계급에 하나의 막대가 대응된다. 막대의 높이는 도수나 상대도수를 나타낸다. 원도표는 원에 그려지고, 전체 면적이 전체 집단을 나타내며, 하나의 계급에 하나의 조각이 대응되어 그 조각의 크기는 도수나 상대도수에 비례한다. 〈표 2-2〉의 자료를 이용하여 막대도표와 원도표(Bar Graph & Pie Chart)를 그리면 [그림 2-1]과 같다.

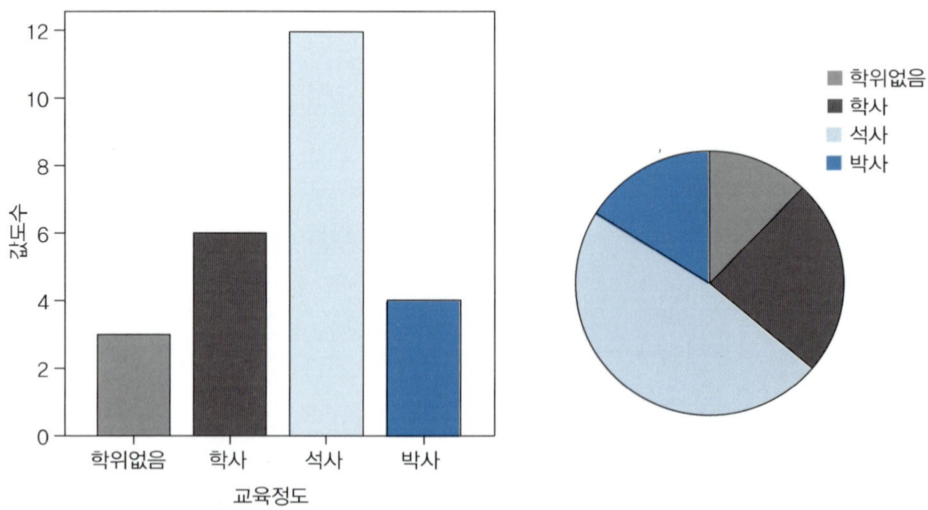


**|그림 2-1|** 2003년 최고 경영자 교육 정도의 막대도표와 원도표

## 2-1-2 양적자료의 정리

이 절에서는 [예제 2-2] 자료를 이용하여 양적자료를 정리하는 그래프에 대해 설명한다.

**예제 2-2** 〈표 2-3〉은 50개의 기업이 수익금 가운데 연구개발비로 재투자한 비율을 퍼센트로 나타낸 자료이다.

**|표 2-3|** 50개 기업의 수익금 중 연구개발비 비율

| 회사 | 퍼센트 | 회사 | 퍼센트 | 회사 | 퍼센트 | 회사 | 퍼센트 |
|---|---|---|---|---|---|---|---|
| 1 | 13.5 | 14 | 9.5 | 27 | 8.2 | 40 | 7.5 |
| 2 | 8.4 | 15 | 8.1 | 28 | 6.9 | 41 | 7.1 |
| 3 | 10.5 | 16 | 13.9 | 29 | 7.2 | 42 | 13.2 |
| 4 | 9.0 | 17 | 9.9 | 30 | 8.2 | 43 | 7.7 |
| 5 | 9.2 | 18 | 6.9 | 31 | 9.6 | 44 | 5.9 |
| 6 | 9.7 | 19 | 7.5 | 32 | 7.2 | 45 | 5.2 |
| 7 | 6.6 | 20 | 11.1 | 33 | 8.8 | 46 | 5.6 |
| 8 | 10.6 | 21 | 8.2 | 34 | 11.3 | 47 | 11.7 |
| 9 | 10.1 | 22 | 8.0 | 35 | 8.5 | 48 | 6.0 |
| 10 | 7.1 | 23 | 7.7 | 36 | 9.4 | 49 | 7.8 |
| 11 | 8.0 | 24 | 7.4 | 37 | 10.5 | 50 | 6.5 |
| 12 | 7.9 | 25 | 6.5 | 38 | 6.9 | | |
| 13 | 6.8 | 26 | 9.5 | 39 | 6.5 | | |

### (1) 히스토그램

히스토그램 작성법을 알아보기 전에 먼저 양적자료의 도수분포표를 작성하는 방법에 대하여 알아보자. 도수분포표를 작성하고 이를 기초로 히스토그램을 그리는 방법은 여러 가지가 있으며, 통계 패키지마다 사용하는 방법이 조금씩 다르다. 여기서는 일반적으로 많이 사용하는 방법을 소개하려고 한다.

양적자료의 도수분포표를 작성하기 위해서는 먼저 서로 인접한 자료값들을 집단화하여 전체 자료집합을 몇 개의 그룹으로 나눈다. 이를 위하여 전체 자료의 범위를 몇 개의 계급(class)으로 나누는 것이 필요하면, 〈표 2-3〉의 50개 기업의 연구개발비 자료를 이용하여 그 방법을 알아보자.

먼저 계급폭(class width)을 정한다. 만약 계급의 개수를 8로 하고 싶다면 계급폭은

$$\frac{\text{가장 큰 자료값} - \text{가장 작은 자료값}}{\text{계급의 수}} = \frac{13.9-5.2}{8} = 1.0875 \approx 1.1$$

이 된다. 여기서 소수점 두 번째 자리에서 반올림하는 이유는 양쪽 극단값, 즉 가장 큰 값과 가장 작은 값을 도수분포표에 포함시키기 위해서이다. 다음으로 첫 번째 계급의 하측 경계값을 정해야 하는데, 어떤 자료값도 계급 간의 경계점에 놓이지 않게 하기 위하여 자료의 최솟값보다 조금 작은 값을 선택한다. 흔히, 자료의 최소 단위의 반을 자료의 최솟값으로부터 뺀 값을 많이 사용한다. 기말고사 성적의 자료에서는

$$(\text{첫 번째 계급의 하측경계값}) = 5.2 - \frac{0.1}{2} \times 1 = 5.15$$

와 같이 구한다. 계급 간격이 1.1이므로 첫 번째 계급은 5.15~6.25가 될 것이고, 두 번째 계급은 6.25~7.35가 될 것이다. 나머지 계급들도 같은 방법으로 구한다.

이제 각 계급에 속하는 자료의 수, 즉 계급도수(class frequency)를 계산하고, 각 계급도수를 전체 자료의 수로 나누어 계급의 상대도수를 구한다. 〈표 2-4〉는 이와 같이 하여 작성된 연구개발비의 도수분포표이다.

**|표 2-4|** 연구개발비의 도수분포표

| 계급번호 | 계급구간 | 도수 | 상대도수 |
|---|---|---|---|
| 1 | 5.15~6.25 | 4 | 0.08 |
| 2 | 6.25~7.35 | 12 | 0.24 |
| 3 | 7.35~8.45 | 14 | 0.28 |
| 4 | 8.45~9.55 | 7 | 0.14 |
| 5 | 9.55~10.65 | 7 | 0.14 |
| 6 | 10.65~11.75 | 3 | 0.06 |
| 7 | 11.75~12.85 | 0 | 0.00 |
| 8 | 12.85~13.95 | 3 | 0.06 |
| 총계 | | 50 | 1.00 |

이제 도수분포표를 작성하는 방법을 다시 정리하면 다음과 같다.

1. 자료의 최댓값과 최솟값을 찾는다.
2. 자료의 크기에 따라 5개 내지 20개 정도의 계급의 개수를 정한다. 흔히 $\sqrt{n}$ 공식에 의해 계급수를 정하기도 한다.
3. 위에서 정한 계급의 수만큼 동일한 간격의 계급구간을 정한다. 이때, 각 계급구간은 서로 중복되는 부분이 없어야 하며, 어떠한 자료값도 계급 간의 경계점에 놓이지 않게 한다.
4. 각 계급에 속하는 자료값의 개수를 세어 계급의 도수를 정한다.
5. 각 계급의 도수를 전체 자료수로 나누어 계급의 상대도수를 구한다.

도수분포표에서 계급의 개수를 정하는 문제는 줄기-잎 그림에서 줄기의 개수를 정하는 문제와 비슷하다. 일률적인 공식은 없으며, 흔히 $\sqrt{n}$ 공식에 의해 계급수를 정하기도 하지만, 상황에 따라 적절히 정하는 것이 타당하다.

도수분포표 〈표 2-4〉를 히스토그램으로 나타내면 [그림 2-2]가 된다. [그림 2-2]는 SPSS에 의해 그린 것이며, 통계 패키지에 따라 다른 그림을 얻을 수 있다. SPSS에서 "빈도"는 이 책에서 사용하는 "도수"라는 용어를 의미한다.

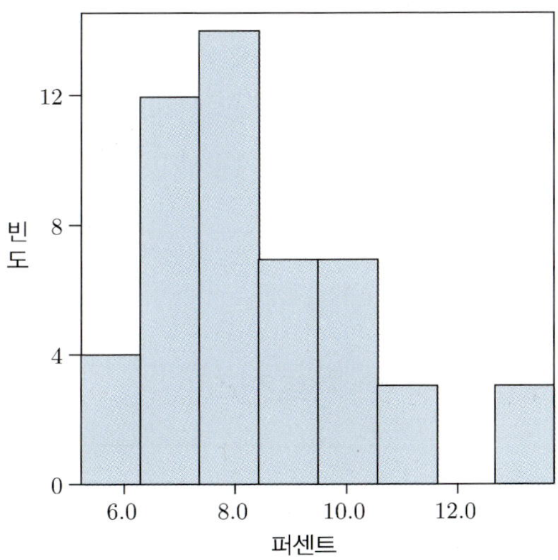


**[그림 2-2]** 연구개발비 히스토그램

### (2) 줄기-잎 그림

**줄기-잎 그림**(stem-and-leaf plot)은 유명한 통계학자 존 튜키(John Tukey)

에 의해 개발되었다. 줄기-잎 그림을 그리기 위해서는 먼저 줄기와 잎 부분을 선택해야 한다. 〈표 2-3〉의 자료에서 잎은 소수점 오른쪽에 있는 숫자가 되고, 줄기는 왼쪽에 있는 숫자가 된다. 예를 들어, 첫 번째 관측값 13.5에서 13은 줄기이고 5는 잎이 된다. 줄기값을 크기 순으로 세로로 나열한 다음 각 줄기에 해당하는 잎을 해당하는 줄기의 오른쪽에 가로로 적는다. 마지막으로 줄기와 잎의 값을 구분하기 위해 줄기와 잎 사이에 수직선을 그어준다. 〈표 2-3〉 자료에 대한 줄기-잎 그림은 [그림 2-3]과 같다.

```
 5 | 2 6 9
 6 | 0 5 5 5 6 8 9 9 9
 7 | 1 1 2 2 4 5 5 7 7 8 9
 8 | 0 0 1 2 2 2 4 5 8
 9 | 0 2 4 5 5 6 7 9
10 | 1 5 5 6
11 | 1 3 7
12 |
13 | 2 5 5
```

**|그림 2-3|** 줄기-잎-그림

줄기-잎 그림은 히스토그램에 비하여 한 자리수 더 많은 정보를 제공해 주는 장점이 있다. 예를 들어, [그림 2-3]에서는 많은 회사들이 연구개발비로 그들의 수익금 중 6.0%에서 9.9%를 지출하고 있으며, 3개 회사는 13% 이상을 지출하고 있는 것을 알 수 있다.

## 2-2 척도를 이용한 자료정리

지금까지 자료를 이해하고 정리하기 위해 그래프나 도표를 이용하는 방법에 대해 공부하였다. 그러나 그래프나 자료들은 줄기의 수나 계급의 구간을 정하는 작성자의 주관에 좌우되는 단점이 있다. 또한, 자료가 모집단이 아닌 표본일 때 표본자료로부터 얻은 도표나 그래프가 모집단의 도표나 그래프에 얼마나 가까운지 알 수 없다. 그래프나 도표의 이러한 단점을 보완하기 위해 자료를 객관적으로 대표할 수 있는 수리적 **측도**(measure)가 필요하다.

자료의 특성을 나타내는 대표적인 수리적 측도로서 중심 위치의 측도와 산포의 측도가 있다. [그림 2-4]에서 볼 수 있듯이 중심 위치의 측도는 주어진 자료가 어떤 값을 중심으로 분포되어 있는가를 알려주며, 산포의 측도는 자료들이 퍼져 있는 정도를 나타낸다. 그 외의 측도로서 상대적 위치의 측도(measure of relative standing)는 어떤 특정한 자료의 값이 전체에서 어떤 위치에 있는가를 알게 해 준다.

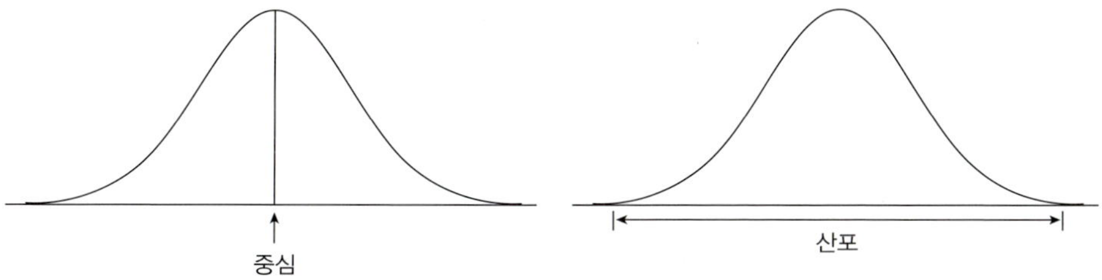


**|그림 2-4|** 중심 위치와 산포의 개념

중심 위치와 산포의 측도들을 모집단과 표본에서 정의하기 위하여 유한모집단 크기를 $N$으로, 표본 크기를 $n$으로 나타내며, 각각의 자료들을 다음과 같이 나타내기로 한다.

모집단 : $x_1, x_2, \cdots, x_N$
표　본 : $x_1, x_2, \cdots, x_n$

### 2-2-1 중심 위치의 측도

중심 위치의 측도로는 평균, 중앙값(중위수), 최빈값이 많이 사용된다. 이 중에서 특히 평균과 중앙값이 가장 많이 사용된다.

#### (1) 평균

우리가 여기서 다루는 **평균**(mean)이란 산술평균을 의미하며, 중심 위치의 측도로서 가장 많이 사용되고 있다. 또한, 평균은 뒤에서 설명할 추측통계학에서도 매우 중요한 역할을 한다. 모집단에서의 평균을 모평균이라고 하며, 흔히 기호 $\mu$(뮤)를 사용하고, 표본에서의 평균을 표본평균이라고 하며, 흔히 기호 $\bar{x}$ (엑스바)를 사용하여 나타낸다.

**모평균(population mean)과 표본평균(sample mean)**

모평균: $\mu = \frac{1}{N}(x_1 + x_1 + \cdots + x_N) = \frac{1}{N}\sum_{i=1}^{N} x_i$

표본평균: $\bar{x} = \frac{1}{n}(x_1 + x_1 + \cdots + x_n) = \frac{1}{n}\sum_{i=1}^{n} x_i$

### (2) 중앙값(중위수)

**중앙값** 또는 **중위수**(median)는 자료를 크기 순으로 나열할 때 가운데 놓이는 값이다. 중앙값은 자료의 개수가 홀수일 때와 짝수일 때 수식 표현이 다르므로 자료를 크기 순으로 나열한 값을 다음과 같이 나타내기로 한다.

$$x_{(1)} \leqq x_{(2)} \leqq \cdots \leqq x_{(n)}$$

**중앙값(중위수) M**

$n = 2k+1$ (즉, 홀수)일 때: M = $x_{(k+1)}$

$n = 2k$ (즉, 짝수)일 때: M = $\frac{x_{(k)} + x_{(k+1)}}{2}$

**◘ 예 2-1** 다음에서 자료 1과 자료 2의 표본평균과 중앙값을 구해 보자. 자료 2는 자료 1에 120이란 이상점이 추가된 자료이다.

자료 1: 2 3 5 9 11
자료 2: 2 3 5 9 11 120

자료 1: 표본평균 (2+3+5+9+11)/5 = 6; 중앙값 5
자료 2: 표본평균 (2+3+5+9+11+120)/6 = 25; 중앙값 (5+9)/2 = 7

〈예 2-1〉에서 120은 실제로 12가 잘못 입력되어 120이 되었을 수도 있다. 이와 같이 극단적인 이상점이 포함된 자료에서 중앙값은 이상점의 영향을 적게 받지만,

표본평균은 민감하게 반응하여 왜곡된 정보를 제공할 수도 있다. 그러나 일반적으로 정상적인 자료들에서는 표본평균이 중앙값보다는 효율이 좋은 측도가 된다.

### 2-2-2 산포의 측도

**산포**(dispersion)란 자료들이 퍼져 있는 정도를 나타내는 개념이다. 예를 들어, 두 국가의 기업성장률(profit 기준)을 비교한다고 하자. 이를 위해 A, B 두 국가로부터 각각 100개 기업의 성장률을 [그림 2-5]와 같이 얻었다고 하자. 두 자료는 비슷한 평균과 중앙값을 가진다는 것을 볼 수 있다. 그러나 A 국가의 기업들의 성장비율은 B 국가의 기업들에 비해 밀집된 분포의 모양을 보이고 있다. 즉, 자료의 형태를 정확히 이해하기 위해서는 중심 위치의 측도뿐만 아니라 산포의 측도도 필요하다.

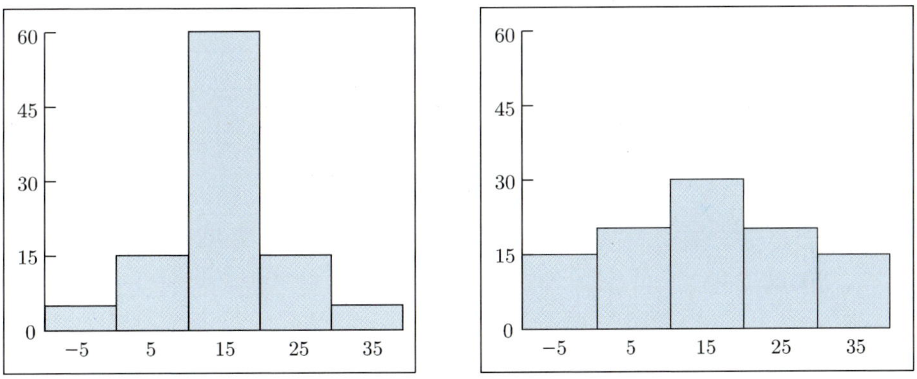


(a) A 국가 기업성장률　　　(b) B 국가 기업성장률

**|그림 2-5|** 두 국가의 기업성장률

#### (1) 범위

**범위**(range)는 산포의 측도 가운데 가장 간단한 측도로써, 자료를 크기에 따라 나열하였을때 두 극단값의 차이를 나타낸다.

> **자료의 범위**
>
> 범위 = $x_{(n)} - x_{(1)}$, 즉 (자료의 최댓값 − 자료의 최솟값)

### (2) 사분위범위

범위는 계산하기는 간편하지만, 자료의 두 극단값의 차이만을 나타내기 때문에 이상점에 지나치게 민감한 단점이 있다. 이러한 범위의 단점을 일부 보완한 것이 **사분위범위**(interquartile range)이다. 사분위범위를 정의하기 전에 먼저 **사분위수**(quartile)에 대하여 설명해 보자. 사분위수는 크기 순으로 나열된 자료를 4등분하는 수이며, 그중 첫째를 제1사분위수, 둘째를 제2사분위수, 셋째를 제3사분위수라고 부른다. 제2사분위수는 중앙값에 해당된다.

제1사분위수를 $Q_1$, 제3사분위수를 $Q_3$로 나타낼 때 사분위수범위를 다음과 같이 정의한다.

**자료의 사분위범위**

IQR = $Q_3$ − $Q_1$,  즉 (제3사분위수 − 제1사분위수)

자료에서 사분위수를 계산하는 방법은 여러 가지가 있으며, SPSS에서는 사분위수를 각각 $(n+1)/4$ 번째, $(n+1)/2$ 번째, $3(n+1)/4$ 번째 자료값으로 정의한다.

**예 2-2** 다음 두 자료에서 사분위수 및 사분위범위를 구하면 아래와 같다.

- 자료

  자료 1: 1 2 3 4 5 6 7 8 9

  자료 2: 1 2 3 4 5 6 7 8 9 10

- 사분위수

  자료 1: $Q_1$ = 2.5, M = 5, $Q_3$ = 7.5, IQR = 5

  자료 2: $Q_1$ = 2.75, M = 5.5, $Q_3$ = 8.25, IQR = 5.5

### (3) 분산과 표준편차

자료를 $x_1, x_2, \cdots, x_n$로 나타낼 때 각 자료값 $x_i$와 표본평균 $\overline{x}$의 차인 $x_i - \overline{x}$를 **편차**(deviation)라고 하며, 편차의 합은 다음과 같이 언제나 0이 된다.

$$\sum_{i=1}^{n}(x_i - \overline{x}) = \sum_{i=1}^{n}x_i - n\overline{x} = 0$$

따라서, 편차의 단순 합으로는 자료의 산포의 정도를 나타낼 수 없으며, 흔히 음의 편차를 양수로 만들기 위해 편차를 제곱하여 사용한다. 즉, 편차의 제곱의 합을 **제곱합**(sum of squares)이라고 부르며, 제곱합의 정의 및 간편계산법은 다음과 같다.

**제곱합과 간편계산법**

제곱합: $\sum_{i=1}^{n}(x_i - \overline{x})^2$

간편계산법: $\sum_{i=1}^{n}x_i^2 - n\overline{x}^2$

제곱합은 자료 개수가 증가하면 같이 증가하므로 산포의 측도로 직접 사용하기에는 적합하지 않다. 따라서, 평균제곱합의 개념으로 **분산**(variance)을 정의한다. 모집단 분산을 **모분산**이라고 부르며, $\sigma^2$(시그마 제곱)으로 나타내고, 표본의 분산을 **표본분산**이라고 부르고 $s^2$으로 나타낸다. 이들을 수식으로 정의하면 다음과 같다.

**모분산과 표본분산**

모분산: $\sigma^2 = \frac{1}{N}\sum_{i=1}^{N}(x_i - \mu)^2$

표본분산: $s^2 = \frac{1}{n-1}\sum_{i=1}^{n}(x_i - \overline{x})^2$

여기서 표본분산을 계산할 때 n 대신에 n−1을 사용하는 데에는 중요한 통계적 이유가 있으며, 이는 제7장에서 설명하기로 한다.

한편, 분산은 편차의 평균제곱합으로 정의되었기 때문에 자료의 단위와는 다른 단위를 갖는다. 따라서, 자료와 같은 단위를 갖는 측도를 정의하기 위해 분산의 제곱근을 사용하며, 이를 **표준편차**(standard deviation)라고 한다. 모집단과 표본에서 표준편차를 정의하면 다음과 같다.

**모표준편차와 표본표준편차**

모표준편차: $\sigma = \sqrt{\sigma^2} = \sqrt{\frac{1}{N}\sum_{i=1}^{N}(x_i - \mu)^2}$

표본표준편차: $s = \sqrt{s^2} = \sqrt{\frac{1}{n-1}\sum_{i=1}^{n}(x_i - \overline{x})^2}$

**예 2-3** 다음 두 자료에 대하여 표본분산과 표본표준편차를 구해 보자.

- 자료

  자료 1: 3 4 5 6 7

  자료 2: 1 3 5 7 9

- 두 자료의 평균은 모두 5이므로 제곱합 $\sum_{i=1}^{n}(x_i - \overline{x})^2$은 다음과 같다.

  자료 1: $(-2)^2 + (-1)^2 + 0^2 + 1^2 + 2^2 = 10$

  자료 2: $(-4)^2 + (-2)^2 + 0^2 + 2^2 + 4^2 = 40$

따라서, 분산과 표준편차는 다음과 같다.

자료 1: 분산 10/4 = 2.5, 표준편차 $\sqrt{2.5} \fallingdotseq 1.58$

자료 2: 분산 40/4 = 10, 표준편차 $\sqrt{10} = 3.16$

### 2-2-3 상대적 위치의 측도

앞에서 배운 중심 위치의 측도와 산포의 측도는 자료의 형태를 이해하는 데 대체적으로 유용한 정보를 제공하였다. 그러나 자료 안에서 어떤 특정한 값의 상대적인 위치에 관심이 있는 경우, 위의 두 측도는 크게 도움이 되지 못한다. 예를 들어, 한 정유회사는 그들의 연간 매출액이 모든 정유산업체에서 어느 정도 위치에 해당하는지를 알고 싶은 경우 평균이나 분산으로는 그 정확한 위치를 알 수 없다. 이를 위해서는 백분위수(percentile)나 z-점수(z-score)와 같은 상대적 위치의 측도(Measure of Relative Standing)가 필요하다.

### (1) 백분위수

**백분위수**(percentiles)는 사분위수의 개념을 더욱 확대하여 크기 순서에 따라 나열한 자료값들을 100등분하는 값을 일컫는다. 즉, 제$P$백분위수($P^{th}$ percentiles)는 자료값 중 $P$%가 그 값보다 작거나 같게 되는 값이다. 제1사분위수, 중앙값, 제3사분위수는 각각 제25, 제50, 제75백분위수에 해당된다. 백분위수는 자료의 크기가 대략 30보다 큰 경우에 사용된다.

> **백분위수**
>
> 제$P$백분위수는 자료값 중 $P$%가 그 값보다 작거나 같고 $(100-P)$%가 그 값보다 크거나 같게 하는 값이다.

**예제 2-3** 〈표 2-5〉는 통계학개론을 수강하는 학생 30명의 중간시험성적을 보여 준다.

**|표 2-5|** 통계학개론 중간시험성적

| | | | | |
|---|---|---|---|---|
| 53 | 57 | 59 | 61 | 62 |
| 63 | 65 | 66 | 67 | 68 |
| 70 | 71 | 73 | 74 | 74 |
| 75 | 75 | 77 | 78 | 81 |
| 84 | 85 | 86 | 87 | 87 |
| 89 | 91 | 93 | 94 | 98 |

이제 〈표 2-5〉의 통계학개론 중간시험성적의 자료에서 제70백분위수를 구해보자. 전체 자료의 수가 30이므로 제70백분위수보다 작은 자료값들은 모두 30×(70/100)=21개이고, 그보다 큰 자료값은 모두 30×(3000/100)=9개이어야 한다. 따라서, 제70백분위수는 21번째와 22번째 수의 중간값인 84.5라고 할 수 있다. 제70백분위수가 84.5라는 사실을 통하여 85점을 받은 학생은 자기 점수가 위로부터 30% 이내에 속함을 쉽게 알 수 있을 것이다.

### (2) $z$ –점수

또 다른 상대적 위치의 측도로써 **$z$ –점수**($z$ –score)가 많이 사용된다. $z$ 점수는 다음과 같이 정의된다.

**자료값 $x$의 $z$ 점수**

(a) 자료가 모집단일 경우: $z = \frac{x-\mu}{\sigma}$

(b) 자료가 표본일 경우: $z = \frac{x-\overline{x}}{s}$

정의로부터 알 수 있듯이 $z$-점수는 어떤 특정한 자료값이 평균으로부터 표준편차의 몇 배만큼 떨어져 있는가를 측정한다.

**예제 2-3 (계속)** 〈표 2-5〉의 통계학개론 중간시험성적에서 77점의 $z$-점수를 구해 보자. 먼저 평균과 표준편차를 각각 구하면 다음과 같다.

$$\overline{x} = 75.43, \quad s = 12.05$$

따라서, 77점의 $z$-점수는 다음과 같다.

$$z = \frac{77-75.43}{12.05} = 0.13$$

## 2-3 SPSS 실습

이 절에서는 1장에서 생성한 test.sav 자료를 사용하여 SPSS에서 기술통계학 분석을 시행하는 방법을 설명하고자 한다.

### 2-3-1 도수분포표

SPSS 데이터 편집기상에 TEST.sav를 열어 놓은 후 도수분포표를 그리기 위해서는 [그림 2-6]과 같이 메뉴에서 분석(A) → 기술통계량(E) → 빈도분석(F)... 을 클릭하여 [그림 2-7]을 얻는다.

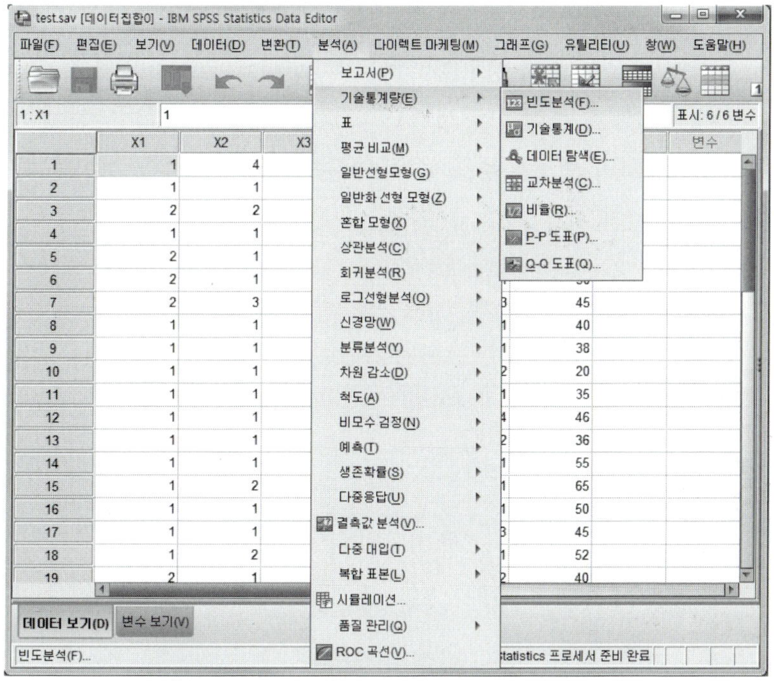


**[그림 2-6]** 도수분포표를 얻기 위한 명령어 I

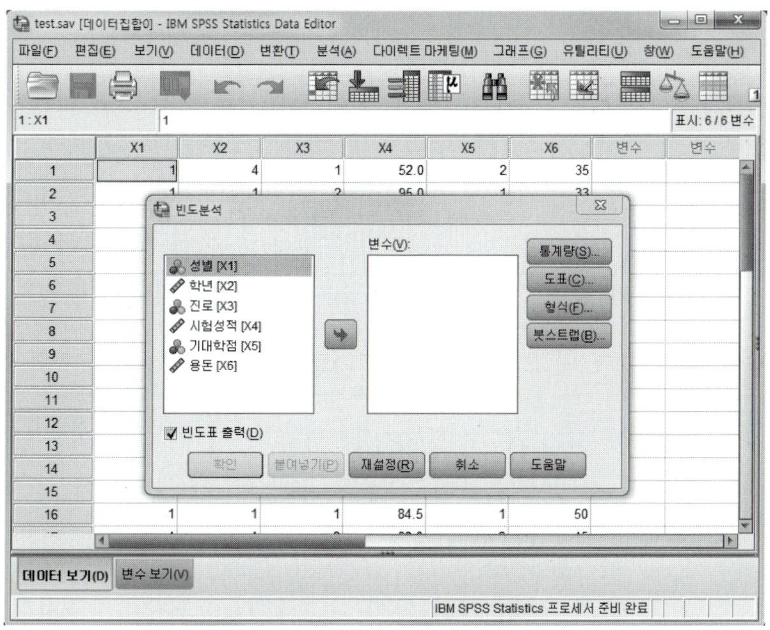


**[그림 2-7]** 빈도분석 화면

빈도분석화면의 왼쪽 창에는 현재의 변수들이 모두 나열되어 있는데 그중에서 빈도분석을 적용하고자 하는 변수 이름 위로 마우스를 옮겨서 파란색으로 변한 후 ➡를 클릭하면 선택된 변수가 오른쪽으로 이동하게 된다. [그림 2-8]은 변수 X3의 빈도분석을 위해 오른쪽으로 이동시킨 것이다.

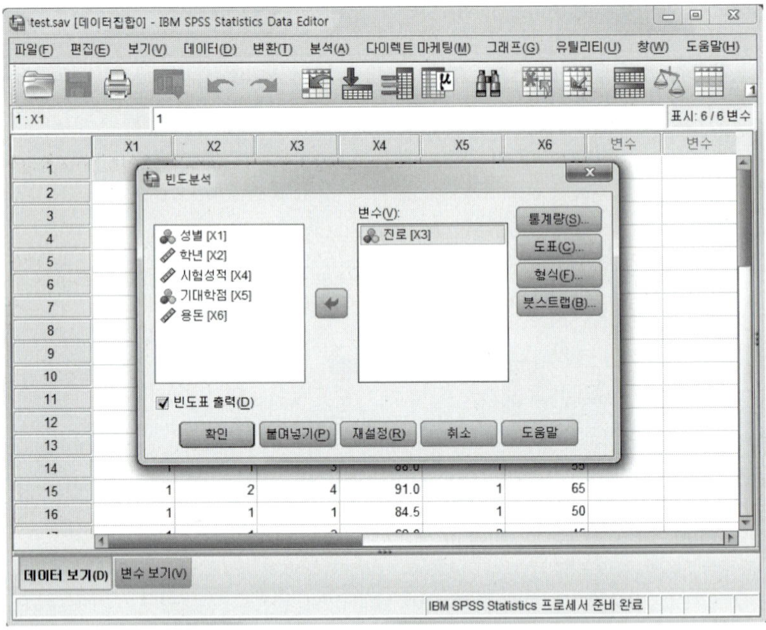


**|그림 2-8|** 빈도분석을 위한 변수 선택

[확인]을 클릭하면 SPSS 뷰어 창 화면이 새로 생기면서 결과물이 출력된다. [그림 2-9]는 그 결과물에서 빈도표(도수표)만 복사하여 편집한 것이다.

진로의 각 항목에 대한 빈도와 전체에서 차지하는 퍼센트가 나타나 있다.

**진로**

| | | 빈도 | 퍼센트 | 유효 퍼센트 | 누적 퍼센트 |
|---|---|---|---|---|---|
| 유효 | 취직 | 7 | 35.0 | 35.0 | 35.0 |
| | 대학원 | 6 | 30.0 | 30.0 | 65.0 |
| | 군입대 | 4 | 20.0 | 20.0 | 85.0 |
| | 해외유학 | 3 | 15.0 | 15.0 | 100.0 |
| | 합계 | 20 | 100.0 | 100.0 | |

**|그림 2-9|** 빈도분석의 결과물

2-1-1절의 도수분포표에서 설명한 상대도수는 현재의 퍼센트를 소수점으로 바꾼 것이다. 유효퍼센트란 만약 자료에서 무응답으로 인한 결측값이 존재하는 경우 이를 제외한 자료를 전체로 두고 퍼센트를 구한 것을 말한다.

참고로 [그림 2-10]과 같이 메뉴에서 분석(A) → 표 → 통계표 작성(C)... 을 선택하여 도수분포표를 얻을 수도 있다.

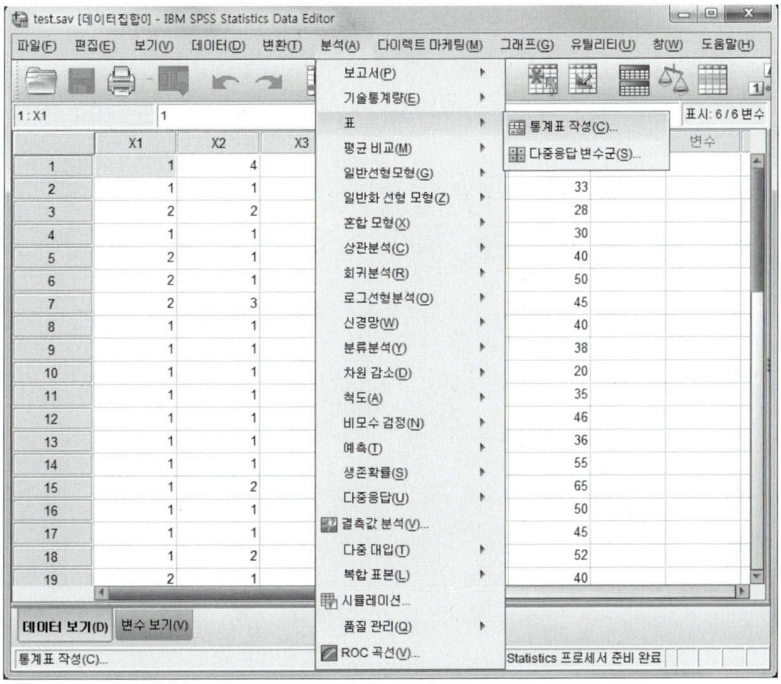

**|그림 2-10|** 도수분포표를 얻기 위한 명령어 II

## 2-3-2 막대도표

막대도표를 그리기 위해서는 [그림 2-8]에서 도표(C)... 를 선택하여 [그림 2-11]을 얻는다.

도표 유형에 막대도표(B) 를 선택하면 아래의 도표화 값이 더 진하게 변하는데, 이때 막대도표의 세로축에 빈도를 표시할 것인가 퍼센트를 표시할 것인가에 따라 선택한 다음 계속 을 클릭하면 다시 빈도분석 화면을 얻게 되고, 여기서 확인 을 클릭하여 [그림 2-12]와 같은 결과물을 얻는다. 또는 데이터 편집기 메뉴에서 그래프(G) → 레거시 대화 상자(L) → 막대도표(B)... 를 클릭하여 막대도표를 그릴 수도 있다.

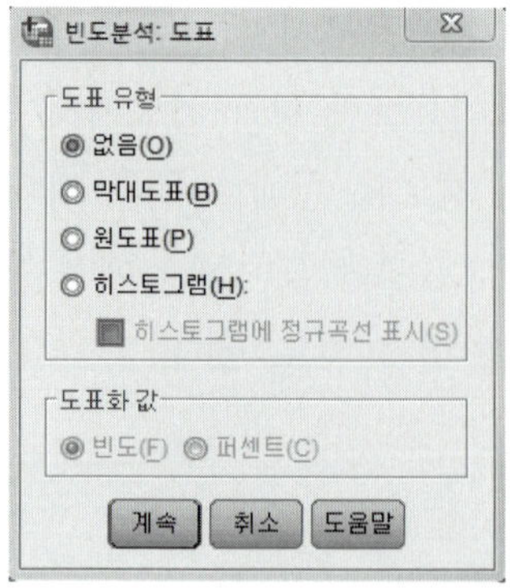


**|그림 2-11|** 빈도분석: 도표 화면

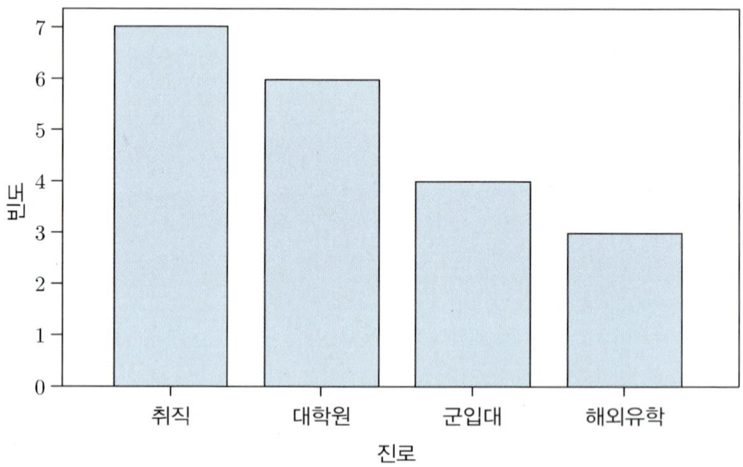


**|그림 2-12|** 막대도표의 결과

## 2-3-3 원도표

원도표를 그리기 위해서는 [그림 2-11]의 빈도분석 도표 화면에서 도표 유형으로 원도표(P) 를 선택하고 계속을 클릭하면 다시 [그림 2-8]의 빈도분석 화면을 얻게 되는데, 여기서 확인을 클릭하여 [그림 2-13]과 같은 결과물을 얻는다. 또는 데이터 편집기 메뉴에서 그래프(G) → 레거시 대화 상자(L) → 원(P)... 를 클릭하여 원도표를 그릴 수도 있다.

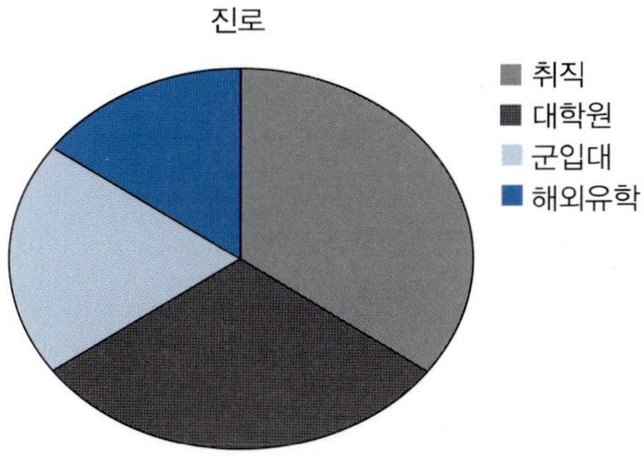


**|그림 2-13|** 원도표의 결과

## 2-3-4 줄기-잎 그림

데이터 편집기의 메뉴에서 분석(A) → 기술통계량(E) → 데이터 탐색(E)... 을 클릭하면 데이터 탐색 화면을 얻게 된다. 탐색 화면의 왼쪽 창에는 현재의 변수들이 모두 나열되어 있는데 그중에서 관심의 대상이 되는 변수 이름을 마우스로 클릭하고 파란색으로 변하면 ➡를 클릭하여 오른쪽으로 이동하도록 한다. [그림 2-14]는 변수 X4를 선택하여 ➡를 클릭하고 오른쪽 종속변수로 이동시킨 다음 도표(T)... 를 선택하여 얻은 화면이다.

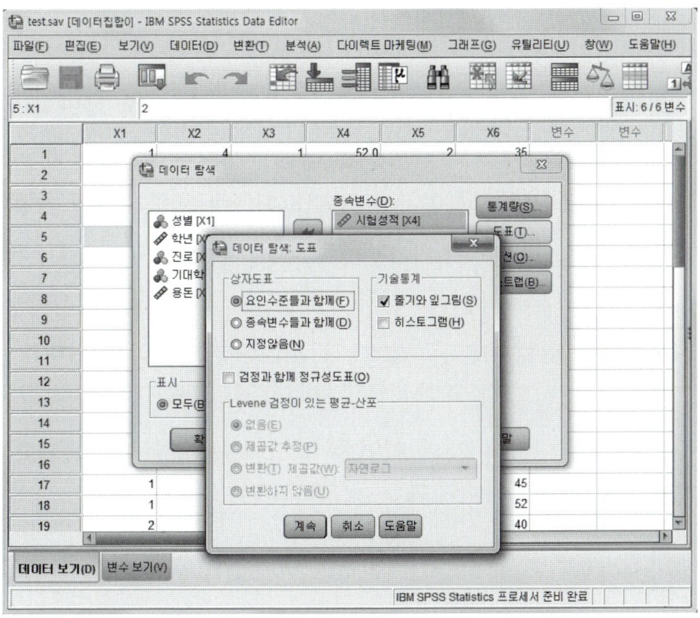

**|그림 2-14|** 줄기와 잎그림을 위한 도표 화면

이제 줄기와 잎 그림이 선택되어 있으므로 [계속]을 클릭한다. 그러면 데이터 탐색 화면이 나타나고, 이때 [확인]을 클릭하여 [그림 2-15]와 같은 출력 결과를 얻는다.

```
시험성적 Stem-and-Leaf Plot

 Frequency    Stem &  Leaf

     1.00        4 .  4
     1.00        5 .  2
     4.00        6 .  8888
     2.00        7 .  46
     7.00        8 .  0347888
     5.00        9 .  01255

 Stem width:      10.0
 Each leaf:       1 case(s)
```

**|그림 2-15|** 줄기와 잎 그림

## 2-3-5 히스토그램

데이터 편집기의 메뉴에서 [그래프(G)] → [레거시 대화 상자(L)] → [히스토그램(I)...] 을 선택하면 히스토그램 화면을 얻게 된다. 히스토그램 화면의 왼쪽 창에는 현재의 변수들이 모두 나열되어 있는데 그중에서 관심의 대상이 되는 변수 이름 위를 마우스로 클릭하고 파란색으로 변하면 [➔]를 클릭하면 오른쪽으로 이동한다. [그림 2-16]은 변수 X4의 히스토그램을 위해 오른쪽으로 이동시킨 후 히스토그램 위에 정규분포곡선을 겹쳐 그리도록 [정규곡선 출력(D)] 을 선택한 화면이다. 다시 [확인]을 클릭하면 [그림 2-17]의 결과물을 얻게 된다.

같은 그림을 줄기-잎 그림에서처럼 [분석(A)] → [기술통계량(E)] → [데이터 탐색(E)...] 을 클릭하고 데이터 탐색 화면을 얻으면 [도표(T)...]를 선택하고 다시 [히스토그램(H)] 을 클릭하여 그릴 수도 있다.

**|그림 2-16|** 히스토그램 변수의 지정

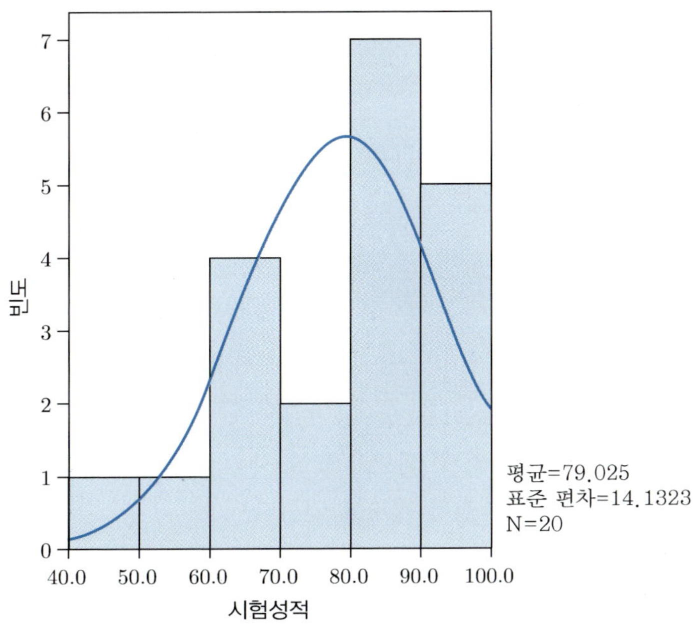


**|그림 2-17|** 시험성적의 히스토그램

### 2-3-6 중심과 산포의 측도

수리적인 측도를 통해서 자료의 특성을 파악하기 위해서는 메뉴에서 분석(A) → 기술통계량(E) → 기술통계(D)... 를 클릭하여 기술통계 화면을 얻고, 기술통계 화면의 왼쪽 창에 있는 변수들 가운데 관심의 대상이 되는 변수 이름을 마우스로 클릭하고 파란색으로 변하면 ➡를 클릭하여 오른쪽으로 이동한다. [그림 2-18]은 변수 X4와 X5를 선택하여 ➡를 클릭하고 오른쪽 변수로 이동시킨 후 얻은 화면이다.

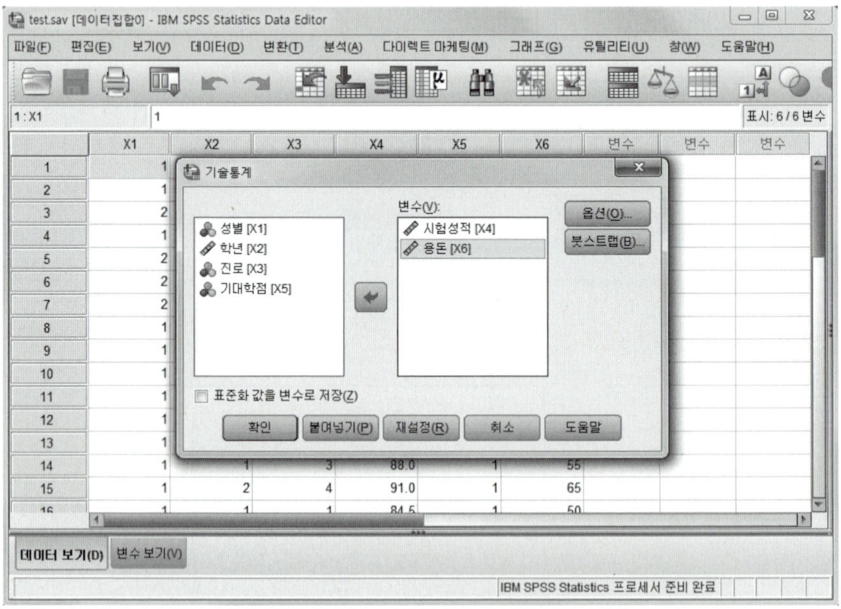


**[그림 2-18]** 기술통계 화면

[그림 2-18]의 기술통계 화면에서 옵션(O)... 을 클릭하면 [그림 2-19]의 기술통계 옵션 화면을 얻게 된다. 여기서 원하는 통계량을 선택한 다음 계속 을 클릭하여 다시 기술통계 화면으로 돌아오고, 확인 을 클릭하면 뷰어 창에 [그림 2-20]과 같은 출력 결과를 얻는다.

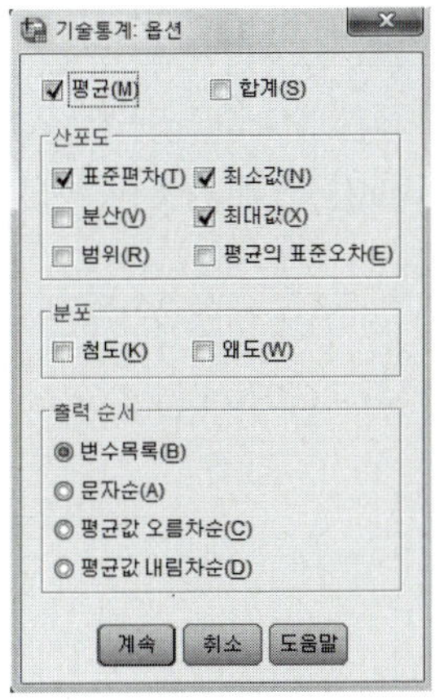


**|그림 2-19|** 기술통계 옵션 화면

**기술통계량**

| | N | 최솟값 | 최댓값 | 평균 | 표준편차 |
|---|---|---|---|---|---|
| 시험성적 | 20 | 44.0 | 95.0 | 79.025 | 14.1323 |
| 용돈 | 20 | 18 | 65 | 40.05 | 11.532 |
| 유효수 (목록별) | 20 | | | | |

**|그림 2-20|** 기술통계 결과

다음은 시험성적과 용돈의 기술통계량 값을 성별에 따라 구해 보자.

메뉴에서 분석(A) → 표 → 통계표 작성(C)...를 클릭하여 통계표 작성 화면을 연 다음 왼쪽에 나열되어 있는 변수들 중에서 성별을 마우스로 끌어 행으로 보낸다. 다시 시험성적과 용돈을 마우스로 끌어 성별 오른쪽에 놓으면 [그림 2-21]과 같은 화면을 얻는다.

이제 화면의 시험성적을 클릭한 후 요약 통계량(S)...을 클릭하여 요약통계: 화면을 얻으면 왼쪽의 통계량 리스트에서 필요한 통계량을 선택하고 ➡를 클릭하면 [그림 2-22]에서와 같이 오른쪽의 셀 통계량으로 이동한다. 이때, 시험성적, 용돈 변수의 해당 요약통계 값을 얻고자 한다면 모든 항목에 적용(A)을 클릭하여야 한다. 만약 선택한 항목에 적용(S)을 클릭한다면 시험성적에 대한 요약통계 값만 얻게 된다. 다시 확인을 클릭하면 뷰어 창에 [그림 2-23]과 같은 출력 결과를 얻는다.

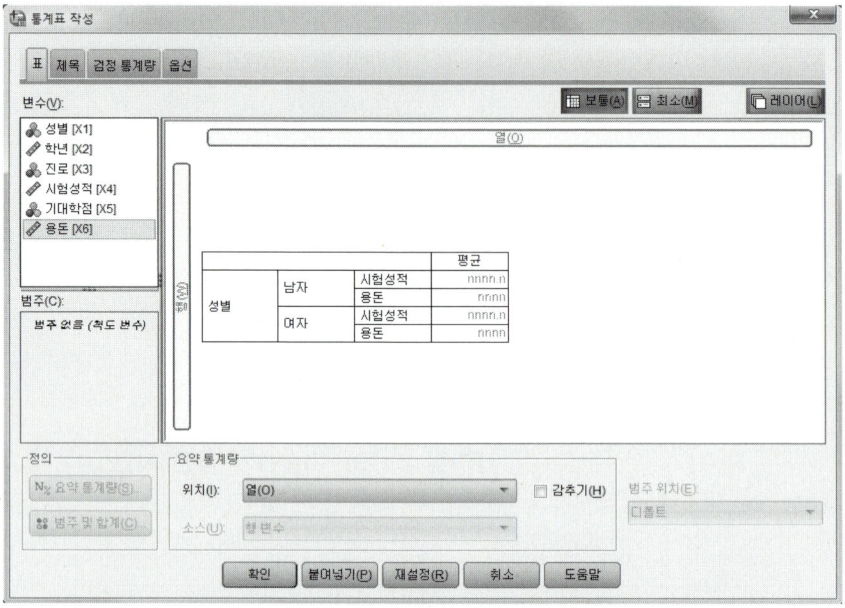


**|그림 2-21|** 통계표 작성 화면

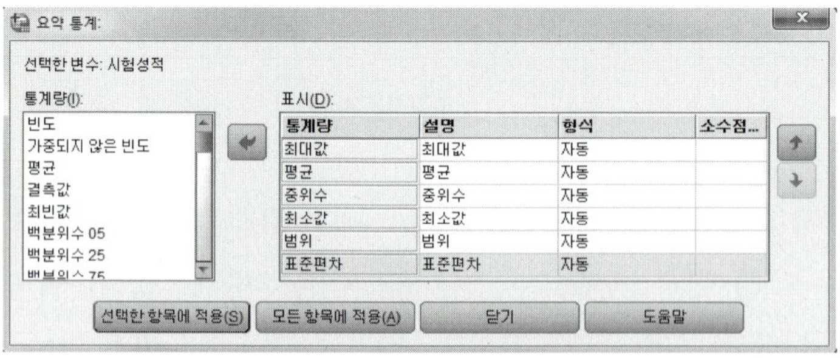


**|그림 2-22|** 요약통계: 화면

**통계표**

| 성별 | 변수 | 최댓값 | 평균 | 중위수 | 최솟값 | 범위 | 표준편차 |
|---|---|---|---|---|---|---|---|
| 남자 | 시험성적 | 95.0 | 78.2 | 84.5 | 44.0 | 51.0 | 15.3 |
| | 용돈 | 65 | 40 | 38 | 18 | 47 | 13 |
| 여자 | 시험성적 | 95.0 | 81.4 | 80.0 | 68.0 | 27.0 | 11.1 |
| | 용돈 | 50 | 41 | 40 | 28 | 22 | 8 |

**|그림 2-23|** 기초적 통계표 출력 결과

참고로 [그림 2-21]에서 만약 성별을 먼저 행에 추가하지 않았다면 [그림

2-23]의 결과는 [그림 2-20]처럼 시험성적과 용돈에 대한 기술통계량을 출력하게 될 것이다.

### 2-3-7 상대적 위치의 측도

SPSS에서 백분위수를 계산하기 위해서는 [그림 2-21]과 같이 분석(A) → 표 → 통계표 작성(C)... 을 이용한다. 예를 들어, X4(시험성적)와 X6(용돈)의 백분위수를 계산하기 위해서는 X4와 X6을 행으로 끌어놓은 뒤 N% 요약 통계량(S)... 을 클릭하여 '요약 통계:' 화면을 얻으면 왼쪽의 통계량 리스트에 백분위수 05, 25, 75, 95를 지정한다. [그림 2-24]는 이 과정을 나타낸 화면이다. 여기서 모든 항목에 적용(A), 확인 을 클릭하면 [그림 2-25]와 같은 출력 결과를 얻는다.

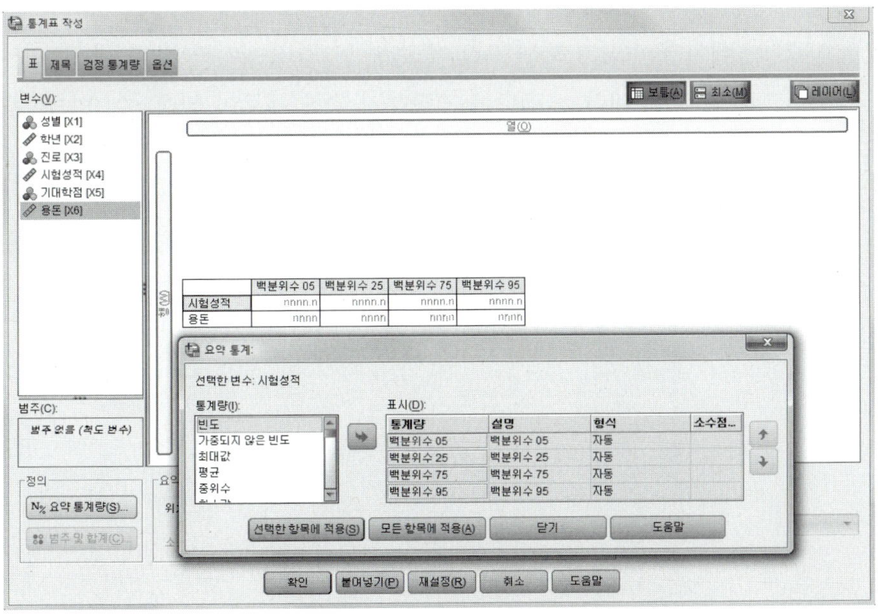

**|그림 2-24|** 백분위수 계산

**통계표**

| | 백분위수 05 | 백분위수 25 | 백분위수 75 | 백분위수 95 |
|---|---|---|---|---|
| 시험성적 | 48.0 | 68.0 | 89.3 | 95.0 |
| 용돈 | 19 | 34 | 48 | 60 |

**|그림 2-25|** 백분위수 계산 결과

이제 SPSS를 이용하여 z-점수를 계산하는 방법을 알아보자.

X4(시험성적) 값의 z-점수를 계산하기 위해서는 분석(A) → 기술통계량(E) → 기술통계(D)... 를 클릭하여 기술통계 화면을 얻으면 [그림 2-26]과 같이 변수를 선택하고 '표준화 값을 변수로 저장(Z)'을 클릭하고 확인 을 클릭한다.

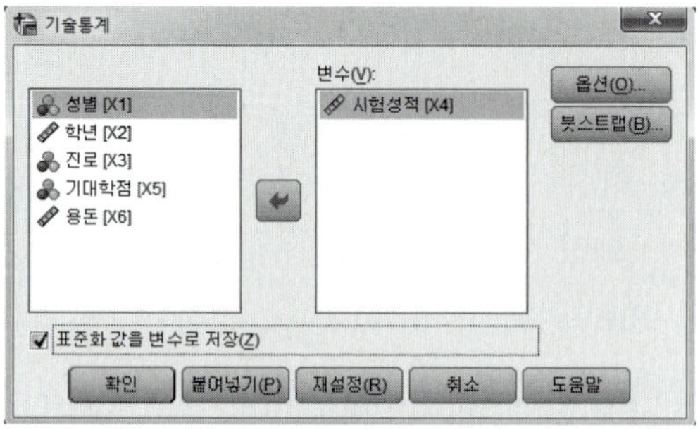


**|그림 2-26|** z-점수를 계산하기 위한 명령어

데이터 편집기 화면을 열어 보면 [그림 2-27]과 같이 새로운 변수(ZX4)가 X4의 각 값에 대한 z-점수를 저장하기 위해 새로이 생성되어 있는 것을 볼 수 있다.

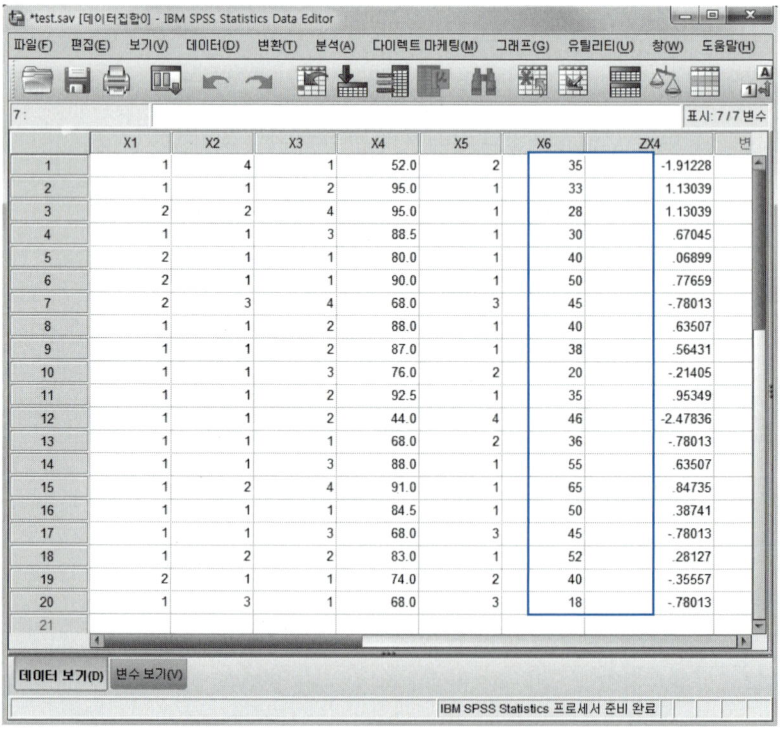

| | X1 | X2 | X3 | X4 | X5 | X6 | ZX4 |
|---|---|---|---|---|---|---|---|
| 1 | 1 | 4 | 1 | 52.0 | 2 | 35 | -1.91228 |
| 2 | 1 | 1 | 2 | 95.0 | 1 | 33 | 1.13039 |
| 3 | 2 | 2 | 4 | 95.0 | 1 | 28 | 1.13039 |
| 4 | 1 | 1 | 3 | 88.5 | 1 | 30 | .67045 |
| 5 | 2 | 1 | 1 | 80.0 | 1 | 40 | .06899 |
| 6 | 2 | 1 | 1 | 90.0 | 1 | 50 | .77659 |
| 7 | 2 | 3 | 4 | 68.0 | 3 | 45 | -.78013 |
| 8 | 1 | 1 | 2 | 88.0 | 1 | 40 | .63507 |
| 9 | 1 | 1 | 2 | 87.0 | 1 | 38 | .56431 |
| 10 | 1 | 1 | 3 | 76.0 | 2 | 20 | -.21405 |
| 11 | 1 | 1 | 2 | 92.5 | 1 | 35 | .95349 |
| 12 | 1 | 1 | 2 | 44.0 | 4 | 46 | -2.47836 |
| 13 | 1 | 1 | 1 | 68.0 | 2 | 36 | -.78013 |
| 14 | 1 | 1 | 3 | 88.0 | 1 | 55 | .63507 |
| 15 | 1 | 2 | 4 | 91.0 | 1 | 65 | .84735 |
| 16 | 1 | 1 | 1 | 84.5 | 1 | 50 | .38741 |
| 17 | 1 | 1 | 3 | 68.0 | 3 | 45 | -.78013 |
| 18 | 1 | 2 | 2 | 83.0 | 1 | 52 | .28127 |
| 19 | 2 | 1 | 1 | 74.0 | 2 | 40 | -.35557 |
| 20 | 1 | 3 | 1 | 68.0 | 3 | 18 | -.78013 |
| 21 | | | | | | | |

**|그림 2-27|** z-점수 생성 결과

## 2장 연습문제

**2.1** 다음의 자료들이 질적자료인지 혹은 양적자료인지 구분하여라.

(a) 매일의 주식거래량

(b) 도시별 1일 교통사고 건수

(c) 100명의 대학생이 가장 선호하는 기업 이름

**2.2** 다음의 자료들이 질적자료인지 혹은 양적자료인지 구분하여라.

(a) 200명의 시청자들이 가장 좋아하는 TV 프로

(b) 어떤 기업의 지난 3년간 월별 매출실적

(c) 어떤 대학교의 각 학과별 취업률

**2.3** 어느 대학교의 학생 200명을 대상으로 그 학교의 구내식당에 대한 여론조사를 한 결과 다음과 같은 결과를 얻었다.

- 구내식당의 음식을 좋아함: 120명
- 구내식당의 음식을 좋아하지 않음: 60명
- 잘 모르겠음: 20명

(a) 위의 자료는 질적자료인가 혹은 양적자료인가?

(b) 자료의 분포상태를 잘 나타내는 적절한 그림을 그려라.

**2.4** 서울시의 어느 한 아파트 단지에 거주하는 60세대의 가구에 대하여 현재 보유하고 있는 자동차 대수를 조사한 결과 다음과 같은 자료를 얻었다.

| | | | | | | | | | |
|---|---|---|---|---|---|---|---|---|---|
| 1 | 2 | 1 | 1 | 0 | 3 | 1 | 2 | 1 | 1 |
| 4 | 1 | 1 | 1 | 2 | 2 | 1 | 1 | 1 | 2 |
| 1 | 3 | 0 | 1 | 1 | 1 | 2 | 1 | 2 | 1 |
| 2 | 1 | 2 | 2 | 1 | 1 | 1 | 3 | 2 | 1 |
| 1 | 1 | 1 | 2 | 1 | 1 | 2 | 2 | 1 | 1 |
| 2 | 1 | 1 | 1 | 2 | 2 | 2 | 1 | 1 | 1 |

(a) 지금 이 자료를 이용하여 막대그래프나 히스토그램을 그리려고 한다. 어떤 그림이 더 타당한가?

(b) 도수분포표를 작성하고, 문제 (a)에서 결정한 그림을 그려라.

**2.5** 다음은 10개 주식에 대한 지난 3개월간의 평균 수익률(%)이다. 이들 자료의 평균, 중앙값, 분산, 표준편차, 범위를 구하여라.

10 8 −4 22 8 −11 14 12 −9 12

**2.6** 다음은 9개 금융자산에 대한 기대 수익률이다. 이들 자료의 평균, 중앙값, 분산, 표준편차, 평균의 표준오차, 범위를 구하여라.

11 15 8 20 5 6 13 22 17

**2.7** 대학생 40명의 키를 측정한 결과가 다음과 같다.

| 182 | 167 | 166 | 159 | 178 | 176 | 169 | 163 | 166 | 181 |
|---|---|---|---|---|---|---|---|---|---|
| 171 | 182 | 172 | 186 | 171 | 166 | 170 | 168 | 154 | 173 |
| 174 | 166 | 160 | 162 | 161 | 179 | 147 | 162 | 170 | 166 |
| 165 | 178 | 171 | 169 | 183 | 149 | 168 | 177 | 170 | 163 |

(a) 계급의 수를 5로 하여 도수분포표를 작성하고 히스토그램을 그려라.

(b) SPSS의 데이터 편집기 창에서 자료를 입력하고, 메뉴에서 그래프 → 도표 작성기를 선택한 후에 "갤러리" 탭에서 단순 히스토그램을 창에 끌어다 놓고, 해당 변수를 X축에 설정한다. 이때, 오른쪽 요소 특성 창에 [모수 설정(A)...]을 누르면 아래와 같은 창이 뜬다. 여기서 그룹 크기를 사용자 정의로 설정하고 "구간 수"를 5로 입력한 후 "계속"을 누르면 계급의 수가 5인 히스토그램을 얻을 수 있다. (a)에서 구한 결과와 비교하여라.

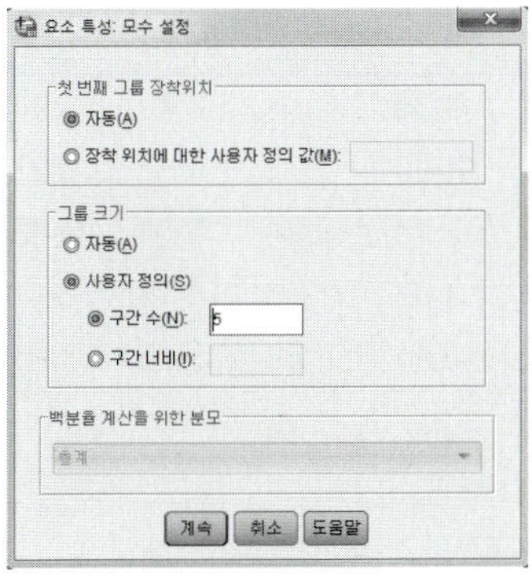


**2.8** 연습문제 2.7의 자료를 이용하여 다음 물음에 답하여라.

(a) 줄기의 개수가 10인 줄기-잎-그림을 그려라.

(b) SPSS를 이용하여 줄기-잎-그림을 그리고, (a)의 결과와 비교하여라.

**2.9** 다음은 30개 기업체의 매출액에 관한 자료이다.

(단위 : 1억 원)

| | | | | | |
|---|---|---|---|---|---|
| 2,361 | 171 | 213 | 233 | 83 | 296 |
| 515 | 172 | 285 | 275 | 158 | 306 |
| 3,441 | 445 | 266 | 924 | 129 | 549 |
| 77 | 1,008 | 336 | 225 | 173 | 5,163 |
| 180 | 578 | 437 | 719 | 1,357 | 803 |

(a) SPSS를 이용하여 계급의 수가 6인 히스토그램을 연습문제 2.5와 같은 방법으로 그려라.

(b) 자료의 특징을 설명하여라.

(c) SPSS를 이용하여 자료의 평균, 중앙값, 표준편차, 범위를 구하여라.

(d) SPSS를 이용하여 2,361의 z-점수를 구하여라.

**2.10** 한 제약회사에서 혈액의 응고시간을 단축시켜 주는 새로운 물질을 개발하였다. 다음은 이 물질이 함유된 지혈제를 사용하여 혈액이 응고하는 데 소요되는 시간을 측정한 자료이다. 같은 양의 혈액을 사용하였으며, 실험의 신뢰성을 높이기 위해 동일한 조건하에서 60번의 실험을 반복하였다. SPSS를 사용하여 다음을 구하여라.

(단위 : 분)

| | | | | | | | | | | | |
|---|---|---|---|---|---|---|---|---|---|---|---|
| 2.82 | 3.24 | 3.63 | 3.36 | 3.11 | 2.49 | 2.94 | 2.53 | 3.13 | 2.52 | 3.14 | 3.12 |
| 2.46 | 2.94 | 3.32 | 2.90 | 2.71 | 3.52 | 3.27 | 3.12 | 3.10 | 3.21 | 3.54 | 3.09 |
| 3.23 | 3.15 | 2.51 | 2.74 | 3.24 | 3.01 | 3.23 | 3.04 | 3.34 | 3.09 | 2.99 | 2.36 |
| 3.41 | 3.27 | 2.64 | 3.03 | 2.86 | 3.18 | 3.17 | 3.01 | 3.02 | 2.37 | 2.55 | 3.50 |
| 3.25 | 3.39 | 287 | 3.14 | 2.82 | 3.45 | 3.25 | 2.85 | 3.21 | 2.80 | 2.97 | 3.26 |

(a) 자료의 히스토그램을 그리고, 분포상태를 설명하여라.

(b) 자료의 평균, 중앙값, 표준편차, 범위를 구하여라

(c) 자료의 제5, 25, 50, 75, 95 백분위수를 구하여라.

**2.11** SPSS를 이용하여 test.sav 파일에서 다음 물음에 답하여라

(a) 변수 X1(성별)과 X5(기대학점)의 막대도표와 원도표를 그려라.

(b) X2(학년)에 따른 X4(시험성적)의 평균, 중앙값, 표준편차를 구하고, 그 결과를 설명하여라.

**2.12** SPSS를 이용하여 연습문제 1.7에서 생성한 LIFE.sav 파일에서 다음 물음에 답하여라.

(a) 줄기-잎 그림과 히스토그램을 그려 보고, 분포의 특징에 대하여 설명하여라.

(b) 제품의 수명에 대한 평균, 중앙값, 사분위범위를 구하여라.

(c) 제품의 수명의 값에 대한 z-점수를 구하여라.

제3장

# 확률

1장 2절에서 통계학의 중요한 두 가지 분야가 기술통계학과 추측통계학임을 배웠으며, 2장에서는 기술통계학에 대한 소개를 하였다. 이 장에서 배우게 되는 확률은 추측통계학에서 표본을 이용한 추론이 얼마나 믿을 만한가 하는 것을 따져주는 논리적인 근거를 제시하여 준다. 예를 들어, 여러분이 특정한 석유회사에 투자할 기회가 있다고 가정해 보자. 과거의 자료에 의하면 그 회사가 석유를 얻고자 20번 채굴을 시도하였으나 모두 실패한 것으로 나타났다고 한다면 여러분이 생각하기에 다음의 시도에서 그 회사가 석유를 발견할 기회는 얼마나 될까? 아마도 여러분은 이 회사에 투자하지 않으려고 할 것이다. 왜냐하면 만약 이 회사가 석유광을 발견할 기회가 높다면 과거에 채굴을 20번 시도해서 20번 모두 실패한 사건은 설명하기 힘든 사건이기 때문이다. 그러나 이 석유회사가 과거에 20번 채굴을 시도해서 3번 성공하였다면 여러분은 이 회사에 투자하겠는가? 이러한 문제를 논리적으로 해결하기 위해 이 장에서는 확률의 개념을 공부해 보기로 한다.

3-1절에서는 표본공간과 사상을 정의하고, 확률의 고전적 정의를 설명한다. 3-2절에서는 확률을 계산하는 방법을 살펴보고, 3-3절에서는 확률의 기본법칙을 기술한다. 3-4절에서는 베이즈 정리를 살펴보고, 3-5절에서는 SPSS 명령어에 대한 설명을 한다.

## 3-1 사상의 확률

우리는 일상생활에서 흔히 확률이라는 말을 많이 듣고 또 사용하고 있다. 다음의 각 경우들을 살펴보자.

(1) 동전의 앞면이 나올 확률은 50%이다.
(2) 이번 선거에서 후보 A가 당선될 확률은 60%이다.
(3) 윷놀이에서 윷이 나올 확률은 6.7%이다.

이와 같이 확률은 불확실한 상황에서 어떤 일이 일어날 가능성이 어느 정도인지를 측정한다. 그러나 이러한 확률의 개념을 보다 명확히 하기 위해서는 표본공간과 사상을 정의하여야 한다. **표본공간**(sample space)은 통계적 실험에서 모든 가능한 실험결과의 집합을 가리키는 용어이다. 예를 들어, 새로 태어나는 아이의 성별을 결정하는 실험에서 표본공간 $S$는 $S=${남자아이, 여자아이}가 된다. 한편 **사상**(event)은 표본공간의 부분집합으로서, 관심이 있는 실험결과의 집합을 나타낸다. 예를 들어, 새로 태어나는 아이의 성별이 여자아이인 경우를 사상 $E$라고 한다면 $E=${여자아이}로 나타낼 수 있다. 특히, 표본공간의 각 원소들은 **근원사상**이라고 한다.

어떤 사상의 확률은 고전적으로 다음과 같이 정의된다.

**확률의 고전적 정의**

표본공간의 모든 원소가 일어날 가능성이 다 같은 경우에 사상 A의 확률은

$$\frac{\text{사상 } A\text{에 속하는 원소의 개수}}{\text{표본공간의 전체 원소의 개수}}$$

로 정의된다. 사상 A가 일어날 확률은 P(A)라고 표기한다.

**예제 3-1** 두 개의 동전을 던지는 실험에서 한 개의 동전만이 앞면일 확률과 적어도 한 개의 동전이 앞면일 확률을 구해 보자.

한 개의 동전만이 앞면일 사상을 $A$, 적어도 한 개의 동전이 앞면일 사상을 B라고 하자. 이 실험의 표본공간은 다음과 같다.

$S$={(앞면, 앞면) (앞면, 뒷면) (뒷면, 앞면) (뒷면, 뒷면)}

이 표본공간에서 모든 원소(근원사상)들은 같은 확률로 일어나며, 사상 A, B는 다음과 같다.

A={(앞면, 뒷면) (뒷면, 앞면)}
B={(앞면, 앞면) (앞면, 뒷면) (뒷면, 앞면)}

따라서, 구하는 확률은 다음과 같다.

$$P(A)=\frac{2}{4}=\frac{1}{2}$$

$$P(B)=\frac{3}{4}$$

일반적으로 확률은 다음과 같은 성질을 만족한다.

**확률에 관한 성질**

(1) 표본공간 $S$에 대하여 $P(S)=1$

(2) 임의의 사상 $A$에 대하여 $0 \leqq P(A) \leqq 1$

확률은 이 외에도 수학적인 공리에 의한 방법으로 정의될 수 있으나, 이것은 이 책의 수준을 넘으므로 다루지 않기로 한다.

## 3-2 확률의 계산

어떤 사상의 확률을 구하기 위해서는 표본공간과 그 사상에 속하는 모든 원소의 수를 세어야 한다. 모든 가능한 실험결과의 수가 많지 않을 때는 모든 실험결과들을 일일이 열거하여 경우의 수를 헤아릴 수 있다. 그러나 모든 가능한 실험결과의 수가 많을 때는 이러한 작업을 수행하기가 어려울 것이다. 이런 경우 다음에서 다루는 조합의 개념을 이용하면 매우 편리하다.

서로 다른 $n$개 중 비복원추출로 순서에 상관 없이 $r$개를 뽑는 방법의 수를 $n$개 중 $r$개를 뽑는 **조합**(combination)의 수라고 하며, $\binom{n}{r}$로 나타내며, 다음과 같이 계산된다.

**조합**

$$\binom{n}{r} = \frac{n!}{r!(n-r)!} = \frac{n(n-1)\cdots(n-r+1)}{r!}$$

여기서 $n! = n(n-1)\cdots 3 \cdot 2 \cdot 1$이며, $0!=1$이다.

조합은 경우의 수를 계산하는데 유용한 방법으로서, **비복원추출**(sampling without replacement)은 추출된 것은 되돌려 넣지 않고 추출하는 방법을 의미한다. 이에 대하여 **복원추출**(sampling with replacement)은 추출된 것은 되돌려 넣고 추출하는 방법을 의미하며, 한 번 추출된 것이 다시 추출될 수 있음을 뜻한다.

**예제 3-2** 불량품 4개가 섞인 50개의 제품 중에서 비복원추출로 임의로 5개를 뽑아 검사할 때, 2개의 불량품이 발견될 확률을 구해 보자.

50개의 제품에서 5개를 뽑는 방법의 수는 다음과 같다.

$$\binom{50}{5} = \frac{50 \times 49 \times 48 \times 47 \times 46}{5 \times 4 \times 3 \times 2 \times 1} = 2118760$$

또한, 뽑힌 5개 가운데 불량품이 2개 들어 있을 경우의 수는 전체 불량품 4개 가운데 2개를 뽑고 나머지 양호품 46개 중 3개를 뽑는 방법의 수와 같으므로, 다음과 같다.

$$\binom{4}{2} \times \binom{46}{3} = \frac{4 \times 3}{2 \times 1} \times \frac{46 \times 45 \times 44}{3 \times 2 \times 1} = 91080$$

따라서, 구하는 확률은 다음과 같다.

$$P(2\text{개의 불량품}) = \frac{91080}{211870} \fallingdotseq 0.043$$

## 3-3 확률의 기본법칙

이제까지 우리는 확률의 정의와 계산 방법에 대해서 알아보았다. 그러나 많은 경우에 어떤 사상의 확률을 구하기 위해서는 이와 관련된 다른 사상들의 확률을 구함으로써 간편하게 계산할 수 있다.

### 3-3-1 덧셈법칙

사상 $A \cup B$는 사상 $A$ 또는 사상 $B$가 일어나는 사상이며, 사상 $A \cap B$는 사상 $A$와 사상 $B$가 동시에 일어나는 사상이다. [그림 3-1]의 벤다이어그램(Van diagram)에서 두 원을 합한 전체가 $A \cup B$이며, 두 원의 공통 부분이 $A \cap B$에 해당된다.

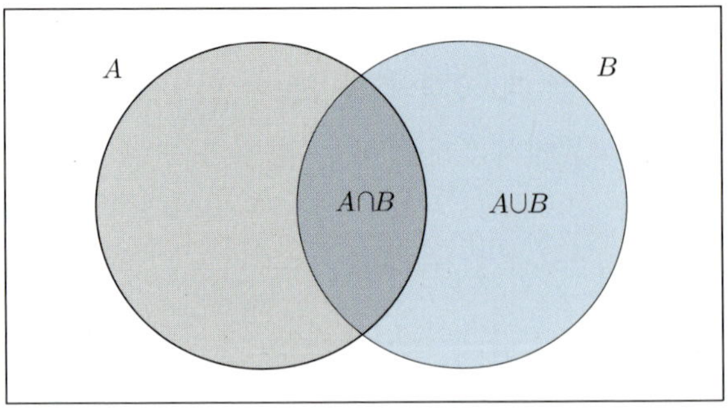


**[그림 3-1]** $A \cup B$와 $A \cap B$

특히 $A \cap B$가 공집합일 때는 $A$와 $B$가 동시에 일어날 수 없으며, 이런 두 사상은 서로 **배반**이라고 한다.

[그림 3-1]에서 다음과 같은 덧셈법칙이 성립함을 쉽게 알 수 있다.

**덧셈법칙**

$$P(A \cup B) = P(A) + P(B) - P(A \cap B)$$

**배반인 사상의 덧셈법칙**

$A$와 $B$가 서로 배반일 때 $P(A \cup B) = P(A) + P(B)$

**예제 3-3** 52장의 트럼프 카드에서 임의로 한 장을 뽑을 때 에이스나 검은색 무늬의 카드가 나올 확률은 얼마인가 알아보자. 에이스가 나올 사상을 $A$, 검은색 무늬 카드가 나올 사상을 $B$라고 하면 구하는 확률은 다음과 같다.

$$\begin{aligned} P(A \cup B) &= P(A) + P(B) - P(A \cap B) \\ &= \frac{4}{52} + \frac{26}{52} - \frac{2}{52} = \frac{7}{13} \end{aligned}$$

### 3-3-2 조건부확률

주사위를 한 번 던질 때의 표본공간은 {1, 2, 3, 4, 5, 6}이며, 홀수가 나올 확률은 $\frac{1}{2}$이다. 그러나 만약 주사위를 던진 결과, 나온 눈의 수가 4 이상이라는 사실을 안다면 그것이 홀수일 확률은 달라질 수 있다. 즉, 눈의 수가 4 이상이

라는 사실을 알았을 때의 표본공간은 {4, 5, 6}이 되며, 따라서 이때 홀수가 나올 확률은 $\frac{1}{3}$이 된다. 일반적으로 사상 $A$가 주어졌을 때 $B$가 일어날 확률을 조건부확률(conditional probability)이라고 하며, 기호 $P(B|A)$로 나타낸다. 조건부확률 $P(B|A)$는 $A$를 새로운 표본공간으로 간주하고 $A$ 내에서 $B$가 일어날 확률과 같으므로 다음과 같이 정의된다.

**조건부확률의 정의**

$$P(B|A) = \frac{P(A \cap B)}{P(A)} \qquad (\text{단, } P(A) > 0)$$

**예제 3-4** 어느 통계학 강좌 수강학생 중에서 20%가 A학점을 받았으며, 1학년 중에서 A학점을 받은 학생은 전체 수강학생의 15%라고 한다. 이제 랜덤하게 뽑은 한 학생이 A학점을 받았을 때, 그 학생이 1학년일 확률을 알아보자.

뽑힌 학생이 A학점을 받을 학생일 사상을 $A$, 1학년 학생일 사상을 $B$라고 하면, 조건부확률의 정의에서 다음과 같이 계산한다.

$$P(B|A) = \frac{P(A \cap B)}{P(A)} = \frac{0.15}{0.2} = \frac{3}{4}$$

### 3-3-3 곱셈법칙

우리는 조건부확률의 정의로부터 다음과 같은 확률의 곱셈법칙을 쉽게 유도할 수 있다.

**곱셈법칙**

$$P(A \cap B) = P(B|A)P(A)$$

만일 $P(B|A) = P(B)$라면 사상 $A$가 나오고 안 나오는 것이 사상 $B$의 확률에 영향을 주지 않는다는 뜻일 것이다. 이와 같이 두 사상 $A$와 $B$가 $P(B|A) = P(B)$를 만족시킬 때 $A$와 $B$는 서로 **독립**(independent)이라고 한다. 두 사상 $A$와 $B$가 서로 독립이면 다음과 같은 확률의 곱셈법칙이 성립한다.

**독립사상의 곱셈법칙**

$$P(A \cap B) = P(A)P(B)$$

두 사상 $A$와 $B$에 대하여 $P(B|A) \neq P(B)$일 때, A와 B는 서로 **종속**(dependent)이라고 한다.

### 3-3-4 여사상과 확률의 분할법칙

사상 $A$가 일어나지 않는 사상을 $A$의 **여사상**이라고 하며, 기호 $A^C$로 나타낸다. 예를 들어, 주사위를 한 번 던질 때 홀수가 나올 사상의 여사상은 짝수가 나올 사상이다. 위의 예에서 홀수가 나올 사상을 $A$라고 하면 다음 등식이 성립한다.

$$P(A) + P(A^C) = P(\text{홀수}) + P(\text{짝수}) = \frac{1}{2} + \frac{1}{2} = 1$$

$A \cup A^C = S$이므로, 일반적으로 다음과 같은 등식이 성립한다.

**여사상의 확률**

$$P(A) + P(A^C) = 1 \quad \text{즉,} \; P(A^C) = 1 - P(A)$$

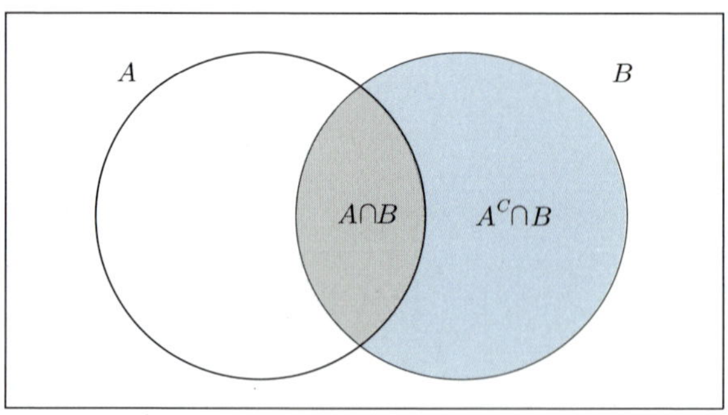


**[그림 3-2]** $P(B) = P(A \cap B) + P(A^C \cap B)$

[그림 3-2]에서 사상 $B$는 사상 $A \cap B$와 사상 $A^C \cap B$로 나누어지며 나누어진 두 사상은 서로 배반임을 알 수 있다. 따라서, 서로 배반인 두 사상의 덧셈법

칙과 곱셈법칙을 이용하여 다음을 얻는다.

> **여사상의 확률**
>
> $$P(B) = P(A \cap B) + P(A^C \cap B)$$
> $$= P(B|A)P(A) + P(B|A^C)P(A^C)$$

**예제 3-5** 평소에 하는 말 가운데 70%가 거짓말인 사람에게 거짓말 탐지기로 어떤 물음에 대한 그 사람의 대답이 거짓인지 참인지를 조사하려고 한다. 이 거짓말 탐지기가 90%의 정확성을 가지고 있다고 할 때, 그 사람의 대답이 거짓이라는 조사결과가 나올 확률을 알아보자.

그 사람이 거짓말을 할 사상을 $A$, 거짓말 탐지기가 '거짓'이라고 답할 사상을 $B$라고 하면,

$$P(A) = 0.7, \quad P(A^C) = 0.3, \quad P(B|A) = 0.9, \quad P(B|A^C) = 0.1$$

이다. 따라서, 구하는 확률은 다음과 같다.

$$P(B) = P(B|A)P(A) + P(B|A^C)P(A^C)$$
$$= 0.9 \times 0.7 + 0.1 \times 0.3 = 0.66$$

## 3-4 베이즈 정리

[예제 3-5]에서 거짓말 탐지기로 조사결과가 '거짓'으로 나왔을 때 우리는 그 조사결과를 어느 정도 믿을 수 있을까? 이에 대한 해답은 조사결과가 '거짓'으로 나왔을 때 그 사람이 실제로 거짓말을 하였을 조건부확률을 구해 보면 알 수 있을 것이다.

이제 $A$를 그 사람이 거짓말을 할 사상, $B$를 거짓말 탐지기가 '거짓'이라고 답할 사상으로 두면,

$$P(A \cap B) = P(B|A)P(A) = 0.9 \times 0.7 = 0.63$$

따라서 [예제 3-5]의 결과를 이용하면 다음과 같은 조건부확률을 얻는다.

$$P(A|B) = \frac{P(A \cap B)}{P(B)} = \frac{0.63}{0.66} = 0.955$$

위의 결과에서 거짓말을 하였을 확률이 처음의 0.7에서 0.955로 바뀐 것은 거짓말 탐지기의 조사결과가 작용을 하였기 때문이다. 즉, 정확도가 90%인 거짓말 탐지기가 '거짓'으로 판정하였기 때문에 그 사람이 한 대답이 거짓이라는 믿음이 더욱 커진 것이다.

이와 같이 어떤 실험결과에서 나온 정보를 이용하여 어떤 사상의 처음 확률을 개선시킬 수 있는데, 이때 처음의 확률을 **사전확률**(prior probability)이라고 하고, 수정된 확률을 **사후확률**(posterior probability)이라고 한다.

이제 거짓말 탐지기의 예에서 사후확률을 구한 방법을 정리하면 다음과 같다.

$$\begin{aligned} P(A|B) &= \frac{P(A \cap B)}{P(B)} \\ &= \frac{P(B|A)P(A)}{P(B|A)P(A) + P(B|A^C)P(A^C)} \end{aligned}$$

위의 식은 **베이즈정리**(Bayes theorem)의 특수한 경우이다.

**베이즈정리**

서로 배반인 사상 $A_1, A_2, \cdots, A_n$ 중 하나는 반드시 일어날 때, $P(B) > 0$ 이면

$$P(A_k|B) = \frac{P(B|A_k)P(A_k)}{P(B|A_1)P(A_1) + P(B|A_2)P(A_2) + \cdots + P(B|A_n)P(A_n)}$$

**예제 3-6** 한 법정에서 검사는 현장에서 채취한 범인의 지문이 피고의 지문과 일치하며, 또한 그와 같은 지문을 가지는 사람은 100명 중 1명꼴이므로 피고가 유죄임이 거의 확실하다고 주장하였다. 그러나 변호사 측에서는 그 시간에 현장에 있었던 사람은 피고를 포함하여 모두 200명이었으므로 검사의 주장은 옳지 않다고 주장하였다. 피고인이 범죄를 저질렀을 확률은 얼마인가? 다만, 현장에 있었던 200명 중 피고 외에는 신원이 확인되지 않아 지문조사를 할 수 없

었다고 한다.

범인이 피고일 사상을 $A$, 현장의 지문이 피고의 것과 동일한 사상을 $B$라고 하면 구하는 확률은 $P(A|B)$이다. 지문에 대한 정보가 없다면, 피고를 포함하여 현장에 있었던 200명 모두가 같은 정도로 의심을 받으므로 $P(A)=\frac{1}{200}$이다. 또한, 피고가 범인이라면 현장의 지문은 반드시 피고의 것이므로 $P(B|A)=1$이다. 한편, 피고가 범인이 아니라면 100명 중 1명꼴로 범인과 같은 지문을 가지므로 $P(B|A^C)=\frac{1}{100}$이다. 따라서, 구하는 확률은 다음과 같아서 검사의 주장이 옳지 않음을 보여 주고 있다.

$$P(A|B)=\frac{P(B|A)P(A)}{P(B|A)P(A)+P(B|A^C)P(A^C)}$$
$$=\frac{1\times\frac{1}{200}}{1\times\frac{1}{200}+\frac{1}{100}\times\frac{199}{200}}=\frac{100}{299}=0.334$$

## 3-5 SPSS 실습

확률은 상대도수의 극한 개념으로 정의될 수 있다. 따라서, 이 장에서는 반복실험을 통하여 확률의 개념을 이해하도록 한다.

### 3-5-1 균등분포를 따르는 난수의 생성

확률실험을 하기 위해서는 일정한 규칙에 따라 자료를 생성하여야 한다. 즉, 모의실험을 시행하기 위해서는 난수가 사용되므로, SPSS에서 200개의 **균등분포**(uniform)를 따르는 난수를 생성하는 예를 들어 보자. 균등분포에 대한 설명은 5장의 [예제 5-2]를 참조하기로 한다. 데이터 편집기 화면의 '변수 보기' 창에서 [그림 3-3]과 같이 '이름' 열에 'random'과 같은 임의의 변수명을 입력한다.

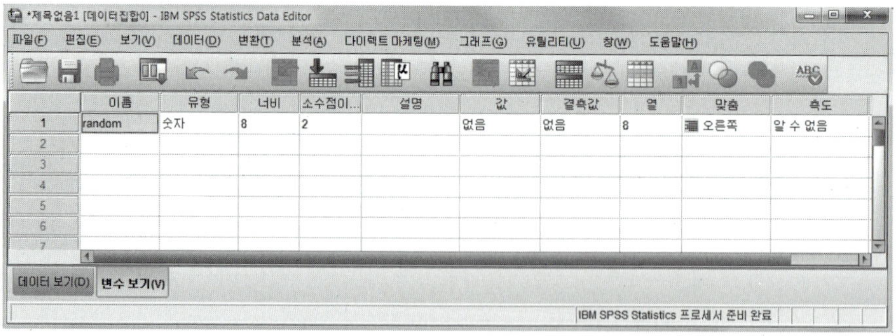


**|그림 3-3|** 난수생성을 위한 준비 화면

다시 데이터 편집기 화면의 '데이터 보기' 창으로 돌아와 데이터 편집기 메뉴에서 변환(T)→ 변수 계산(C)... 을 선택하여 변수 계산 화면을 얻으면 대상변수(T): 란에 random이라고 입력한다. 오른쪽의 함수 집단(G): 에서 **난수**를 선택하고, 함수 및 특수변수(F): 에서 Rv.Uniform을 선택한 다음 ↑을 클릭하여 숫자표현식(E): 으로 보내고, 최솟값에 0을, 최댓값에 1을 입력한 후 확인을 클릭하면 [그림 3-4]와 같은 화면을 얻는다.

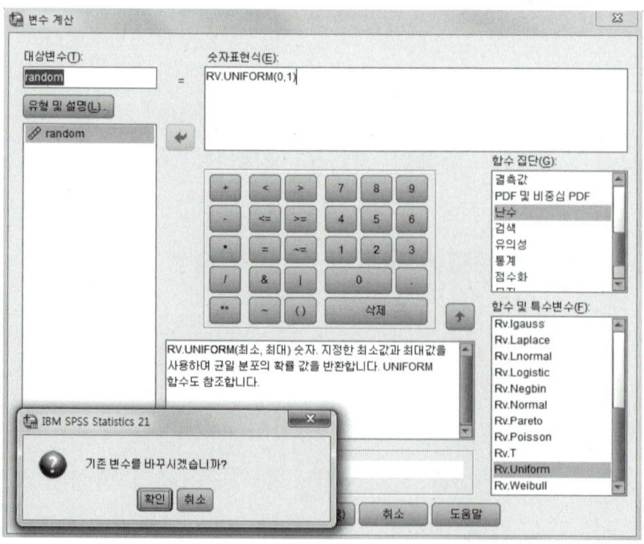


**|그림 3-4| 균등분포에서 난수를 생성하기 위한 변수 계산 화면**

다시 '확인'을 클릭한 다음 [그림 3-5]와 같이 데이터 편집기의 '데이터 보기' 창에서 40행에 임의의 숫자를 입력한 다음, 다시 메뉴에서 변환(T)→ 변수 계산(C)...

을 선택하여 변수 계산 화면이 나오면 '확인'을 두 번 클릭한다. 그 결과 40개의 균등분포(uniform)를 따르는 난수가 생성되어 [그림 3-6]의 화면을 얻는다.

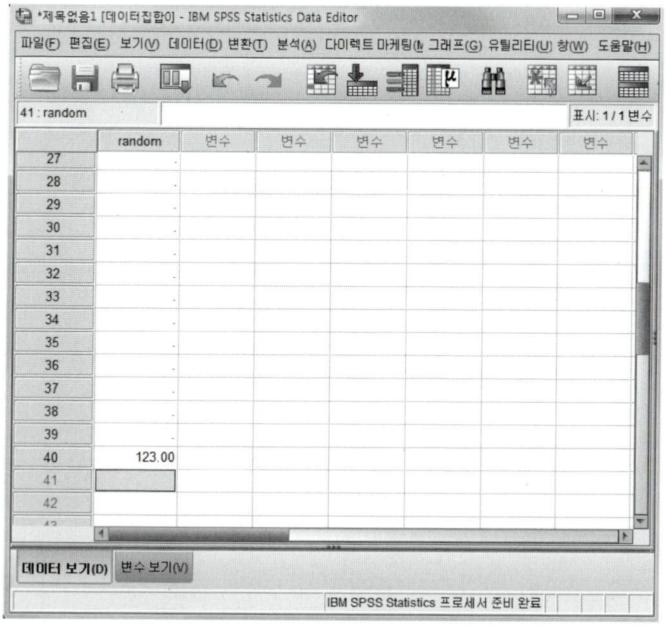

**|그림 3-5|** 난수 생성을 위한 단계

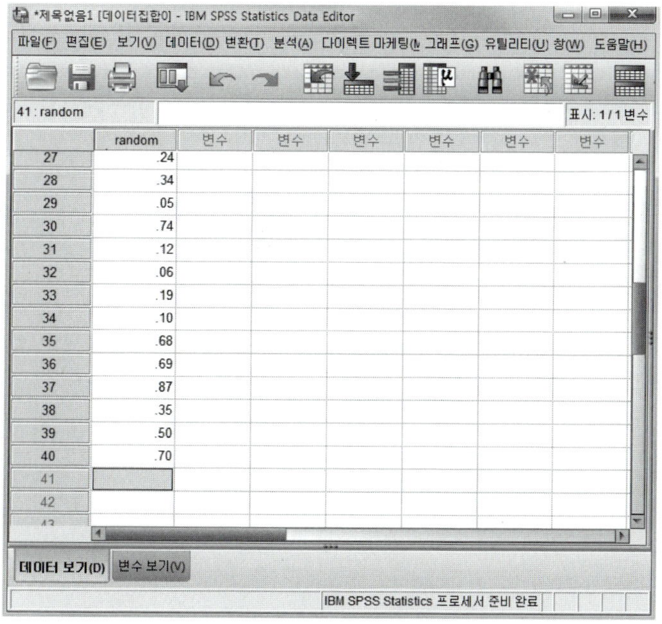

**|그림 3-6|** 난수 생성 결과

다시 SPSS의 데이터 편집기상의 80번째 줄에 임의의 숫자를 입력하고 메뉴에서 변환(T)→ 변수 계산(C)... 을 선택한 다음 '확인'을 두 번 클릭하면 다시 40개의 균등분포(uniform)을 따르는 난수가 생성된다. 이를 반복하여 200개의 난수를 얻을 수 있다.

### 3-5-2 확률 계산

확률이 상대도수의 극한이라는 사실을 이해하기 위하여 다음의 실험을 해 보자. 어떤 사건 A가 발생할 확률이 0.4라고 하는 것은 동일한 조건하에서 반복실험을 하고 사건 A가 발생한 상대도수를 계산하면 0.4의 값에 가깝게 나오며, 실험의 횟수가 증가함에 따라 그 값은 점점 0.4에 가까워질 수 있음을 의미한다. 다음은 이를 확인하기 위한 절차이다.

1. 앞 절에서와 같이 0에서 1 사이의 값을 가지는 균등분포를 따르는 난수를 200개 생성해 둔다.
2. 데이터 편집기상에서 '변수 보기' 창을 열고 [그림 3-3]과 같이 '이름' 열에 새로운 변수 'new_random'과 같은 임의의 변수명을 입력한다.
3. 데이터 편집기 메뉴에서 변환(T) → 변수 계산(C)... 을 선택하여 '변수 계산' 화면을 얻으면 [그림 3-7]과 같이 대상변수(T): 란에 'new_random'이라고 입력하고 오른쪽의 숫자표현식(E): 에 'random <= 0.4'를 입력한 다음 '확인'을 클릭한다.
4. 다시 '확인'을 두 번 클릭한다.

그 결과 [그림 3-8]과 같이 random 값이 0.4보다 작거나 같으면 new_random에는 1의 값이 생성되고, 아니면 new_random에는 0의 값이 생성된 것을 볼 수 있다. new_random 값의 1은 사건 A가 발생한 것을 의미하며, 0은 발생하지 않았음을 의미한다.

**|그림 3-7|** 변수 계산 화면

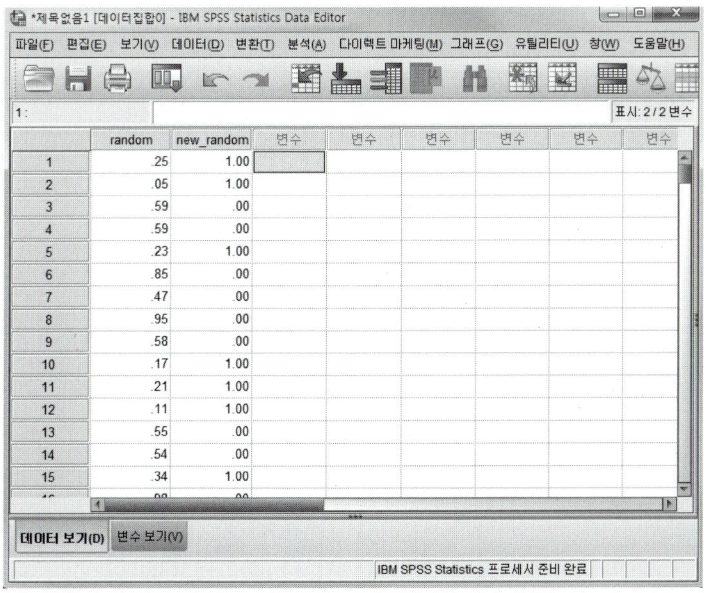


**|그림 3-8|** 변수 계산의 결과

이제 new_random의 평균을 구해 이 값이 0.4에 가까운지 확인해 보자. 이를 위해 [그림 3-9]와 같이 데이터 분석기의 메뉴의 분석(A) → 보고서(P) → 열별 요약보고서(S)... 를 클릭하여 열별 요약 보고서를 얻는다.

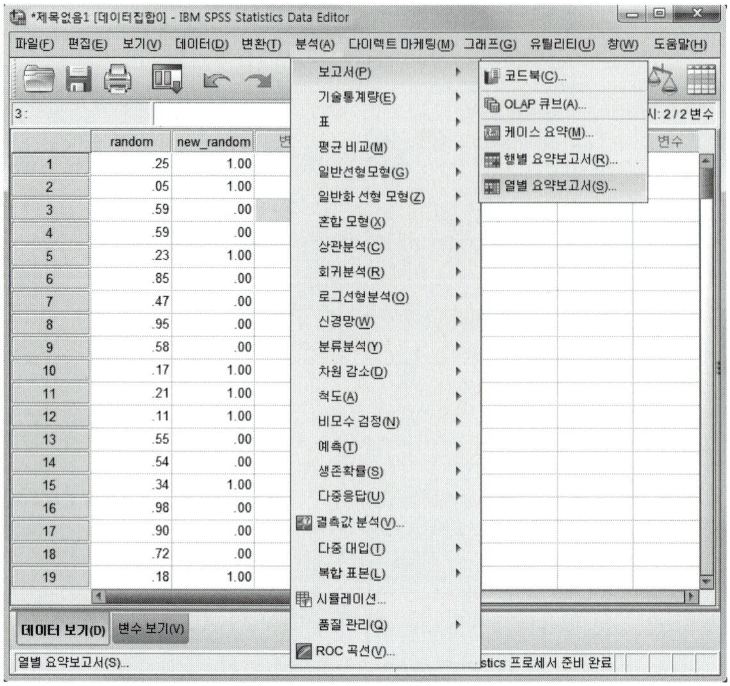

|그림 3-9| 열별 요약 보고서 명령어

열별 요약 보고서의 왼쪽 화면의 변수 리스트에서 new_random을 클릭한 다음 ➡를 클릭하여 데이터 열 변수(D): 로 보내면 [그림 3-10]과 같은 화면을 얻는다.

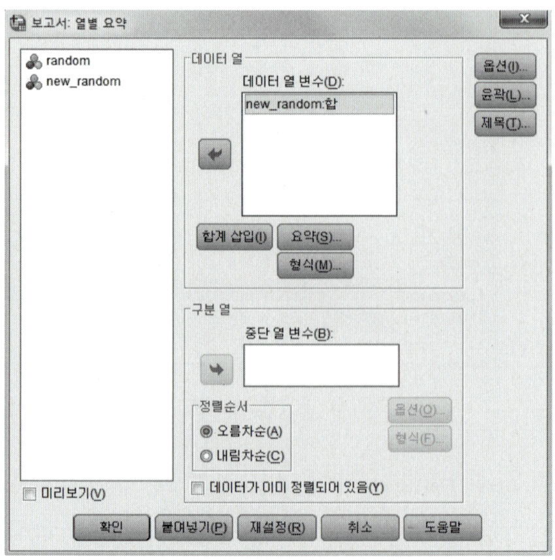

|그림 3-10| 열별 요약 보고서 화면

요약(S)... 을 클릭하면 [그림 3-11]과 같은 new_random에 대한 요약 줄 보고서 화면이 나타나고, 원하는 통계량을 평균을 선택한다.

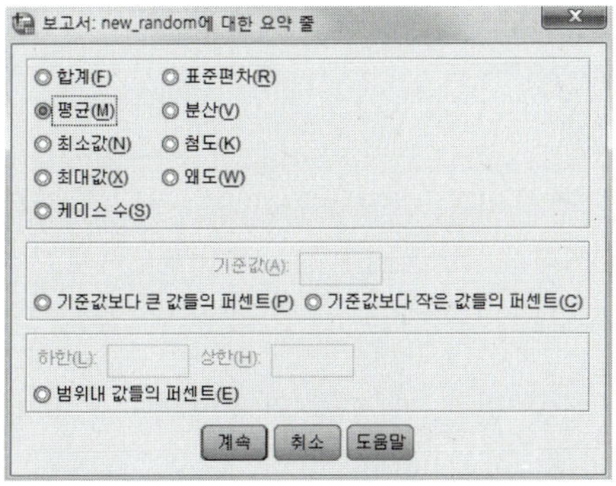


**|그림 3-11|** 요약 줄 보고서 화면

계속 을 클릭하고 다시 '확인'을 클릭하면 다음과 같은 출력 결과를 얻는다. 따라서, 200번의 실험결과로 구한 발생률이 0.38이다. 여러분들의 경우 0.38과 정확하게 같은 값을 가지지는 않겠지만, 대략 0.4에 가까운 값일 것이다.

```
평균
-----------
총계
      .38
```

각자 실험횟수를 늘려가면서 그 값이 0.4에 점점 가까워지는지 확인해 보자.

'열별 요약보고서' 대신에 '분석' 메뉴에서 '기술통계량' → '기술통계'를 선택하여 평균을 구할 수도 있다.

## 3장 연습문제

**3.1** 2개의 공정한 주사위를 던질 때 나타난 눈의 개수의 합이 4가 되지 않는 사상의 확률을 구하여라.

**3.2** 2개의 공정한 주사위를 던질 때 적어도 한 주사위의 눈의 개수가 3보다 작을 확률을 구하여라.

**3.3** 1개의 동전을 3번 던질 때 다음의 확률을 구하여라.

(a) 2개의 앞면이 나올 확률

(b) 적어도 1개의 앞면이 나올 확률

(c) 앞면의 개수가 뒷면의 개수보다 적게 나올 확률

**3.4** 갑과 을이 각각 하나씩의 주사위를 던진다고 한다. 두 사람이 같은 숫자를 얻을 확률을 구하여라.

**3.5** 어느 대학원의 입학고사는 7개의 전공분야 중 4개를 임의로 뽑아 각 분야당 1문제씩을 출제한다고 한다. 이 대학원에 입학을 희망하는 한 학생이 7개의 전공분야 중 5개를 공부하였을 때 입학시험에 출제된 4개의 분야 모두가 이 학생이 공부한 분야일 확률을 구하여라.

**3.6** 어느 한 도시의 가구 중 40%가 A 신문을 구독하며 그중 50%가 B 신문 역시 구독한다고 한다. 또한, 전체의 50%가 B 신문을 구독한다고 한다. 한 가구를 무작위로 뽑았을 때 그 가구가 A 또는 B 신문 중 적어도 하나를 구독할 확률을 구하여라. 또 A와 B 두 신문 중 어느 것도 구독하지 않을 확률을 구하여라.

**3.7** 어떤 프로야구 경기에서 A, B 두 팀이 만났다. 과거의 두 팀의 전적을 비교해 보면 A 팀이 6:4로 유리하다고 한다. 그러나 어떤 프로야구 전문가는 최근 B 팀의 전력이 보강되어 B 팀의 승산이 있다고 한다. 과거의 경험으로 볼 때 이 전문가의 예측 중 80%는 정확하였다고 한다. 프로야구 전문가의 예측을 감안하였을 때 B 팀이 이길 확률은 얼마이겠는가? 다만, 무승부의 경우는 생각하지 않는다.

**3.8** 어느 공장에는 A, B, C 세 대의 기계가 있다. A, B, C는 각각 전체 생산량의 35%, 20%, 45%를 생산하고 있으며 A, B, C 각각의 불량률은 1%, 1.3%, 2%라고 한다. 이 공장에서 생산된 제품 가운데 1개를 뽑아 검사한 결과 불량품이었다면 이 제품이 A 기계에서 생산되었을 확률을 구하여라.

**3.9** 두 개의 동전을 던질 때 앞면의 수가 0 또는 1일 사상을 A, 앞면과 뒷면이 각각 1개씩일 사상을 B라고 하면 A와 B는 서로 독립인가?

**3.10** 주사위를 2회 던질 때 첫 번째 1이 나오는 사상과 두 번 던져 나오는 눈의 수의 합이 홀수인 사상은 서로 독립인가?

**3.11** 주사위를 던져서 홀수의 눈이 나오면 $x$축 양의 방향으로 1만큼, 짝수의 눈이 나오면 $y$축 양의 방향으로 1만큼 움직인다고 하자. 처음에 원점에서 시작하여 주사위를 8번 던졌을 때 원점에서 마지막 지점까지의 거리가 6 이하가 될 확률을 계산하여라. 그리고 SPSS를 사용하여 이 실험을 400번 반복하고 실험결과의 확률을 계산하여 앞에서 계산한 이론적 확률과 비교해 보자.

**3.12** 3개의 동전을 던지는 실험을 생각해 보자. 앞면이 나오는 횟수를 $X$라고 할 때 $X$의 확률분포는 다음과 같다.

| $x$ | 0 | 1 | 2 | 3 |
|---|---|---|---|---|
| $P(X=x)$ | 1/8 | 3/8 | 3/8 | 1/8 |

(a) SPSS를 이용하여 동전을 3개 던지는 실험을 80회, 800회 실시하고 각 경우에 앞면이 나오는 횟수의 상대도수표를 작성하여라

(b) 표의 이론적인 값과 (a)의 결과를 비교하여 설명하여라.

# 제4장 이산확률변수와 이항분포

한 실험의 결과가 어떤 확률모형에 따라 임의로(랜덤하게) 나타나는 실험을 **임의실험**(random experiment)이라고 하자. 한 임의실험에서 실험 결과에 숫자를 대응시키는 문제를 생각해 보자. 예를 들어, 주사위를 한 개 던지는 실험을 하는 경우 그 실험의 결과 나타나는 눈의 수는 1에서 6까지의 값 가운데 하나가 임의로 나타난다. 실험의 결과가 수치로 나타나지 않는 경우에도 그 결과에 숫자를 부여할 수 있다. 예를 들어, 전구가 불량인지 양호한지 판단하는 실험의 결과 전구가 불량이면 1을, 양호하면 0의 숫자를 부여할 수 있다. 이와 같이 모든 임의 실험 결과에 숫자를 부여한다면 어떤 특정한 숫자가 임의의 실험에서 나타날 가능성은 확률적으로 주어진다. 이와 같이 임의실험에서 일정한 확률을 가지고 발생하는 결과에 수치를 부여하는 변수를 **확률변수**(random variable)라고 한다. 따라서, 확률변수는 실험 결과에 수값을 대응시켜 주며, 흔히 표본공간 위에 정의된 함수로 정의하기도 한다.

여러 가지 확률변수의 예를 들어 보면 다음과 같다.

(1) 랜덤하게 추출된 30개의 표본 가운데 있는 불량품 개수
(2) 20문항의 객관식 시험에서 어떤 학생이 맞춘 정답의 수
(3) 어느 전구 생산 공정에서 생산되는 전구의 수명
(4) 어떤 상장 주식의 내일의 주가

위의 각 예들을 두 가지 경우로 나눌 수 있다. 즉, (1), (2)와 같이 확률변수가 취할 수 있는 모든 수값들을 하나씩 셀 수 있는 경우와 (3), (4)와 같이 그렇지 못한 경우가 있다. 전자의 확률변수를 **이산확률변수**(discrete random variable)라고 하고, 후자의 확률변수를 **연속확률변수**(continuous random variable)라고 한다. 이 장에서는 이산확률변수만을 다루며, 연속확률변수는 5장에서 다루기로 한다.

4-1절에서는 이산확률변수에 대하여 알아보고, 4-2절에서는 두 이산확률변수의 결합분포에 대해 공부한다. 4-3절에서는 이산확률분포 중에서 가장 기본적이고 중요한 이항분포에 대해 설명하고, 4-4절에서는 이항분포의 확률을 구하는 SPSS 명령어에 대해 설명한다.

# 4-1 이산확률변수

## 4-1-1 이산확률변수의 확률분포

확률변수는 보통 대문자 $X$로 표시되며, 확률변수가 취하는 값은 소문자 $x$로 표시된다. 따라서, 이산확률변수 $X$가 어떤 특정한 값 $x$를 취하는 사상은 $(X=x)$로 표현될 수 있다. 확률변수가 취할 수 있는 각 수값들에는 확률이 대응되어 있고, 확률변수는 그 확률에 따라서 여러 가지 값들을 갖는다. 예를 들어, 한 번 던진 주사위의 눈의 수는 1에서 6까지의 값을 취할 수 있으며, 각각 $\frac{1}{6}$의 확률로 나타난다. 이와 같이 확률변수의 값들에 확률을 대응시켜주는 관계를 **확률분포**(probability distribution)라고 한다. 즉, 확률변수 $X$의 확률분포를 $p(x)$로 나타내면, $p(x)$는 다음과 같이 정의된다.

$$p(x) = P[X = x]$$

**예제 4-1** 두 개의 동전을 던지는 실험을 생각해 보자. 앞면이 나오는 횟수를 $X$라고 할 때, 확률변수 $X$의 확률분포를 구해 보자.

[그림 4-1]은 확률변수 $X$가 각 실험 결과에 실수 값을 대응시키는 방법을 나타낸 것이다. 다만 H는 앞면(Head), T는 뒷면(Tail)을 나타낸다.

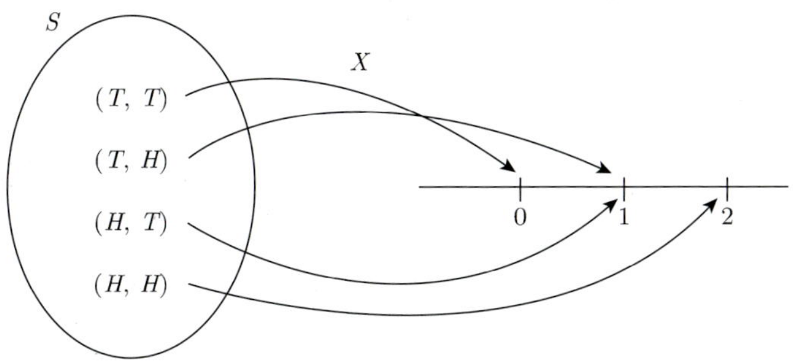


**[그림 4-1]** 확률변수 $X$에 의한 실수값 대응

따라서,

$$P(X=0) = P((T,\ T)) = \frac{1}{4}$$

$$P(X=1) = P((T, H)) + P(H, T) = \frac{1}{4} + \frac{1}{4} = \frac{1}{2}$$

$$P(X=2) = P((H, H)) = \frac{1}{4}$$

이제 이것을 정리하여 〈표 4-1〉과 같은 $X$의 확률분포를 얻는다.

**|표 4-1|** $X$의 확률분포

| $x$ | 0 | 1 | 2 |
|---|---|---|---|
| $p(x) = P(X=x)$ | $\frac{1}{4}$ | $\frac{1}{2}$ | $\frac{1}{4}$ |

이 확률분포를 그림으로 나타내면 다음과 같다.

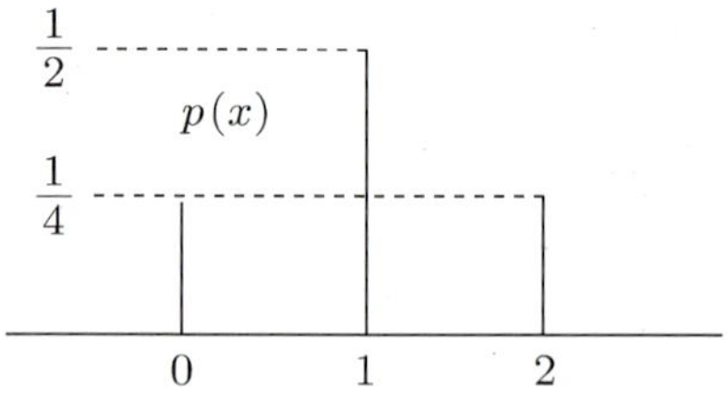


일반적으로 이산형에서 확률밀도함수의 그래프에서는 [그림 4-2]에서와 같이 높이가 확률을 나타낸다. 따라서, 전체 높이의 합은 1이며, 확률 $P[a \leq X \leq b]$는 구간 $[a, b]$ 위에서 높이의 합을 의미한다.

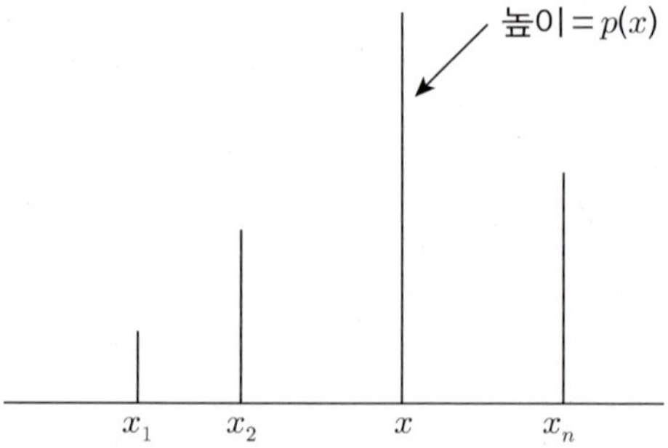


**|그림 4-2|** 이산형 확률분포 $p(x)$의 그래프

### 4-1-2 이산확률변수의 평균과 분산

두 개의 동전을 던지는 실험을 다시 한 번 생각해 보자. 확률변수 $X$의 값으로 0, 1, 2가 각각 $\frac{1}{4}$, $\frac{1}{2}$, $\frac{1}{4}$의 확률로 나타날 것이므로 $X$값의 평균은 1이 되리라 짐작할 수 있다. 실제로 앞면의 개수를 나타내는 확률변수 $X$의 평균은 0, 1, 2에 $\frac{1}{4}$, $\frac{1}{2}$, $\frac{1}{4}$의 가중치를 주어 다음과 같이 계산한다.

$$\mu = 0\times\frac{1}{4}+1\times\frac{1}{2}+2\times\frac{1}{4} = 1$$

일반적으로 확률변수 $X$의 확률분포가 $p(x)$일 때 $X$의 **평균**(mean) 또는 **기댓값**(expected value)은 기호 $\mu$, $\mu_X$, $E(X)$ 등으로 나타내며, 다음과 같이 정의된다.

> **이산형 확률변수의 평균 또는 기댓값**
>
> $$\mu = E(X) = \sum_{\text{모든 } x} x\, p(x)$$

확률변수 $X$의 평균은 $X$가 취하는 모든 $x$에 대하여 $p(x)$의 가중치를 부여하여 구한 가중평균의 개념이며, 모집단의 무게중심으로 이해할 수 있다. 이와 같이 정의된 평균은 모집단의 평균인 모평균을 모집단의 특성값을 나타내는 확률변수 $X$의 평균으로 나타낸 것이다. 또한, 다음과 같은 예에서는 평균을 기댓값으로 이해할 수 있다.

**예제 4-2** 어느 회사에서는 연말 자선기금을 마련하기 위하여 1회용 복권을 만들었다. 1장에 1만 원인 이 복권의 상금 종류는 100만 원, 50만 원, 10만 원, 5만 원이며 각각에 대한 확률은 〈표 4-2〉와 같다. 기대금액을 구해 보자.

**|표 4-2|** 복권의 상금과 확률

| 상금 | 100 | 50 | 10 | 5 | 0 |
|---|---|---|---|---|---|
| 확률 | $\frac{1}{1000}$ | $\frac{1}{500}$ | $\frac{1}{100}$ | $\frac{1}{25}$ | $\frac{947}{1000}$ |

기대금액(평균)은 다음과 같다.

$$\mu = 100 \times \frac{1}{1000} + 50 \times \frac{1}{500} + 10 \times \frac{1}{100} + 5 \times \frac{1}{25}$$
$$= 0.5(\text{만원})$$

이 기대금액의 의미는 복권 1장당 5,000원을 기대할 수 있다는 뜻이다. 즉, 평균적으로 5,000원은 자선기금으로 들어가고, 5,000원은 상금으로 돌아온다는 뜻이다. 이와 같이 기댓값이 5,000원이므로 1장당 5,000원이 손해인 것으로 계산된다. 그러나 1만 원의 투자가 큰 부담이 되지 않지만, 당첨이 되면 큰 수익을 얻을 수 있는 기대감 때문에 복권은 언제나 인기가 있게 된다.

제2장에서는 산포의 측도로서 분산과 표준편차를 다루었다. 같은 개념을 일반화하기 위하여 확률변수를 이용한 분산 및 표준편차를 알아보자. 평균에서와 마찬가지로 확률변수의 분산은 모분산과 같은 개념이다.

확률변수의 **분산**(variance)은 $X$와 $\mu$의 차이의 제곱, 즉 $(X-\mu)^2$의 평균으로 정의된다. 확률변수의 분산은 모분산과 같으므로 흔히 $\sigma^2$로 표시되며, 또한 Var($X$)로 표시되기도 한다. 확률변수의 **표준편차**(standard deviation)는 분산의 제곱근이며 $\sigma$ 또는 sd($X$)로 표시된다.

**이산형 확률변수의 분산과 표준편차**

$$\sigma^2 = \mathrm{Var}(\mathrm{X}) = \mathrm{E}[(\mathrm{X}-\mu)^2] = \sum_{\text{모든 x}} (\mathrm{x}-\mu)^2\, \mathrm{p}(\mathrm{x})$$
$$Z\sigma = \mathrm{sd}(\mathrm{X}) = \sqrt{\sigma^2}$$

**분산의 간편계산법**

$$\sigma^2 = \sum_{\text{모든 } x} x^2 p(x) - \mu^2$$

**예제 4-3** [예제 4-2]에서 확률변수 X의 분산과 표준편차를 구해 보자. 〈표 4-3〉은 분산을 계산하기 위한 계산표이다.

**[표 4-3]** 분산의 계산표

| $x$ | $p(x)$ | $x^2$ | $x^2 \times p(x)$ |
|---|---|---|---|
| 0 | $\frac{947}{1000}$ | 0 | 0 |
| 5 | $\frac{1}{25}$ | 25 | 1 |
| 10 | $\frac{1}{100}$ | 100 | 1 |
| 50 | $\frac{1}{500}$ | 2500 | 5 |
| 100 | $\frac{1}{1000}$ | 10000 | 10 |

따라서, 분산과 표준편차는 각각 다음과 같다.

$$\sigma^2 = \sum x_i^2 \, p(x_i) - \mu^2 = (1+1+5+10) - (0.5)^2 = 16.75$$

$$\sigma = \sqrt{16.75} \fallingdotseq 4.09$$

## 4-2 두 확률변수의 결합분포

### 4-2-1 결합확률분포

이제까지 우리는 하나의 확률변수만 있는 경우를 생각하여 왔다. 그러나 많은 경우에 여러 개의 확률변수가 어떤 확률적 관계를 가지고 관측된다. 예를 들어, 각 사람의 신장과 체중은 연관성이 있으며, 학생 각자의 영어 성적과 수학 성적도 강한 연관성이 있다. 이와 같은 문제에서는 관계되는 변수들을 동시에 관측하고 분석할 필요가 있다.

예를 들어, 두 확률변수를 동시에 고려하는 확률적 관계를 생각해 보자. 두 확률변수 $X$와 $Y$의 **결합확률분포**(joint probability distribution) 또는 간단히 결합분포를 $p(x,y)$로 나타내면 다음과 같이 정의된다.

$$p(x,y) = P[X=x,\ Y=y]$$

다음과 같은 예를 생각해 보자.

한 개의 주사위를 던져서 나오는 눈의 개수에 따라 상금이 걸린 게임이 있다. 이제 A와 B는 각각 다음과 같은 게임에 돈을 걸었다고 하자.

A : 1 또는 2가 나오면 100원
3 또는 4가 나오면 200원
5 또는 6이 나오면 300원
B : 짝수가 나오면 100원
홀수가 나오면 눈의 수× 100원

이 게임에서 A와 B의 수입을 각각 $X$와 $Y$로 나타내면, $X$와 $Y$의 결합분포는 다음과 같다.

**|표 4-4|** $X$와 $Y$의 결합확률분포 $p(x,y)$

| $x$ \ $y$ | 100 | 300 | 500 | 행의 합 |
|---|---|---|---|---|
| 100 | 2/6 | 0 | 0 | 2/6 |
| 200 | 1/6 | 1/6 | 0 | 2/6 |
| 300 | 1/6 | 0 | 1/6 | 2/6 |
| 열의 합 | 4/6 | 1/6 | 1/6 | 1 |

〈표 4-4〉의 결합분포 표에서 행의 합은 $X$의 **주변확률분포** 또는 간단히 **주변분포**(marginal distribution)라고 하며, 열의 합은 $Y$의 주변분포라고 한다. 즉, $X$의 주변분포는 $Y$는 고려하지 않고 $X$만의 확률분포를 뜻하며, $Y$의 주변분포는 $X$는 고려하지 않은 $Y$만의 확률분포를 뜻한다. $X$와 $Y$의 주변분포를 각각 $p_1(x)$, $p_2(y)$라고 하면 〈표 4-4〉에서 이들은 다음과 같다.

**|표 4-5|** $X$의 주변확률분포

| $x$ | 100 | 200 | 300 |
|---|---|---|---|
| $p_1(x)$ | 2/6 | 2/6 | 2/6 |

**|표 4-6|** $Y$의 주변확률분포

| $y$ | 100 | 300 | 500 |
|---|---|---|---|
| $p_2(y)$ | 4/6 | 1/6 | 1/6 |

일반적으로 주변확률분포는 다음과 같이 정의한다.

**주변확률분포**

확률변수 $X$와 $Y$의 결합확률분포가 $p(x,y)$일 때

$$X\text{의 주변분포: } p_1(x) = \sum_{\text{모든 } y} p(x,y)$$

$$Y\text{의 주변분포: } p_2(y) = \sum_{\text{모든 } x} p(x,y)$$

두 확률변수의 **독립**(independent)은 사상의 독립과 비슷한 개념으로 정의된다. 다음은 두 확률변수의 독립성에 대한 정의이다.

**두 확률변수의 독립성**

두 확률변수 $X$와 $Y$의 결합분포에서 모든 $(x,y)$에 대하여

$$p(x,y) = p_1(x)p_2(y)$$

가 성립할 때 $X$와 $Y$는 서로 독립이라고 한다.

독립이 아닌 두 확률변수는 서로 종속(dependent)이라고 한다.

**■ 예 4-1** 〈표 4-4〉에서 첫 번째 칸에 대하여 $\frac{2}{6} \times \frac{4}{6} \neq \frac{2}{6}$ 이므로 $X$와 $Y$는 독립이 아니다.

### 4-2-2 공분산과 상관계수

예를 들어, 학생들의 영어, 국어, 체육 성적을 생각해 보자. 한 학생의 영어 성적이 높다면 같은 어학과목인 국어 성적 역시 높은 경향이 있으나, 체육 성적은 높을 수도 있고 낮을 수도 있어 영어 성적과는 거의 무관한 값을 가질 것으로 짐작된다.

이제 확률변수 $X$, $Y$, $Z$를 한 학생의 영어, 국어, 체육 성적이라고 하고 이들의 기댓값을 각각 $\mu_x$, $\mu_y$, $\mu_z$로 나타내면, $(X-\mu_x)(Y-\mu_y)$값은 양일 가능

성이 클 것이다. 반면에 $(X-\mu_x)(Z-\mu_z)$의 값은 양과 음이 될 가능성이 거의 반반이라고 생각할 수 있다.

이때, $(X-\mu_x)(Y-\mu_y)$와 $(X-\mu_x)(Z-\mu_z)$를 각각 하나의 확률변수로 생각하여 평균을 구할 수 있으며, 이 평균은 두 확률변수가 같이 변하는 정도에 대한 측도로서 사용할 수 있다. 즉, $(X-\mu_x)(Y-\mu_y)$의 평균은 양의 값을 가지게 되면 두 확률변수 $X$와 $Y$가 같이 증감하는 경향이 있음을 의미한다. 또한 $(X-\mu_x)(Z-\mu_z)$의 평균이 거의 영에 가까우면 $X$와 $Z$가 거의 무관하게 변함을 의미한다.

이와 같이 두 확률변수 $X$와 $Y$가 같이 변하는 정도의 측도로서 $(X-\mu_x)(Y-\mu_y)$의 평균을 사용하며, 이를 **공분산**(covariance)이라고 하고, 기호 Cov(X,Y)로 나타낸다. 공분산의 정의 및 간편계산법은 다음과 같다.

**두 확률변수의 공분산**

$$\mathrm{Cov(X,Y)} = \mathrm{E}[(\mathrm{X}-\mu_{\mathrm{x}})(\mathrm{Y}-\mu_{\mathrm{y}})]$$
$$= \sum_{\text{모든}x}\sum_{\text{모든}y}(x-\mu_x)(y-\mu_y)p(x,y)$$

**공분산의 간편계산법**

$$\mathrm{Cov(X,Y)} = \mathrm{E(XY)}-\mu_{\mathrm{x}}\mu_{\mathrm{y}}$$
$$= \sum_{\text{모든}x}\sum_{\text{모든}y}xyp(x,y)-\mu_x\mu_y$$

**예제 4-4** 〈표 4-4〉의 결합분포에서 두 확률변수 $X$와 $Y$의 공분산을 구해 보자.

〈표4-5〉와 〈표4-6〉으로부터 $X$와 $Y$의 평균은 다음과 같다.

$$\mu_X = 100\times\frac{2}{6}+200\times\frac{2}{6}+300\times\frac{2}{6} = 200$$

$$\mu_Y = 100\times\frac{4}{6}+300\times\frac{1}{6}+500\times\frac{1}{6} = 200$$

한편,

$$E(XY) = (100\times 100)\frac{2}{6} + (200\times 100)\frac{1}{6} + (200\times 300)\frac{1}{6}$$
$$+ (300\times 100)\frac{1}{6} + (300\times 500)\frac{1}{6}$$
$$= \frac{280000}{6} = \frac{140000}{3}$$

이므로 구하는 공분산은 다음과 같다.

$$\mathrm{Cov}(\mathrm{X},\mathrm{Y}) = \mathrm{E}(\mathrm{XY}) - \mu_{\mathrm{X}}\mu_{\mathrm{Y}} = \frac{140000}{3} - 40000$$
$$= \frac{20000}{3}$$

두 확률변수의 공분산은 그 정의에서 쉽게 알 수 있듯이 각 확률변수가 취하는 값의 단위에 의존한다. 예를 들어, [예제 4-4]에서 상금 단위를 100원에서 1,000원으로 10배하면 공분산은 100배가 된다. 따라서, 단위에 무관한 상관관계를 나타내는 측도가 필요하다. 이를 위해 공분산을 두 확률변수의 표준편차의 곱으로 나누는데, 이를 **상관계수**(correlation coefficient)라고 한다. 두 확률변수 X와 Y의 상관계수는 기호 Corr(X, Y), $\rho$, $\rho_{XY}$ 등으로 나타낸다.

**두 확률변수의 상관계수**

$$\rho = \mathrm{Corr}(\mathrm{X},\mathrm{Y}) = \frac{\mathrm{Cov}(\mathrm{X},\mathrm{Y})}{\sqrt{\mathrm{Var}(\mathrm{X})\mathrm{Var}(\mathrm{Y})}}$$

**예제 4-5** 〈표 4-4〉에서 $X$와 $Y$의 상관계수를 구해 보자.

확률변수 $X$와 $Y$의 분산은 각각 다음과 같다.

$$\mathrm{Var}(\mathrm{X}) = 100^2\times\frac{2}{6} + 200^2\times\frac{2}{6} + 300^2\times\frac{2}{6} - (200)^2 = \frac{20000}{3}$$
$$\mathrm{Var}(\mathrm{Y}) = 100^2\times\frac{4}{6} + 300^2\times\frac{1}{6} + 500^2\times\frac{1}{6} - (200)^2 = \frac{70000}{3}$$

따라서, $X$와 $Y$의 상관계수는 다음과 같다.

$$\rho = \frac{\mathrm{Cov}(X,Y)}{\sqrt{\mathrm{Var}(X)\mathrm{Var}(Y)}} = \frac{20000/3}{\sqrt{190000/3}\sqrt{70000/3}} = \frac{2}{\sqrt{133}} \fallingdotseq 0.173$$

두 확률변수의 일차결합(선형결합)의 기댓값과 분산은 다음과 같이 구한다.

**두 확률변수의 일차결합의 기댓값과 분산**

$$E(aX+bY) = aE(X) + bE(Y)$$

$$\mathrm{Var}(aX+bY) = a^2\mathrm{Var}(X) + b^2\mathrm{Var}(Y) + 2ab\mathrm{Cov}(X,Y)$$

서로 독립인 두 확률변수에 대하여 다음이 성립한다.

**두 확률변수 $X$, $Y$가 독립일 때**

$$E(XY) = E(X)E(Y)$$

$$\mathrm{Cov}(X,Y) = 0,\ \mathrm{Corr}(X,Y) = 0$$

$$\mathrm{Var}(aX+bY) = a^2\mathrm{Var}(X) + b^2\mathrm{Var}(Y)$$

**예제 4-6** 투자이론에서는 상관관계가 약하거나 음의 상관관계를 갖는 상품에 분산시켜 투자할 경우에 전체적인 위험이 감소된다. 다음 예를 생각해 보자.

$X$, $Y$ 두 투자상품의 수익률은 경기에 민감하게 반응한다. 〈표 4-7〉은 경제상황에 따른 예상 수익률과 경기 전망에 대한 확률을 나타낸다. 전액을 $X$에 투자할 경우, $Y$에 투자할 경우, 양쪽에 반반씩 투자할 경우에 기대수익률과 표준편차(위험)를 구해 보자.

**|표 4-7|** 수익률의 분포

| 경제 상황 | 확률 | 수익률(%) | |
|---|---|---|---|
| | | $X$ | $Y$ |
| 불황 | 0.25 | -4 | 14 |
| 보통 | 0.50 | 10 | 7 |
| 호황 | 0.25 | 20 | 0 |

① $X$의 수익률 :

평균: $E(X) = (-4)(0.25) + (10)(0.50) + (20)(0.25) = 9(\%)$

분산: $\mathrm{Var}(X) = (0.25)(-4-9)^2 + (0.50)(10-9)^2 + (0.25)(20-9)^2$

$= 73$

표준편차: $\mathrm{sd}(X) = \sqrt{73} = 8.54\ (\%)$

② $Y$의 수익률 :

평균: $E(Y) = (14)(0.25) + (7)(0.50) + (0)(0.25) = 7(\%)$

분산: $\mathrm{Var}(Y) = (0.25)(14-7)^2 + (0.50)(7-7)^2 + (0.25)(0-7)^2$

$= 24.5$

표준편차: $\mathrm{sd}(Y) = \sqrt{24.5} = 4.95(\%)$

③ 양쪽에 반반씩 투자한 상품을 $Z$라고 하면, $Z = 0.5X + 0.5Y$

평균: $E(Z) = 0.5E(X) + 0.5E(Y) = 0.5(9+7) = 8(\%)$

공분산: $\mathrm{Cov}(X,Y) = E(XY) - E(X)E(Y)$

$= [(0.25)(-4)(14) + (0.5)(10)(7) + (0.25)(0)] - (9)(7)$

$= -42$

분산: $\mathrm{Var}(Z) = (0.5)^2\mathrm{Var}(X) + (0.5)^2\mathrm{Var}(Y) + 2(0.5)^2\mathrm{Cov}(X,Y)$

$= (0.5)^2[73 + 24.5 + 2(-42)] = 3.375$

표준편차: $\mathrm{sd}(Z) = \sqrt{3.375} = 1.84(\%)$

## 4-3 이항분포

### 4-3-1 이항분포

이 절에서는 이산확률분포 중에서 가장 기본적이고 중요한 이항분포에 대하여 알아보고자 한다. 우리는 흔히 실험의 결과가 "성공"과 "실패"와 같이 두 가지로만 나오는 경우를 볼 수 있다. 예를 들어, 제품의 검사 결과를 양호 또는 불량 중의 하나로 분류하거나, 어떤 정책에 대한 의견을 찬성 또는 반대 중의 하나로 분류하는 것 등이 이와 같은 경우이다. 이와 같이 어떤 실험의 결과를 오직 두 가지 중의 하나로 생각할 때, 이 실험을 **베르누이 시행**(Bernoulli trial)이라고 한다.

이러한 베르누이 시행에서의 확률의 계산을 알아보기 위하여 다음의 예제를 생각해 보자

**예제 4-7** 5개의 문항으로 구성된 객관식 시험문제에서 각 문항은 (O)와 (X) 중에 하나를 선택하는 형식이다. 어느 학생이 시간이 부족하여 문제도 읽지 않고 마음대로 정답을 추측하여 답한다고 할 때, 이 학생의 답 중에서 정답의 수를 $X$라고 하고, $X$의 확률분포를 구해 보자

$X$가 취할 수 있는 값들은 0부터 5까지이며, 각각의 경우의 수는 다음과 같다.

$X$인 경우의 수: 1가지

$X=1$ 인 경우의 수: $\binom{5}{1}=5$가지

$X=2$ 인 경우의 수: $\binom{5}{2}=10$가지

$X=3$ 인 경우의 수: $\binom{5}{3}=10$가지

$X=4$ 인 경우의 수: $\binom{5}{1}=5$가지

$X=5$ 인 경우의 수: 1가지

따라서, 모두 32가지의 경우의 수가 있으며, 이들이 모두 같은 확률로 일어나므로 $X$의 확률분포는 〈표 4-6〉과 같다.

**|표 4-8|** $X$의 확률분포

| $x$ | 0 | 1 | 2 | 3 | 4 | 5 |
|---|---|---|---|---|---|---|
| $p(x)$ | $\frac{1}{32}$ | $\frac{5}{32}$ | $\frac{10}{32}$ | $\frac{10}{32}$ | $\frac{5}{32}$ | $\frac{1}{32}$ |

[예제 4-7]에서는 각 문항에서 정답을 선택할 확률, 즉 성공의 확률은 1/2로 같다. 또한, 각 실험 결과가 다른 실험 결과에 전혀 영향을 주지 않는다. 즉, 각

실험은 서로 독립적으로 실행된다. 이와 같이 동일한 성공 확률을 가진 베르누이 시행을 독립적으로 반복하여 시행할 때 성공의 횟수를 **이항확률변수**(binomial random variable)라고 하며, 성공의 횟수의 분포를 **이항분포**(binomial distribution)라고 한다. 이상을 요약하면 다음과 같다.

**이항확률변수의 특징**

(1) $n$번의 베르누이 시행이 독립적으로 시행된다.

(2) 각 베르누이 시행에서 성공 확률은 동일한 값 $p$이다.

(3) 이항확률변수는 이러한 베르누이 시행의 반복에서 성공한 횟수이다.

위와 같은 $n$번의 베르누이 시행에서 성공의 횟수가 $x$일 확률을 구하는 방법을 생각해 보자.

특정한 $x$번의 실험에서 성공, 그리고 나머지 $(n-x)$번의 실험에서 실패가 일어날 확률은 성공과 실패의 순서에 관계 없이 모두 $p^x(1-p)^{n-x}$로 주어진다. 한편, 성공 $x$번과 실패 $(n-x)$번을 특정한 순서대로 늘어놓을 수 있는 경우의 수는 $\binom{n}{x}$이므로, $n$번의 실험에서 $x$번의 성공이 일어날 확률은 $\binom{n}{x}p^x(1-p)^{n-x}$로 주어진다.

이로부터 다음과 같은 이항확률변수의 확률분포를 얻는다.

**이항분포**

$X$가 성공확률이 $p$인 $n$번의 베르누이 시행에서 정의된 이항확률변수일 때

$$p(x) = \binom{n}{x}p^x(1-p)^{n-x}, \quad x = 0, 1, \cdots, n$$

기호: $X \sim B(n, p)$

이항분포의 의미를 불량품 검사에서 생각해 보기로 한다. $n$번의 베르누이 시행은 $n$개의 표본(시료)을 검사하는 것과 같으며, 모수 $p$는 불량률에 해당된다. 따라서, 불량률 $p$인 공정에서 생산된 제품 가운데 랜덤하게 $n$개의 표본을 추출할 때,

$$X = n\text{개의 표본 가운데 있는 불량품 개수}$$

로 정의하면 $X$는 이항분포 $B(n,p)$에 따른다.

**예제 4-7(계속)** $n=5$, $p=\frac{1}{2}$이므로 $X$의 확률분포는 다음과 같다.

$$p(x) = \binom{5}{x}\left(\frac{1}{2}\right)^{x}\left(\frac{1}{2}\right)^{5-x} = \binom{5}{x}\left(\frac{1}{2}\right)^{5}$$

이항확률변수에 관한 여러 가지 확률을 계산할 때 부록의 〈표 2〉에 있는 이항분포의 누적확률분포 표를 사용하면 편리하다. 누적확률이란 어떤 한 점까지의 확률을 모두 더한 것을 가리키며, 이 표에는

$$P[X \le c] = \sum_{x=0}^{c} P[X=x]$$

의 값들이 여러 가지의 $n$, $p$, $c$ 값들에 대하여 주어져 있다. 예를 들어, $P[1 \le X \le 5]$과 같은 확률을 계산할 때

$$P[1 \le X \le 5] \; = \; P[X \le 6] - P[X \le 0]$$

로 바꾸어 누적이항분포표를 이용한다.

**예제 4-8** 5개 중 하나를 선택하는 선다형 문제 20문항에서 랜덤하게 답을 써 넣을 경우에 정답을 8개 이상 맞출 확률을 구해 보자.

$X$= "정답의 개수"로 정의하면 $X$는 이항분포 $B(20,0.2)$를 따른다. 따라서, 구하는 확률은 다음과 같다.

$$P(X \geq 8) = 1 - P(X \leq 7) = 1 - 0.968 = 0.032$$

### 4-3-2 이항분포의 평균과 분산

불량률이 10%(즉, 0.1)인 공정에서 생산된 제품 가운데 랜덤하게 100개의 표본을 추출한다면, 이 가운데 평균 10개는 불량품일 것으로 기대한다. 20개의 표본 가운데는 평균 2개의 불량품이 있을 것으로 기대한다. 일반적으로 불량률이 $p$인 제품 $n$개 가운데는 약 $np$개의 불량품이 있을 것으로 기대한다.

다음과 같은 이항분포의 평균, 분산, 표준편차를 증명 없이 사용하기로 한다.

**이항분포의 평균, 분산, 표준편차**

평균: $np$, 분산: $np(1-p)$, 표준편차: $\sqrt{np(1-p)}$

**예제 4-9** 어느 항공회사는 항공권을 예약한 승객 중 10% 정도가 도중에 예약을 취소한다는 사실을 과거의 경험으로 알고 있다. 어느 비행편의 항공권 예약한 승객 수가 400명이라면 이 가운데 몇 명 정도가 도중에 예약을 취소하리라고 기대되는가? 예약을 취소하는 승객 수의 표준편차는 얼마인가?

$X$를 '예약 취소자 수'라고 하면 $X$는 이항분포 $B(400, 0.1)$를 따른다. 따라서, 평균과 표준편차는 다음과 같다.

$$\text{평균}: \ np = 400 \times \frac{1}{10} = 40$$

$$\text{표준편차}: \ \sqrt{np(1-p)} = \sqrt{400 \times \frac{1}{10} \times \frac{9}{10}} = 6$$

## 4-4 SPSS 실습

베르누이 분포는 크기($n$)가 1인 이항분포로 이해할 수 있다. 따라서, 모수가 $p$인 베르누이 분포를 갖는 서로 독립인 $n$개의 베르누이 확률변수의 합이 이항분포 $B(n,p)$를 따른다.

SPSS를 이용하여 확률의 계산, 밀도함수의 값 계산, 난수의 생성 등을 위한 함수들은 다음 〈표 4-7〉과 같다.

**|표 4-9|** 이항분포와 관계가 있는 함수

| 함 수 | 출력되는 함수 값 |
|---|---|
| PDF.BERNOULLI(양,$p$) | 베르누이 분포의 값이 '양'과 같은 확률 |
| PDF.BINOM(양,$n$,$p$) | 이항분포에서 성공횟수가 '양'과 같은 확률 |
| CDF.BINOM(양,$n$,$p$) | 이항분포에서 성공횟수가 '양'보다 작거나 같은 누적확률 |
| RV.BERNOULLI($p$) | '$p$'를 모수로 사용한 베르누이 분포의 관측값 |
| RV.BINOM($n$,$p$) | '$n$'과 '$p$'를 모수로 사용한 이항분포의 관측값 |

표에 있는 SPSS 함수식에서는 '$p$' 대신 '확률'이란 용어를 쓰고 있다.

### 4-4-1 이산확률분포를 따르는 난수의 생성

다음과 같은 예를 생각해 보자.

**■ 예 4-2** SPSS를 이용하여 공정한 동전 던지기를 100번 반복하는 모의실험을 시행하고, 100번 중에서 동전의 앞면이 나온 수를 구해 보자.

공정한 동전을 던지는 실험은 성공확률이 0.5인 베르누이 시행에 해당한다. 먼저 데이터 편집기 창에서 변수 보기(V)를 클릭하고 3장의 [그림 3-3]에서와 같이 이름 에 prob와 같은 임의의 변수명을 입력한다. 데이터 보기(D)를 클릭한 후 데이터 편집기 메뉴에서 변환(T) → 변수 계산(C)... 을 선택하여 변수계산 화면을 얻으면 대상변수(T): 란에 prob라고 입력하고, 오른쪽의 함수 집단(G): 에서 난수를 선택하고, 함수 및 특수변수(F): 에서 Rv.Bernoulli을 선택한 다음 ⬆을 클릭하여 숫자표현식(E): 으로 보내고 확률에 0.5를 입력한 후 '확인'을 클릭한다. 그 후 얻게 되는 화면은 3장의 [그림 3-4]와 비슷하다.

이제 '확인'을 클릭한 다음 SPSS 데이터 편집기 창의 데이터 보기(D) 화면에서 40행에 임의의 숫자를 입력한 다음, 다시 변환(T) → 변수 계산(C)... 을 클릭하고, 다시 '확인'을 두 번 클릭하면 40개의 베르누이 분포를 따르는 난수가 변수 prob열에 생성된다. [그림 4-3]과 같이 prob의 값은 0 또는 1로 나타난다.

이제 100번의 모의실험에서 동전의 앞면이 나온 횟수를 구하고자 한다면 생성된 prob 변수열의 총합을 구하면 된다. 즉, prob 변수값의 1은 동전던지기에서 앞면이 발생한 것을 의미하며, 0은 뒷면이 발생한 것을 의미한다. 이제 prob 변수 열의 총합을 계산하기 위해서는 3장에서와 같이 데이터 분석기의 메뉴의 분석(A) → 보고서(P) → 열별 요약보고서(S)... 를 클릭하여 '열별 요약 보고서' 화면을 얻은 후 다시 요약(S)... 을 클릭해서 요약줄 보고서 화면이 나타나면 원하는 통계량으로 합계(F) 를 선택한다.

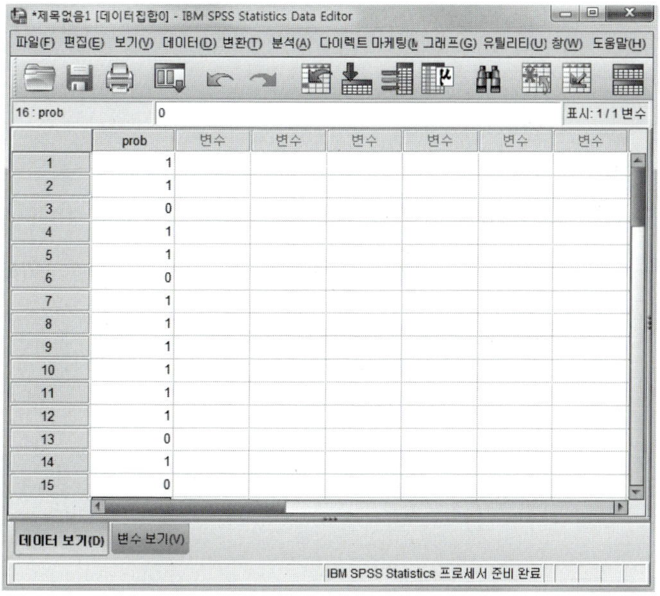


**|그림 4-3|** 베르누이 난수의 생성 결과

그 출력 결과는 다음과 같다. 각자 얻은 값이 52와 정확하게 같은 값을 가지지는 않겠지만, 대략 50번에 가까운 값일 것이다.

| 합계 |
|---|
| 총계 52 |

다른 예로서 다음의 예를 SPSS로 풀어 보자.

**◘ 예 4-3** 5개의 공정한 동전을 동시에 던져서 앞면이 나온 개수를 기록하는 모의실험을 100회 실시하여 앞면의 개수에 대한 히스토그램을 그리고, 여러 가지 측도를 구해 보자.

이 실험은 $n=5$, $p=0.5$ 인 이항분포에 해당한다. 데이터 편집기 창에서 변수 보기(V)를 클릭하고 이름 에 proba와 같은 임의의 변수명을 입력한다. 데이터 보기(D)를 클릭한 후 데이터 편집기 메뉴에서 변환(T) → 변수 계산(C)... 을 선택하여 '변수 계산' 화면을 얻으면 대상변수(T): 란에 proba라고 입력하고 오른쪽의 함수 집단(G): 에서 **난수**를 선택하고, 함수 및 특수변수(F): 에서 Rv.Binom을 선택한 다음 [↑]을 클릭하여 숫자표현식(E): 으로 보내고 $n$에 5를, 확률에 0.5를 입력한 다음 '확인'을 클릭한다. 그 후 얻게 되는 화면은 [그림 3-4]와 비슷하다. 다시 '확인'을 클릭한 다음 SPSS 데이터 편집기 창의 화면에서 40행에 임의의 숫자를 입력한다. 다시 메뉴에서 변환(T) → 변수 계산(C)... 을 선택하고 '확인'을 두 번 클릭하면 40개의 이항분포를 따르는 난수가 변수 proba열에 생성된다. [그림 4-4]와 같이 proba의 값은 0에서 5 사이의 정수값으로 나타난다.

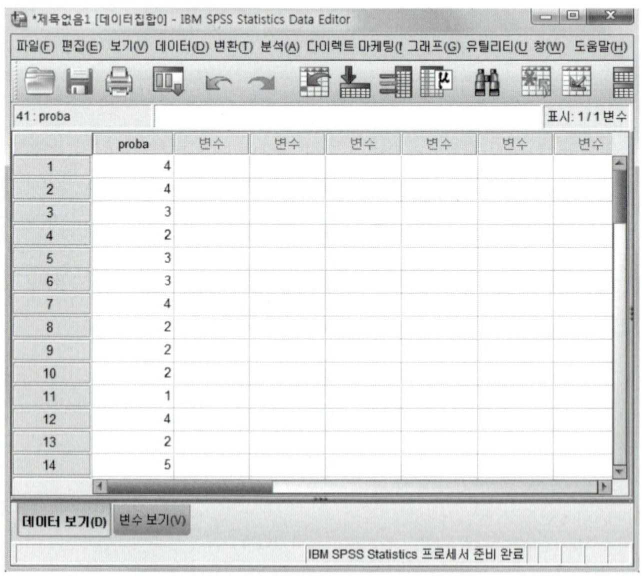


**|그림 4-4|** 이항분포 난수의 생성 결과

이제 proba 변수의 100개 자료에 대한 기술통계량을 구하기 위해 분석(A) → 기술통계량(E) → 기술통계(D)... 를 이용하여 [그림 4-5]의 결과를 얻었다.

**기술통계량**

| | N | 최솟값 | 최댓값 | 평균 | 표준편차 |
|---|---|---|---|---|---|
| proba | 100 | 0 | 5 | 2.62 | 1.162 |
| 유효수 (목록별) | 100 | | | | |

**|그림 4-5|** 이항분포 난수의 기술통계량

히스토그램을 그리기 위해 2장의 2-3-5절에서 설명한 절차를 따르면 [그림 4-6]의 결과를 얻는다.

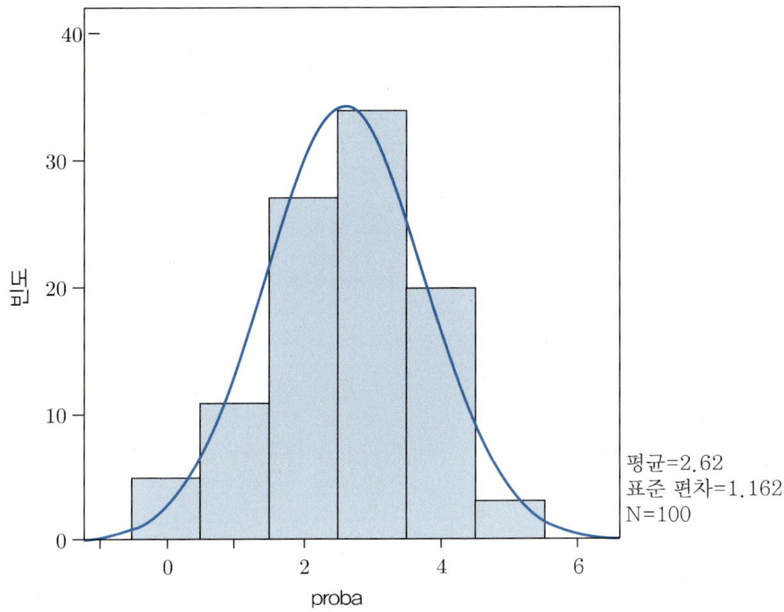


**|그림 4-6|** 이항분포 난수의 히스토그램

이 실험의 이론적인 평균은 $n \times p = 5 \times 0.5 = 2.5$이고 표준편차는 $\sqrt{n \times p \times q} = \sqrt{5 \times 0.5 \times 0.5} = 1.11803$이다. 100번 반복 실험한 결과에서 우리는 평균 2.62와 표준편차 1.162를 얻었으나, 실험 횟수를 점점 크게 하면 평균과 표준편차도 그 이론적인 값들에 점점 가까이감을 볼 수 있다.

### 4-4-2 확률값의 계산

SPSS를 이용하여 이항분포에서의 확률과 누적확률을 구하는 방법을 다음의 예를 이용하여 알아보자. 참고로 SPSS에서는 이항분포의 역누적확률을 구하는 명령어는 지원하지 않고 있다.

**▫ 예 4-4** $X$가 $n = 10$, $p = 0.3$인 이항확률변수일 때, $P(X = 7)$을 구해 보자.

먼저 SPSS 데이터 편집기의 '변수 보기' 창에서 [그림 3-3]에서와 같이 '이름' 열에 bino_prob와 같은 임의의 변수명을 입력한다. 다시 '데이터 보기' 창으로 돌아와 변수 bino_prob의 첫 번째 행에 임의의 숫자를 입력한다. 메뉴에서 변환(T) → 변수 계산(C)... 을 선택하여 '변수 계산' 화면을 얻으면 대상변수(T): 란에 bino_prob라고 입력하고 오른쪽의 함수 집단(G): 에서 **PDF 및 비중심 PDF**를 선택하고, 함수 및 특수변수(F): 에서 Pdf.Binom을 선택한 다음, ⬆을 클릭하여 숫자표현식(E): 으로 보낸 후 양에 7, n에 10을, 그리고 확률에 0.3를 입력하면 [그림 4-7]과 같은 화면을 얻는다.

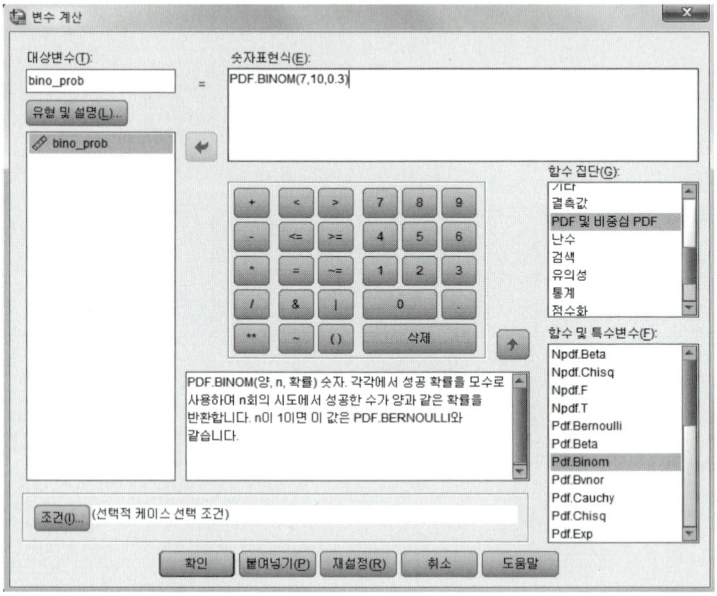

**|그림 4-7|** 이항확률변수의 확률 값 계산을 위한 변수 계산 화면

'확인'을 클릭하면 '기존 변수를 바꾸시겠습니까?'라는 화면이 나오고, 다시 '확인'을 클릭하면 [그림 4-8]과 같이 첫 번째 행에 입력한 임의의 수가 0.01로 바뀐 것을 볼 수 있다.

소수 이하 두 자리수의 결과를 조금 더 정확하게 보기 위해 '변수 보기' 창에서 '소수점이하자리'에 기존의 2를 4로 바꾸어 입력하고 데이터 보기(D)를 클릭하면 변수 bino_prob의 값이 0.01에서 0.0090으로 바뀐 것을 볼 수 있다. '데이터 보기' 창에서도 활성화된 셀의 값이 변수명 위쪽에 나타난다. 이 경우에는 0.009001692임을 [그림 4-8]에서 확인할 수 있다.

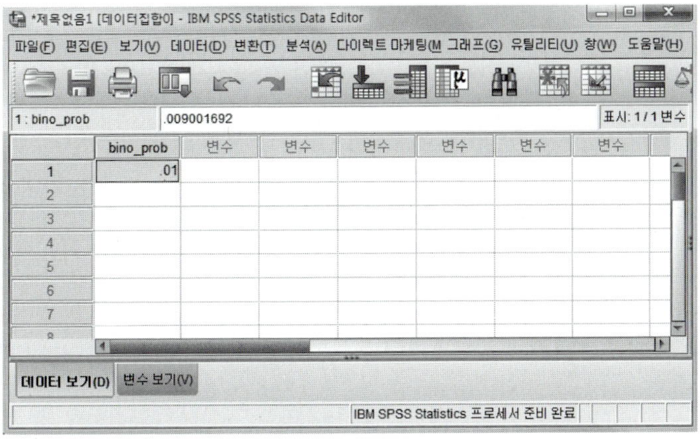


**|그림 4-8|** 이항확률변수의 확률 값 계산 결과

**■ 예 4-5** $X$가 $n=10$, $p=0.3$인 이항확률변수일 때, $P(X \leq 8)$과 $P(4 \leq X \leq 8)$의 값을 구해 보자.

앞에서와 마찬가지 방법으로 구하되 누적확률을 구해야 하므로 함수 'Cdf.Binom'을 사용하는 것만 다른 셈이다. 변수 이름에 bino_cum과 같은 임의의 변수명을 사용한다. '데이터 보기' 창에서 bino_cum의 첫 번째 행에 임의의 숫자 2를 입력하였다고 하자. 메뉴에서 변환(T)→ 변수 계산(C)... 을 선택하여 변수 계산 화면을 얻으면 대상변수(T): 란에 bino_cum이라고 입력하고 오른쪽의 함수 집단(G): 에서 CDF 및 비중심 CDF를 선택하고, 함수 및 특수변수(F): 에서 Cdf.Binom을 선택한 다음 ↑을 클릭하여 숫자표현식(E): 으로 보낸다. 이제 '양'에 8, 'n'에 10을, 그리고 '확률'에 0.3을 입력하면 [그림 4-9]와 같은 화면을 얻는다.

'확인'을 클릭하면 '기존 변수를 바꾸시겠습니까?'라는 화면이 나오고 다시 '확인'을 클릭하면 bino_cum 변수의 첫 번째 행의 값이 1.00인 것을 볼 수 있다. 이제 소수 이하 두 자리수의 결과를 조금 더 정확하게 보기 위해 '변수 보기' 창에서 '소수이하자리'에 기존의 2를 4로 바꾸어 입력하고 데이터 보기(D) 를 클릭하면 [그림 4-10]과 같이 $P(X \leq 8)$=0.9999임을 알 수 있다.

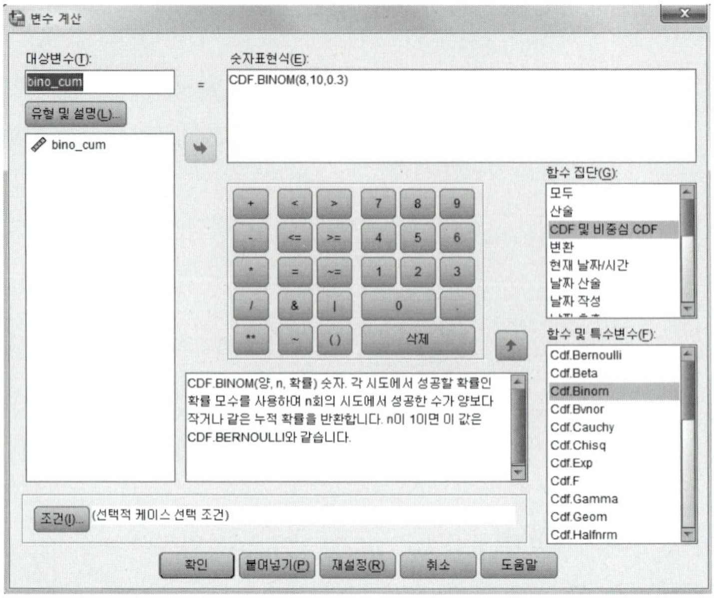


**|그림 4-9|** 이항확률변수의 누적확률 값 계산을 위한 변수 계산 화면

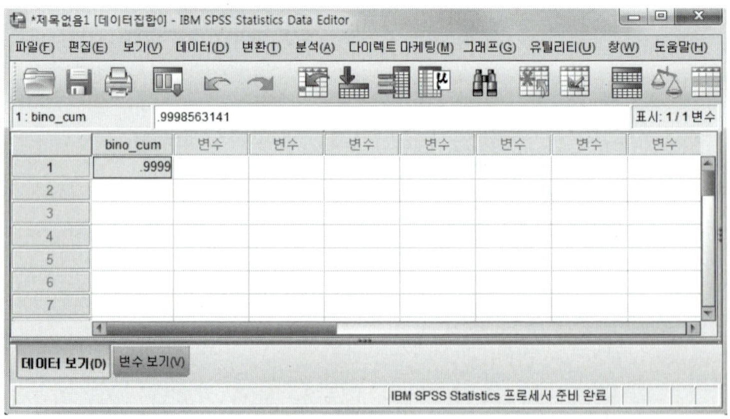


**|그림 4-10|** 이항확률변수의 누적확률 값 계산 결과

이제 $P(4 \leq X \leq 8) = P(X \leq 8) - P(X \leq 3)$이므로 같은 방법으로 $P(X \leq 3) = 0.6496$을 얻고, 따라서 $P(4 \leq X \leq 8) = 0.3503$이 된다.

## 4장 연습문제

**4.1** 다음의 각 확률변수는 이산형인가, 연속형인가?

(a) 매일매일의 주식 거래량

(b) 한 개인병원에 외래환자들이 도착하는 시간의 간격

(c) 서울 시내에서 하루에 발생하는 교통사고의 건수

(d) 어느 식당에서 오후 1시 정각에 음식을 기다리는 손님의 수

**4.2** 다음의 각 확률변수는 이산형인가, 연속형인가?

(a) 매일매일의 코스닥 지수

(b) 한 백화점에서 월별 총판매량

(c) 어느 치과병원을 찾는 환자의 충치 개수

(d) 버스정거장에서 다음 버스가 도착할 때까지 기다리는 시간

**4.3** 다음은 어느 한 도시의 가구별 자녀의 수 $X$에 대한 확률분포이다.

| $x$ | 0 | 1 | 2 | 3 | 4 | 5 | 6 |
|---|---|---|---|---|---|---|---|
| $P(X=x)$ | 0.05 | 0.21 | 0.39 | 0.25 | 0.07 | 0.02 | 0.01 |

(a) $X$의 평균과 분산을 구하여라.

(b) $P(X \geq 4)$와 $P(2 \leq X \leq 5)$를 구하여라.

**4.4** 확률변수 X의 확률분포는 다음과 같다.

| $x$ | 0 | 1 | 2 | 3 |
|---|---|---|---|---|
| $P(X=x)$ | $\frac{1}{8}$ | $\frac{3}{8}$ | $\frac{3}{8}$ | $\frac{1}{8}$ |

(a) $X$의 평균과 분산을 구하여라.

(b) $P(X \geq 1)$와 $P(1 \leq X \leq 2)$를 구하여라.

**4.5** 두 확률변수 X와 Y의 결합확률분포가 다음과 같다.

| $y$ \ $x$ | 0 | 1 | 2 |
|---|---|---|---|
| 0 | 0.1 | 0.3 | 0.05 |
| 1 | 0.2 | 0.25 | 0.1 |

(a) $X$와 $Y$의 주변 확률분포를 구하여라.

(b) $X$와 $Y$의 평균과 분산을 각각 구하여라.

(c) $X$와 $Y$의 공분산을 구하여라.

(d) $X$와 $Y$의 상관계수를 구하여라.

**4.6** A와 B 두 종류의 곤충에 대한 공존상태를 연구하는 실험에서 한 나무에서 서식하는 곤충 A, B의 수를 각각 $X$와 $Y$라고 하자. 많은 관찰을 통하여 다음과 같은 $X$와 $Y$의 결합확률분포를 얻었다.

| $y$ \ $x$ | 1 | 2 | 3 | 4 |
|---|---|---|---|---|
| 0 | 0 | 0.05 | 0.05 | 0.10 |
| 1 | 0.08 | 0.15 | 0.10 | 0.10 |
| 2 | 0.20 | 0.12 | 0.05 | 0 |

(a) $X$와 $Y$의 주변 확률분포를 구하여라.

(b) $X$와 $Y$의 평균과 분산을 각각 구하여라.

(c) $X$와 $Y$의 공분산을 구하여라.

(d) 한 나무에서 서식하는 B의 수가 A의 수보다 많을 확률을 구하여라.

**4.7** $X$의 확률분포가 다음과 같고 $Y=1-X^2$로 정의한다.

| $x$ | −1 | 0 | 1 |
|---|---|---|---|
| $P(X=x)$ | $\frac{1}{3}$ | $\frac{1}{3}$ | $\frac{1}{3}$ |

(a) $Y$의 확률분포를 구하여라.

(b) $\mathrm{Cov}(X, Y)$를 구하여라.

**4.8** $X$와 $Y$의 결합분포가 다음과 같다. 다음 물음에 답하여라.

| $y$ \ $x$ | −1 | 0 | 1 |
|---|---|---|---|
| 0 | 0 | $\frac{1}{3}$ | 0 |
| 1 | $\frac{1}{3}$ | 0 | $\frac{1}{3}$ |

(a) $X$와 $Y$는 독립이 아니면서 $\mathrm{Cov}(X,Y) = 0$ 임을 보여라.

(b) $Z = Y + Y$의 확률분포를 구하여라.

**4.9** 다음의 표는 $X$, $Y$ 두 투자상품의 수익률(%)을 나타낸다. 전액을 $X$에 투자할 경우, $Y$에 투자할 경우, 양쪽에 반반씩 투자할 경우에 기대수익률과 표준편차(위험)를 구하여라.

| 경제 상황 | 확률 | 수익률(%) | |
|---|---|---|---|
| | | $X$ | $Y$ |
| 불황 | 0.25 | 0 | 10 |
| 보통 | 0.50 | 5 | 5 |
| 호황 | 0.25 | 10 | 0 |

**4.10** 문제 4.9에서 $X$와 $Y$에 각각 1:2의 비율로 투자할 경우에 기대수익률과 표준편차(위험)를 구하여라.

**4.11** 주식 $X$와 $Y$의 연 평균 수익률은 각각 11%, 8%이며, 표준편차는 각각 10%, 6%라고 한다. $X$와 $Y$의 상관계수는 $\rho = 0.5$라고 한다. 이제 $X$, $Y$에 1:2로 분산투자하는 포트폴리오의 기댓값과 표준편차를 구하여라.

**4.12** 문제 4.11에서 $X$와 $Y$의 상관계수가 $\rho = -0.5$ 일 때, $X$, $Y$에 1:2로 분산투자하는 포트폴리오의 기댓값과 표준편차를 구하여라.

**4.13** X가 $n = 6$, $p = 0.2$ 인 이항확률변수일 때 $P(X = x)$를 $x$=0, 1, 2, 3, 4, 5, 6에 대하여 각각 계산하고 분포를 나타내는 그래프를 그려라.

**4.14** X가 $n=5$, $p=0.7$ 인 이항확률변수일 때 $P(X=x)$를 $x$=0, 1, 2, 3, 4, 5에 대하여 각각 계산하고 분포를 나타내는 그래프를 그려라.

**4.15** 5개 중 한 개를 택하는 선다형 문제가 20문항이 있는 시험에서 랜덤하게 답을 써넣은 경우에 다음 물음에 답하여라.

(a) 정답이 하나도 없을 확률은 얼마인가?

(b) 8개 이상의 정답을 맞힐 확률은 얼마인가?

(c) 4개부터 6개 사이의 정답을 맞힐 확률은 얼마인가?

**4.16** 4개 중 한 개를 택하는 선다형 문제가 10문항이 있는 시험에서 랜덤하게 답을 써넣은 경우에 다음 물음에 답하여라.

(a) 정답이 하나도 없을 확률은 얼마인가?

(b) 10개 모두 정답을 맞힐 확률은 얼마인가?

(c) 3개부터 5개 사이의 정답을 맞힐 확률은 얼마인가?

**4.17** 어느 공정이 정상적으로 가동되고 있다면, 10%의 불량품이 발생한다. 제품 가운데서 7개의 표본을 추출하였다고 하자.

(a) 이 가운데 3개 이상이 불량품일 확률은 얼마인가?

(b) 만약 3개가 불량품이 나왔다면, 품질관리기사의 입장에서 어떤 결정을 내리겠는가?

**4.18** 불량률이 0.1(10%)인 어느 공정에서 25개의 표본을 랜덤하게 추출하였다.

(a) 이 가운데 7개 이상의 불량품이 포함되어 있을 확률은 얼마인가?

(b) 만약 7개가 불량품이었다면, 품질관리기사의 입장에서 어떤 결정을 내리겠는가?

**4.19** 어떤 사건이 발생할 확률이 0.2라고 한다. SPSS를 이용하여 이 사건에 대한 모의실험을 40번 시행하고 이 모의실험에서 사건이 발생한 상대도수를 구해 보자. 이제 실험 횟수를 160번, 400번으로 증가시켜 보자. 실험 횟수가 증가하면서 사건이 발생한 상대도수가 점점 0.2에 가까워지는지 확인해 보아라.

**4.20** SPSS를 이용하여 10개의 공정한 동전을 동시에 던져서 앞면의 수를 기록하는 모의 실험을 160회 실시하여 앞면의 수에 대한 히스토그램을 그리고, 여러 가지 측도를 구해 보자.

# 제5장 연속확률변수와 정규분포

우리 주변에서 연속형 확률변수의 예들은 많다. 예를 들어, 휴대전화기의 수명, 회사원의 연봉, 경제성장률, 주식시장의 주가지수, 철선의 인장강도 등은 연속형 확률변수의 이론을 적용하여 분석하는 예들이다.

5-1절에서는 연속확률변수의 확률분포를 나타내는 방법을 설명하고, 5-2절에서는 연속확률분포 중에서 가장 중요한 정규분포에 대하여 알아본다. 5-3절과 5-4절에서는 이항분포의 정규근사와 SPSS 명령어에 대해 각각 설명한다.

## 5-1 연속확률변수

### 5-1-1 연속확률변수의 확률분포

[그림 5-1]과 같이 숫자판에 0을 중심으로 자유로이 회전할 수 있는 바늘이 장치되어 있다. 이 바늘을 힘껏 회전시켰을 때, 바늘이 저절로 멈추면서 가리키는 눈금을 $X$라고 하면, X는 0에서 1까지의 모든 값을 취할 수 있는 확률변수이다.

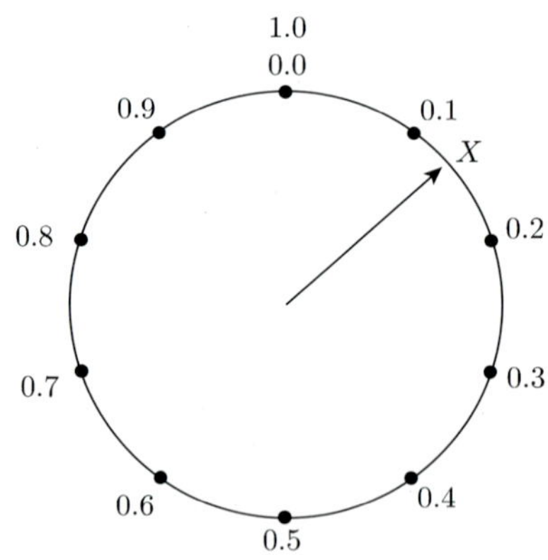


**[그림 5-1]** 연속형 확률변수의 예

이 경우 바늘이 멈추는 모든 경우가 동일한 가능성을 가지고 일어날 수 있으므로 X가 구간 $[a, b]$에 속할 확률은 전체구간 $[0, 1]$의 길이와 구간 $[a, b]$의 길이의 비와 같다고 생각할 수 있다. 즉,

$$P[a \le X \le b] = \frac{b-a}{1-0} = b-a \text{ (단, } 0 \le a < b \le 1)$$

한편, 구간 $[0, 1]$에서 함수 $f(x)$를

$$f(x) = \begin{cases} 1, & 0 \le x \le 1 \\ 0, & \text{아닐 때} \end{cases}$$

로 정의하면

$$P[a \le X \le b] = b-a = \int_a^b f(x)dx$$

로 나타낼 수 있으므로, X에 관한 확률은 함수 $f(x)$에 의해 결정된다. 이와 같은 함수 $f(x)$를 X의 **확률밀도함수**(probability density function; pdf)라고 한다. 일반적으로, 연속형 확률변수의 확률밀도함수는 다음과 같은 성질을 갖는다.

> **확률밀도함수의 성질**
>
> 연속확률변수의 경우 확률변수 X의 확률밀도함수 $f(x)$는 다음을 만족한다.
>
> (a) $f(x) \ge 0$ 이고, $\int_{-\infty}^{\infty} f(x)dx = 1$
>
> (b) $P[a \le X \le b] = \int_a^b f(x)dx$

위에서 성질 (a)는 곡선 $f(x)$ 아래의 전체 면적은 언제나 1임을 뜻한다. 이는 표본공간의 확률이 1인 것과 같은 개념이다. 성질 (b)에서 확률 $P[a \leqq X \leqq b]$는 구간 $[a, b]$ 위에서 $f(x)$ 아래의 넓이를 나타내며, 이를 그림으로 나타내면 [그림 5-2]와 같다.

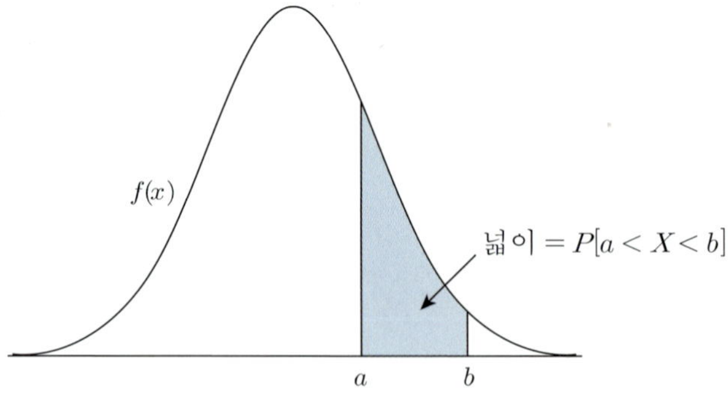


**|그림 5-2|** 연속형에서 확률밀도함수 $f(x)$ 의 의미

### 5-1-2 연속확률변수의 평균과 분산

연속확률변수 X의 확률밀도함수가 $f(x)$일 때,

$$\mu = E(X) = \int_a^b x f(x) dx$$

를 X의 **평균**(mean) 또는 **기댓값**(expected value)이라고 한다. 즉, 이산형에서는 $x p(x)$ 를 모든 $x$ 에서 계산하여 더하지만, 연속형에서는 $x f(x)$ 를 전 구간에서 적분한다.

**연속형 확률변수의 평균 또는 기댓값**

$$\mu = E(X) = \int_a^b x f(x) dx$$

연속확률변수인 경우에도 평균과 역학에서의 중심에 대한 개념 사이에는 유사점이 있다. 확률변수 X에서의 질량밀도가 $f(x)$로 분포되어 있다면 $\int_{-\infty}^{\infty} x f(x) dx$ 는 원점에 관한 질량의 중심으로 해석된다.

**예제 5-1** 어느 버스 정류장에서 매시 0분, 15분, 35분에 각 1회씩 버스가 발차한다. 한 사람이 우연히 이 정거장에 와서 버스에 탑승할 때까지 기다릴 시간의 기댓값을 구해 보자.

이 사람이 도착한 시간이 X분이라고 하면 X는 0에서 60까지의 값을 취할 수 있으며, 우연히 이 정거장에 온다고 하였으므로 X의 확률밀도함수는

$$f(x) = \frac{1}{60}, \quad 0 \le x \le 60$$

으로 나타낼 수 있다. 또한, 이 사람이 기다릴 시간은

$0 < X \le 15$ 이면 15−X분

$15 < X \le 35$ 이면 35−X분

$35 < X \le 60$ 이면 60−X분

이므로, 기다릴 시간의 기댓값은 다음과 같다.

$$\int_0^{15}(15-x)f(x)dx + \int_{15}^{35}(35-x)f(x)dx + \int_{35}^{60}(60-x)f(x)dx$$

$$= \frac{1}{60}\left[\int_0^{15}(15-x)dx + \int_{15}^{35}(35-x)dx + \int_{35}^{60}(60-x)dx\right]$$

$$= \frac{1}{60}\left[\frac{15^2}{2} + \frac{20^2}{2} + \frac{25^2}{2}\right] = \frac{125}{12} \text{ (분)}$$

즉, 기다릴 시간의 기댓값은 10분 25초이다.

연속확률변수의 분산과 표준편차는 이산형과 같은 개념으로 정의되며, 모든 $x$에 대하여 더하는 대신에 전 구간에서 적분하는 것만 다르다. 연속확률변수에서 분산과 표준편차의 정의 및 간편계산법은 다음과 같다.

**연속형 확률변수의 분산과 표준편차**

$$\sigma^2 = \mathrm{Var(X)} = \mathrm{E[(X-\mu)^2]} = \int_{-\infty}^{\infty}\mathrm{(x-\mu)^2 f(x)dx}$$

$$\sigma = sd(X) = \sqrt{\sigma^2}$$

**분산의 간편계산법**

$$\sigma^2 = E(X^2) - \mu^2$$

**예제 5-2** [그림 5-1]로 설명된 눈금 X의 확률밀도함수는 다음과 같다.

$$f(x) = 1, \quad 0 \leq x \leq 1$$

이와 같은 분포를 **균등분포**(uniform distribution)라고 한다. 구간 [0, 1] 에서 균등분포를 따르는 $X$의 평균과 표준편차를 구하면 다음과 같다.

$$E(X) = \int_0^1 x f(x) dx = \int_0^1 x dx = \frac{x^2}{2}\Big|_0^1 = \frac{1}{2}$$

$$\mathrm{Var(X) = E(X^2)} - \mu^2 = \int_0^1 \mathrm{x^2 f(x) dx} - \left(\frac{1}{2}\right)^2 = \frac{1}{12}$$

## 5-2 정규분포

**정규분포**(normal distribution)는 처음 프랑스의 수학자 Abraham De Moivre (1667~1754)에 의하여 발견되었으며, 그 후, 프랑스의 수학자 Pierre-Simon Laplace(1749~1827)에 의하여 천문학 등에 이용되었다. 정규분포는 19세기의 가장 위대한 수학자로 알려진 Carl Friedrich Gauss(1777~1855)에 의해 물리학과 천문학 등에 폭넓게 응용되기도 하였는데, 이러한 연유로 정규분포를 **가우스 분포**(Gaussian distribution)라고 부르기도 한다.

일반적으로 정규분포는 다음과 같은 사실을 만족시킨다.

(1) 정규분포의 확률밀도함수 그래프는 종 모양으로 평균에 대하여 대칭이다.
(2) 정규분포는 평균과 분산에 의해 완전히 결정된다. 즉, 평균과 분산이 같은 두 정규분포는 동일한 분포임을 뜻한다.

평균이 $\mu$이고, 분산이 $\sigma^2$인 정규분포의 확률밀도함수는 다음과 같다.

**평균 $\mu$, 분산 $\sigma^2$인 정규분포의 확률밀도함수**

$$f(x) = \frac{1}{\sigma\sqrt{2\pi}} e^{-\frac{1}{2}\left(\frac{x-\mu}{\sigma}\right)^2}$$

다만, $\pi = 3.14159\cdots$, $e = 2.71828\cdots$

기호: $X \sim N(\mu, \sigma^2)$

[그림 5-3]은 평균이 다른 두 정규분포의 모양이며, [그림 5-4]는 표준편차가 다른 두 정규분포를 나타낸 것이다.

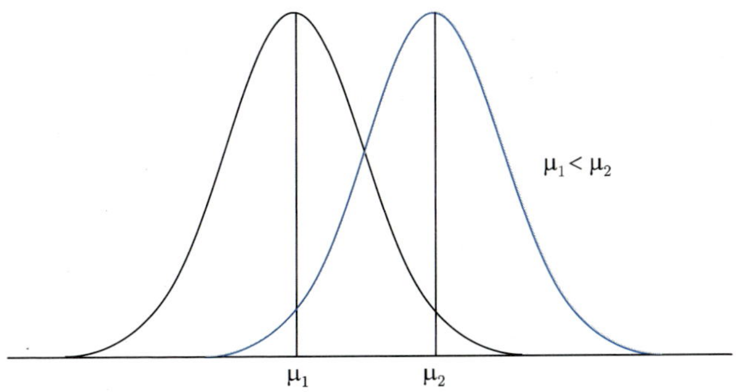


**|그림 5-3|** 평균이 다른 두 정규분포

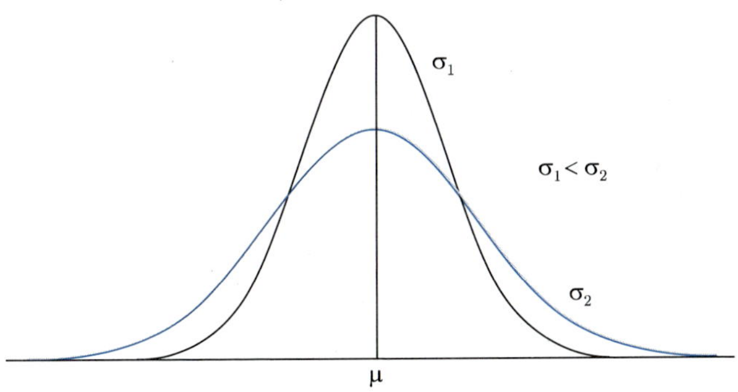


**|그림 5-4|** 표준편차가 다른 두 정규분포

정규확률변수가 어떤 범위의 값을 취할 확률을 계산할 때 매번 확률밀도함수 그래프의 아랫부분에서 그 범위에 해당하는 넓이를 구하는 일은 매우 어렵다. 따라서, 여러 가지 범위에 대한 정규분포의 넓이가 주어진 표가 필요한데, 이러한 표가 서로 다른 평균과 표준편차를 가지는 무수히 많은 모든 정규분포에 대하여 적당히 주어진다는 것은 불가능하다. 그러나 다행히도 모든 정규확률변수는 적당한 변환을 취하면 어떤 하나의 정규확률변수로 바뀐다. 즉, 어떤 확률변수 $X$의 평균이 $\mu$, 표준편차가 $\sigma$일 때,

$$Z = \frac{X-\mu}{\sigma}$$

는 평균이 0이고 표준편차가 1인 정규분포를 따른다. 이와 같은 정규분포 $N(0,1)$을 **표준정규분포**(standard normal distribution)라고 하며, 흔히 확률변수 $Z$로 나타낸다.

$X$가 정규분포에 따르지 않을 때에도 확률변수 $Z$의 평균은 0, 분산은 1이 된다. 따라서, 확률변수 $Z$를 **표준화된 확률변수**(standardized random variable)라고 한다.

부록의 〈표 3〉은 누적정규분포표로서 $z=0 \sim 3.59$ 에서 0.01 단위로 $P[Z \leq z]$의 값이 수록되어 있다. 표준정규분포표는 양수의 $z$에 대해서만 누적분포가 주어져 있다. 따라서, 음수의 $z$에 대한 누적확률은 정규분포의 대칭성과 전체 확률은 언제나 1이라는 사실로부터 구할 수 있다.

**◘ 예 5-1** 양수의 $a$, $b$에 대하여 다음 등식이 성립한다.

(a) $P[Z > a] = 1 - P[Z \leqq a]$

(b) $P[a \leqq Z \leqq b] = P[Z \leqq b] - P[Z < a]$

(c) $P[Z \leqq -a] = P[Z \geqq a] = 1 - P[Z < a]$

여기서 (c)의 성질을 그림으로 나타내면 [그림 5-5]와 같다.

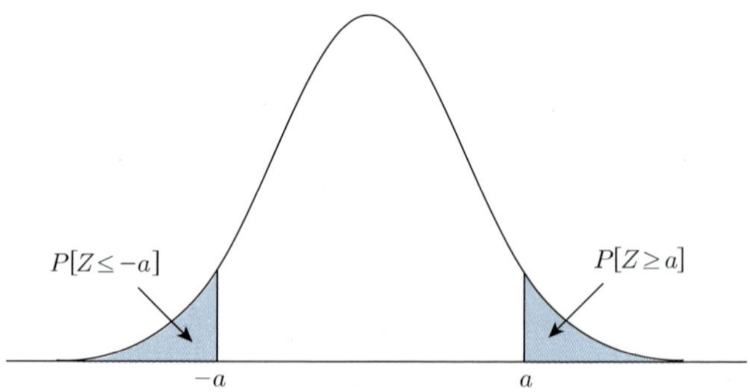


**|그림 5-5|** 표준정규분포의 대칭성

**예제 5-3** 평균이 20이고, 표준편차가 5인 정규분포에서 다음 확률을 구해보자.

(a) $X \geq 30$  (b) $X \leq 15$  (c) $X$가 10과 25 사이

평균이 20, 표준편차가 5이므로

$$Z = \frac{X-20}{5}$$

는 표준정규분포를 따른다. 이를 이용하면 구하는 확률들은 다음과 같다.

(a) $$P[X \geq 30] = P\left[\frac{X-20}{5} \geq \frac{30-20}{5}\right] = P[Z \geq 2]$$
$$= 1 - P[Z \leq 2] = 1 - 0.9772 = 0.0228$$

(b) $$P[X \leq 15] = P\left[\frac{X-20}{5} > \frac{15-20}{5}\right] = P[Z < -1]$$
$$= 1 - P[Z \leq 1] = 1 - 0.8413 = 0.1587$$

(c) $$P[10 < X < 25] = P\left[\frac{10-20}{5} < \frac{X-20}{5} < \frac{25-20}{5}\right]$$
$$= P[-2 < Z < 1]$$
$$= P[Z < 1] - P[Z < -2] = P[Z < 1] - (1 - P[Z \leq 2])$$
$$= 0.8413 - (1 - 0.9772) = 0.8185$$

**예제 5-4** 표준정규확률변수 $Z$가 $z_0$보다 클 확률이 0.025인 $z_0$를 찾아보자. 이 예제는 앞의 예제들과는 반대로, 먼저 확률이 주어졌을 때 그와 관련된 $Z$값 구간의 경계점을 찾는 문제이다. [그림 5-6]에 보는 바와 같이 어떤 값 $z_0$보다 큰 부분의 넓이가 0.025가 되도록 하는 $z_0$를 구하려고 한다. 이때, $z_0$는

$$P[Z \leq z_0] = 1 - P[Z > z_0] = 1 - 0.025 = 0.975$$

를 만족하므로 부록 〈표 3〉에서 확률 0.975에 해당하는 $z_0$값을 찾으면 된다. 따라서, 구하는 $z_0$값은 1.96이다.

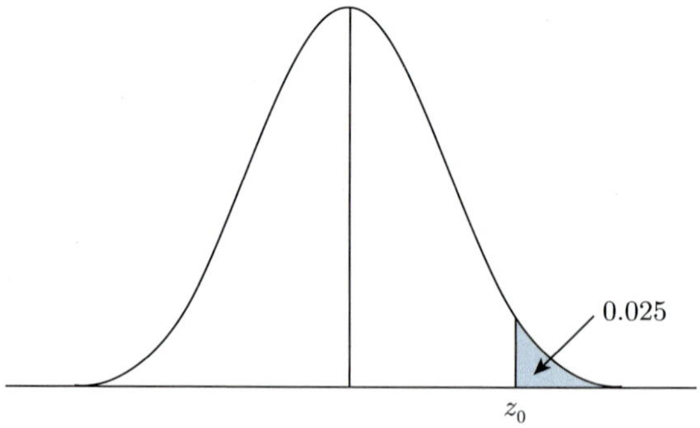


**|그림 5-6|** 오른쪽 꼬리의 면적이 0.025인 점

정규분포에서 $\mu$ 와 $\sigma$ 의 관계를 이해하기 위하여 표준정규분포 표에서 다음과 같은 확률을 구할 수 있다.

(a) $P[-1 \leq Z \leq 1] = 0.683$

(b) $P[-2 \leq Z \leq 2] = 0.954$

(c) $P[-3 \leq Z \leq 3] = 0.997$

이로부터 다음과 같은 결과를 얻을 수 있다.

**$X$가 정규분포 $N(\mu, \sigma^2)$을 따를 때**

$P(\mu - \sigma < X < \mu + \sigma) = 0.683$ (약 68%)

$P(\mu - 2\sigma < X < \mu + 2\sigma) = 0.954$ (약 95%)

$P(\mu - 3\sigma < X < \mu + 3\sigma) = 0.997$ (약 99.7%)

이들을 그림으로 나타내면 [그림 5-7]과 같다.

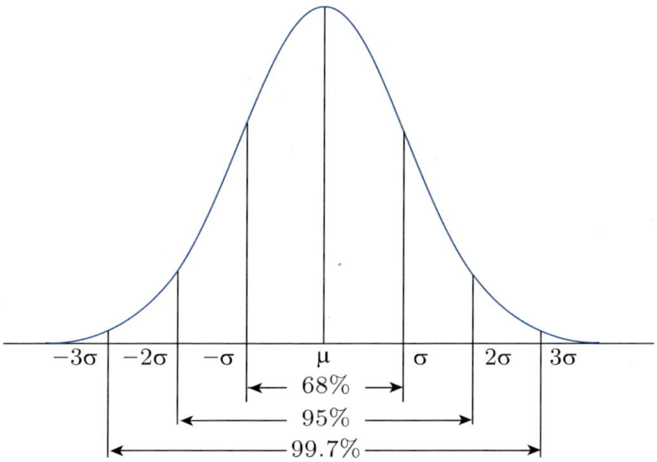


**|그림 5-7|** 정규분포에서 $\mu$ 와 $\sigma$ 의 관계

**예 5-2** 어느 회사에서 생산된 형광등의 수명이 평균 1500시간, 표준편차 150시간인 정규분포를 따를 때

$$1500 \pm 150 = (1350,\ 1650)\ \text{사이에}\ \ 68.3\%$$
$$1500 \pm 2(150) = (1200,\ 1800)\ \text{사이에}\ \ 95.4\%$$
$$1500 \pm 3(150) = (1050,\ 1950)\ \text{사이에}\ \ 99.7\%$$

의 제품이 포함된다. 즉, $\mu$ 와 $\sigma$ 를 알면 분포의 모양에 대한 정보를 갖고 있는 셈이다.

**예제 5-5** 어느 금융기관에서 분석한 자료에 의하면 지난 60개월간 중기채권의 월별 수익률은 평균 0.8%, 표준편차 1.4%인 정규분포에 근사된다고 한다. 100억 원 상당의 중기채권을 구입할 경우 1개월 후에 2억 원 이상 손해를 볼 확률은 얼마이겠는가?

확률변수 $X$를 '월 수익률(%)'로 정의하면, $X$는 근사적으로 $X \sim N(0.8,\ 1.4^2)$을 따른다고 할 수 있으며, 100억 원에서 2억 원 이상 손해 보는 것은 2% 이상 손해 보는 것에 해당되며, 이는 수익률이 −2%보다도 작은 것을 의미하므로, 구하는 확률은 다음과 같다.

$$P[X \leqq -2] = P\left[\frac{X-0.8}{1.4} \leqq \frac{-2-0.8}{1.4}\right] = P[Z \leqq -2]$$

$$= 1 - P[Z < 2] = 1 - 0.9772 = 0.0228$$

## 5-3 이항분포의 정규근사

이항확률변수가 많은 수의 값들을 가질 때, 즉 $n$이 클 때 이항분포의 확률분포를 이용하여 확률을 계산하는 것은 매우 복잡하다. 우리는 4-3절에서 부록 〈표 2〉의 누적이항분포표를 이용하여 여러 가지 확률을 간단히 구하는 방법을 배웠다. 그러나 부록 〈표 2〉는 $n=25$ 까지만 확률값이 주어져 있다. 따라서, $n$이 클 때는 컴퓨터의 도움을 받거나 근사적으로 확률을 구해야 한다. 이제 정규분포로 근사하여 확률을 구하는 방법을 알아보자.

이항분포는 이산형이므로 각 점에서의 확률은 높이로 나타낸다. 그러나 이항분포는 0부터 $n$까지의 정수에서만 정의되므로, 밑변의 길이가 1인 직사각형의 면적의 크기는 높이의 크기와 같다. 따라서, 연속형으로 간주하면 이항분포의 분포함수는 히스토그램 형식으로 나타낼 수 있다.

예를 들어, $n=20$, $p=\frac{1}{2}$인 경우를 생각해 보자. 이항분포의 분포함수는 [그림 5-8]에서 직사각형으로 된 그림과 같다. 한편, $n=20$, $p=\frac{1}{2}$일 때 이항분포의 평균과 분산이 각각 다음과 같다.

$$E(X) = np = 10, \quad \mathrm{Var}(X) = np(1-p) = 5$$

[그림 5-8]에서 부드러운 곡선은 $\mu=10$, $\sigma^2=5$ 인 정규분포곡선을 나타낸다. 그림에서 보는 바와 같이 히스토그램을 이용한 확률은 곡선을 이용한 확률로 근사시킬 수 있으며, 이를 **이항분포의 정규근사**라고 한다.

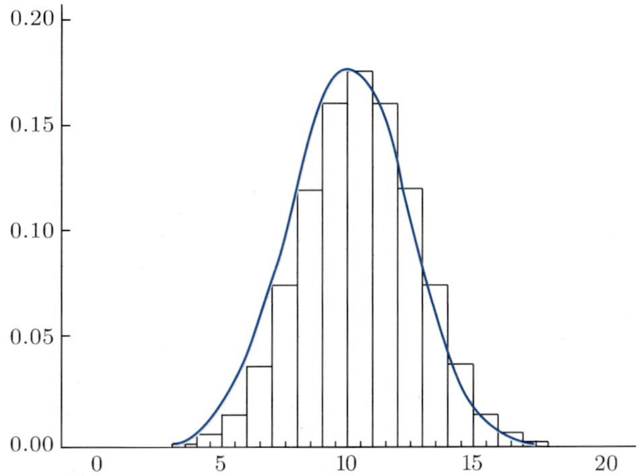


**|그림 5-8|** $n=20,\ p=\frac{1}{2}$ 인 이항분포와 $\mu=10,\ \sigma=\sqrt{5}$ 인 정규분포

**예제 5-6** $X \sim B(20,\ 1/2)$일 때 $P[12 \le X \le 14]$의 값을 다음의 세 가지 방법에 의해 구해 보자.

(a) 이항분포에 의한 방법

$$P[12 \leqq X \leqq 14] = P[X \leqq 14] - P[X \leqq 11] = 0.979 - 0.748 = 0.231$$

(b) 정규근사에 의한 방법

$$\begin{aligned} P[12 \le X \le 14] &\fallingdotseq P\left[\frac{12-10}{\sqrt{5}} \le Z \le \frac{14-10}{\sqrt{5}}\right] \\ &= P[0.89 \le Z \le 1.79] \\ &= P[Z \le 1.79] - P[Z \le 0.89] = 0.9623 - 0.8133 = 0.149 \end{aligned}$$

(c) 연속성 수정에 의한 방법

확률 $P[12 \le X \le 14]$의 근삿값은 [그림 5-8]에서 빗금친 부분이며 이는 평균이 10, 표준편차가 $\sqrt{5}$ 인 정규확률변수가 11.5와 14.5 사이의 값을 취할 확률이다. 이때, 12와 14 대신에 11.5와 14.5를 사용하는 이유는 12와 14가 확률계산에 포함되므로 이 값들에 대한 이항분포의 확률을 정규근사 확률의 계산에 반영시키기 위해서이다. 연속성 수정에 의한 근삿값은 다음과 같다.

$$P[12 \le X \le 14] \fallingdotseq P\left[\frac{11.5-10}{\sqrt{5}} \le Z \le \frac{14.5-10}{\sqrt{5}}\right]$$
$$= P[0.67 \le Z \le 2.01] = P[Z \le 2.01] - P[Z \le 0.67]$$
$$= 0.9778 - 0.7486 = 0.2292$$

이와 같이 연속성 수정을 하면 표본의 크기가 충분히 크지 않아도 매우 가까운 근삿값을 얻을 수 있다.

정규분포를 이용한 이항분포확률의 근사계산은 보통 "$np > 5$ 이고 $n(1-p) > 5$"를 만족할 만큼 $n$이 충분히 클 때 좋은 근삿값을 제공하여 준다고 알려져 있다. 이러한 조건이 만족되지 않으면 정규근사에 의한 방법에 오차가 클 수 있으므로 주의해야 한다.

**예제 5-7** 한 텔레비전 방송국에서 시청률이 20%로 알려진 연속극이 있다. 프로그램의 편성을 새로이 한 후에 100명의 시청자를 무작위로 뽑아 이 연속극의 시청 여부를 물었다.

(a) 이 연속극에 대한 시청률이 전과 동일하다면 100명의 시청자 중 15명 이하가 이를 시청하고 있을 확률은 얼마인가?

(b) (a)에서 이 연속극을 시청하는 사람의 수가 25명보다 많은 확률은 얼마인가?

이 질문에 대한 답을 알아보자. 100명의 시청자 중 이 연속극을 시청하는 사람의 수를 $X$라고 하면, $X$는 이항분포 $B(100, 0.2)$를 따른다. 먼저 정규근사의 적합 여부를 판단하기 위하여 $np$와 $n(1-p)$를 계산해 보면 $np = 100 \times 0.2 = 20$, $n(1-p) = 100(1-0.2) = 80$이므로 $n$이 충분히 크다고 할 수 있다.

이항확률변수 $X$의 평균과 표준편차는 각각 다음과 같다.

$$\mu = np = 100 \times 0.2 = 20$$

$$\sigma = \sqrt{np(1-p)} = \sqrt{100 \times 0.2 \times 0.8} = \sqrt{16} = 4$$

따라서, 연속성 수정에 의한 방법을 이용하면 구하는 확률은 다음과 같다.

(a) $P(X \leq 15) \fallingdotseq P(Z \leq \frac{15.5-20}{4}) = P(Z \leq -1.125)$

$$= 1 - P(Z \leq 1.125) = 1 - 0.8697 = 0.1303$$

(b) $X$가 25인 경우는 제외되므로 구하는 확률은 다음과 같다.

$$P(X > 25) \fallingdotseq P(Z > \frac{25.5-20}{4}) = P(Z > 1.375)$$

$$= 1 - p(Z < 1.375) = 1 - 09155 = 0.0845$$

## 5-4 SPSS 실습

이 절에서는 정규분포의 누적확률과 역누적확률을 구하고 정규 난수를 생성하는 방법을 다룰 예정이며, 이를 위한 SPSS 함수들이 〈표 5-1〉과 같다.

**|표 5-1|** 정규분포와 관계가 있는 함수

| 함 수 | 출력되는 함수 값 |
|---|---|
| PDF.NORMAL(양,$\mu$,$\sigma$) | $N(\mu,\sigma)$ 의 '양'에서 확률밀도함수의 값 |
| CDF.NORMAL(양,$\mu$,$\sigma$) | $N(\mu,\sigma)$ 에서 '양'보다 작은 누적확률 |
| IDF.NORMAL(확률,$\mu$,$\sigma$) | $N(\mu,\sigma)$ 에서 누적확률이 '확률'이 되는 정규분포의 값 |
| RV.NORMAL($\mu$,$\sigma$) | $N(\mu,\sigma)$ 에서 관측값 |

SPSS의 함수식에서는 '$\mu$' 대신 '평균', '$\sigma$' 대신 '표준편차'란 용어를 쓰고 있다.

**■ 예 5-3** 확률변수 $X$가 평균이 20이고 표준편차가 6인 정규분포를 따른다고 할 때, $P(8 \leqq X \leqq 32)$를 구하는 문제를 SPSS를 이용하여 풀어 보자.

구하는 확률은

$$P(8 \leqq X \leqq 32) = P(X \leqq 32) - P(X \leqq 8)$$

로 나타낼 수 있으므로 먼저 $P(X \leqq 32)$를 계산해 보자.

데이터 편집기 창에서 변수 보기(V) 를 클릭하고 이름 에 prob와 같은 임의의 변수명을 입력한 다음 소수점이하자리에 기존의 2를 4로 바꾼다. 화면의 아래쪽에 있는 데이터 보기(D)를 클릭한 후 prob 변수의 첫 번째 행에 임의의 숫자, 예를 들어 3이라고 입력한다. 이제 데이터 편집기 메뉴에서 변환(T) → 변수 계산(C)... 을 선택하여 변수 계산 화면을 얻으면 대상변수(T): 란에 prob이라고 입력하고 오른쪽의 함수 집단(G): 에서 **CDF 및 비중심 CDF**를 선택하고, 함수 및 특수변수(F): 에서 Cdf.Normal을 선택한 다음 ↑을 클릭하여 숫자표현식(E): 으로 보내고 '양'에 32, '평균'에 20 그리고 '표준편차'에 6을 입력하여 [그림 5-9]와 같은 화면을 얻는다.

'확인'을 클릭하면 '기존변수를 바꾸시겠습니까?'라는 화면이 생성되고 다시 '확인'을 클릭하면 [그림 5-10]과 같이 $P(X \leqq 32) = 0.9772$ 임을 알 수 있다. 마찬가지로 $P(X \leqq 8) = 0.0228$을 얻게 되고, 따라서 구하는 확률은 다음과 같다.

$$P(8 \leqq X \leqq 32) = 0.9772 - 0.0228 = 0.9544$$

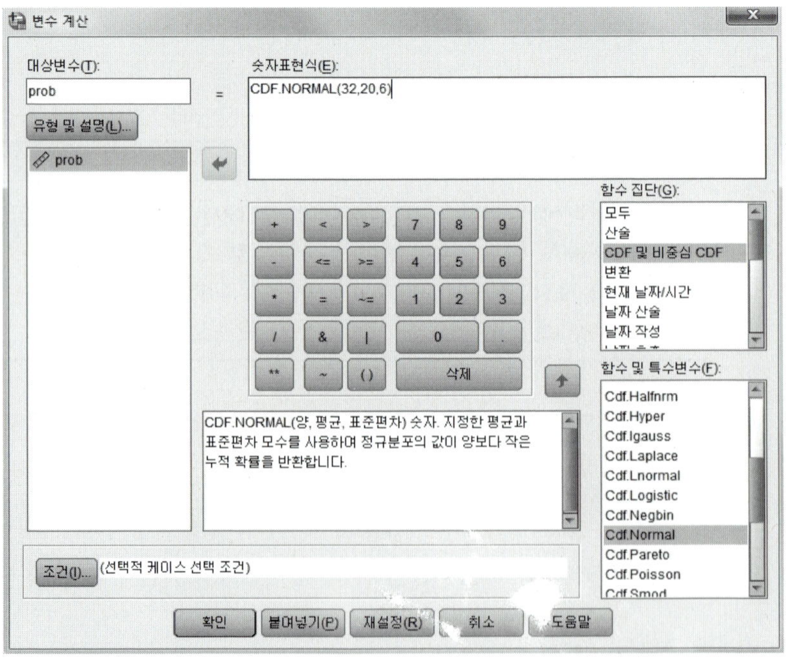


**[그림 5-9]** 정규분포 누적확률을 구하기 위한 변수 계산 화면

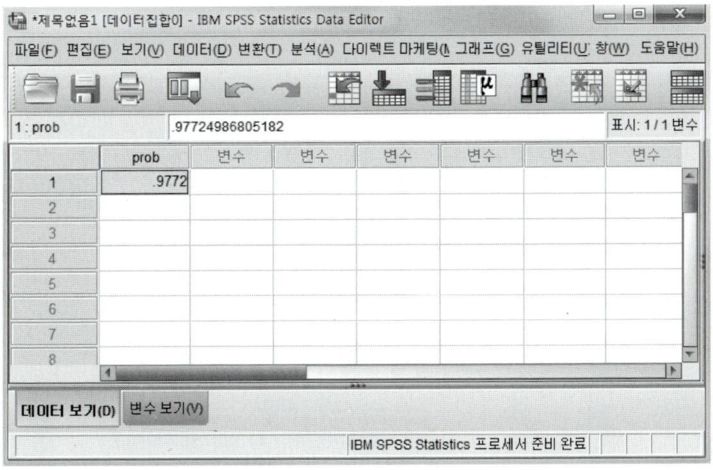


**|그림 5-10|** 정규분포 누적확률 계산의 결과

**◘ 예 5-4** 확률변수 $X$가 평균이 20이고 표준편차가 6인 정규분포를 따른다고 할 때 $P(X \leq x) = 0.95$를 만족하는 $x$를 구해 보자.

데이터 편집기의 '변수보기' 창에서 '이름' 란에 $x$라고 변수명을 지정하자. 소수점이하자리에 기존의 2를 원하는 만큼의 자리수, 예를 들어 5로 바꾼다. '데이터 보기' 창으로 돌아와 변수 $x$의 첫 번째 행에 임의의 숫자, 예를 들어 3을 입력한다. 이제 메뉴에서 변환(T) → 변수 계산(C)... 을 선택하여 변수 계산 화면을 얻으면 대상변수(T): 란에 $x$라고 입력하고, 오른쪽의 함수 집단(G): 에서 **역 DF**를 선택하고, 함수 및 특수변수(F): 에서 Idf.Normal을 선택한 다음 [↑]을 클릭하여 숫자표현식(E): 으로 보내고, '확률'에 0.95, '평균'에 20, 그리고 '표준편차'에 6을 입력하여 [그림 5-11]과 같은 화면을 얻는다.

'확인'을 클릭하면 '기존변수를 바꾸시겠습니까?'라는 화면이 생성되고 다시 '확인'을 클릭하면 [그림 5-12]와 같이 $P(X \leq 29.86912) = 0.95$임을 알 수 있다.

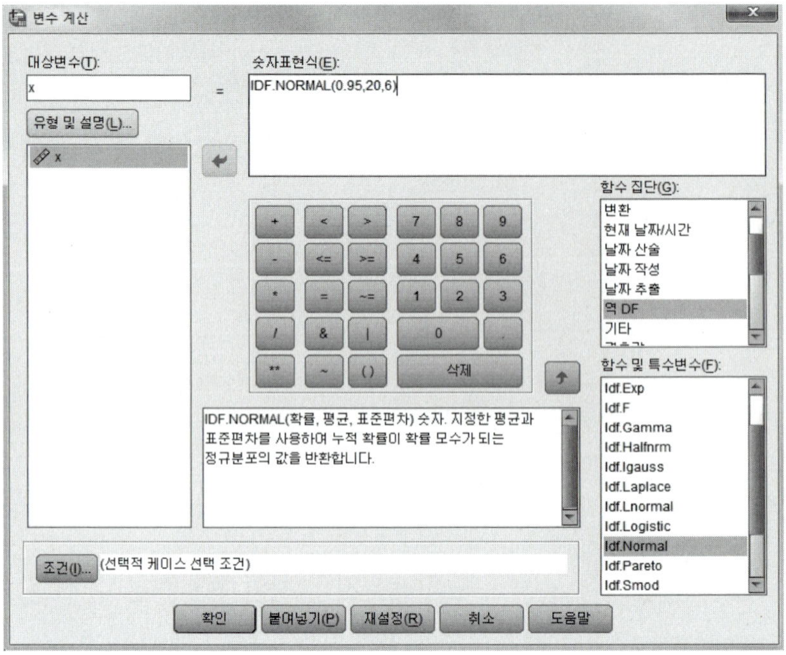

**|그림 5-11|** 정규분포 역누적확률을 구하기 위한 변수 계산 화면

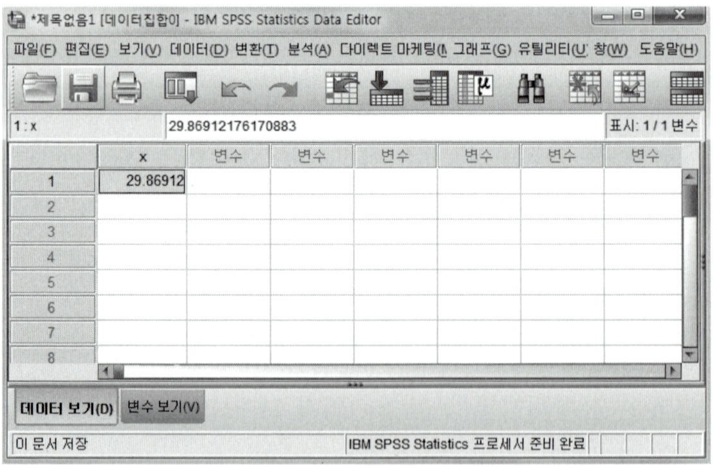

**|그림 5-12|** 정규분포 역누적확률의 계산 결과

## 5장 연습문제

**5.1** 표준정규분포를 따르는 $Z$에 대해 다음 값을 구하여라.

(a) $P(Z \geq 1.69)$

(b) $P(Z \geq -1.69)$

(c) $P(|Z| > 1.64)$

(d) $P(-1.2 < Z < 2.1)$

**5.2** 표준정규분포를 따르는 $Z$에 대해 다음 각 경우의 $b$값을 구하여라.

(a) $P(Z \geq b) = 0.01$

(b) $P(Z \leq b) = 0.05$

(c) $P(|Z| > b) = 0.05$

(d) $P(0 \leq Z \leq b) = 0.45$

**5.3** $X$가 평균 50, 표준편차 10인 정규분포 $N(50, 10^2)$을 따를 때 다음 각 확률을 구하여라.

(a) $P(45 \leq X < 60)$

(b) $P(X \geq 55)$

(c) $P(X \geq 47.5)$

(d) $P(40 \leq X \leq 48)$

**5.4** $X$가 평균 30, 표준편차 5인 정규분포 $N(30, 5^2)$을 따를 때 다음 각 확률을 구하여라.

(a) $P(X \geq 32.5)$

(b) $P(X \leq 37.5)$

(c) $P(35 \leq X \leq 40)$

(d) $P(22.5 \leq X \leq 25)$

**5.5** $X$가 평균 200, 표준편차 50인 정규분포 $N(200, 50^2)$을 따를 때 다음 각 경우의 $b$를 구하여라.

(a) $P(X > b) = 0.0023$

(b) $P(X \leq b) = 0.5239$

**5.6** 어떤 사람이 자기 집에서 직장까지 차를 몰고 가는데 걸리는 시간은 평균 30분, 표준편차 6분의 정규분포를 따른다고 한다.

(a) 이 사람이 집에서 아침 8시 25분에 출발했을 때 아침 9시까지 직장에 도착할 수 있을 확률은 얼마인가?

(b) 이 사람이 아침 9시까지 직장에 도착할 수 있을 확률을 적어도 95% 이상이 되도록 하려면 몇 시에 집에서 출발해야 하는가?

**5.7** 매년 비슷한 수준의 어떤 자격시험의 성적의 분포는 지난 수년간의 기록을 살펴볼 때 근사적으로 평균이 70, 표준편차가 8인 정규분포를 따른다고 한다. 올해 역시 비슷한 수준의 시험을 시행할 예정이며 과거의 성적분포에 따른 상위 30%에 해당하는 점수를 얻으면 합격시키려고 한다. 올해 시험에 합격하기 위해서는 몇 점을 받아야 하는가?

**5.8** 한 가정에서 아침식사로 빵과 우유 한 잔을 먹는다고 한다. 빵에서 섭취할 수 있는 열량은 평균 200, 표준편차 15인 정규분포를 따르고, 우유 한 잔에서 섭취할 수 있는 열량은 평균 80, 표준편차 5인 정규분포를 따른다고 한다.

(a) 이 가정에서 아침식사에 일인당 섭취하는 열량의 평균과 표준편차는 얼마인가?

(b) 이 가정에서 아침식사로 300칼로리 이상을 섭취하는 날은 1년 중 몇 퍼센트에 해당하는가?

**5.9** 재무관리에서 위험의 크기는 흔히 분산(또는 표준편차)으로 측정된다. 즉, 같은 수익률을 갖는 금융자산에서 분산이 클수록 이익의 가능성이 큰만큼 손해의 가능성도 커짐을 뜻한다. 어떤 상품은 연 수익률이 평균 15%, 분산(위험) 16인 정규분포에 따른다고 한다. 다음 물음에 답하여라.

(a) 1년 후에 수익률이 20% 이상일 확률을 구하여라.

(b) 1년 후에 수익률이 5% 이하일 확률을 구하여라.

**5.10** 어느 회사에서는 금융상품의 구입 조건으로 1년 동안 최저 수익률이 5% 이상인 상품으로 선택하려고 한다. A 상품의 연 수익률은 평균 8%, 표준편차 4%인 정규분포에 따른다고 한다. 이 상품을 구입하였을 때 1년 후의 수익률이 최저 수익률 이하가 될 확률을 구하여라.

**5.11** 한 강력접착제의 접착력을 평균 100파운드, 표준편차 8파운드의 정규분포를 따른다고 한다.

(a) 이 접착제로서 98파운드에 상당하는 물체를 접착시키려고 한다. 이러한 접착이 실패할 확률은 얼마인가?

(b) (a)에서의 접착을 10번 할 경우 6번 이상 실패할 확률은 얼마인가?

(c) 접착력의 실험을 102파운드의 물체에 대해 15회 반복할 때 실패횟수가 5번 이하일 확률은 얼마인가?

**5.12** 항공기 부품을 제작하는 어느 회사에서 만든 프로펠러의 수명은 평균이 3200시간이고 표준편차가 100시간인 정규분포를 따른다고 한자. 다음을 구하여라.

(a) 프로펠러의 수명이 3,000시간 이하일 확률

(b) 프로펠러의 수명이 3,500시간 이하일 확률

(c) 프로펠러의 수명이 3,100시간 이상 3,300시간 이하일 확률

(d) 프로펠러의 수명이 $z$시간 이상일 확률이 0.98일 때 z값

**5.13** 확률변수 $X$의 확률밀도함수가 다음과 같다. 아래 물음에 답하여라.

$$f(x)=\begin{cases} kx^2, & 0 \leqq x \leqq 3 \\ 0, & \text{아닐 때} \end{cases}$$

(a) 상수 $k$를 구하여라.

(b) $P[1 \leqq X \leqq 2]$를 구하여라.

**5.14** 확률변수 $X$의 확률밀도함수가 다음과 같다. 아래 물음에 답하여라.

$$f(x)=\begin{cases} k(1-x^2), & |x| \leqq 1 \\ 0, & \text{아닐 때} \end{cases}$$

(a) 상수 $k$를 구하여라.

(b) $P(|X| \leq 0.5)$를 구하여라.

**5.15** 평균이 20이고 표준편차가 3인 정규분포를 따르는 $X$에 대해 다음 각 확률을 SPSS를 이용하여 계산하여라.

(a) $P(X \geq 23.5)$

(b) $P(22.5 \leq X \leq 24.5)$

**5.16** SPSS를 이용하여 평균이 20이고 표준편차가 3인 정규분포를 따르는 $X$에 대해 다음을 만족하는 $x$값을 구하여라.

(a) $P(X \geq x) = 0.8791$

(b) $P(X \leq x) = 0.8791$

# 제6장 표본분포

## 6-1 서론

한 언론사에서 대통령 선거에 따른 각 후보자별 지지율을 조사한다고 하자. 이를 위해 전 유권자를 대상으로 모두 조사하려면 비용도 감당할 수 없을 정도로 많이 들 것이며, 선거가 끝날 때까지 조사를 마치기도 어려울 것이다. 따라서, 이런 경우에는 유권자의 일부만 추출하여 조사하고, 이를 기초로 각 후보자에 대한 지지율을 추정하게 된다.

또 다른 예로, 어느 공정에서 생산되는 전구의 평균수명을 알기 위한 검사를 시행한다고 하자. 이때는 한 번 검사를 받은 전구는 더 이상 사용할 수 없게 되는 파괴검사이므로, 가능하면 꼭 필요한 개수만큼만 검사하여 평균수명을 추정하게 된다.

이와 같이 모집단에 대한 어떤 지식이나 특성을 알고자 할 때 모집단 전체를 조사할 수 없는 경우는 무수히 많으며, 이 경우 모집단에서 추출된 표본만을 조사하여 그 정보를 얻을 수밖에 없다. 그러나 모집단에서 추출된 표본은 그 모집단의 일부에 지나지 않기 때문에 표본 조사에 의해서는 모집단에 대한 정확한 정보는 알 수 없으며, 반드시 오차가 생기게 마련이다. 따라서, 이러한 오차를 줄이려면 모집단을 잘 대표하는 표본을 추출하여야 한다. 또한, 이때 추출한 표본으로부터 얻어진 정보와 모집단 전체를 조사함으로써 얻어질 수 있는 정보와의 관계를 안다면 모집단의 특성을 이해하는 데 큰 도움이 될 것이다.

일반적으로 모집단의 특성을 나타내는 모수에 관한 추론문제를 다루려면 표본에서 얻은 추정량을 사용하게 되며, 이와 같은 추정량 또는 통계량의 분포를 다루는 것이 표본분포이론이다. 이 장에서는 표본추출법과 함께 대표적인 추정량의 표본평균 $\overline{X}$와 관계되는 표본분포를 다룬다.

## 6-2 랜덤표본

### 6-2-1 랜덤추출법과 랜덤표본

모집단에서 표본을 추출할 때는 전체 모집단에서 골고루 표본이 나와야 한다.

예를 들어, 대통령 후보에 대한 지지율 조사에서 특정 지역에 치우친 표본을 사용하거나, 전화를 이용한 조사에서 낮 시간대에만 조사를 실시하여 가정주부들에 치우친 표본을 사용하면 전체 유권자를 대표하는 표본이라고 할 수 없을 것이다. 이와 같이 잘못된 표본에 의한 여론 조사 결과는 전체 유권자의 여론과 차이가 클 가능성이 높다. 이러한 이유에서 표본은 모집단 전체에서 랜덤하게 뽑혀져야 한다.

### 랜덤추출법과 랜덤표본(유한모집단에서)

$N$개의 원소가 있는 모집단에서 $n$개의 표본을 추출할 때, $\binom{N}{n}$개의 모든 가능한 표본들이 같은 확률로 추출되도록 하는 방법을 **랜덤추출법**(random sampling) 또는 **임의추출법**이라고 한다. 그리고 이러한 방법에 의해 추출된 표본을 **랜덤표본**(random sample) 또는 **임의표본**이라고 한다.

랜덤표본을 추출할 때에는 모집단에서 각 원소들이 같은 확률로 추출된다. 다음 예제에서 이를 확인해 보자.

**예제 6-1** A, B, C 세 회사의 제품이 각각 1대씩 모두 3대의 PC가 있다. 이 중에서 2대의 PC를 비복원추출로 랜덤하게 뽑는 문제를 생각해 보자.
모집단이 A, B, C사의 PC 3대로 이루어졌다. 크기가 2인 표본을 비복원추출로 랜덤하게 뽑을 때 가능한 표본의 종류와 그 표본이 실제 표본으로 뽑힐 확률은 다음과 같다.

| 가능한 표본 | (A, B) | (A, C) | (B, C) |
|---|---|---|---|
| 확률 | $\frac{1}{3}$ | $\frac{1}{3}$ | $\frac{1}{3}$ |

위에서 원소 A가 실제 표본으로 뽑히게 되는 경우는 표본 (A, B), (A, C)의 두 가지이므로 그 확률은 2/3이다. 마찬가지로 B, C가 표본에 포함될 확률도 모두 2/3임을 알 수 있다. 즉, 모집단의 모든 원소가 표본으로 뽑힐 확률이 모두 같다.

위에서 정의한 랜덤표본의 정의는 직관적으로 이해하기에는 쉽지만, 통계이론을 전개하는 데는 부족하다. 무한모집단에서 특성값의 분포함수를 $f(x)$라고 하고 이 모집단에서 추출한 표본을 $X_1, \cdots, X_n$ 으로 나타내면, $X_1, \cdots, X_n$ 은 서로 독립이며, 같은 분포함수 $f(x)$ 를 따른다. 이와 같은 이유를 근거로 무한모집단에서 랜덤표본의 이론적 정의는 다음과 같이 한다.

> **랜덤표본(무한모집단에서)**
>
> 서로 독립이며 같은 분포함수 $f(x)$ 를 갖는 확률변수의 집합 $X_1, \cdots, X_n$ 을 $f(x)$ 에서 추출된 크기 $n$ 인 **랜덤표본**(random sample)이라고 한다.

**예 6-1** 어느 공정에서 생산되는 제품 가운데 $n$개를 랜덤하게 추출하여 이들의 측정값을 $X_1, \cdots, X_n$ 이라고 하면, 예를 들어 $X_1$ 의 값이 크고 작은 것이 $X_2$ 의 값에 영향을 주지 않는다. 따라서, 이들은 서로 독립이며, 모두가 한 공정에서 생산된 제품이므로 같은 분포를 따른다. 따라서, $X_1, \cdots, X_n$ 은 랜덤표본이 된다.

유한모집단에서 복원추출법에 의해 표본을 추출할 때는 동일한 확률모형을 갖는 무한모집단에서 표본을 뽑는 것과 같아서 무한모집단의 랜덤표본 이론이 적용된다. 이때에도 모집단의 각 원소가 표본에 뽑힐 확률은 같다. 다음 예제에서 이를 확인해 보자.

**예제 6-2** [예제 6-1]에서 복원추출로 랜덤하게 뽑는 문제를 생각해 보자. 복원추출에 의해 2개를 뽑는 모든 가능한 경우와 확률은 다음의 표와 같다.

| 가능한 표본 | (A,A) | (A,B) | (A,C) | (B,A) | (B,B) | (B,C) | (C,A) | (C,B) | (C,C) |
|---|---|---|---|---|---|---|---|---|---|
| 확률 | $\frac{1}{9}$ | $\frac{1}{9}$ | $\frac{1}{9}$ | $\frac{1}{9}$ | $\frac{1}{9}$ | $\frac{1}{9}$ | $\frac{1}{9}$ | $\frac{1}{9}$ | $\frac{1}{9}$ |

위의 표에서 A, B, C 모두 표본 안에 두 번 들어가게 될 확률은 각각 1/9로 같으며, 표본 안에 한 번만 들어가게 될 확률도 4/9로 같음을 알 수 있다.

### 6-2-2 난수표 사용

유한모집단에서 랜덤추출법을 실제로 시행하는 데는 **난수표**(random number table)를 사용하면 편리하다.

난수표란 0부터 9까지의 숫자들이 1/10의 상대도수를 가지면서 랜덤하게 나열되어 있는 난수(random number 또는 random digit)들의 모임이다. 부록 〈표 1〉에는 10,000개의 난수가 있다. 이러한 난수표는 요즈음 컴퓨터를 이용하여 만들 수 있다.

**◘ 예 6-2** 난수표를 사용하여 5,000명의 학생 가운데 100명을 비복원추출로 랜덤하게 뽑는 방법은 다음과 같다.

순서 1: 5000명의 학생에게 0001로부터 5,000까지의 번호를 하나씩 부여한다.
순서 2: 난수표의 시발점(페이지, 행, 열)을 랜덤하게 고른다.
순서 3: 100명의 학생에 해당되는 번호가 모두 뽑힐 때까지 시발점으로부터 아래로 네 자리의 난수를 읽어 나간다.
순서 4: 뽑혀진 번호의 학생을 표본으로 삼는다.

예를 들어 난수의 시발점이 난수표의 33행 24열로 택하여졌다면 뽑히는 네 자리 난수는 0949, 8144, 6707, 5660, 1921, 6794, 8881, 9908, 3548,⋯ 와 같으므로 이 가운데 중복되거나 5,000을 넘는 것을 버리면 0949, 1921, 3548,⋯의 번호를 부여받은 100명의 학생이 랜덤표본이 된다. 물론, 여기서는 중복되는 번호를 사용하면 복원추출에 해당한다.

## 6-3 표본분포

예를 들어, 전구의 평균수명, 진통제의 평균 진통지속 시간, 우리나라의 실업률 등은 관심이 있는 모집단의 특성을 나타내는 정보들이다. 여기서 모집단에 대한 정보란 많은 경우에 모집단의 평균 또는 분산과 같은 모집단의 특성값을 말한다. 이러한 모집단의 특성값을 **모수**(parameter)라고 한다.

**모수**

모집단을 묘사하는 특성값을 모수라고 한다.

모집단의 특성값은 모집단 전체를 조사하여야만 알 수 있다. 그러나 대부분의 연구에서는 모집단 전체를 조사한다는 것은 불가능하기 때문에 일반적으로 모수는 미지로 남게 된다. 이러한 경우, 모집단으로부터 표본을 뽑고 표본으로부터 계산되는 표본의 평균 또는 표본의 분산과 같은 표본의 특성값, 즉 **통계량**(statsitic)을 이용하여 모수를 추정하게 된다.

**통계량**

표본으로부터 계산되는 표본의 특성값을 통계량이라고 한다.

즉, 통계량은 표본의 함수로서, 표본의 값이 주어지면 계산이 가능해야 한다. 예를 들어, 2장에서 사용한 표본평균은 자료의 평균으로 정의하였다. 이제 자료 대신에 랜덤표본의 평균으로 **표본평균**(sample mean) $\overline{X}$를 정의하면 다음과 같다.

$$\overline{X} = \frac{X_1 + X_2 + \cdots + X_n}{n} = \frac{1}{n}\sum_{i=1}^{n} X_i$$

이와 같이 정의된 $\overline{X}$는 랜덤표본 $X_1, \cdots, X_n$의 함수로서 통계량이다. 이와 같은 통계량의 값은 $\{X_1, \cdots, X_n\}$의 관측값인 $\{x_1, \cdots, x_n\}$의 값에 따라 달라진다. 예를 들어, 10개의 전구를 랜덤하게 뽑아 수명을 측정하는 일을 반복하면 반복할 때마다 측정값이 다르고, 따라서 $\overline{X}$의 값도 다르다. 즉, $\overline{X}$는 확률변수로서 어떤 분포를 따라 관측값이 나타난다.

일반적으로 모수의 추정에 사용되는 표본의 특성값인 통계량은 어떤 표본이 뽑히느냐에 따라 그 값이 달라지고, 그 값에 의해 하나의 분포를 이루게 된다. 이때, 통계량의 분포를 **표본분포**(sampling distribution)라고 부른다.

**표본분포**

통계량의 확률분포를 표본분포라고 한다.

모수로서 대표적인 것은 모집단의 평균이므로 표본분포 중에서도 특히 표본평균의 표본분포가 중요하다. 다음의 예제는 유한모집단에서 복원추출을 하는 경우에 표본평균의 표본분포를 알아보기 위한 예이다.

**예제 6-3** 어떤 상자에 1, 2, 3, 4라고 쓰여진 카드 4장이 있을 때 이들 가운데 2장을 랜덤하게 뽑아 평균을 구하는 경우를 생각해 보자. 비복원추출에서는 $X_1$ 의 값이 1이면 $X_2$ 의 값은 1이 될 수 없고, 2, 3, 4에 대한 확률도 변한다. 그러나 복원추출에서는 $X_1$ 이 어떤 값이어도 $X_2$ 가 1, 2, 3, 4일 확률은 1/4로서 변함이 없다. 따라서, $\{X_1, X_2, X_3, X_4\}$는 서로 독립이며, 같은 분포를 갖는 랜덤표본이다. 이들의 분포함수 $p(x)$ 는 〈표 6-1〉 및 [그림 6-1]과 같다.

**|표 6-1|** $X$의 확률분포

| $x$ | 1 | 2 | 3 | 4 |
|---|---|---|---|---|
| $p(x)$ | $\frac{1}{4}$ | $\frac{1}{4}$ | $\frac{1}{4}$ | $\frac{1}{4}$ |

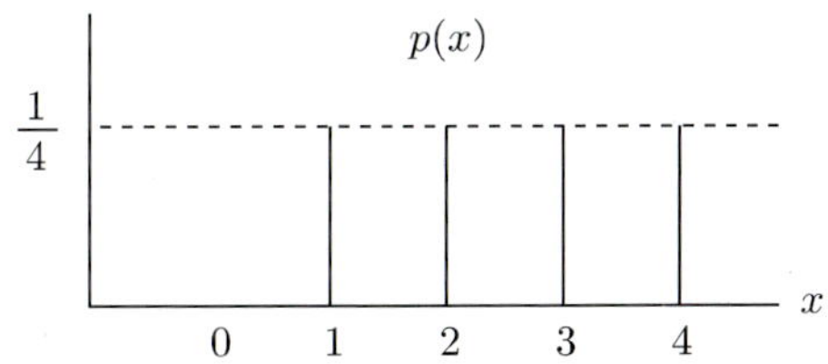


**|그림 6-1|** $X$의 확률분포 그래프

따라서, 복원추출에 의해 2장의 카드를 뽑는 것은 확률표본 $p(x)$ 가 〈표 6-1〉과 같은 무한모집단에서 2개의 랜덤표본을 뽑는 것과 같다. 크기가 2인 랜덤표본을 복원추출로 뽑는다면 가능한 표본의 수는 $4^2 = 16$ 가지이며 각 표본과 표본의 평균은 〈표 6-2〉와 같다.

**|표 6-2|** 랜덤표본과 그 평균

| 표본 | $\bar{x}$ | 표본 | $\bar{x}$ | 표본 | $\bar{x}$ | 표본 | $\bar{x}$ |
|---|---|---|---|---|---|---|---|
| (1, 1) | 1 | (2, 1) | 1.5 | (3, 1) | 2 | (4, 1) | 2.5 |
| (1, 2) | 1.5 | (2, 2) | 2 | (3, 2) | 2.5 | (4, 2) | 3 |
| (1, 3) | 2 | (2, 3) | 2.5 | (3, 3) | 3 | (4, 3) | 3.5 |
| (1, 4) | 2.5 | (2, 4) | 3 | (3, 4) | 3.5 | (4, 4) | 4 |

〈표 6-2〉로부터 $\overline{X}$의 분포함수를 구하면 〈표 6-3〉과 같다. 표에서 보는 바와 같이 직사각형 모양의 모집단에서 추출한 크기 2인 표본평균의 분포는 삼각형 모양이 되었다. 여기서 표본크기를 증가시키면 $\overline{X}$의 분포함수는 정규분포의 모양이 되며, 이는 다음 절에서 다룰 예정이다.

**|표 6-3|** $\overline{X}$의 분포함수

| $\bar{x}$ | 1 | 1.5 | 2 | 2.5 | 3 | 3.5 | 4 | 계 |
|---|---|---|---|---|---|---|---|---|
| $p(\bar{x})$ | $\frac{1}{16}$ | $\frac{2}{16}$ | $\frac{3}{16}$ | $\frac{4}{16}$ | $\frac{3}{16}$ | $\frac{2}{16}$ | $\frac{1}{16}$ | 1 |

## 6-4 표본평균의 분포

### 6-4-1 표본평균의 평균과 분산

통계량 $\overline{X}$의 평균과 분산을 구해 보자. 먼저 다음 예제에서 [예제 6-3]에 주어진 $X$와 $\overline{X}$의 평균과 분산을 구하고 비교하도록 한다.

**예제 6-4** [예제 6-3]에서 $X$와 $\overline{X}$의 평균과 분산을 구해 보자.
〈표 6-1〉로부터 $X$의 평균은 다음과 같다.

$$\mu = \sum_{\text{모든}\,x} x\,p(x) = (1+2+3+4)\times\frac{1}{4} = \frac{5}{2}$$

〈표 6-3〉에서 $\overline{X}$의 평균은 다음과 같다.

$$E(\overline{X}) = \sum_{\text{모든}x} \overline{x}\, p(x)$$

$$= 1 \times \frac{1}{16} + 1.5 \times \frac{2}{16} + 2 \times \frac{3}{16} + 2.5 \times \frac{4}{16} + 3 \times \frac{3}{16} + 3.5 \times \frac{2}{16} + 4 \times \frac{1}{16}$$

$$= \frac{40}{16} = \frac{5}{2}$$

즉, $\overline{X}$의 평균은 모평균 $\mu$와 같다. 한편, 〈표 6-1〉과 〈표 6-3〉에서 $X$와 $\overline{X}$의 분산을 구하면 다음과 같다.

$$\sigma^2 = E(X^2) - \mu^2 = (1^2 + 2^2 + 3^2 + 4^2) \times \frac{1}{4} - \left(\frac{5}{2}\right)^2 = \frac{5}{4}$$

$$\mathrm{Var}(\overline{\mathrm{X}}) = \mathrm{E}(\overline{\mathrm{X}}^2) - [\mathrm{E}(\overline{\mathrm{X}})]^2$$

$$= 1^2 \times \frac{1}{16} + 1.5^2 \times \frac{2}{16} + 2^2 \times \frac{3}{16} + 2.5^2 \times \frac{4}{16} + 3^2 \times \frac{3}{16} + 3.5^2 \times \frac{2}{16} + 4^2 \times \frac{1}{16} - \left(\frac{5}{2}\right)^2$$

$$= \frac{5}{8}$$

즉, $\overline{X}$의 분산은 모분산 $\sigma^2$의 $\frac{1}{2}$이다.

일반적으로 $\overline{X}$의 평균과 분산을 구하기 위해서는 다음과 같은 기댓값과 분산의 성질을 이용해야 한다.

1. $E(aX_1 + bX_2) = aE(X_1) + bE(X_2)$
2. $X_1$와 $X_2$가 독립일 때, $\mathrm{Var}(\mathrm{aX_1 + bX_2}) = \mathrm{a^2 Var(X_1) + b^2 Var(X_2)}$

일반적으로 $\overline{X}$의 평균과 분산은 다음과 같이 구할 수 있다.

$$E(\overline{X}) = \frac{1}{n} E(X_1 + \cdots + X_n)$$

$$= \frac{1}{n}[E(X_1) + \cdots + E(X_n)] = \frac{n\mu}{n} = \mu$$

$$\mathrm{Var}(\overline{X}) = \frac{1}{n^2}\mathrm{Var}(X_1 + \cdots + X_n)$$

$$= \frac{1}{n^2}[\mathrm{Var}(X_1) + \cdots + \mathrm{Var}(X_n)] = \frac{n\sigma^2}{n^2} = \frac{\sigma^2}{n}$$

이들을 요약하면 다음과 같다.

**무한모집단에서 $\overline{X}$ 의 평균과 분산 및 표준편차**

$$E(\overline{X}) = \mu$$

$$\mathrm{Var}(\overline{X}) = \frac{\sigma^2}{n}, \quad \mathrm{sd}(\overline{X}) = \frac{\sigma}{\sqrt{n}}$$

참고로, 크기 $N$인 유한모집단에서 $\overline{X}$ 의 평균과 분산은 다음과 같다.

**유한모집단에서 $\overline{X}$ 의 평균과 분산**

$$E(\overline{X}) = \mu$$

$$\mathrm{Var}(\overline{X}) = \frac{N-n}{N-1}\frac{\sigma^2}{n}$$

즉, 유한모집단에서 분산은 무한모집단에 비하여 $\frac{N-n}{N-1}$ 배만큼 수정된다. 따라서, 이 항을 **유한수정항**이라고 부른다.

**예제 6-5** 어느 회사 남자 직원 전체 2,000명의 평균 신장은 170 cm이고, 분산은 9 cm로 알려져 있다. $n = 50$인 표본을 랜덤하게 뽑을 때 표본평균의 분산은 다음과 같이 구할 수 있다.

(1) 비복원추출의 경우

$$\mathrm{Var}(\overline{X}) = \frac{2000-50}{2000-1} \cdot \frac{9}{50} \fallingdotseq 0.1756$$

(2) 복원추출의 경우

$$\mathrm{Var}(\overline{X}) = \frac{9}{50} = 0.18$$

위의 [예제 6-5]에서 볼 수 있듯이 모집단의 크기 $N$이 n에 비하여 매우 클 때에는 $\frac{N-n}{N-1} \fallingdotseq 1$이므로 비복원추출의 경우와 복원추출의 경우 $\mathrm{Var}(\overline{X})$의 값은 근사적으로 같게 된다.

표본평균의 표준편차 $sd(\overline{X})$를 특히 **표준오차**(standard error)라고 부른다.

**$\overline{X}$ 의 표준오차**

$$sd(\overline{X}) = \frac{\sigma}{\sqrt{n}}$$

### 6-4-2 표본평균의 분포와 중심극한정리

모집단의 분포가 정규분포를 따를 때 $\overline{X}$ 의 분포도 정규분포에 따름이 알려져 있다. 따라서, 앞 절의 결과와 합하면 다음의 결과를 얻은 수 있다.

**정규모집단에서 $\overline{X}$ 의 분포**

모집단이 정규분포 $N(\mu, \sigma^2)$를 따를 때 표본평균 $\overline{X}$는 정규분포 $N(\mu, \frac{\sigma^2}{n})$을 따른다. 즉,

$$\overline{X} \sim N(\mu, \frac{\sigma^2}{n})$$

따라서, 표준화된 $\overline{X}$ 의 분포는 표준정규분포 $N(0, 1)$을 따른다. 즉,

$$Z = \frac{\overline{X} - \mu}{\sigma / \sqrt{n}} \sim N(0, 1)$$

위의 사실을 그림으로 나타내면 다음과 같다.

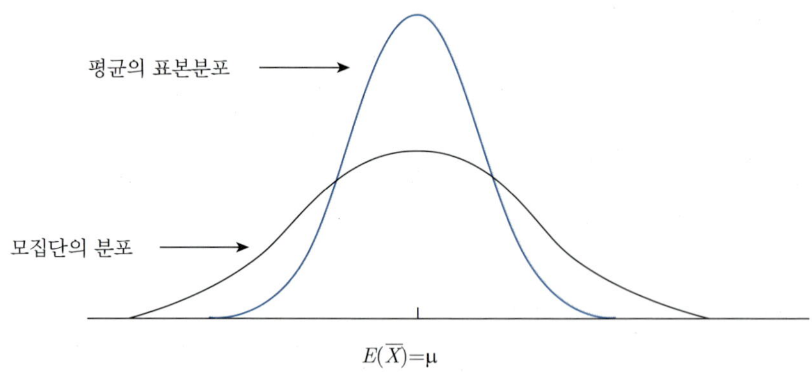


**|그림 6-2|** 모집단의 분포와 평균의 표본분포(정규 모집단의 경우)

**예제 6-6** 어느 도시의 시민들이 명절 기간 동안에 쓰는 지출액이 평균 14만 원이고, 표준편차가 5만 원인 정규분포를 따른다고 하자. 이때, 100명의 시민을 랜덤하게 뽑아 평균 지출액을 조사할 때, 그 값이 15.5만 원 이상이 될 확률을 구해 보자. 또한, 한 개인의 지출액이 15.5만 원 이상일 확률도 구해 보자.

표준화된 확률변수 $Z=\dfrac{\overline{X}-\mu}{\sigma/\sqrt{n}}=\dfrac{\overline{X}-14}{5/10}$가 표준정규분포에 따름을 이용하여 평균이 15.5만 원 이상일 확률은 다음과 같이 구한다.

$$P(\overline{X}\geqq 15.5)=P\left[\frac{\overline{X}-14}{5/10}\geqq\frac{15.5-14}{5/10}\right]$$
$$=P[Z\geqq 3]=0.00135$$

한편, 한 개인의 지출액이 15.5만 원 이상일 확률은 다음과 같다.

$$P(X\geqq 15.5)=P\left[\frac{X-14}{5}\geqq\frac{15.5-14}{5}\right]$$
$$=P[Z\geqq 0.3]=0.3821$$

**예제 6-7** 어느 통조림의 내용물 함량이 300 g으로 표시되어 있으며, 이 통조림의 제조 공정은 표준편차 6 g으로 제품을 생산한다고 한다. 한편 통조림의 함량검사에서는 9개의 제품을 랜덤하게 추출하여 표본평균을 구하고, 이 표본평균이 300 g 미만이면 불합격 판정을 받는다고 한다. 불합격률을 5% 이하로 하기 위해서는 생산공정에서 실제 내용물의 평균을 얼마로 조정해야 하겠는가?

구하는 평균을 $\mu$라고 하면 다음 등식을 만족해야 한다.

$$P[\overline{X} \leq 300] = 0.05$$

$$P\left[\frac{\overline{X}-\mu}{6/\sqrt{9}} \leq \frac{300-\mu}{6/\sqrt{9}}\right] = P\left[Z \leq \frac{300-\mu}{2}\right] = 0.05$$

한편, 표준정규분포에서 왼쪽 꼬리의 면적이 5%인 점은 −1.645이므로, 구하는 $\mu$는 다음과 같다.

$$\frac{300-\mu}{2} = -1.645$$

$$\mu = 300 + 2(1.645) = 303.29$$

우리는 앞에서 모집단의 분포가 정규분포일 때 표본평균의 분포도 정규분포임을 보았다. 그러면 모집단의 분포가 정규분포가 아니면 평균의 분포는 어떻게 구할 수 있을까? 이러한 물음에 대한 답은 물론 모집단의 분포가 어떤 분포인가에 따라 달라질 것이다. 그러나 표본의 크기 $n$이 충분히 클 때는 모집단의 분포가 어떤 분포이냐에 관계 없이 평균의 표본분포는 정규분포에 근사한다는 사실이 알려져 있다. 이러한 사실을 **중심극한정리**(central limit theorem)라고 하며, 이런 이유로 정규분포는 통계적 추론에서 가장 중요한 위치를 차지하고 있다.

**중심극한정리(임의 모집단에서 $\overline{X}$의 분포)**

평균 $\mu$, 분산 $\sigma^2$인 임의의 모집단에서 표본크기 $n$이 충분히 크면, $\overline{X}$의 분포는 근사적으로 정규분포 $N(\mu, \frac{\sigma^2}{n})$을 따른다. 즉,

$$\overline{X} \dot{\sim} N(\mu, \frac{\sigma^2}{n})$$

따라서, 표준화된 $\overline{X}$의 분포는 근사적으로 표준정규분포 $N(0, 1)$을 따른다. 즉,

$$Z = \frac{\overline{X}-\mu}{\sigma/\sqrt{n}} \dot{\sim} N(0, 1)$$

**예제 6-8** (중심극한정리의 예시): 부록의 〈표 1〉에 있는 난수표에서 표본을 뽑는 경우를 생각해 보자. 난수표는 0에서 9까지의 숫자들이 $\frac{1}{10}$의 확률을 가

지면서 랜덤하게 나열되어 있는 난수들의 모임이므로, 이는 [그림 6-2]와 같은 분포를 갖는 무한모집단으로부터 랜덤표본을 뽑는 것과 동일하다.

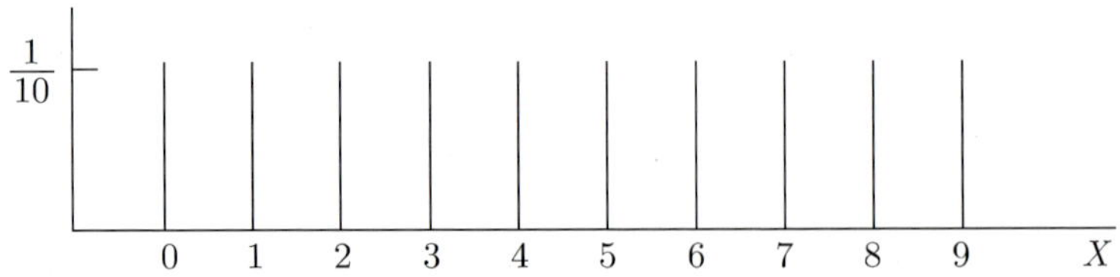


**|그림 6-3|** 난수들의 모집단 분포

이제 이 모집단에서 크기 5인 100개의 표본을 뽑기 위하여, 부록 〈표 1〉에서 1행(0번 행) 1열부터 차례로 5개씩 밑으로 내려가면서 뽑고, 이들 표본에서 표본평균 $\bar{x}$ 의 값을 구하여 표로 만든 것이 〈표 6-4〉와 같다.

**|표 6-4|** 난수표에서 뽑은 크기 5인 데이터와 평균

| 표본번호 | 관측값 | | | | | 합계 | 평균 | 표본번호 | 관측값 | | | | | 합계 | 평균 |
|---|---|---|---|---|---|---|---|---|---|---|---|---|---|---|---|
| 1 | 1 | 3 | 0 | 9 | 1 | 14 | 2.80 | 51 | 3 | 0 | 6 | 0 | 9 | 18 | 3.60 |
| 2 | 6 | 3 | 8 | 6 | 7 | 30 | 6.00 | 52 | 7 | 1 | 7 | 3 | 4 | 22 | 4.40 |
| 3 | 9 | 1 | 8 | 8 | 9 | 35 | 7.00 | 53 | 1 | 0 | 9 | 4 | 6 | 20 | 4.00 |
| 4 | 6 | 8 | 7 | 6 | 0 | 27 | 5.40 | 54 | 1 | 3 | 9 | 2 | 2 | 17 | 3.40 |
| 5 | 9 | 8 | 4 | 1 | 6 | 28 | 5.60 | 55 | 1 | 9 | 8 | 7 | 4 | 29 | 5.80 |
| 6 | 6 | 1 | 9 | 4 | 2 | 22 | 4.40 | 56 | 9 | 4 | 2 | 1 | 7 | 23 | 4.60 |
| 7 | 0 | 0 | 3 | 5 | 4 | 12 | 2.40 | 57 | 5 | 9 | 1 | 0 | 8 | 23 | 4.60 |
| 8 | 3 | 6 | 1 | 4 | 9 | 23 | 4.60 | 58 | 0 | 6 | 4 | 1 | 3 | 14 | 2.80 |
| 9 | 9 | 3 | 8 | 7 | 1 | 28 | 5.60 | 59 | 2 | 1 | 0 | 4 | 3 | 10 | 2.00 |
| 10 | 7 | 5 | 1 | 4 | 6 | 23 | 4.60 | 60 | 4 | 4 | 4 | 7 | 9 | 28 | 5.60 |
| 11 | 0 | 7 | 8 | 9 | 2 | 26 | 5.20 | 61 | 2 | 4 | 8 | 2 | 9 | 25 | 5.00 |
| 12 | 6 | 1 | 5 | 3 | 3 | 18 | 3.60 | 62 | 4 | 0 | 7 | 2 | 5 | 18 | 3.60 |
| 13 | 8 | 1 | 3 | 8 | 9 | 29 | 5.80 | 63 | 7 | 5 | 9 | 0 | 7 | 28 | 5.60 |
| 14 | 5 | 0 | 4 | 9 | 9 | 27 | 5.40 | 64 | 7 | 5 | 9 | 6 | 0 | 27 | 5.40 |
| 15 | 1 | 0 | 4 | 2 | 3 | 10 | 2.00 | 65 | 4 | 4 | 1 | 3 | 9 | 21 | 4.20 |
| 16 | 1 | 5 | 4 | 2 | 3 | 15 | 3.00 | 66 | 0 | 5 | 8 | 6 | 8 | 27 | 5.40 |
| 17 | 4 | 0 | 5 | 9 | 6 | 24 | 4.80 | 67 | 2 | 7 | 5 | 8 | 5 | 27 | 5.40 |
| 18 | 2 | 9 | 9 | 5 | 4 | 29 | 5.80 | 68 | 0 | 1 | 1 | 4 | 1 | 7 | 1.40 |
| 19 | 8 | 3 | 0 | 9 | 8 | 28 | 5.60 | 69 | 4 | 6 | 0 | 9 | 2 | 21 | 4.20 |
| 20 | 4 | 4 | 1 | 8 | 9 | 26 | 5.20 | 70 | 3 | 5 | 9 | 7 | 4 | 28 | 5.60 |

| 표본번호 | 관측값 | | | | | 합계 | 평균 | 표본번호 | 관측값 | | | | | 합계 | 평균 |
|---|---|---|---|---|---|---|---|---|---|---|---|---|---|---|---|
| 21 | 0 | 5 | 4 | 0 | 8 | 17 | 3.40 | 71 | 5 | 8 | 9 | 5 | 9 | 36 | 7.20 |
| 22 | 0 | 0 | 2 | 5 | 7 | 14 | 2.80 | 72 | 7 | 8 | 6 | 1 | 7 | 29 | 5.80 |
| 23 | 5 | 8 | 4 | 6 | 5 | 28 | 5.60 | 73 | 7 | 4 | 6 | 2 | 3 | 22 | 4.40 |
| 24 | 4 | 1 | 3 | 9 | 8 | 25 | 5.00 | 74 | 6 | 6 | 8 | 8 | 5 | 33 | 6.60 |
| 25 | 4 | 3 | 1 | 5 | 6 | 19 | 3.80 | 75 | 5 | 5 | 9 | 7 | 3 | 29 | 5.80 |
| 26 | 1 | 4 | 5 | 4 | 5 | 19 | 3.80 | 76 | 4 | 2 | 5 | 2 | 3 | 16 | 3.20 |
| 27 | 4 | 5 | 9 | 8 | 0 | 26 | 5.20 | 77 | 4 | 6 | 3 | 3 | 2 | 18 | 3.60 |
| 28 | 1 | 2 | 5 | 1 | 8 | 17 | 3.40 | 78 | 5 | 4 | 4 | 9 | 9 | 31 | 6.20 |
| 29 | 0 | 1 | 9 | 7 | 6 | 23 | 4.60 | 79 | 8 | 2 | 4 | 1 | 5 | 20 | 4.00 |
| 30 | 0 | 1 | 6 | 3 | 0 | 10 | 2.00 | 80 | 9 | 6 | 8 | 9 | 1 | 33 | 6.60 |
| 31 | 9 | 4 | 2 | 1 | 0 | 16 | 3.20 | 81 | 3 | 0 | 5 | 2 | 7 | 17 | 3.40 |
| 32 | 6 | 6 | 6 | 7 | 9 | 34 | 6.80 | 82 | 1 | 0 | 0 | 3 | 5 | 9 | 1.80 |
| 33 | 2 | 0 | 5 | 8 | 9 | 24 | 4.80 | 83 | 6 | 3 | 3 | 0 | 4 | 16 | 3.20 |
| 34 | 8 | 2 | 5 | 1 | 9 | 25 | 5.00 | 84 | 7 | 3 | 1 | 0 | 0 | 11 | 2.20 |
| 35 | 9 | 3 | 0 | 5 | 0 | 17 | 3.40 | 85 | 2 | 9 | 4 | 4 | 2 | 21 | 4.20 |
| 36 | 9 | 7 | 5 | 8 | 2 | 31 | 6.20 | 86 | 4 | 6 | 7 | 1 | 1 | 19 | 3.80 |
| 37 | 9 | 4 | 6 | 0 | 5 | 24 | 4.80 | 87 | 9 | 5 | 0 | 9 | 3 | 26 | 5.20 |
| 38 | 7 | 3 | 6 | 5 | 6 | 27 | 5.40 | 88 | 9 | 0 | 3 | 3 | 9 | 24 | 4.80 |
| 39 | 8 | 8 | 5 | 5 | 3 | 29 | 5.80 | 89 | 2 | 3 | 0 | 4 | 3 | 12 | 2.40 |
| 40 | 2 | 7 | 6 | 2 | 7 | 24 | 4.80 | 90 | 0 | 1 | 8 | 2 | 3 | 14 | 2.80 |
| 41 | 7 | 2 | 2 | 9 | 7 | 27 | 5.40 | 91 | 3 | 5 | 3 | 9 | 0 | 20 | 4.00 |
| 42 | 5 | 0 | 9 | 3 | 6 | 23 | 4.60 | 92 | 7 | 5 | 2 | 5 | 3 | 22 | 4.40 |
| 43 | 0 | 5 | 2 | 5 | 4 | 16 | 3.20 | 93 | 7 | 1 | 4 | 0 | 8 | 20 | 4.00 |
| 44 | 1 | 4 | 0 | 6 | 3 | 14 | 2.80 | 94 | 4 | 5 | 7 | 3 | 5 | 24 | 4.80 |
| 45 | 9 | 6 | 4 | 0 | 6 | 25 | 5.00 | 95 | 3 | 8 | 9 | 2 | 9 | 31 | 6.20 |
| 46 | 6 | 4 | 7 | 1 | 3 | 21 | 4.20 | 96 | 6 | 6 | 3 | 3 | 7 | 25 | 5.00 |
| 47 | 3 | 9 | 3 | 8 | 8 | 31 | 6.20 | 97 | 4 | 4 | 7 | 1 | 6 | 22 | 4.40 |
| 48 | 9 | 4 | 5 | 5 | 4 | 27 | 5.40 | 98 | 7 | 6 | 0 | 8 | 4 | 25 | 5.00 |
| 49 | 6 | 5 | 1 | 2 | 3 | 17 | 3.40 | 99 | 6 | 2 | 6 | 0 | 7 | 21 | 4.20 |
| 50 | 9 | 8 | 4 | 4 | 4 | 29 | 5.80 | 100 | 2 | 1 | 3 | 8 | 8 | 22 | 4.40 |

이제 이들 표본평균들의 히스토그램을 그리면 [그림 6-4]와 같다. 그림에서 부드러운 곡선은 히스토그램 자료와 같은 평균과 분산을 갖는 정규분포곡선을 나타낸다. 그림에서 보면 히스토그램은 정규분포곡선과 매우 비슷한 모양을 보이고 있음을 알 수 있다.

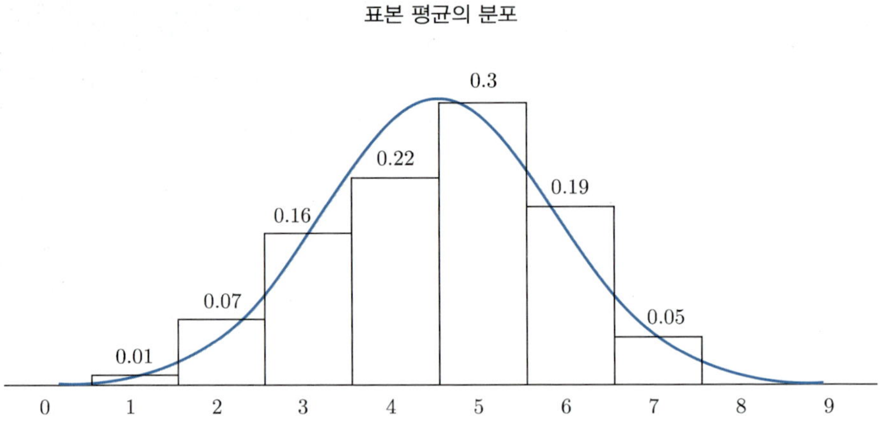


**|그림 6-4|** 표본평균의 히스토그램과 정규분포곡선

[예제 6-8]에서 난수가 갖는 분포와 같이 각 점에서의 확률이 같은 분포를 **균등분포**(uniform distribution)라고 한다. 균등분포는 정규분포와는 거리가 먼 전혀 다른 분포임에도 불구하고, 표본의 크기가 겨우 5밖에 되지 않는 경우에도 표본평균의 분포는 정규분포에 가까움을 알 수 있다. 물론 표본의 크기가 커지면 커질수록 좀 더 정규분포에 가까운 형태로 나타날 것이다.

[그림 6-5]는 비대칭의 확률분포를 이루는 모집단에서 n이 커짐에 따라 $\overline{X}$ 의 분포가 정규분포에 가까워짐을 보여 주고 있다.

유용한 근삿값을 얻기 위한 표본의 크기는 모집단의 분포의 모양이 얼마나 정규분포에 가까우냐에 따라 다르지만, 대체로 $n \geqq 30$ 이면 근사 정도가 만족할 만하다고 알려져 있다.

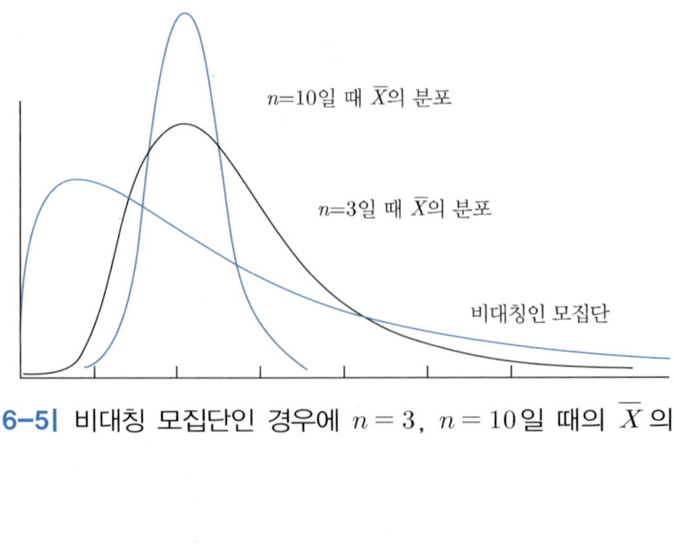


**|그림 6-5|** 비대칭 모집단인 경우에 $n=3$, $n=10$ 일 때의 $\overline{X}$ 의 분포

**예제 6-9** 한 대기업의 남자 사원의 평균 체중이 68 kg이고, 표준편차가 3 kg이다. 이 중에서 36명의 사원을 랜덤추출할 때 그 평균이 67 kg 이상 69 kg 미만일 확률을 구해 보자.

중심극한정리에 의하면 $\overline{X}$의 분포는 근사적으로 $N\left(68, \dfrac{3^2}{36}\right)$이므로 구하는 확률은 다음과 같다.

$$P[67 \leqq \overline{X} \leqq 69] = P\left[\frac{67-68}{3/6} \leqq \frac{\overline{X}-68}{3/6} \leqq \frac{69-68}{3/6}\right]$$

$$\fallingdotseq P[-2 \leqq Z \leqq 2] = 0.9544$$

## 6-5 SPSS 실습

### 6-5-1 랜덤추출법

이 절에서는 SPSS를 이용하여 주어진 자료의 케이스를 랜덤하게 추출하는 방법에 대해서 알아본다. 예를 들어, 1장의 〈표 1-1〉(test.sav) 주어진 통계학 과목을 수강하는 20명의 학생 중에서 10명을 랜덤하게 추출하는 방법을 알아보자.

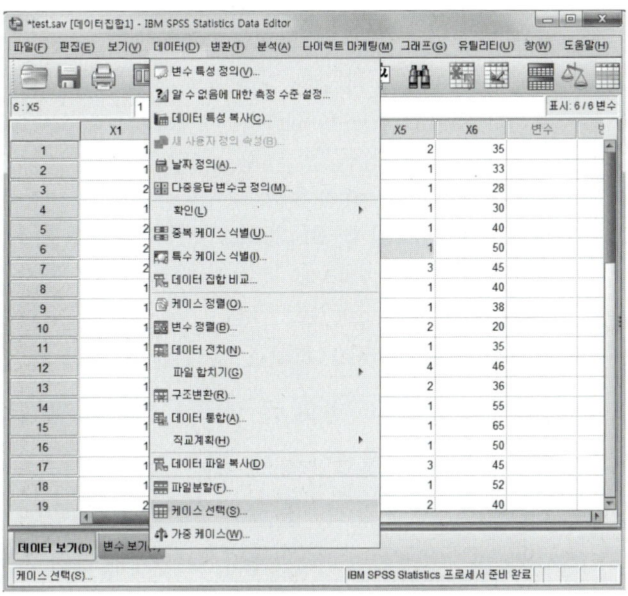


**|그림 6-6|** 케이스 선택 명령어

먼저, 메뉴에서 파일(F) → 열기(O) → 데이터(A)를 선택해서 저장하였던 자료파일 test.sav를 SPSS로 읽어들인다. 주어진 자료에서 일부분을 선택하기 위해서 [그림 6-6]과 같이 데이터(D) → 케이스 선택(S)... 을 선택하여 [그림 6-7]의 케이스 선택 대화상자를 얻는다.

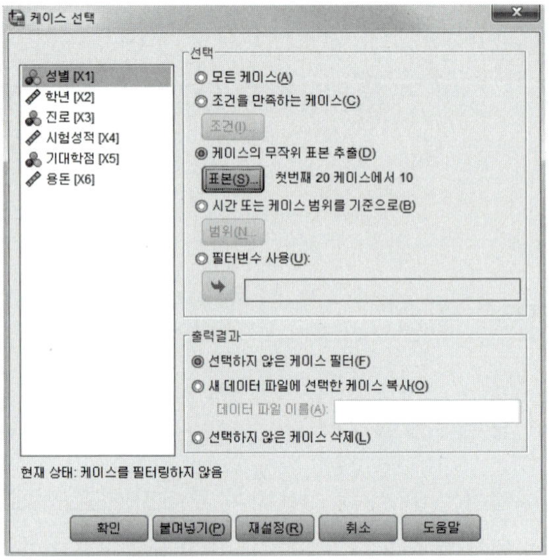


**|그림 6-7|** 케이스 선택 대화상자

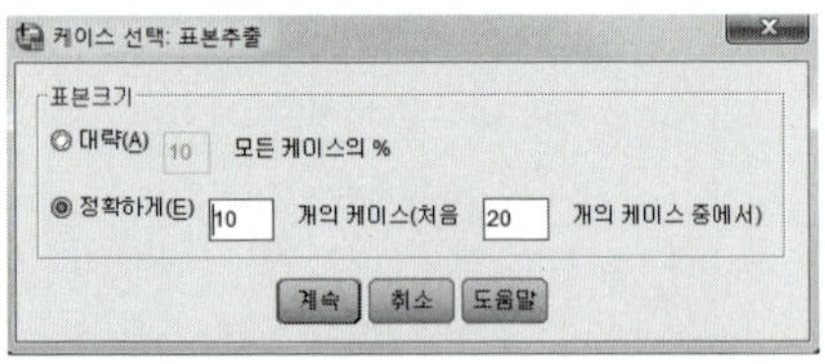


**|그림 6-8|** 케이스 선택: 표본추출 대화상자

케이스 선택 대화상자에서는 여러 가지 다른 방법의 케이스 선택 방법이 있는데, 우리는 여기서 20개의 케이스 중에서 10개의 케이스를 랜덤하게 추출하기 위하여 ◉ 케이스의 무작위 표본 추출(D) 을 선택하고 표본(S)...을 클릭한다. 이때, 나타난 '케이스 선택: 표본추출' 대화상자 [그림 6-8]에서 ◉ 정확하게(E) 를 선택하고, 그림과 같이 10과 20을 써 넣는다. 계속과 확인을 계속해서 클릭하면 결과 [그림 6-9]를 얻는다. 추출되지 못한 케이스들은 [그림 6-9]에서와 같이 케이스 번호에 대각선이 그어지고 새로운 변수 filter_$의 값이 0이 된다. 추출된 케이스들

은 filter_$의 값 1로 나타난다. 만약, 추출된 케이스들로만 이루어진 데이터를 만들고 싶다면 [그림 6-7]의 케이스 선택 대화상자의 출력 결과에서 선택하지 않은 케이스 필터(F) 대신 선택하지 않은 케이스 삭제(L) 를 선택하면 된다. 이와 같이 표본추출로 선택된 케이스들은 실행 때마다 다를 것이다.

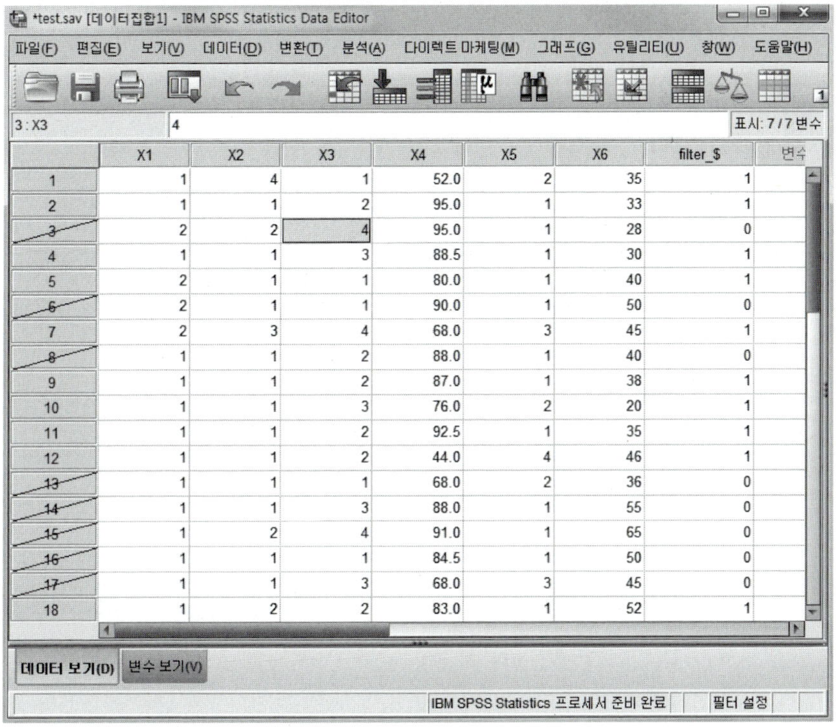


| | X1 | X2 | X3 | X4 | X5 | X6 | filter_$ | 변수 |
|---|---|---|---|---|---|---|---|---|
| 1 | 1 | 4 | 1 | 52.0 | 2 | 35 | 1 | |
| 2 | 1 | 1 | 2 | 95.0 | 1 | 33 | 1 | |
| 3 | 2 | 2 | 4 | 95.0 | 1 | 28 | 0 | |
| 4 | 1 | 1 | 3 | 88.5 | 1 | 30 | 1 | |
| 5 | 2 | 1 | 1 | 80.0 | 1 | 40 | 1 | |
| 6 | 2 | 1 | 1 | 90.0 | 1 | 50 | 0 | |
| 7 | 2 | 3 | 4 | 68.0 | 3 | 45 | 1 | |
| 8 | 1 | 1 | 2 | 88.0 | 1 | 40 | 0 | |
| 9 | 1 | 1 | 2 | 87.0 | 1 | 38 | 1 | |
| 10 | 1 | 1 | 3 | 76.0 | 2 | 20 | 1 | |
| 11 | 1 | 1 | 2 | 92.5 | 1 | 35 | 1 | |
| 12 | 1 | 1 | 2 | 44.0 | 4 | 46 | 1 | |
| 13 | 1 | 1 | 1 | 68.0 | 2 | 36 | 0 | |
| 14 | 1 | 1 | 3 | 88.0 | 1 | 55 | 0 | |
| 15 | 1 | 2 | 4 | 91.0 | 1 | 65 | 0 | |
| 16 | 1 | 1 | 1 | 84.5 | 1 | 50 | 0 | |
| 17 | 1 | 1 | 3 | 68.0 | 3 | 45 | 0 | |
| 18 | 1 | 2 | 2 | 83.0 | 1 | 52 | 1 | |

**|그림 6-9|** 표본추출 결과

## 6-5-2 중심극한정리의 연습

이 절에서는 [예제 6-8]에서 다룬 것과 같은 난수들의 표본평균의 분포를 SPSS를 이용하여 구해 보자.

먼저 SPSS 데이터 편집기 창에서 '변수보기' 창을 선택하고, [그림 6-10]과 같이 7개의 변수 u1~u6 및 avg를 변수 '이름'에 입력한다. 7개 변수 모두 '측도'를 척도로 설정한다.

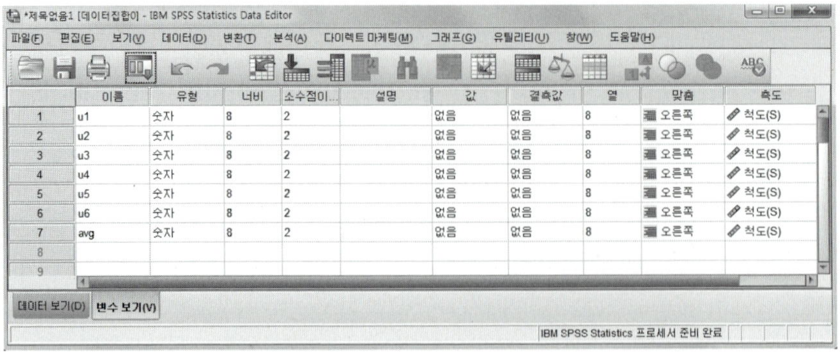

**|그림 6-10|** 변수 이름 지정

이제 u1~u6에는 구간 [0, 1]에서 생성된 난수를 기억하고, avg에는 이들의 평균을 기억시킬 예정이다. 난수를 생성하기 위해서 다시 '데이터 보기' 창으로 돌아가 u1에 100개의 난수를 생성해 보자. 이를 위해 3장의 3-5-1절에서 설명한 방법을 따른다. 즉, 데이터 편집기의 '데이터 보기' 창에서 40행에 임의의 숫자를 입력한 다음, 데이터 편집기 메뉴에서 변환(T) → 변수 계산(C)... 을 선택하여 변수 계산 화면을 얻으면 대상변수(T): 란에 u1이라고 입력하고, 오른쪽의 함수 집단(G): 에서 **난수**를 선택하고, 함수 및 특수변수(F): 에서 Rv.Uniform을 선택한 다음 ↑을 클릭하여 숫자표현식(E): 으로 보내고, '최솟값'에 0을, 그리고 '최댓값'에 1을 입력한 후 '확인'을 두 번 클릭한다.

그 결과 40개의 균등분포(uniform)를 따르는 난수가 생성된다. 같은 방법으로 80행, 100행에 임의의 숫자를 입력하고 메뉴에서 변환(T) → 변수 계산(C)... 을 선택하여 난수를 생성하는 일을 반복한다. 그러면 u1에 100개의 난수가 생성되어 있음을 확인할 수 있다.

이제 나머지 변수 u2~u6를 생성하기 위하여 '변수계산' 창에서 대상변수(T): 란에 u2를 입력하고 '확인'을 누르면 u2에 100개의 난수가 생성된다. 같은 방법으로 u3~u6에 대한 난수를 생성한다. 그러면 구간 [0, 1]에서 균등분포를 갖는 크기 6인 표본이 100개 관측된 것과 같다.

크기 6인 표본들의 평균을 변수 avg에 기억시키기 위하여 다시 '변수 계산' 창을 이용한다. 즉, 대상변수(T): 란에 avg를 입력하고, 오른쪽의 함수 집단(G): 에서 **통계**를 선택하고, 함수 및 특수변수(F): 에서 Mean을 선택하여 숫자표현식(E): 으로 보내고, 괄호 속에 u1, u2, u3, u4, u5, u6를 입력한다. 이때의 '변수계산' 창은 [그림 6-11]과 같다. 다시 '확인'을 누르면 [그림 6-12]와 같이 avg에 평균이 기억된다.

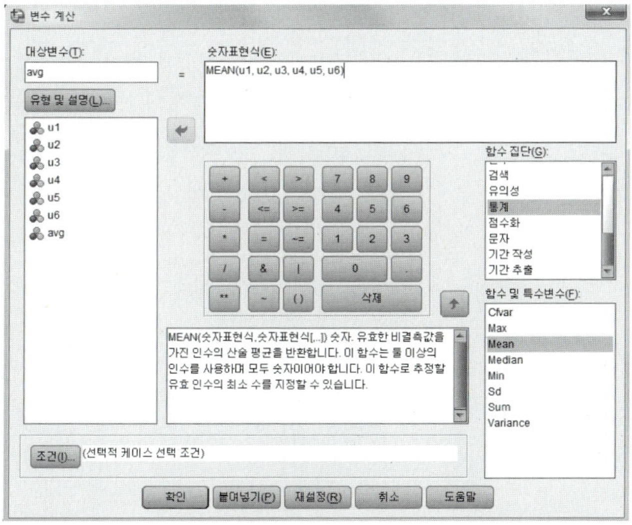


**|그림 6-11|** 표본평균을 구하기 위한 변수 계산 창

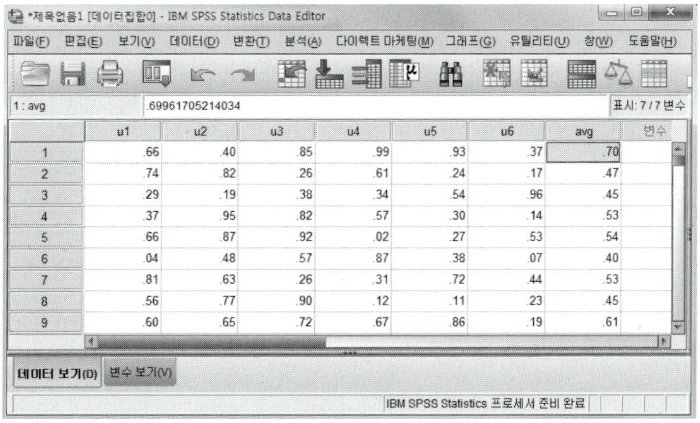


**|그림 6-12|** 생성된 난수와 표본평균의 자료

이제 난수들의 분포와 표본평균의 분포를 비교하기 위하여 변수 u1에 기억된 자료와 변수 avg에 기억된 자료의 히스토그램 및 대응되는 정규분포곡선을 구해 보자. 이를 위해 메뉴에서 그래프(G) → 도표 작성기(C)... 을 선택하고 갤러리 탭에서 단순 히스토그램을 끌기(drag and drop)의 방법으로 미리보기 창에 놓은 다음, X축에 u1 변수를 설정한다. 오른쪽의 요소 특성 창에서 [그림 6-13]과 같이 '정규곡선 출력'을 체크하고, 모수 설정(A)... 을 클릭하면 [그림 6-14]와 같이 '요소

특성: 모수 설정' 창이 뜬다. 그룹 크기에서 사용자 정의(S) 를 설정한 다음 구간 수를 7로 입력하고 계속, 적용(A), 확인 을 차례로 누르면 [그림 6-15]와 같은 결과를 얻는다. 마찬가지 방법으로 변수 avg에 대한 히스토그램을 그리면 [그림 6-16]의 결과를 얻을 수 있다. 이 결과에서 히스토그램은 정규분포곡선과 매우 비슷한 모양을 보이고 있음을 알 수 있다. 이러한 결과들은 랜덤표본들이 실행때마다 다르므로 그림의 모양도 다르게 될 수 있다.

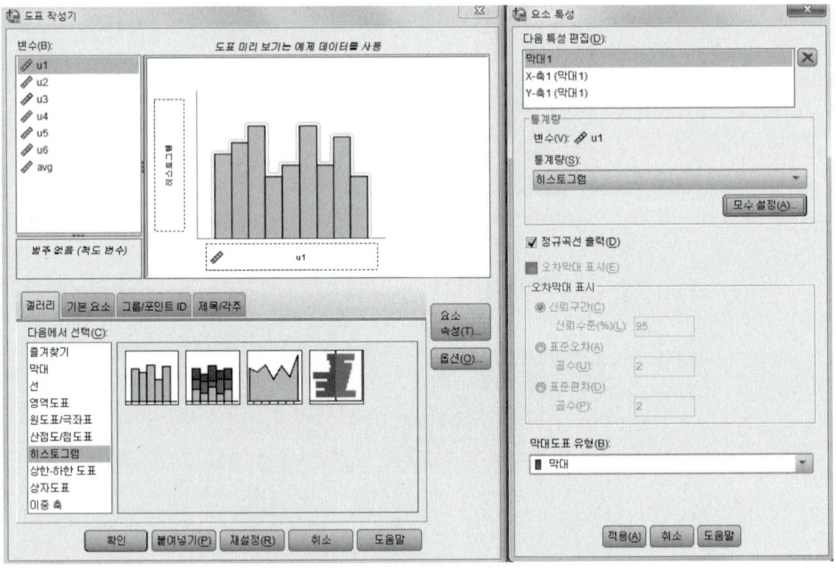


**|그림 6-13|** 도표 작성기 옵션

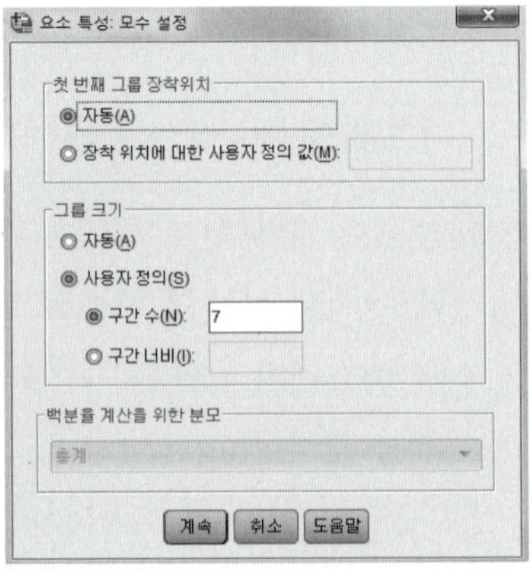


**|그림 6-14|** 요소 특성: 모수 설정 창

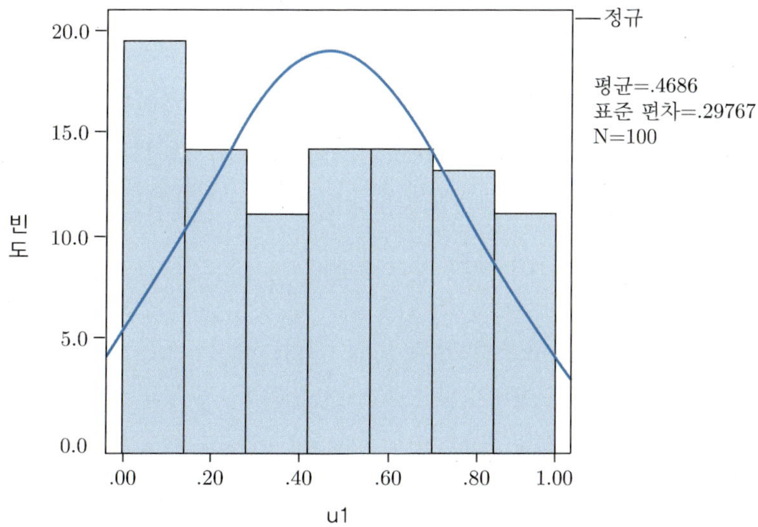


**|그림 6-15|** 난수의 히스토그램

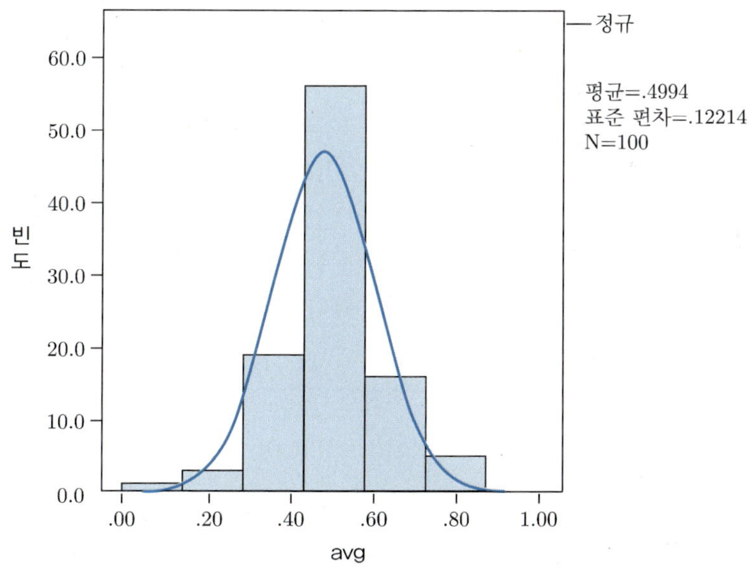


**|그림 6-16|** 표본평균의 히스토그램

## 6장 연습문제

**6.1** 937명의 사원을 채용하고 있는 회사에서 사원 개개인에게 1부터 937까지의 일련번호를 지정하였다. 이들 중 12명의 사원을 뽑아 사원자치회를 구성하려고 한다. 부록에 있는 난수표의 10번째 열과 3번째 행을 이용하면 어떤 번호의 사원들이 선택되는가?

**6.2** 성실 회계법인은 다음 20개의 법인고객을 가지고 있다. 이 중 5개의 법인고객을 랜덤 추출하여 고객 만족도를 조사하려고 한다. 부록에 있는 난수표의 2번째 열과 첫 번째 행을 이용하면 어떤 법인고객들이 선택이 되는가?

| | |
|---|---|
| 1. 심원콘크리드공업 | 11. 23세기부동산 |
| 2. 선창엔지니어 | 12 한일양행 |
| 3. 주도상사 | 13. 진보텔레콤 |
| 4. 서진시스템 | 14. 한신종합물류 |
| 5. EES 항공 | 15. 수민치과 |
| 6. 실천금형 | 16. 혜원산부인과 |
| 7. 일신산업개발 | 17. 대길물산 |
| 8. 풍진종합건설 | 18. 중앙종합물류 |
| 9. 114무인경비 | 19. 조선실업 |
| 10. 민진실업 | 20. 대상관광 |

**6.3** 어떤 시의 환경 관리를 위하여 5개의 에이전트가 일을 맡고 있다. 지난해에 이 에이전트들이 조사한 바에 의하면 화학약품과 공업 쓰레기를 불법으로 폐기한 사례 건수가 각각 5, 12, 15, 9, 7건이었다. 다음 물음에 답하여라.

(a) 지난해에 에이전트가 조사한 환경오염 사례 숫자를 모집단으로 간주하고, 평균 $\mu$와 분산 $\sigma^2$ 을 구하여라.

(b) 위의 모집단에서 비복원추출로 랜덤표본을 뽑을 때, 표본크기가 2인 경우와 3인 경우 모든 가능한 표본들을 구하고 그 각각의 표본평균을 구하여라.

(c) (b)에서 구한 표본평균들의 평균과 표준오차를 구하여라.

**6-4** 어느 고등학교에서는 6대의 스쿨버스를 이용하고 있는데 이 버스들은 새것을 구입하여 지금까지 각각 6, 10, 7, 4, 9, 8년을 운행하였다.

(a) 이 운행횟수들을 모집단으로 간주하고, 크기가 2인 랜덤표본을 복원추출로 뽑을 때 모든 가능한 표본을 구하여라.

(b) (a)에서 구한 표본들의 평균을 구하고 그 표본평균들의 표본분포를 구하여라.

(c) (b)에서 구한 표본평균들의 평균과 표준오차를 구하여라.

**6.5** 무한모집단으로부터 표본을 랜덤추출한다고 가정하자. 만약 표본의 크기를 200개에서 3200개로 늘린다면, 평균의 표준오차는 어떻게 변하는가?

**6.6** 무한모집단으로부터 표본을 랜덤추출한다고 가정하자. 표본의 크기가 20개인 표본평균의 표준오차가 0.2일 때, 표준오차를 0.1로 줄이려면 표본의 크기가 얼마이어야 하는가?

**6.7** 과거의 경험으로 비추어 볼 때 비행기 승객 1인당 평균 수하물 무게는 20 kg이고, 표준편차가 5 kg이라고 한다. 어느 특정한 날에 랜덤추출한 64명의 승객들의 평균 수하물 무게가 20.5 kg 이상일 확률은 얼마인가?

**6.8** 우리나라 17세 여성의 몸무게는 평균이 55.2 kg이고 표준편차가 4.2 kg이라고 한다. 어느 반에는 17세의 여학생이 25명 있다. 이들의 평균 몸무게가 54 kg보다 작을 확률은 얼마인가?

**6.9** 탈수 단백질의 농축물에 있는 수분은 1파운드당 평균 3.5, 표준편차 0.5인 정규분포를 따른다고 한다. 16개의 1파운드짜리 표본을 택하여 측정한 수분 함량의 평균을 $\overline{X}$라고 하자.

(a) $\overline{X}$의 분포는 무엇인가?

(b) 확률 $P(3.34 \leq \overline{X} \leq 3.66)$을 구하여라.

**6.10** 어떤 통조림 생산 공정에서는 평균 내용량이 $\mu = 400\,\text{g}$, 표준편차 $\sigma = 10\,\text{g}$이 되도록 공정을 관리하고 있다. 이 공정이 관리 상태에 있을 때 다음 물음에 답하여라.

다만 내용물 함량은 정규분포를 따른다고 가정한다.

(a) 랜덤하게 선택된 1개의 통조림 내용물의 무게가 (395, 405) 사이에 있을 확률을 구하여라.

(b) 랜덤하게 16개의 표본을 추출할 때, 표본평균 $\overline{X}$ 의 값이 (395, 405) 사이에 있을 확률을 구하여라.

**6.11** 성공률이 0.2이고 시행횟수가 10인 이항분포에서

(a) SPSS를 사용하여 크기가 5인 표본을 100개 뽑아 평균의 히스토그램을 그려라.

(b) 표본의 크기를 20으로 하여 (a)를 반복하여라.

(c) 각 경우에 표본평균의 분포상태를 설명하여라. 표본의 크기가 커질수록 표본평균의 분포상태가 어떻게 변하는지 설명하여라.

# 제7장 추정과 검정의 원리

## 7-1 추정의 원리

우리는 일상생활에서 미래의 현상이나 미지의 값을 가능한 한 정확하게 추측하기를 원하는 경우가 많다. 예를 들어, 내일의 주식시세를 예측하거나, 어느 특정 정치 현안에 대한 국민의사를 조사하는 문제 등을 흔히 볼 수 있다. 주식 전문가들은 오늘의 주식장세를 분석하고 기업의 재무구조와 경영방향 등 많은 요인들을 분석하여 앞으로의 주식시세를 예측하려고 한다. 또한, 정치 현안에 대한 국민의 여론을 조사하기 위해서는 일부의 여론조사를 통하여 전체의 의사를 추측하게 된다.

우리가 흔히 관심이 있는 모수들은 한 모집단의 평균, 분산, 표준편차, 비율 등이다. 두 모집단에 대하여는 상관계수가 가장 관심이 있는 모수가 된다. 이와 같은 모수에 대한 어떤 판단을 내리기 위하여 모집단에서 표본을 추출하여 데이터를 얻고, 이 데이터를 기초로 하여 통계이론에 의한 결론을 내리게 된다. 이와 같은 추론의 과정을 **통계적 추론**(statistical inference)이라고 한다. 이 장과 다음 장에서는 모평균과 모비율 등 가장 기본이 되는 모수에 대한 추론 문제를 주로 다루게 될 것이다.

통계적 추론은 크게 두 분야로 분류된다. 즉, 통계적 추론에서 가장 많이 다루는 문제는 **추정**(estimation)과 **가설검정**(hypothesis testing)이다. 검정의 원리는 다음 절에서 다루기로 하고, 이 절에서는 추정의 원리를 살펴보기로 한다. 모수를 추정하는 방법에는 두 가지가 있다. 하나는 모수를 한 개의 값으로 추정하는 **점추정**(point estimation)이며, 다른 하나는 모수가 포함되리라 기대되는 구간으로 추정하는 **구간추정**(interval estimation)이다.

우리는 6장에서 모평균 $\mu$ 의 추정에 사용되는 표본평균 $\overline{X}$ 의 여러 가지 성질에 대하여 알아보았다. 이들을 다시 요약하면 다음과 같다.

**$\overline{X}$ 의 평균과 분산 및 표준편차**

$$E(\overline{X}) = \mu$$

$$\mathrm{Var}(\overline{X}) = \frac{\sigma^2}{n}, \quad \mathrm{sd}(\overline{X}) = \frac{\sigma}{\sqrt{n}}$$

표본평균 $\overline{X}$는 모평균 $\mu$의 점추정량이다. 또한, $\overline{X}$의 기댓값은 $E(\overline{X}) = \mu$로서 추정하려는 모수와 같다. 일반적으로 모수 $\theta$의 추정량 $\hat{\theta}$에 대하여 $E(\hat{\theta}) = \theta$가 성립할 때 $\hat{\theta}$을 $\theta$의 **불편추정량**(unbiased estimator)이라고 한다. 따라서, $\hat{\mu} = \overline{X}$는 $\mu$의 불편추정량이다.

> **불편추정량**
>
> $E(\hat{\theta}) = \theta$일 때 $\hat{\theta}$을 $\theta$의 **불편추정량**이라 한다.

표본평균 $\overline{X}$는 모평균 $\mu$의 불편추정량으로서 좋은 성질을 많이 가지고 있다. 그러나 이와 같은 점추정만으로는 부족한 경우가 많다.

예를 들어 전구의 수명을 추정하기 위하여 $n = 10$개의 표본을 임의로 뽑아 조사한 결과 $\overline{x} = 1500$ (시간)을 얻었다면, 평균수명은 1500 시간으로 추정될 것이다. 그러나 이와 같은 점추정에서는 오차의 개념이 없기 때문에 1500 시간이 얼마나 정확한 추정값인지 판단할 수 없다. 따라서, $\overline{x}$의 값과 $\sigma$의 값을 같이 사용한 개념이 필요하다.

6장에서 설명한 바와 같이 $\overline{X}$의 표준편차는 $\mathrm{sd}(\overline{X}) = \sigma / \sqrt{n}$이다. 특히 추정량의 표준편차를 **표준오차**(standard error)라고 하며, $\hat{\theta}$의 표준오차는 기호 $\mathrm{SE}(\hat{\theta})$을 사용하여 나타낸다. 그러나 실제로는 $\sigma$를 모르므로 $S$로 추정하여 사용하며, 편의상 추정된 표준오차를 간단히 표준오차라고 부른다.

> **$\overline{X}$의 표준오차**
>
> $$\widehat{\mathrm{SE}}(\overline{X}) = \frac{S}{\sqrt{n}}$$

**예제 7-1** 다음은 내용물이 300 g이라고 표시된 어느 통조림에서 랜덤하게 10개의 표본을 뽑아 조사한 결과이다. 통조림 무게의 평균과 표준오차를 추정해 보자.

295 302 285 310 290 298 305 300 292 287

(a) 평균 :

$$\hat{\mu} = \bar{x} = \frac{1}{n}\sum_{i=1}^{n} x_i = \frac{2964}{10} = 296.4(\text{g})$$

(b) 표준오차 :

먼저 제곱합의 간편계산법으로부터 다음을 얻는다.

$$\sum_{i=1}^{n}(x_i - \bar{x})^2 = \sum_{i=1}^{n} x_i^2 - n\bar{x}^2 = 879116 - 10(296.4)^2 = 586.4$$

$$S^2 = \frac{1}{n-1}\sum_{i=1}^{n}(x_i - \bar{x})^2 = \frac{586.4}{9} = 65.156$$

$$S = \sqrt{65.156} = 8.07$$

따라서, 표준오차는 다음과 같다.

$$\widehat{\mathrm{SE}}(\overline{\mathrm{X}}) = \frac{\mathrm{S}}{\sqrt{\mathrm{n}}} = \frac{8.07}{\sqrt{10}} = 2.55$$

구간추정을 설명하기 위하여 먼저 표준정규분포에서 $100(1-\alpha)\%$ 백분위수에 해당되는 기호를 소개하기로 한다. 즉, 표준정규분포에서 오른쪽 꼬리의 넓이가 $\alpha$ 인 점을 기호 $z_\alpha$ 로 나타내기로 한다. 즉, $z_\alpha$ 는

$$p(Z \geq z_\alpha) = \alpha$$

를 만족하는 점이며, 이를 그림으로 나타내면 [그림 7-1]과 같다.

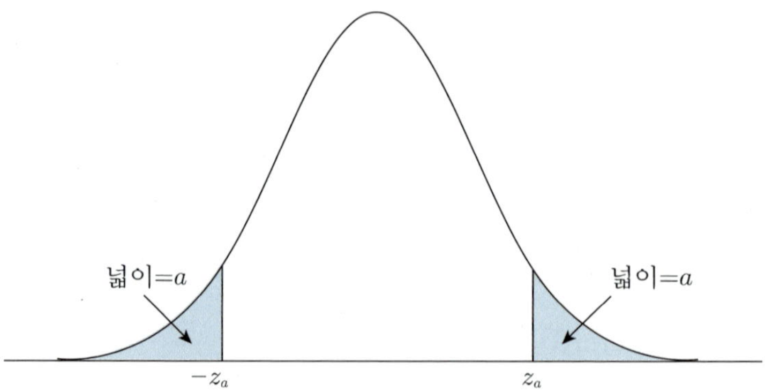


**|그림 7-1|** 기호 $z_\alpha$ 의 의미

앞으로 흔히 사용하게 될 $z_\alpha$ 값들을 나열하면 다음과 같다.

> **대표적인 $z_\alpha$ 값**
>
> $z_{0.005} = 2.576$ ; $z_{0.01} = 2.326$ ; $z_{0.025} = 1.96$ ;
>
> $z_{0.05} = 1.645$ ; $z_{0.10} = 1.282$

추정량과 표준오차의 개념을 합한 것이 구간추정의 개념이다.

일반적으로 모수 $\theta$ 에 대하여 통계량 $L$ 과 $U$가 있어서

$$P(L < \theta < U) = 1 - \alpha$$

일 때, 구간$(L, U)$의 관측값 $(l, u)$를 $\theta$ 의 $100(1-\alpha)\%$ **신뢰구간**(confidence interval)이라고 하며, $l$과 $u$ 를 각각 **신뢰구간의 하한**과 **상한**이라고 하고, $1-\alpha$ 를 **신뢰수준**(confidence level)이라고 한다.

이제 모평균 $\mu$ 의 신뢰구간을 구해 보자.

정규분포에서 $\overline{X}$ 의 분포로부터 다음이 성립한다.

$$\begin{aligned} 1-\alpha &= P\left(-z_{\alpha/2} < \frac{\overline{X}-\mu}{\sigma/\sqrt{n}} < z_{\alpha/2}\right) \\ &= P\left(\overline{X} - z_{\alpha/2}\frac{\sigma}{\sqrt{n}} < \mu < \overline{X} + z_{\alpha/2}\frac{\sigma}{\sqrt{n}}\right) \end{aligned}$$

따라서, 모평균 $\mu$ 의 $100(1-\alpha)\%$ 신뢰구간은 다음과 같다.

$$\bar{x} \pm z_{\alpha/2}\frac{\sigma}{\sqrt{n}} = \left(\bar{x} - z_{\alpha/2}\frac{\sigma}{\sqrt{n}},\ \bar{x} + z_{\alpha/2}\frac{\sigma}{\sqrt{n}}\right)$$

예를 들어, $\alpha = 0.05\ (5\%)$ 일 때, $\mu$ 의 95% 신뢰구간은

$$\bar{x} \pm 1.96\frac{\sigma}{\sqrt{n}} = \left(\bar{x} - 1.96\frac{\sigma}{\sqrt{n}},\ \bar{x} + 1.96\frac{\sigma}{\sqrt{n}}\right)$$

이다. 또한, 이와 같은 신뢰구간의 범위를 나타내는 값인 $1.96\sigma/\sqrt{n}$ 을 $\overline{X}$ 의 95% **오차한계**(limit of error)라고 한다.

지금까지 $\overline{X}$를 이용한 $\mu$의 추정에 관한 내용을 요약하면 다음과 같다.

**$\sigma$를 알 때 $\overline{X}$를 이용한 $\mu$의 추정**

표준오차: $\mathrm{SE}(\overline{\mathrm{X}}) = \dfrac{\sigma}{\sqrt{\mathrm{n}}}$ (또는 $\dfrac{\mathrm{S}}{\sqrt{\mathrm{n}}}$)

$100(1-\alpha)\%$ 오차한계: $z_{\alpha/2}\dfrac{\sigma}{\sqrt{n}}$

$100(1-\alpha)\%$ 신뢰구간: $\overline{x} \pm z_{\alpha/2}\dfrac{\sigma}{\sqrt{n}}$

이제 신뢰구간의 의미를 생각해 보자. 예를 들어, $\mu$의 95% 신뢰구간은 $\overline{x} \pm 1.96\,\sigma/\sqrt{n}$ 이며, 관측을 반복할 때마다 $\overline{x}$의 값이 변하므로 신뢰구간의 위치가 달라진다. 이와 같이 신뢰구간을 반복해서 구할 때 전체 신뢰구간의 95%는 $\mu$를 포함하리라고 기대할 수 있다는 뜻이다. 이를 그림으로 나타내면 [그림 7-2]와 같다. 그림에서 $\sigma$를 알 때는 오차한계인 $z_{\alpha/2}(\sigma/\sqrt{n})$이 상수이므로, 신뢰구간의 길이가 모두 같다.

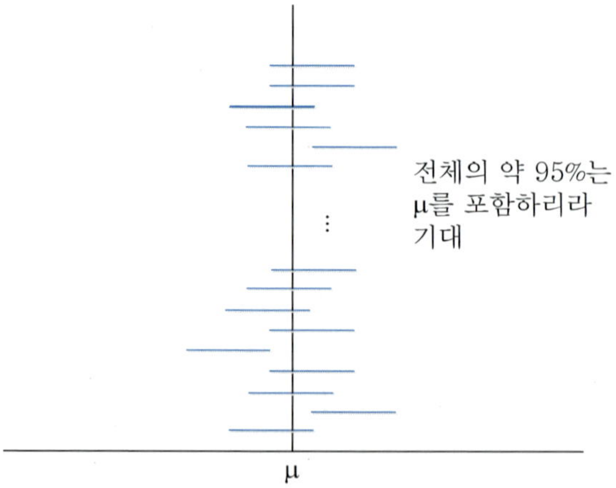


**|그림 7.2|** $\mu$의 95% 신뢰구간의 의미

모평균 $\mu$의 대표적인 신뢰구간은 다음과 같다.

$$\mu\text{의 90\% 신뢰구간: } \overline{x} \pm 1.645\frac{\sigma}{\sqrt{n}}$$

$$\mu \text{ 의 95\% 신뢰구간: } \bar{x} \pm 1.96 \frac{\sigma}{\sqrt{n}}$$

$$\mu \text{ 의 99\% 신뢰구간: } \bar{x} \pm 2.576 \frac{\sigma}{\sqrt{n}}$$

실제 자료로부터 $\mu$의 신뢰구간을 구하는 문제에서 $\sigma$를 아는 경우보다 모르는 경우가 대부분이며, 대표본에서는 $\sigma$ 대신 $S$를 대입하여 사용할 수 있다. 그러나 소표본에서는 $\sigma$를 모를 때는 $Z$-통계량에서 $\sigma$ 대신에 $S$를 대입한 $t$-통계량을 이용하여 $\mu$에 관한 추론문제를 다룬다. $t$-통계량을 이용하는 방법은 8장에서 다루기로 한다.

**예제 7-2** 어느 컴퓨터 제조 회사에서 컴퓨터의 적절한 가격을 정하기 위해 시중에 나와 있는 비슷한 경쟁 상품들의 가격을 알아보았다. 표본으로 뽑힌 25가지 비슷한 사양의 컴퓨터를 조사한 결과 표본평균과 표준편차가 각각

$$\bar{x} = 140, \quad S = 4.5 \text{ (단위: 만 원)}$$

이었다. 모든 비슷한 사양의 컴퓨터에 대한 90% 신뢰구간을 구해 보자.
표준정규분포표에서 $\alpha = 0.1$일 때 $z_{\alpha/2} = z_{0.05} = 1.645$이므로 μ의 90% 신뢰구간은 다음과 같다.

$$\bar{x} \pm 1.645 \frac{\sigma}{\sqrt{n}} = 140 + 1.645 \cdot \frac{4.5}{5}$$

$$= 140 \pm 1.48 = (138.52, 141.48)$$

**예제 7-3** 한 이동통신회사는 회원의 한달 간 평균 휴대전화 이용요금을 알아보려고 한다. 100명의 회원을 랜덤하게 뽑아 조사한 결과, 평균과 표준편차가 각각 다음과 같다.

$$\bar{x} = 32{,}000, \quad S = 5{,}200 \text{(단위: 원)}$$

이 회사 회원의 한달 간 평균 휴대전화 이용 요금에 대한 99% 신뢰구간을 구해 보자.

표준정규분포 표에서 $\alpha = 0.01$일 때 $z_{\alpha/2} = z_{0.005} = 2.576$이므로 μ의 99%

신뢰구간은 다음과 같다.

$$\bar{x} \pm 2.576\frac{\sigma}{\sqrt{n}} = 32000 \pm 2.576 \cdot \frac{5200}{10}$$

$$= 32000 \pm 1339.52 = (30660.48,\ 33339.52)$$

## 7-2 검정의 원리

다음과 같은 예를 통하여 가설검정의 원리를 살펴보자.

어느 전구의 제조공정에서는 평균수명이 $\mu = 1500$ (시간)이고 표준편차가 $\sigma = 100$ (시간)이 되도록 품질관리를 하고 있다. 품질을 개선하기 위하여 어느 팀에서는 새로운 공법을 개발하였으며, 새 공법에 의하면 평균수명이 증가한다고 주장한다. (다만, 새 공법의 특성은 기존의 공법과 같아서 $\sigma = 100$ 으로 가정할 수 있으며, 생산비용도 같다고 가정한다.)

이를 확인하기 위하여 $n = 25$ 개의 전구를 시험생산하여 시험한 결과 $\bar{x} = 1550$(시간)을 얻었다. 이들 자료로부터 새 공법에 의한 평균수명이 기존의 공법에 의한 평균수명보다 길어졌다고 확신할 수 있는가?

이와 같은 문제를 통계적 방법으로 해결하기 위하여 다음과 같은 가설검정의 방법을 사용한다. 먼저 새 공법에 의한 평균이 기존의 공법에 의한 평균보다 더 큰가를 확인하기 위한 가설을 다음과 같이 세운다.

$H_0: \ \mu = 1500$ (**귀무가설**)

$H_1: \ \mu > 1500$ (**대립가설**)

여기서 $H_0$ 를 **귀무가설**(null hypothesis)이라고 하며, $H_1$ 을 **대립가설**(alternative hypothesis)이라고 한다. 이제 자료로부터 $H_0$ 와 $H_1$ 가운데 하나를 채택하는 과정을 살펴보자.

$\sigma$ 를 알 때 $\mu$ 에 관한 추론은 $Z$-통계량을 이용한다. 즉, 귀무가설 $H_0$ 하에서 (즉, $H_0$ 가 참일 때)

$$Z = \frac{\overline{X} - \mu}{\sigma / \sqrt{n}} = \frac{\overline{X} - 1500}{100 / \sqrt{25}} = \frac{\overline{X} - 1500}{20}$$

은 근사적으로 표준정규분포를 따르므로, $Z$−통계량의 값이 $z_{0.05} = 1.645$ 보다 클 확률은 0.05 이다. 즉, $H_0$ 하에서 $\overline{X}$ 의 값이 1500 보다 훨씬 커져서 $Z$−통계량의 값이 1.645 보다 커질 확률이 0.05 (5%) 이며, 이 경우에는 $H_0$ 보다는 $H_1$ 이 참이라고 주장할 근거가 있는 셈이다. 이를 가설 검정의 용어로 나타내면, **유의수준**(significance level) 5% 에서 **기각역**(critical region)이 "$z \geqq 1.645$"로 주어진다고 하며, 이를 그림으로 나타내면 [그림 7.3]과 같다.

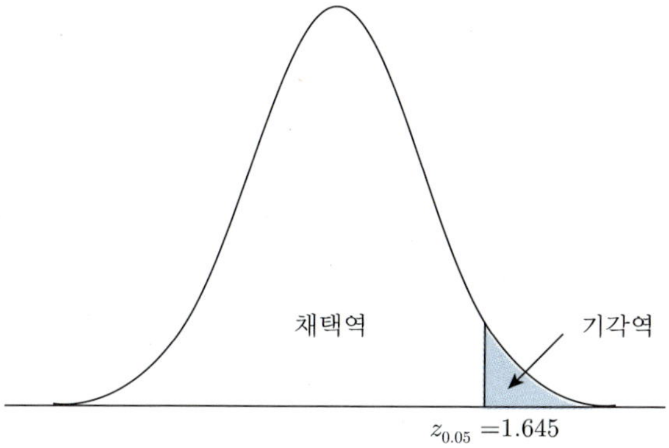


**|그림 7.3|** 기각역과 채택역

앞의 예에서 $\overline{x} = 1550$ 일 때 $Z$−통계량의 값은

$$Z = \frac{\overline{X} - 1500}{20} = \frac{1550 - 1500}{20} = 2.5 > 1.645$$

이므로 기각역 속에 들어간다. 따라서, $H_0$ 를 기각하고 $H_1$ 을 채택하여 새 공법에서 평균수명이 증가하였다고 확신하게 된다.

흔히 사용하는 유의수준은 5%($\alpha = 0.05$), 1%($\alpha = 0.01$), 10%($\alpha = 0.1$) 등으로 10%를 넘는 경우는 드물다. 따라서, 기각역은 좁고 채택역은 넓게 되며, 검정결과에서 귀무가설 $H_0$ 가 기각되어야 대립가설 $H_1$ 이 참이라는 확실한 근거가 있다는 뜻이다. 귀무가설을 기각시키지 않으면 아무런 확신을 할 수 없다는 것이 검정결과의 올바른 해석법이다.

지금까지 설명한 용어를 요약하면 다음과 같다.

**가설검정의 용어**

대립가설: 표본으로부터 입증하고자 하는 가설
귀무가설: 대립가설에 대한 확실한 근거가 없을 때 받아들이는 가설
검정통계량: 검정에 사용하는 통계량
유의수준: 귀무가설이 참일 때 대립가설을 채택하는 오류를 범할 확률
기각역: 귀무가설을 기각시키는 검정통계량의 관측값의 영역

앞의 예에서 보인 검정법을 일반화해 보자.

$\sigma$를 알 때 모평균 $\mu$에 대한 검정법을 요약하면 다음과 같다.

**$Z$-검정($\sigma$를 알 때 모평균 $\mu$에 대한 검정)**

귀무가설: $H_0$: $\mu = \mu_0$

검정통계량: $Z = \dfrac{\overline{X} - \mu_0}{\sigma / \sqrt{n}}$

유의수준 $\alpha$에서 기각역:

$H_1$: $\mu > \mu_0$일 때 $Z \geq z_\alpha$

$H_1$: $\mu < \mu_0$일 때 $Z \leq -z_\alpha$

$H_1$: $\mu \neq \mu_0$일 때 $|Z| \geq z_{\alpha/2}$

$Z$-통계량을 이용한 검정법을 **$Z$-검정**이라고 한다.

또한, 위의 요약에서 대립가설 $H_1$: $\mu \neq \mu_0$를 **양측가설**이라고 하며, $H_1$: $\mu > \mu_0$ 또는 $H_1$: $\mu < \mu_0$를 **단측가설**이라고 한다.

앞의 예에서 귀무가설 $H_0$가 참일 때 $Z$-통계량의 값이 1.645보다 커져서 기각역 속에 들어가면 $H_1$을 채택하여 오류를 범하게 된다. 이와 같은 오류를 **제 1종의 오류**(type I error)라고 한다. 이에 대하여 $H_1$이 참일 때 $H_0$를 채택하는 오류를 **제 2종의 오류**(type II error)라고 한다.

| 검정결과 \ 실제현상 | $H_0$ 참 | $H_1$ 참 |
|---|---|---|
| $H_0$ 채택 | 옳은 결정 | **제2종의 오류** |
| $H_1$ 채택 | **제1종의 오류** | 옳은 결정 |

제1종의 오류는 $H_0$가 참일 때 $H_1$을 채택하는 오류이므로 **유의수준**은 제1종의 오류를 범할 확률로 정의할 수도 있다.

앞의 예에서 기각역이 '$z \geqq 1.645$'로 주어지며, $Z$-통계량의 값이 2.5로서 기각역 속에 들어가므로 $H_0$를 기각하였다. 이러한 결정에서 $z = 2.0$으로 $H_0$를 기각하는 것과 $z = 4.0$으로 기각하는 것은 기각의 정도가 다를 것이다. 이와 같은 개념을 나타낸 것이 **유의확률**(significance probability) 또는 $p$-**값**($p$-value)이며, 다음과 같이 정의된다.

> **유의확률 또는 $p$-값**
>
> 주어진 관측값에서 $H_0$를 기각시키는 최소의 유의수준

앞의 예에서 $z = 2.5$이므로 유의확률($p$-값)은 다음과 같다.

$$P(Z \geqq 2.5) = 0.0062$$

대부분의 통계 패키지는 검정결과로 유의확률을 출력한다. 따라서, 유의수준 $\alpha$에서 검정을 시행하고 싶을 때는 유의확률이 $\alpha$보다 작으면 귀무가설을 기각하게 된다. 다만, SPSS를 비롯한 대부분의 패키지에서 출력되는 유의확률은 양측검정의 유의확률이므로, 단측검정에서의 유의확률은 출력된 값의 $\frac{1}{2}$이 된다.

실제로 유의확률은 주어진 유의수준에서의 검정결과보다 많은 정보를 제공하는 셈이다. 즉, 유의확률이 작을수록 대립가설 $H_1$이 참이라는 근거가 자료에 있다는 뜻이며, 유의확률이 커질수록 $H_1$이 참이라는 근거가 약해진다는 뜻이다.

가장 흔히 사용하는 유의수준은 5%이므로, 흔히 유의확률이 5%(0.05) 이하이면 '유의성이 있다'고 판정을 내리며, 5%(0.05) 이상이면 '유의성이 없다'고 판정을 내린다.

**예제 7-4** 건물의 소화용으로 사용되는 살수 장치는 $\mu = 55$℃, $\sigma = 0.9$℃로 생산관리가 되고 있다. 어느 날 공정의 이상 여부를 확인하기 위하여 $n = 9$개의 시제품을 조사한 결과 작동 온도의 평균이 $\bar{x} = 55.9$℃ 이었다. 생산 공정의 이상 여부를 유의수준 1%에서 검정하고, 유의확률도 구해 보자.
공정의 이상 여부를 판정하는 가설은 다음과 같다.

$$H_0: \ \mu = 55, \quad H_1: \ \mu \neq 55$$

$\sigma = 0.9$ 를 아는 경우이므로 검정통계량과 유의수준 1%에서 기각역은 다음과 같다.

$$\text{검정통계량} : Z = \frac{\overline{X} - \mu_0}{\sigma / \sqrt{n}}$$

$$\text{기각역} : |Z| \geq z_{\alpha/2} = z_{0.005} = 2.576$$

한편, 검정통계량의 값은

$$Z = \frac{\overline{X} - \mu_0}{\sigma / \sqrt{n}} = \frac{55.9 - 55}{0.9 / \sqrt{9}} = 3.0 > \ 2.576$$

이므로 유의수준 1%에서 귀무가설을 기각하고, 공정에 이상이 있다고 판단한다. 또한, 유의확률은 다음과 같다.

$$P[|Z| \geq \ 3.0] = \ 2(0.0013) = \ 0.0026$$

## 7-3 표본크기의 결정

지금까지는 주어진 표본의 데이터를 이용하여 모수를 추정하는 문제를 다루었다. 그러나 이러한 표본을 얻기 전에 표본의 크기를 얼마로 할 것인가를 결정해야 할 경우가 많다. 일반적으로, 표본의 크기가 클수록 비용이 많이 드는 반면에 정밀도는 높아지게 된다. 따라서, 주어진 정밀도를 만족시키기 위한 표본의 크기를 결정하는 것이 필요하다.

검정에서도 제2종의 오류를 주어진 범위 이내로 관리하려면 적당한 표본크기가 결정되어야 한다. 따라서, 다음의 두 소절에서는 모평균의 구간추정에서 표본크기를 결정하는 방법과 제2종의 오류를 주어진 범위 이내로 관리하기 위한 표본크기를 결정하는 방법을 알아본다.

### 7-3-1 오차한계와 표본크기

$X_1, \cdots, X_n$ 이 평균 μ, 분산 $\sigma^2$ 인 모집단에서의 랜덤표본일 때, 모평균 μ의 100(1−α)% 신뢰구간은 다음과 같다.

$$\bar{x} \pm z_{\alpha/2} \cdot \left(\frac{\sigma}{\sqrt{n}}\right)$$

이때, $z_{\alpha/2} \cdot \left(\frac{\sigma}{\sqrt{n}}\right)$의 의미는 추정량과 모수의 차이, 즉 오차가 이것보다 작을 가능성이 100(1−α)%임을 말해 준다. 이와 같은 의미에서 $z_{\alpha/2} \cdot \left(\frac{\sigma}{\sqrt{n}}\right)$를 μ의 추정에서 100(1−α)% **오차의 한계**(limit of error)라고 한다. 따라서, 과거의 데이터로부터 σ를 알 경우에는 오차한계를 $d$로 하기 위한, 즉 신뢰구간의 길이를 $2d$로 하기 위한 표본의 크기 $n$은 다음 등식을 만족한다.

$$z_{\alpha/2} \cdot \left(\frac{\sigma}{\sqrt{n}}\right) = d$$

따라서, 위 식을 $n$에 관하여 풀면 다음과 같다.

$$n = \left(\frac{z_{\alpha/2} \cdot \sigma}{d}\right)^2$$

이를 요약하면 다음과 같다.

**모평균의 추정에서 표본크기**

모평균 μ의 추정에서 100(1−α)% 오차한계가 $d$가 되기 위한 표본의 크기는 다음을 만족하는 최소의 정수이다.

$$n \geq \left(\frac{z_{\alpha/2} \cdot \sigma}{d}\right)^2$$

위 공식은 모표준편차 σ를 알 경우만 적용할 수 있는 결과이다. 그러나 실제로 σ를 모르는 경우가 대부분이며, 이때에는 작은 크기의 예비표본을 미리 추출하여 σ를 추정하고, 이를 이용하여 $n$의 값을 구할 수 있다. 이때의 $n$의 값은 100(1−α)% 오차한계를 정확하게 $d$가 되도록 하지는 않지만, 이러한 정보가 없는 경우보다는 훨씬 도움이 되는 정보들이다. 대표적인 오차한계에 대한 표본크기는 다음과 같다.

$$90\%\ \text{오차한계에 대한 표본크기: } n = \left(\frac{1.645\,\sigma}{d}\right)^2$$

$$95\%\ \text{오차한계에 대한 표본크기: } n = \left(\frac{1.96\,\sigma}{d}\right)^2$$

$$99\%\ \text{오차한계에 대한 표본크기: } n = \left(\frac{2.576\,\sigma}{d}\right)^2$$

**예제 7-5** 어느 백화점의 경영진은 이 백화점의 손님들의 물건 구입 비용에 대한 95% 신뢰구간을 구하고자 한다. 과거의 조사에 의하면 백화점 손님들의 구입 비용의 표준편차는 9만 원이라고 한다. 95% 오차한계가 2만 원 이내가 되게 하려면 얼마만큼의 표본을 추출해야 하는가?

표본크기 $n$은 다음을 만족하는 최소의 정수이다.

$$n \geq \left(\frac{z_{0.025}\sigma}{d}\right)^2 = \left(\frac{(1.96)(9)}{2}\right)^2 = 77.7924$$

따라서, 필요한 표본크기는 $n = 78$ 이다.

**예제 7-6** 어떤 상표의 라면은 내용물의 무게가 80 g으로 표시되어 있었다. 이를 조사하기 위하여 사전 조사로 10개의 표본을 랜덤하게 추출하여 무게를 측정한 결과 $\bar{x} = 78.5$, $S = 6.5$g이었다. 평균 무게의 추정에서 90% 오차한계가 2 g 이내가 되기 위한 표본크기를 구해 보자.

표본크기 $n$은 다음을 만족한다.

$$n \geq \left(\frac{z_{0.05}\sigma}{d}\right)^2 = \left(\frac{(1.645)(6.5)}{2}\right)^2 = 28.58$$

따라서, 필요한 표본크기는 $n = 29$ 이다.

### 7-3-2 검정력과 표본크기

가설검정에서 제1종의 오류는 유의수준 $\alpha$ 를 정하여 관리한다. 그러나 검정에는 또 하나의 오류가 있다. 즉, 제2종의 오류를 관리하는 문제를 생각해 보자. 귀무가설과 대립가설이 각각

$$H_0: \ \mu = \mu_0, \quad H_1: \ \mu > \mu_0$$

로 주어지는 검정문제에서, $\mu = \mu_1$ (다만, $\mu_1 > \mu_0$) 에서 제2종의 오류를 범할 확률이 $\beta$ 일 때, $\mu = \mu_1$ 에서 **검정력**(power of test)이 $1 - \beta$ 라고 한다. 이와 같은 검정력을 모수 $\mu$ 의 함수로 나타낸 것을 **검정력함수**(power function)라고 한다. 이제 $\mu = \mu_1$ 에서 검정력이 $1 - \beta$ 가 되기 위한 표본크기를 생각해 보자.

**예제 7-7** 검정의 원리를 설명하기 위해 소개한 전구의 수명 문제를 생각해 보자. $\sigma = 100$ 이며, 주어진 가설은 다음과 같았다.

$$H_0: \ \mu = 1500, \quad H_1: \ \mu > 1500$$

이제 $\mu = 1550$ 에서 검정력이 90% 이상(따라서, 제2종의 오류를 범할 확률이 10% 이하)이 되기 위한 표본크기를 구해 보자.

검정통계량은

$$Z = \frac{\overline{X} - \mu}{\sigma / \sqrt{n}} = \frac{\overline{X} - 1500}{100 / \sqrt{n}}$$

이며, 기각역이 $z \geq 1.645$ 이므로, 제2종의 오류를 범할 확률은 다음과 같다.

$$\begin{aligned} & P\left( \frac{\overline{X} - 1500}{100/\sqrt{n}} < 1.645 \middle| \mu = 1500 \right) \\ &= P\left( \frac{\overline{X} - 1550}{100/\sqrt{n}} < \frac{1500 - 1550}{100/\sqrt{n}} + 1.645 \middle| \mu = 1550 \right) \\ &= P\left( Z < \frac{1500 - 1550}{100/\sqrt{n}} + 1.645 \right) \end{aligned}$$

따라서, $\beta = 0.10$ 이하로 되려면 다음 부등식이 성립해야 한다.

$$P\left[Z < \frac{1500-1550}{100/\sqrt{n}} + 1.645\right] \leqq 0.10$$

한편, 표준정규분포표로부터 $z_{0.10} = 1.282$ 이므로 다음 부등식이 성립한다.

$$\frac{1500-1550}{100/\sqrt{n}} + 1.645 \leqq -1.282$$

$$n \geqq \left(\frac{1.645+1.282}{(1550-1500)/100}\right)^2 = 34.27$$

따라서, 구하는 표본크기는 $n = 35$ 이다.

이와 같은 계산을 일반화하면 다음과 같은 결과를 얻을 수 있다.

**모평균의 검정에서 표본크기**

가설 $H_0: \mu = \mu_0$, $H_1: \mu > \mu_0$ (또는 $H_1: \mu < \mu_0$의 검정에서) $\mu = \mu_1$에서 검정력이 $1-\beta$ 이상이 되기 위한 표본크기는 다음과 같다.

$$n \geqq \left(\frac{z_\alpha + z_\beta}{(\mu_1 - \mu_0)/\sigma}\right)^2$$

**예제 7-8** 한 제약회사에서 생산하는 진통제는 진통효과가 나타날 때까지 걸리는 시간이 평균 20분, 표준편차 5분인 것으로 알려져 있다. 이 회사의 연구진에서 진통효과가 더 빨리 나타나는 새로운 진통제를 개발하였으며, 표준편차는 같은 것으로 가정할 수 있다고 한다. 이제 새 진통제의 효과를 검증하기 위하여 가설

$$H_0: \mu = 20, \quad H_1: \mu < 20$$

을 유의수준 5%에서 검정하려고 한다. $\mu = 18$에서 제2종의 오류를 범할 확률이 10% 이내가 되기 위한 표본크기는 얼마이겠는가?

구하는 표본크기는 다음 부등식을 만족한다.

$$n \geq \left( \frac{z_\alpha + z_\beta}{(\mu_1 - \mu_0)/\sigma} \right)^2 = \left( \frac{1.645 + 1.282}{(20-18)/5} \right)^2 = 53.55$$

따라서, 구하는 표본크기는 $n = 54$ 이다.

## 7-4 SPSS 실습

모평균 $\mu$ 에 관한 구간추정이나 가설검정에서 모표준편차 $\sigma$ 를 알 경우에는 $Z$-통계량을 이용한 신뢰구간을 구하거나 $Z$-검정을 시행한다. 그러나 SPSS에서는 $Z$-통계량을 이용한 추정이나 검정법을 제공하고 있지 않다. 즉, SPSS가 제공하는 신뢰구간과 가설검정은 모표준편차를 모른다는 가정하에서의 계산된 통계량이다. 모표준편차를 모를 때 신뢰구간과 가설검정은 8장에서 배운다. 여기서는 SPSS가 제공하는 기술통계량을 구하고, 이를 이용하여 추정과 검정을 시행하는 연습을 하기로 한다.

이 절에서는 〈표 1-1〉(test.sav)에 주어진 통계학 과목을 수강하는 20명의 학생들의 자료를 이용하여 모표준편차($\sigma$)가 11이라는 가정하에서 학생들의 용돈(X6)의 95% 신뢰구간을 구하고, 학생들의 용돈이 월 평균 40만 원이 넘는지를 유의수준 5%에서 검정해 보자.

먼저, 메뉴에서 파일(F) → 열기(O) → 데이터(A)를 선택해서 저장했던 자료파일 test.sav를 SPSS로 읽어들인다. 다음에는 메뉴에서 분석(A) → 기술통계량(E) → 기술통계(D)... 를 선택하여 '기술통계' 대화상자를 열고, 용돈(X6)을 변수로 선택한다. '확인'을 클릭하면 다음과 같은 결과를 얻는다.

**기술통계량**

| | N | 최솟값 | 최댓값 | 평균 | 표준편차 |
|---|---|---|---|---|---|
| 용돈 | 20 | 18 | 65 | 40.05 | 11.532 |
| 유효수 (목록별) | 20 | | | | |

여기서, 용돈의 표본평균은 40.05인 것을 알 수 있다. 이를 이용하여 모평균의 95% 신뢰구간을 구하면 다음과 같다.

$$40.05 \pm 1.96 \times 11/\sqrt{20} = 40.05 \pm 4.82 = (35.23, 44.87)$$

학생들의 용돈의 모평균이 40만 원 이상인지 검정하기 위한 가설을 다음과 같다.

$$H_0: \ \mu = 40 \qquad \text{vs.} \quad H_1: \ \mu > 40$$

검정을 위한 Z-통계량은

$$Z = \frac{\bar{x} - 40}{11/\sqrt{20}} = 0.0203 < 1.645$$

이므로 유의수준 5%에서 귀무가설을 기각시키지 못한다. 따라서, 학생들의 용돈의 모평균이 40만 원 이상이라고 할 충분한 근거가 없다.

## 7장 연습문제

**7.1** 어느 고등학교에서는 고3 학생들의 평균 수면시간을 조사하기 위하여 64명에 대하여 조사한 결과

$$\overline{x} = 6.5(\text{시간}),\ s = 0.9(\text{시간})$$

이었다. 평균 수면시간의 95% 신뢰구간을 구하여라.

**7.2** 우리나라 네티즌들의 인터넷 이용시간을 조사하기 위하여 90명에 대하여 조사한 결과

$$\overline{x} = 11.5(\text{시간/주}),\ s = 2.3(\text{시간/주})$$

이었다. 평균 주당 인터넷 이용시간의 90% 신뢰구간을 구하여라.

**7.3** 시중에 유통되는 시리얼들의 1컵에 포함된 칼로리의 양을 조사한 결과 다음의 자료를 얻었다.(자료출처: USDA – Nutrient Data Lab.)

177.5 426.0 477.5 436.5 496.0 389.0 162.5 105.5 133.5 149.0
242.5 115.5 185.0 201.0 242.0 115.0 116.5 248.5 156.5

(a) 시리얼 1컵에 포함된 평균 칼로리를 추정하여라.
(b) (a)에서 구한 평균의 표준오차를 추정하여라.
(c) 주어진 자료가 정규분포를 따른다는 가정하에서 모평균의 95% 신뢰구간을 구하여라.

**7.4** 서울의 A 지역에서 주민들의 월평균 전화요금을 추정하기 위하여, 지난달에 9가구의 전화요금을 조사하였더니 다음과 같았다. 다만, 가구당 전화요금은 정규분포를 따른다고 가정한다.

18,130 22,138 52,102 23,423 42,328
12,307 28,632 24,403 32,129

(a) 이 지역에서 가구당 평균 전화요금을 추정하여라.
(b) (a)에서 구한 평균의 표준오차를 추정하여라.
(c) 주어진 자료가 정규분포를 따른다는 가정하에서 이 지역 월평균 전화요금의 95% 신뢰구간을 구하여라.

**7.5** 한 병원의 경영진은 이 병원의 경우 응급 환자가 치료를 받기까지 20분이 걸린다고 주장하고 있다. 이를 검증하기 위해 이 병원의 응급실에서 치료를 받은 환자들 중 36명을 랜덤하게 뽑아 치료받기까지 대기시간을 조사하였다. 그 결과 평균은 24.5분이었고, 표준편차는 12.2분이었다. 유의수준 1%에서 응급 환자가 치료받기까지 대기시간이 20분 이상인가를 검정하여라.

**7.6** 한 건설업체에서는 서민들이 자기 집을 마련하기까지 걸리는 기간에 대해 관심이 높다. 이러한 정보는 앞으로 건설시장의 수요 예측에 도움이 되기 때문이다. 3년 전의 조사에 의하면 결혼 후 집 장만까지 평균 6.8년이 걸린다고 한다. 이와 같은 기간이 더 늘어났는지 확인하기 위해 200명의 랜덤표본을 뽑아 조사한 결과 평균은 7.4년, 표준편차는 4년이었다. 3년 전보다 지금이 집을 장만하는 데 걸리는 기간이 더 늘어났다고 할 수 있는지를 유의수준 5%에서 검정하여라.

**7.7** 2년 전의 한 보고서에 의하면 대형 할인점의 경우 초기 투자비용을 모두 회수하고 흑자로 돌아서는데 보통 1.9년이 걸린다고 한다. 그러나 최근 대형할인점의 과당 경쟁으로 대형할인점이 초기 투자비용을 모두 회수하는 데 더 많은 기간이 걸린다는 주장이 제기되었다. 이를 확인하기 위해 한 경영 자문 회사에서는 전국의 할인점 중 30곳을 랜덤하게 선택하여 흑자로 전환되기까지 기간을 조사하였다. 그 결과 표본평균은 2.1년, 표준편차는 0.95년이었다. 유의수준 5%에서 과연 현재 할인점이 흑자로 전환하기까지 걸리는 기간이 과거에 비해 증가하였는지를 검정하여라.

**7.8** 한 교육 연구소에서는 정부의 새 대학입시제도 발표 이후 고등학생들의 사교육 의존도가 줄었는가를 알고자 한다. 새 대학입시제도 발표 전에는 고등학생들이 일주일에 사교육에 드는 시간이 평균 3.92시간이었다고 한다. 새 제도 발표 후 100명을 대상으로 한 표본조사에서는 평균 3.75시간, 표준편차 6.78시간이었다. 새 입시제

도 발표 후 사교육에 드는 시간이 줄었다고 할 수 있는지를 유의수준 5%에서 검정하여라.

**7.9** 한 대학에서는 졸업생들이 취업현황을 파악하기 위해, 한 졸업생이 취업하기까지 평균 몇 회사에 원서를 내는가를 조사하였다. 지난해 졸업생은 평균 18군데 회사에 원서를 냈다고 한다. 올해의 취업 현황도 지난해와 비슷한지를 파악하기 위해 80명의 졸업생을 대상으로 조사한 결과 평균 19.2, 분산 16이었다. 올해는 지난해보다 더 많은 회사에 지원서를 냈는지 유의수준 1%에서 검정하여라.

**7.10** 일반적으로 기업체에서 신입사원들을 뽑아서 실무에 투입할 수 있도록 교육하는 신입사원교육은 많은 시간과 비용이 들어가는 중요한 업무이다. 한 제조업체에서 신입사원을 이 업체의 조립공정을 익히도록 교육을 시키는데, 새로운 교육방법이 기존의 교육방법보다 우수한지 통계적으로 검정하려고 한다. 기존의 교육방법은 신입사원을 실무에 투입할 수 있을 때까지의 평균 교육시간이 28일이라고 한다. 새로운 교육방법으로 30명의 신입사원을 교육시켜 실무에 투입할 수 있을 때까지 교육시간을 측정하였더니 표본평균이 26.3일, 표본표준편차가 4.5일이었다. 새로운 교육방법이 교육시간을 단축시킨다고 할 수 있는지 유의수준 1%에서 검정하여라.

**7.11** 인터넷의 등장으로 우리나라 사람들의 독서량이 줄었다는 주장이 있다. 1993년의 한 조사에 의하면 우리나라 사람 1인당 한 달 평균 1.57권을 읽었다. 2004년에 행해진 200명을 대상으로 한 한 조사에 의하면 1인당 한 달 평균 독서량은 1.14권이고 표준편차는 2.4권이었다. 우리나라 사람들의 독서량이 줄었는가를 유의수준 1%에서 검정하여라.

**7.12** 2000년 이후 우리나라 일일 평균 고속도로 이용 차량대수가 늘어났는지 알아보려고 한다. 2000년에는 일일 평균 고속도로 이용대수가 240만 2천 대이었다. 2003년도에 30일을 랜덤하게 뽑아 이용대수를 조사한 결과 평균 289만 1천 대, 표준편차 41만 대이었다. 유의수준 5%에서 일일 평균 고속도로 이용 차량대수가 늘어났는지를 검정하여라.

**7.13** 우리나라의 가구당 월 평균 교육비 지출을 알고자 한다. 95%의 오차한계가 3000원 이내가 되도록 하려면 몇 가구를 조사해야 하는가? 지난해의 조사에 의하면 가구당 월 평균 교육비 지출의 표준편차는 약 20만 원이다.

**7.14** 서울의 한 의류할인시장에서 청바지의 가격을 조사하려고 한다. 99%의 오차한계가 1000원 이내가 되도록 하려면 몇 개의 청바지 가격을 조사해야 하는가? 청바지 가격의 표준편차는 약 7800원인 것이 알려져 있다고 하자.

**7.15** A 회사 제품의 전구는 평균수명이 1000시간이라고 한다. 새로 개발한 제품의 수명이 기존의 제품보다 길다고 할 수 있는지를 확인하기 위해 시제품을 생산하여 검사하려고 한다. 전구의 수명은 $\sigma = 150$ 인 정규분포를 따른다고 가정하고, $\mu = 1050$ 에서 제2종의 오류를 범할 확률이 10% 이내가 되기 위한 최소의 표본크기를 구하여라.

**7.16** 정규분포에서 $\sigma = 2.0$ 을 가정하고, 가설 $H_0 : \mu = 60$ , $H_1 : \mu < 60$ 을 유의수준 5%에서 검정하려고 한다. $\mu = 59$ 에서 제2종의 오류를 범할 확률이 10% 이내가 되기 위한 표본크기를 구하여라.

# 제8장 추정과 검정의 방법

# 8-1 한 모집단에서 추정과 검정

한 모집단에 관한 추론문제에서는 모평균, 모분산(또는 모표준편차), 모비율에 관한 문제를 다루게 된다. 다음 두 소절에서는 모평균과 모비율에 관한 추정과 검정문제를 다루기로 한다.

## 8-1-1 한 모평균에 관한 추정과 검정

한 모평균에 관한 추정·검정 문제를 흔히 **일표본 문제**라고 한다. 이 절에서는 한 모평균 $\mu$에 관한 추론문제로서 추정과 검정법을 알아본다. $\sigma$를 알 때 모평균 $\mu$에 관한 추론문제는 $Z$-통계량인

$$Z=\frac{\overline{X}-\mu}{\sigma/\sqrt{n}}$$

이 표준정규분포 $N(0,1)$에 따름을 이용하여 신뢰구간도 구하고 검정법도 구하였다. 그러나 실제 문제에서는 $\sigma$를 알 때보다는 모를 때가 많으며, 따라서 $\sigma$를 모를 때 모평균 $\mu$에 관한 추론문제가 더 현실적인 문제가 된다.

$\overline{X}$를 표준화한 $Z$-통계량에서 $\sigma$가 미지일 때는 $\sigma$를 추정해 대입하는 방안을 생각할 수 있다. 즉, $\sigma$ 대신 표본표준편차인 $S$를 대입할 수 있다. 그러면 결과는 정규분포에 따르지 않고 $t$-분포가 된다. 다음은 $t$-분포를 쉽게 정의한 것이다.

> **$t$-분포**
>
> $X_1, X_2, \cdots, X_n$이 정규분포 $N(\mu, \sigma^2)$에서 랜덤표본일 때,
>
> $$T=\frac{\overline{X}-\mu}{S/\sqrt{n}}$$
>
> 는 자유도 $n-1$인 $t$-분포를 따른다. 자유도 $n$인 $t$-분포를 나타내는 기호는 $t(n)$이다. 즉,
>
> $$T=\frac{\overline{X}-\mu}{S/\sqrt{n}} \sim t(n-1)$$

$t$-분포는 아일랜드 양조회사에서 일하던 통계학자 W. S. Gosset에 의해 연구되었다. 그러나 회사의 규정에 의해 본인의 이름으로 연구결과를 발표할 수 없었으며, Student라는 가명으로 1907년에 $t$-분포에 대한 연구결과를 발표하였다. 따라서, $t$-분포는 흔히 **스튜던트 $t$-분포(Student's t-distribution)**라고 부르기도 한다. 또한, $\overline{X}$를 표준화시킬 때 $\sigma$ 대신 $S$를 사용하여 표준화하여 $t$-분포로 만드는 것을 **스튜던트화(studentize)**한다고 한다.

$t$-분포의 모양은 표준정규분포와 매우 비슷하다. 즉, $t=0$을 중심으로 좌우 대칭이나, 표준정규분포보다는 두터운 꼬리를 갖고 있다. 예를 들어, [그림 8-1]은 자유도 3인 $t$-분포와 표준정규분포($Z$-분포) 곡선을 비교한 것이다. $t$-분포의 모양은 자유도가 변함에 따라 달라진다. 즉, 자유도가 증가할수록 $t$-분포의 모양은 표준정규분포에 가까워진다.

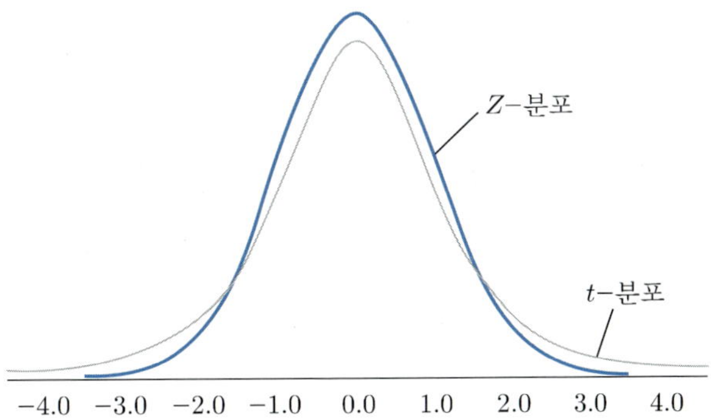


**|그림 8-1|** 자유도 3인 $t$분포와 표준정규분포곡선

표준정규분포에서 $100(1-\alpha)\%$ 백분위수에 해당되는 기호로 $z_\alpha$를 사용하였다. 마찬가지로 자유도 $n$인 $t$-분포에서 오른쪽 꼬리의 넓이가 $\alpha$인 점을 기호 $t_\alpha(n)$으로 나타내기로 한다. 즉, $t_\alpha(n)$은

$$P(T \geq t_\alpha(n)) = \alpha$$

를 만족하는 점이며, 이를 그림으로 나타내면 [그림 8-2]와 같다.

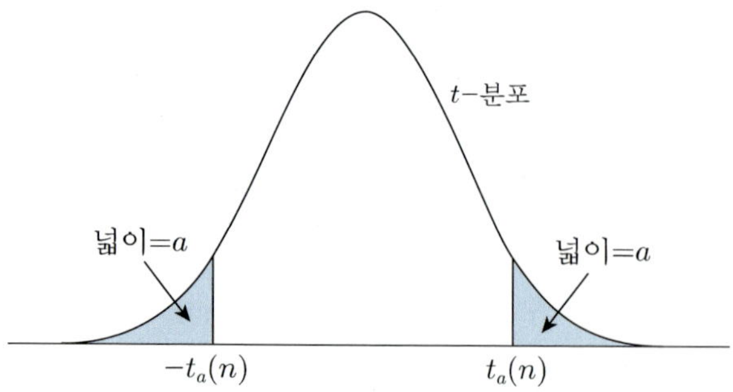


**|그림 8-2|** 기호 $t_\alpha$ 의 의미

부록의 〈표 4〉에는 여러 가지 자유도에 대한 $t$−분포의 분포표가 주어져 있다. 예를 들어,

$$t_{0.025}(5) = 2.571, \quad t_{0.025}(30) = 2.042, \quad t_{0.025}(\infty) = 1.960$$

등을 찾을 수 있다. 표에서 보는 바와 같이 자유도가 무한대(∞)일 때의 $t_\alpha(n)$ 값은 $z_\alpha$ 값과 일치한다.

$t$−통계량을 이용한 추론문제를 다루기 전에 **자유도**(degrees of freedom)에 대한 개념을 설명하기로 한다. 일반적으로 제곱합의 자유도는

(제곱합의 자유도) = (제곱이 된 잔차의 개수) − (선형조건의 개수)

라는 공식으로 표현될 수 있다. 예를 들어, 제곱합 $\sum_{i=1}^{n}(x_i - \bar{x})^2$ 의 자유도를 알아보자. 이 제곱합은 $n$개의 잔차인

$$x_1 - \bar{x}, \ x_2 - \bar{x}, \ \cdots, \ x_n - \bar{x}$$

의 제곱의 합으로 정의된다. 한편, 이들 잔차는 $\sum_{i=1}^{n}(x_i - \bar{x}) = 0$ 이라는 선형조건(1개)을 만족한다. 즉, $n-1$ 개의 잔차값이 주어지면 나머지 1개의 잔차는 자동적으로 결정되어 자유를 잃는다. 따라서, 제곱합 $\sum_{i=1}^{n}(x_i - \bar{x})^2$ 의 자유도는 $n-1$ 이다. $t$−통계량의 자유도는 분모에서 $S$의 자유도와 일치하므로 $n-1$ 이

다. 일반적으로 제곱합에서 모수에 대한 추정량이 1개 들어갈 때마다 자유도는 1개씩 감소하며, 제곱합 $\sum_{i=1}^{n}(x_i-\overline{x})^2$에서는 모평균 $\mu$ 대신 표본평균 $\overline{x}$를 사용하여 자유도가 1 감소한 것으로 이해할 수 있다.

이제 모평균 $\mu$의 신뢰구간을 구해 보자. $t$-통계량이 자유도 $n-1$인 $t$-분포를 따름을 이용하면 다음 등식이 성립한다.

$$1-\alpha = P\left[-t_{\alpha/2}(n-1) < \frac{\overline{X}-\mu}{S/\sqrt{n}} < t_{\alpha/2}(n-1)\right]$$
$$= P\left[\overline{X}-t_{\alpha/2}(n-1)\frac{S}{\sqrt{n}} < \mu < \overline{X}+t_{\alpha/2}(n-1)\frac{S}{\sqrt{n}}\right]$$

따라서, 신뢰구간은 다음과 같다.

**$\sigma$를 모를 때 모평균 $\mu$의 $100(1-\alpha)\%$ 신뢰구간**

$$\overline{x} \pm t_{\alpha/2}(n-1)\frac{S}{\sqrt{n}} = \left(\overline{x}-t_{\alpha/2}(n-1)\frac{S}{\sqrt{n}},\ \overline{x}+t_{\alpha/2}(n-1)\frac{S}{\sqrt{n}}\right)$$

**예제 8-1** 한 자동차회사에서는 1주일 동안 각 지점별 평균 자동차 판매 대수를 알아보려고 한다. 따라서, 10곳의 대리점을 표본추출하여 조사한 결과 다음과 같은 자료를 얻었다.

17 58 36 25 62 36 23 32 37 50

대리점 한 곳당 평균 차동차 판매 대수의 95% 신뢰구간을 구해 보자. 자료로부터 $\overline{x}$와 $S$를 구하면 다음과 같다.

$$\overline{x} = \frac{1}{n}\sum x_i = \frac{376}{10} = 37.6$$
$$\sum(x_i-\overline{x})^2 = \sum x_i^2 - n\overline{x}^2 = 16136 - 14137.6 = 1998.4$$
$$S^2 = \frac{1}{n-1}\sum(x_i-\overline{x})^2 = \frac{1998.4}{10-1} = 222.04$$
$$S = \sqrt{222.04} = 14.9$$

한편, $t$-분포표에서 $t_{0.025}(9)=2.262$ 이므로 평균 판매 대수의 95% 신뢰구간은 다음과 같다.

$$\bar{x} \pm t_{\alpha/2}\frac{S}{\sqrt{n}} = \left(37.6-2.262\frac{14.9}{\sqrt{10}},\ 37.6+2.262\frac{14.9}{\sqrt{10}}\right)$$

$$\fallingdotseq (26.9, 48.3)$$

다음은 모평균 $\mu$ 에 대한 가설검정 문제를 생각해 보자.

$\sigma$ 를 모를 때 귀무가설 $H_0$: $\mu=\mu_0$ 를 검정하기 위한 검정통계량은

$$T=\frac{\overline{X}-\mu_0}{S/\sqrt{n}}$$

이며, 이 $t$-통계량을 이용한 검정을 **$t$-검정**이라고 한다. $H_0$ 하에서 $t$-통계량은 자유도 $n-1$ 인 $t$-분포를 따르므로 $t$-검정법은 다음과 같이 요약할 수 있다.

**일표본 $t$-검정**

귀무가설: $H_0$: $\mu=\mu_0$

검정통계량: $T=\dfrac{\overline{X}-\mu_0}{S/\sqrt{n}}$

유의수준 $\alpha$ 에서 기각역 ($p$-값):

$H_1$: $\mu>\mu_0$ 일 때 $t \geqq t_\alpha(n-1)$ $(P[T \geqq t])$

$H_1$: $\mu<\mu_0$ 일 때 $t \leqq -t_\alpha(n-1)$ $(P[T \leqq t])$

$H_1$: $\mu \neq \mu_0$ 일 때 $|t| \geqq t_{\alpha/2}(n-1)$ $(P[|T| \geqq |t|])$

한 모평균 $\mu$ 에 관한 검정에서 기각역은 대립가설과 같은 방향이다. 즉, 대립가설에서 '크다'면 오른쪽에, '작다'면 왼쪽에, '아니다'면 양쪽에 기각역이 주어지며, 기각역의 넓이는 유의수준의 값과 같다고 생각하면 편리하다.

검정결과를 $p$-값(유의확률)으로 나타낼 때 해석방법을 확인해 보자. 7장에서 설명한 바와 같이 $p$-값은 주어진 관측값에서 귀무가설 $H_0$ 를 기각시키는 최소의 유의수준이다. 따라서, $p$-값이 작을수록 유의수준을 아주 작게 해야만 귀무가설 $H_0$ 를 기각할 수 있으며, 작은 $p$-값은 대립가설 $H_1$ 이 참이라는 확실한

근거가 있다는 뜻이다.

모평균 $\mu$ 에 관한 추론에서 $\mu$ 의 $100(1-\alpha)\%$ 신뢰구간과 유의수준 $\alpha$ 에서 양측검정 $H_0$: $\mu=\mu_0$, $H_1$: $\mu\neq\mu_0$ 의 검정 결과와는 밀접한 관계가 있다. 즉, 모평균 $\mu$ 의 $100(1-\alpha)\%$ 신뢰구간은

$$\bar{x} \pm t_{\alpha/2}(n-1)\frac{S}{\sqrt{n}}$$

이며, 유의수준 $\alpha$ 에서 양측검정의 채택역은

$$|T| = \left|\frac{\bar{X}-\mu_0}{S/\sqrt{n}}\right| \leq t_{\alpha/2}(n-1)$$

이므로 $\mu_0$ 가 신뢰구간에 포함되면 양측검정의 $H_0$ 를 채택하고, 아니면 $H_0$ 를 기각한다.

**예제 8-2** A 회사 제품인 어느 통조림은 내용물 함량이 400 g으로 표시되어 있다. 이를 검사하기 위하여 이 회사제품 10개를 시중에서 임의로 추출하여 조사한 결과 다음의 자료를 얻었다. 내용물은 올바르게 표시되어 있는지 유의수준 5%에서 검정하고, 평균함량의 95% 신뢰구간을 구해 보자.

393, 402, 398, 401, 385, 405, 388, 395, 397, 386

내용물이 옳바르게 표시되어 있는지를 검증하기 위한 가설은 다음과 같다.

$$H_0:\ \mu=400, \quad H_1:\ \mu\neq 400$$

한 모평균에 대한 양측검정이므로 검정통계량과 기각역은 다음과 같다.

검정통계량: $T=\dfrac{\bar{X}-\mu_0}{S/\sqrt{n}}$

기각역: $|T| \geq t_{0.025}(9) = 2.262$ ([그림 8-3] 참조)

자료로부터 $\bar{x}=395$, $S=6.93$ 이므로 검정통계량의 값은

$$|T| = \left| \frac{395 - 400}{6.93/\sqrt{10}} \right| = 2.28 > 2.262$$

이다. 따라서, $H_0$ 를 기각하고 내용물이 올바르게 표시되어 있지 않다고 결론을 내린다. 한편, 평균 함량의 95% 신뢰구간은 다음과 같다.

$$\bar{x} \pm t_{0.025}(9)\frac{s}{\sqrt{n}} = 395 \pm 2.262\frac{6.93}{\sqrt{10}}$$

$$= 395 \pm 4.96 = (390.04,\ 399.96)$$

참고로 SPSS를 이용하여 유의확률을 구하면 0.048이다.

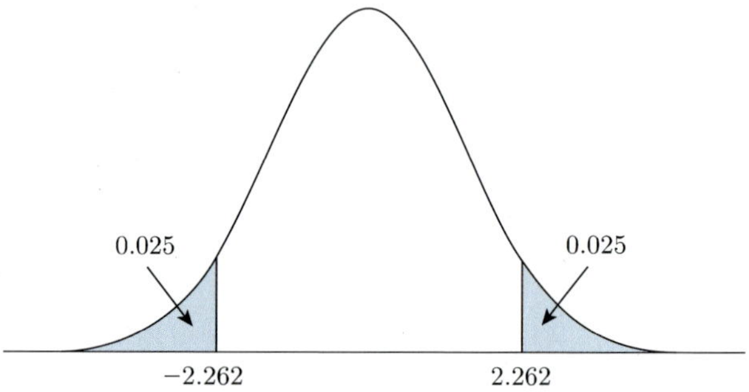


**|그림 8-3|** $\alpha = 0.05$ 에서 기각역

**예제 8-3** 한 택배업체에서는 자사의 경우 배송 시간이 6시간 미만이라고 주장한다. 이 사실을 확인하기 위해 20개의 배달물을 무작위로 추출하여 배송시간을 측정하였다. 그 결과가 $\bar{x} = 5.2$, $S = 2.3$ 이었다. 과연 택배업체의 주장이 맞는지 유의수준 5%에서 검정해 보자.

이 문제에 대한 가설은 다음과 같다.

$$H_0 : \mu = 6\ , \quad H_1 : \mu < 6$$

한 모평균에 대한 단측검정이므로 검정통계량과 기각역은 다음과 같다.

$$\text{검정통계량: } T = \frac{\bar{X} - \mu_0}{S/\sqrt{n}}$$

$$\text{기각역: } T \leq -t_{0.05}(19) = -1.729$$

자료로부터 $\bar{x} = 5.2$, $S = 2.3$ 이므로 검정통계량의 값은

$$T = \frac{5.2 - 6}{2.3/\sqrt{19}} = -1.516 > -1.729$$

이므로 $H_0$를 기각할 수 없다. 따라서, 특송업체의 주장이 옳다고 할 수 있는 확실한 근거가 부족하다.

**예제 8-4** 우리나라 농가에서 2003년 12월의 가구당 평균 소득이 302만 원이라는 발표가 있었다. 어느 마을에서 그 마을의 가구당 평균소득이 전국의 평균 소득과 차이가 있는지를 알아보기 위해 10가구를 랜덤하게 추출한 결과 $\bar{x} = 320$, $S = 80$ (만 원)을 얻었다. 이 마을의 소득이 전국의 평균소득과 다른지 알아보자. 또한, 이 마을의 12월 평균소득에 대한 90% 신뢰구간도 구해 보자.

이 문제에 대한 가설은 다음과 같다.

$$H_0: \ \mu = 302, \quad H_1: \ \mu \neq 302$$

한 모평균에 대한 양측검정이므로 검정통계량과 기각역은 다음과 같다.

$$\text{검정통계량: } T = \frac{\overline{X} - \mu_0}{S/\sqrt{n}}$$

$$\text{기각역: } |T| \geq t_{0.05}(9) = 1.833$$

자료로부터 $\bar{x} = 320$, $S = 80$ 이므로 검정통계량의 값은

$$|T| = \left| \frac{320 - 302}{80/\sqrt{10}} \right| = 0.712 < 1.833$$

이므로 $H_0$를 기각할 수 없다. 따라서, 이 마을의 평균 소득은 농가의 평균 소득과 다르다고 할 수 없다. 한편 평균 함량의 90% 신뢰구간은 다음과 같다.

$$\bar{x} \pm t_{0.05}(9)\frac{S}{\sqrt{n}} = 320 \pm 1.833\frac{80}{\sqrt{10}}$$

$$= 302 \pm 46.37 = (255.63,\ 348.37)$$

부록 〈표 6〉의 $t$-분포표는 자유도 30까지와 40, 60 120에 대하여만 주어져 있다. 따라서, 대표본에서는 $t_\alpha$ 값이 주어져 있지 않다. 그러나 자유도가 증가하면 $t$-분포는 표준정규분포에 수렴함을 이용하여 $t_\alpha$ 대신 $z_\alpha$ 를 사용할 수 있다. 흔히 $n \geq 30$ 이면 대표본 근사를 사용할 수 있다.

**예제 8-5** 한 조사에 의하면 장거리 전화의 평균 통화 시간이 10분 이상이라고 한다. 새로운 서비스 상품을 준비중인 통신 회사에서는 이를 확인하기 위해 100명의 장거리 전화 이용자를 랜덤하게 추출하여 평균과 분산을 조사하였다. 그 결과 $\bar{x} = 10.93$(분), $S = 5.2$(분)을 얻었다. 평균 통화 시간이 10분 이상이라고 할 수 있는가? 유의수준 5%에서 검정해 보자.

이 문제에 대한 가설은 다음과 같다.

$$H_0: \ \mu = 10, \quad H_1: \ \mu > 10$$

한 모평균에 대한 단측검정이므로 검정통계량과 대표본의 기각역은 다음과 같다.

$$\text{검정통계량: } T = \frac{\overline{X} - \mu_0}{S/\sqrt{n}}$$

$$\text{기각역: } T \geq z_{0.05} = 1.645$$

자료로부터 $\bar{x} = 10.93$, $S = 5.2$ 이므로 검정통계량의 값은

$$T = \frac{10.93 - 10}{5.2/\sqrt{100}} = 1.79 > 1.645$$

이므로 $H_0$를 기각한다. 따라서, 이 자료에 의하면 장거리 전화 평균 이용시간이 10분 이상이라고 할 수 있다.

**예제 8-6** 5년 전 한 조사에 의하면 가구당 평균 구성원이 3.8명이라고 한다. 현재도 실제 그런가 조사해 보려고 150가구를 임의로 표본을 추출하여 조사한 결과 $\bar{x} = 3.4$, $S = 2$ 이었다. 가구당 평균 구성원 수에 변화가 있었는지 유의수준 5%에서 검정해 보자.

이 문제에 대한 가설은 다음과 같다.

$$H_0: \mu = 3.8, \quad H_1: \mu \neq 3.8$$

한 모평균에 대한 단측검정이므로 검정통계량과 대표본의 기각역은 다음과 같다.

$$\text{검정통계량: } T = \frac{\overline{X} - \mu_0}{S/\sqrt{n}}$$

$$\text{기각역: } |T| \geq z_{0.025} = 1.96$$

자료로부터 $\bar{x} = 3.4$, $S = 2$ 이므로 검정통계량의 값은

$$|T| = \left|\frac{3.4 - 3.8}{2/\sqrt{150}}\right| = 2.45 > 1.96$$

이므로 $H_0$를 기각한다. 따라서, 이 자료에 의하면 가구당 평균 구성원 수에 변화가 있었다고 결론을 내린다.

### 8-1-2 한 모비율에 관한 추정과 검정

$X$가 이항분포 $B(n,p)$를 따를 때 모비율 $p$의 추정량으로

$$\text{표본비율 } \hat{p} = \frac{X}{n}$$

를 사용한다. 이제 $X$ 또는 $\hat{p}$ 의 정규근사를 이용하여 모비율 $p$에 관한 검·추정 문제를 다루어 보자.

$np$와 $n(1-p)$ 가 모두 5 이상이 되도록 $n$이 충분히 클 때

$$Z = \frac{X - np}{\sqrt{np(1-p)}} = \frac{\hat{p} - p}{\sqrt{p(1-p)/n}} \;\dot{\sim}\; N(0,1)$$

임을 이용하여 $p$의 신뢰구간은 다음과 같이 구한다.

$$1-\alpha = P\left(-z_{\alpha/2} \leqq \frac{\hat{p}-p}{\sqrt{p(1-p)/n}} \leqq z_{\alpha/2}\right)$$

$$= P\left(\hat{p}-z_{\alpha/2}\sqrt{\frac{p(1-p)}{n}} \leqq p \leqq \hat{p}+z_{\alpha/2}\sqrt{\frac{p(1-p)}{n}}\right)$$

$$\fallingdotseq P\left(\hat{p}-z_{\alpha/2}\sqrt{\frac{\hat{p}(1-\hat{p})}{n}} \leqq p \leqq \hat{p}+z_{\alpha/2}\sqrt{\frac{\hat{p}(1-\hat{p})}{n}}\right)$$

따라서, $p$의 추정에 관한 결과를 요약하면 다음과 같다.

**모비율 $p$의 추정**

추정량: 표본비율 $\hat{p} = \frac{X}{n}$

표준오차: $\widehat{SE}(\hat{p}) = \sqrt{\frac{\hat{p}(1-\hat{p})}{n}}$

$100(1-\alpha)\%$ 신뢰구간: $\hat{p} \pm z_{\alpha/2}\sqrt{\frac{\hat{p}(1-\hat{p})}{n}}$

다음은 모비율 $p$에 대한 가설검정 문제를 생각해 보자. 귀무가설 $H_0$: $p = p_0$를 검정하기 위한 검정통계량은 $\hat{p}$의 분포를 표준화시킨 $Z$-통계량

$$Z = \frac{\hat{p}-p_0}{\sqrt{p_0(1-p_0)/n}}$$

이 $H_0$ 하에서 근사적으로 표준정규분포 $N(0,1)$를 따름을 이용하여 $Z$-**검정**을 시행한다. 검정법을 요약하면 다음과 같다.

**모비율의 검정($Z$-검정)**

$n$이 충분히 클 때

귀무가설 $H_0$: $p = p_0$

검정통계량: $Z = \frac{\hat{p}-p_0}{\sqrt{p_0(1-p_0)/n}}$

유의수준 $\alpha$ 에서 기각역 ($p$−값):

$H_1$: $p > p_0$ 일 때 $Z \geqq z_\alpha$ $(P[Z \geqq z])$

$H_1$: $p < p_0$ 일 때 $Z \leqq -z_\alpha$ $(P[Z \leqq z])$

$H_1$: $p \neq p_0$ 일 때 $|Z| \geqq z_\alpha$ $(P[|Z| \geqq |z|])$

**예제 8-7** 어느 국회의원 입후보자는 선거구 유권자 가운데 300명을 임의로 추출하여 조사한 결과 138명이 자신을 지지하였다. 지지율의 95% 신뢰구간을 구하고, 지지율이 50% 미만이라고 확신할 수 있는지 유의수준 5%에서 검정해 보자.

지지율 $p$의 추정값은 $\hat{p} = 138/300 = 0.46$ 이다. $n\hat{p}$, $n(1-\hat{p})$ 이 모두 5 이상이므로, 정규근사에 의한 신뢰구간과 검정을 할 수 있다. 95% 신뢰구간을 구하면 다음과 같다.

$$\hat{p} \pm z_{\alpha/2}\sqrt{\frac{\hat{p}(1-\hat{p})}{n}} = 0.46 \pm 1.96\sqrt{\frac{(0.46)(1-0.46)}{300}}$$
$$= 0.46 \pm 0.056 = (0.404,\ 0.516)$$

또한, 문제의 뜻에 맞는 가설은

$$H_0:\ p = 0.5, \qquad H_1:\ p < 0.5$$

이며, 기각역은 $Z < -z_{0.05} = -1.645$ 이다. 한편, $Z$−통계량의 값은

$$Z = \frac{\hat{p} - p_0}{\sqrt{p_0(1-p_0)/n}} = \frac{0.46 - 0.50}{\sqrt{(0.5)(0.5)/200}} = -1.39 > -1.645$$

이므로, 유의수준 5%에서 $H_0$ 를 기각할 수 없다. 즉, 지지율이 50% 미만이라고 확신할 수는 없다.

**예제 8-8** 음료회사에서는 신제품을 본격적으로 출시하기에 앞서 사전 시장조사를 실시한다. 회사는 사람들의 선호도가 70% 이상일 때만 이 제품을 신제

품으로 출시하려고 한다. 따라서, 랜덤하게 추출된 60명을 상대로 새로운 음료가 마음에 드는지에 대한 표본조사를 실시하였다. 그 결과 선호비율은 75%이었다. 선호도가 70% 이상이라고 확신할 수 있겠는가? 유의수준 5%에서 검정해보자.

$p_0 = 0.7$이므로 $np_0 = 42$, $n(1-p_0) = 18$ 모두 5보다 크다. 따라서, 정규근사에 의한 검정을 다음과 같이 시행할 수 있다. 문제에 맞는 가설은

$$H_0:\ p = 0.7, \qquad H_1:\ p > 0.7$$

이며, 기각역은 $Z > z_{0.05} = 1.645$ 이다. 한편, $Z$-통계량의 값은

$$Z = \frac{\hat{p} - p_0}{\sqrt{p_0(1-p_0)/n}} = \frac{0.75 - 0.70}{\sqrt{(0.7)(0.3)/60}} = 0.845 < 1.645$$

이므로, 유의수준 5%에서 $H_0$를 기각할 수 없다. 즉, 선호도가 70% 이상이라고 확신할 수는 없다.

### 8-1-3 모비율의 추정에서 표본크기의 결정

대표본에서 표본비율 $\hat{p}$의 100(1−α)% 오차한계는

$$z_{\alpha/2}\sqrt{\hat{p}(1-\hat{p})/n}$$

로 주어진다. 따라서, 오차한계를 $d$ 이내로 하기 위한 표본의 크기 $n$은 등식

$$z_{\alpha/2}\sqrt{\hat{p}(1-\hat{p})/n} = d$$

를 만족하며, 위 식을 n에 관하여 풀면 다음과 같다.

$$n = \hat{p}(1-\hat{p})\left(\frac{z_{\alpha/2}}{d}\right)^2$$

여기서 $\hat{p}$의 값은 실제로 알 수 없다. 즉, 조사를 실시하기 이전에 적당한 오차한계를 갖기 위한 표본크기를 구하는 문제이므로, $\hat{p}$ 대신에 과거의 경험에 의해 추정된 값 $p^*$를 사용하거나, 미리 적은 개수의 표본으로 사전조사를 실시

하여 $p$값을 추정하여 사용할 수 있다.

이와 같은 정보가 없는 경우에는 위의 식에서 $n$의 최댓값을 사용한다. 즉, $p(1-p)$의 값은 $p=\frac{1}{2}$일 때 최대가 되므로 표본크기의 최댓값은 다음과 같다.

$$n = \frac{1}{4}\left(\frac{z_{\alpha/2}}{d}\right)^2$$

이들을 요약하면 다음과 같다.

> **모비율의 추정에서 표본의 크기**
>
> 모비율 $p$의 추정에서 100(1−α)% 오차한계가 $d$가 되기 위한 표본크기는 다음과 같다.
>
> (1) $p$에 대한 사전정보인 $p^*$가 있는 경우:
>
> $$n \geq p^*(1-p^*)\left(\frac{z_{\alpha/2}}{d}\right)^2$$
>
> (2) $p$에 대한 사전정보가 전혀 없는 경우:
>
> $$n \geq \frac{1}{4}\left(\frac{z_{\alpha/2}}{d}\right)^2$$

**예제 8-9** 어느 선거구의 국회의원 선거에서 특정 후보에 대한 지지율을 조사하고자 한다. 지난번의 조사결과에 의하면 이 후보에 대한 지지율이 42%이었다. 지지율의 추정에서 95% 오차한계가 3% 이내가 되기 위한 표본크기는 얼마이겠는가?

$\alpha = 0.05$, $d = 0.03$이며, 지지율에 대한 사전정보가 있으므로, 표본크기 $n$은 다음을 만족한다.

$$n \geq p^*(1-p^*)\left(\frac{z_{\alpha/2}}{d}\right)^2 = (0.42)(0.58)\left(\frac{1.96}{0.03}\right)^2 = 1039.8$$

따라서, 필요한 표본의 크기는$n = 1040$이다.

**예제 8-10** 어느 기업에서는 사원들의 흡연율을 조사하고자 한다. 흡연율의 추정에서 90% 오차한계가 5% 이내가 되기 위한 표본크기를 구해 보자.

$\alpha = 0.1$, $d = 0.05$ 이며, 지지율에 대한 사전정보가 없으므로, 표본크기 $n$은 다음을 만족한다.

$$n \geq \frac{1}{4}\left(\frac{z_{\alpha/2}}{d}\right)^2 = \frac{1}{4}\left(\frac{1.645}{0.05}\right)^2 = 270.6$$

따라서, 필요한 표본의 크기는 $n = 271$ 이다.

## 8-2 두 모집단에서 추정과 검정

두 모집단에 관한 추론문제에서는 두 모평균의 차, 두 모비율의 차에 관한 문제를 다루게 된다. 다음 두 소절에서는 두 모평균과 모비율의 차에 관한 추정과 검정문제를 다루기로 한다.

### 8-2-1 두 모평균의 차에 관한 추정과 검정

두 모평균의 차에 대한 추정·검정 문제를 흔히 **이표본 문제**라고 한다. 이 절에서는 두 모평균의 차 $\mu_1 - \mu_2$ 에 관한 추론문제로서 추정과 검정법을 알아본다.

두 모집단의 표본크기, 표본평균, 표본분산에 대하여 다음과 같은 기호를 사용하기로 한다.

| | 표본크기 | 표본평균 | 표본분산 |
|---|---|---|---|
| 모집단 1 | $n_1$ | $\overline{X}$ | $S_1^2$ |
| 모집단 2 | $n_2$ | $\overline{Y}$ | $S_2^2$ |

$\mu_1 - \mu_2$ 의 추정량은 $\overline{X} - \overline{Y}$ 이며, 따라서 추론문제는 $\overline{X} - \overline{Y}$ 의 분포를 이용해야 한다. 정규성의 가정하에 $\overline{X} - \overline{Y}$ 는 평균 $\mu_1 - \mu_2$, 분산 $\dfrac{\sigma^2}{n_1} + \dfrac{\sigma^2}{n_2}$ 인 정규분포에 따름을 이용하면 $\overline{X} - \overline{Y}$ 를 표준화한 식은 표준정규분포에 따른다. 즉, 다음 결과가 성립한다.

$$Z = \frac{(\overline{X} - \overline{Y}) - (\mu_1 - \mu_2)}{\sqrt{\sigma^2\left(\frac{1}{n_1} + \frac{1}{n_2}\right)}} \sim N(0,1)$$

여기서 공통분산인 $\sigma^2$ 은 일반적으로 미지이므로 데이터로부터 추정해서 대입해야 할 것이다. 공통분산의 추정량으로는 다음과 같이 정의된 **합동추정량**(pooled sample estimator)을 사용한다.

$$S_p^2 = \frac{(n_1 - 1)S_1^2 + (n_2 - 1)S_2^2}{n_1 + n_2 - 2}$$

위의 $Z$-통계량에서 $\sigma^2$ 대신에 $S_p^2$ 을 대입하면 결과는 $t$-분포에 따르며, 이를 요약하면 다음과 같다.

**이표본 $t$-통계량의 분포**

두 정규모집단에서 독립성과 공통분산의 가정하에

$$T = \frac{(\overline{X} - \overline{Y}) - (\mu_1 - \mu_2)}{S_p\sqrt{\frac{1}{n_1} + \frac{1}{n_2}}}$$

은 자유도 $n_1 + n_2 - 2$ 인 $t$-분포를 따른다.

위의 $t$-통계량은 $\overline{X} - \overline{Y}$ 를 스튜던트화한 것이다.

이표본 $t$-통계량을 이용하여 $\mu_1 - \mu_2$ 의 신뢰구간을 다음과 같이 구할 수 있다.

$$1 - \alpha = P\left(-t_{\alpha/2}(n_1 + n_2 - 2) \leq \frac{(\overline{X} - \overline{Y}) - (\mu_1 - \mu_2)}{S_p\sqrt{\frac{1}{n_1} + \frac{1}{n_2}}} \leq t_{\alpha/2}(n_1 + n_2 - 2)\right)$$

$$= P\left((\overline{X} - \overline{Y}) - t_{\alpha/2}(n_1 + n_2 - 2)S_p\sqrt{\frac{1}{n_1} + \frac{1}{n_2}} \leq (\mu_1 - \mu_2)\right.$$

$$\leq (\overline{X}-\overline{Y}) + t_{\alpha/2}(n_1+n_2-2)S_p\sqrt{\frac{1}{n_1}+\frac{1}{n_2}}$$

따라서, 신뢰구간은 다음과 같다.

**$\mu_1-\mu_2$ 의 $100(1-\alpha)\%$ 신뢰구간**

독립성과 공통분산의 가정하에

$$(\overline{x}-\overline{y}) \pm t_{\alpha/2}(n_1+n_2-2)S_p\sqrt{\frac{1}{n_1}+\frac{1}{n_2}}$$

다음은 검정문제를 알아보자.

$\mu_1$ 과 $\mu_2$ 를 비교하는 가설은 $H_0$: $\mu_1=\mu_2$ 이며, $H_0$ 하에서 $\mu_1-\mu_2=0$ 이므로 검정통계량은

$$T=\frac{\overline{X}-\overline{Y}}{S_p\sqrt{\frac{1}{n_1}+\frac{1}{n_2}}}$$

이 된다. 이 $t$-통계량은 $H_0$ 하에서 자유도 $(n_1+n_2-2)$ 인 $t$-분포를 따르므로 검정법은 다음과 같이 요약할 수 있다. 이와 같은 검정에서 $x$-표본과 $y$-표본은 서로 독립이므로 이런 비교를 **독립비교**라고 한다.

**이표본 $t$-검정 (독립비교)**

공통분산의 가정하에

귀무가설: $H_0$: $\mu_1=\mu_2$

검정통계량: $T=\frac{\overline{X}-\overline{Y}}{S_p\sqrt{\frac{1}{n_1}+\frac{1}{n_2}}}$

유의수준 $\alpha$ 에서 기각역($p$-값):

$H_1$: $\mu_1>\mu_2$ 일 때 $T\geq t_\alpha(n_1+n_2-2)$ $(P[T\geq t])$

$H_1$: $\mu_1<\mu_2$ 일 때 $T\leq -t_\alpha(n_1+n_2-2)$ $(P[T\leq t])$

$H_1$: $\mu_1\neq\mu_2$ 일 때 $|T|\geq t_{\alpha/2}(n_1+n_2-2)$ $(P[|T|\geq |t|])$

**예제 8-11** 비타민 $B_1$ 이 버섯의 성장을 촉진시킨다는 가설을 확인하기 위하여 성장상태가 비슷한 20개의 버섯을 임의추출하였다. 이 가운데 10개를 다시 임의로 뽑아 처리그룹으로 분류하고 비타민 $B_1$ 을 투여하였으며, 나머지 10개는 대조그룹으로 분류하여 비타민을 투여하지 않았다. 일정한 기간이 지난 후에 버섯의 무게를 측정한 결과 다음의 자료를 얻었다. 비타민 $B_1$ 이 버섯의 성장을 촉진한다고 할 수 있는가? 또한 버섯의 평균 무게의 차에 대한 95% 신뢰구간을 구해 보자.

| 처리그룹 | 12 | 18 | 16 | 22 | 23 | 19 | 20 | 22 | 25 | 20 |
|---|---|---|---|---|---|---|---|---|---|---|
| 대조그룹 | 15 | 17 | 19 | 16 | 13 | 19 | 18 | 16 | 12 | 18 |

두 자료의 산포가 많이 다르지 않은 것으로 판단되므로, 공통분산을 가정하고 $t$-검정을 시행해 보자.

비타민 $B_1$ 의 효과를 검증하는 문제이므로 가설은 다음과 같다.

$$H_0:\ \mu_1 = \mu_2, \qquad H_1:\ \mu_1 > \mu_2$$

검정통계량과 유의수준 5%에 대한 기각역은 다음과 같다.

$$\text{검정통계량: } T = \frac{\overline{X} - \overline{Y}}{S_p\sqrt{\dfrac{1}{n_1} + \dfrac{1}{n_2}}}$$

$$\text{기각역: } T \geq t_{0.05}(18) = 1.734$$

자료로부터 $\overline{x} = 19.7$, $\overline{y} = 16.3$, $S_1^2 = 14.01$, $S_2^2 = 5.789$ 이므로

$$S_p^2 = \frac{(n_1 - 1)S_1^2 + (n_2 - 1)S_2^2}{n_1 + n_2 - 2} = \frac{126.1 + 52.1}{18} = 9.9$$

이며, 검정통계량의 값은 다음과 같다.

$$T = \frac{19.7 - 16.3}{\sqrt{9.9}\sqrt{\frac{1}{10} + \frac{1}{10}}} = 2.42 > 1.734$$

따라서, $H_0$ 를 기각시키며, 유의수준 5%에서 비타민 $B_1$ 의 효과가 있다고 결론을 내린다.

$\mu_1 - \mu_2$ 의 95% 신뢰구간은 다음과 같다.

$$(\bar{x} - \bar{y}) \pm t_{0.025}(18) S_p \sqrt{\frac{1}{n_1} + \frac{1}{n_2}} = 3.4 \pm (2.101)(1.407)$$

$$= 3.4 \pm 2.956 = (0.444,\ 6.356)$$

**예제 8-12** 한 페인트 제조회사에서는 새 상품의 유성페인트를 개발하였으며, 기존의 페인트보다 빠르게 마른다고 선전하고 있다. 이를 확인하기 위해 가장 인기 있는 상품과 새 상품을 각각 5종류의 벽에 칠한 후 건조시간(단위: 분)을 측정한 결과 다음의 데이터를 얻었다. 새 상품은 기존의 인기상품보다 건조시간에서 더 우수하다고 할 수 있는가? 유의수준 5%에서 검정해 보자.

| 인기상품 | 48 | 46 | 44 | 46 | 43 |
|---|---|---|---|---|---|
| 새 상품 | 42 | 43 | 45 | 44 | 43 |

인기상품과 새 상품의 평균과 표준편차를 구하면 각각 다음과 같다.

| | 표본크기 | 평균 | 표준편차 |
|---|---|---|---|
| 인기상품 | 5 | 45.4 | 1.95 |
| 새 상품 | 5 | 43.4 | 1.14 |

따라서, 공통분산 $\sigma^2$ 의 합동추정량 $S^2$ 은 다음과 같다.

$$S_p^2 = \frac{(n_1 - 1)S_1^2 + (n_2 - 1)S_2^2}{n_1 + n_2 - 2}$$

$$= \frac{(5-1)(1.95)^2 + (5-1)(1.14)^2}{5+5-2} = 2.55$$

새 상품이 기존의 상품보다 건조시간이 더 우수하다는 것은 $\mu_1 > \mu_2$ 임을 뜻하므로 검정을 다음과 같이 시행할 수 있다.
문제 적합한 가설, 검정통계량 및 유의수준 5%에서 기각역은 다음과 같다.

$$H_0: \mu_1 = \mu_2, \quad H_1: \mu_1 > \mu_2$$

$$\text{검정통계량: } T = \frac{\overline{X} - \overline{Y}}{S_p\sqrt{\frac{1}{n_1} + \frac{1}{n_2}}}$$

$$\text{기각역: } T \geq t_{0.05}(8) = 1.860$$

검정통계량의 값은 다음과 같다.

$$T = \frac{45.4 - 43.4}{\sqrt{2.55}\sqrt{\frac{1}{5} + \frac{1}{5}}} = 1.98 > 1.860$$

즉, $H_0$를 기각하고, 새 상품은 기존의 상품보다 건조시간에 있어 우수하다고 결론을 내린다.

지금까지 설명한 이표본 $t$-통계량은 두 모집단이 같은 분산을 갖는다는 가정 하에 성립하는 추정 및 검정법이다. 이제 두 모분산 $\sigma_1^2$과 $\sigma_2^2$이 다를 경우에 대하여 알아보자.

두 모분산이 다를 때는 $\sigma^2$을 합동으로 추정할 수 없으며, $x$-표본과 $y$-표본 각각에서 따로 추정해야 한다. 즉, $\sigma_1^2$의 추정량 $S_1^2$과 $\sigma_2^2$의 추정량 $S_2^2$을 사용하여 $\overline{X} - \overline{Y}$를 스튜던트화시키면

$$T = \frac{(\overline{X} - \overline{Y}) - (\mu_1 - \mu_2)}{\sqrt{\frac{S_1^2}{n_1} + \frac{S_2^2}{n_2}}}$$

는 근사적으로 $t$-분포를 따르며, 자유도는 다음과 같이 주어진다.

$$\phi = \frac{(S_1^2/n_1 + S_2^2/n_2)^2}{\frac{(S_1^2/n_1)^2}{n_1 - 1} + \frac{(S_2^2/n_2)^2}{n_2 - 1}}$$

이와 같은 근사식을 흔히 새터스웨이트(Satterthwaite)의 근사식이라고 한다. 이들을 요약하면 다음과 같다.

**이분의 가정하에 $t$-통계량의 분포**

$$T = \frac{(\overline{X} - \overline{Y}) - (\mu_1 - \mu_2)}{\sqrt{\frac{S_1^2}{n_1} + \frac{S_2^2}{n_2}}}$$

은 근사적으로 자유도가 다음과 같은 $t$-분포를 따른다.

$$\phi = \frac{(S_1^2/n_1 + S_2^2/n_2)^2}{\frac{(S_1^2/n_1)^2}{n_1 - 1} + \frac{(S_2^2/n_2)^2}{n_2 - 1}}$$

위의 사실로부터 이분산의 경우에도 등분산인 경우와 같은 방법으로 $\mu_1 - \mu_2$의 신뢰구간도 구할 수 있으며, 가설 $H_0$: $\mu_1 = \mu_2$의 검정도 가능하다.

한편, 등분산성의 가설은 다음과 같다.

$$H_0: \ \sigma_1^2 = \sigma_2^2, \qquad H_1: \ \sigma_1^2 \neq \sigma_2^2$$

이와 같은 등분산성을 검정하기 위하여 $F$-검정을 시행한다. 즉, $F$-통계량

$$F = \frac{S_1^2}{S_2^2}$$

이 $H_0$ 하에서 자유도 $(n_1 - 1,\ n_2 - 1)$인 $F$-분포 $F(n_1 - 1,\ n_2 - 1)$를 따름을 이용한다. $F$-분포에서 오른쪽 꼬리의 면적이 $\alpha$인 점을 $F_\alpha(n_1 - 1,\ n_2 - 1)$로 나타내면, 등분산성을 검정하기 위한 $F$-검정법은 다음과 같다. 검정통계량과 기각역이 아래와 같이 주어지는 이유는 $F \sim F(n_1 - 1,\ n_2 - 1)$일 때 역수인 $\frac{1}{F}$는 자유도가 바뀐 $F$-분포 $F(n_2 - 1,\ n_1 - 1)$를 따름을 이용하여 구한 것이다.

**등분산성의 검정 ($F$-검정)**

가설: $H_0$: $\sigma_1^2 = \sigma_2^2$,　　$H_1$: $\sigma_1^2 \neq \sigma_2^2$

검정통계량: $F = \dfrac{\text{larger of } S_1^2, S_2^2}{\text{smaller of } S_1^2, S_2^2}$

기각역: $F > F_{\alpha/2}(k_1, k_2)$, $k_1$: 분자의 자유도, $k_2$: 분모의 자유도

$F$-검정 결과 귀무가설을 기각시키지 않으면 등분산성의 가정하에 $t$-검정을 시행하고, 귀무가설을 기각시키면 분산이 같지 않다는 가정하에 근사 $t$-검정을 시행한다.

SPSS를 비롯한 대부분의 통계 패키지에서는 독립표본의 $t$-검정을 시행하면 등분산을 가정할 경우와 등분산을 가정하지 않을 경우에 $t$-검정 결과가 출력되며, 등분산성의 $F$-검정 결과에 따라 모평균에 대한 $t$-검정 결과를 선택한다.

**예제 8-13** 자동차 보험 회사에서는 어느 국도에서 남녀 간 평균 주행 속도에 차이가 있는지 알아보고자 남녀 각각 10명씩 조사하여 다음과 같은 결과를 얻었다. 남녀 간 평균 주행 속도에 차이가 있다고 할 수 있는가?

| | 표본크기 | 평균 | 분산 |
|---|---|---|---|
| 남 | 10 | 77.6 | 144 |
| 여 | 10 | 70.2 | 36 |

먼저 분산이 많이 다르게 보이므로 등분산성 검정을 시행해 보자. $F$-통계량의 값은

$$F = \frac{144}{46} = 4.0$$

이며, $F_{0.05}(10, 10) = 3.18$, $F_{0.025}(10, 10) = 4.03$이므로 유의수준 5%에서 경계값에 가깝다. 따라서, 이분산의 가정하에 $t$-검정을 시행하기로 한다. 먼저 $t$-통계량의 값은 다음과 같다.

$$T = \frac{\overline{X} - \overline{Y}}{\sqrt{\frac{S_1^2}{n_1} + \frac{S_2^2}{n_2}}} = \frac{77.6 - 70.2}{\sqrt{\frac{144}{10} + \frac{36}{10}}} = 1.744$$

한편, 새터스웨이트의 자유도는 다음과 같다.

$$\phi = \frac{(S_1^2/n_1 + S_2^2/n_2)^2}{\frac{(S_1^2/n_1)^2}{n_1 - 1} + \frac{(S_2^2/n_2)^2}{n_2 - 1}} = \frac{\left(\frac{144}{10} + \frac{36}{10}\right)^2}{\frac{(144/10)^2}{9} + \frac{(36/10)^2}{9}} = 13.2$$

$t$-분포표에서 $t_{0.05}(13) = 1.771$, $t_{0.05}(14) = 1.761$ 이므로 $t_{0.05}(13.2)$ 의 값은 1.761과 1.771 사이의 값이다. 또한,

$$T = 1.744 < 1.761$$

이므로 유의수준 10%에서 남녀별 평균 주행 속도에 심각한 차이가 있다고 단정할 수는 없다.

이표본 문제에서도 표본의 크기가 충분히 클 때에는 $t_\alpha$ 대신에 $z_\alpha$ 를 사용하여 검정할 수 있다.

**예제 8-14** 한 여성운동단체에서는 어떤 기업체에 취업한 여성은 같은 학력의 남성보다 초임 월급이 적다고 주장하였다. 이를 확인하기 위해 여성 30명과 남성 40명을 랜덤하게 뽑아 다음의 자료를 얻었다.

| | 표본크기 | 표본평균 | 표본표준편차 |
|---|---|---|---|
| 여 성 | 30 | 1325,000(원) | 24,000(원) |
| 남 성 | 40 | 1351,000(원) | 22,000(원) |

여성 초임이 남성의 초임보다 낮다고 할 수 있는지를 유의수준 5%에서 검정해보자.

여성과 남성의 평균 초임을 각각 $\mu_1$, $\mu_2$ 라고 하면 가설은 다음과 같다.

$$H_0: \mu_1 = \mu_2, \quad H_1: \mu_1 < \mu_2$$

한 모평균에 대한 단측검정이므로 검정통계량과 대표본의 기각역은 다음과 같다.

$$\text{검정통계량: } T = \frac{(\overline{X} - \overline{Y})}{\sqrt{\frac{S_1^2}{n_1} + \frac{S_2^2}{n_2}}}$$

$$\text{기각역: } T \leqq -z_{0.05} = -1.645$$

자료로부터 검정통계량의 값은

$$T = \frac{1325000 - 1351000}{\sqrt{\frac{(24000)^2}{30} + \frac{(22000)^2}{40}}} = -4.65 < -1.645$$

이므로 $H_0$를 기각한다. 따라서, 이 자료에 의하면 여성의 초임이 남성의 초임보다 낮다고 할 수 있다.

### 8-2-2 대응비교

두 모평균을 비교하는 문제에서 지금까지는 두 모집단에서 독립적으로 표본이 추출되어 $X$와 $Y$가 서로 독립인 경우를 다루었다. 그러나 경우에 따라서는 독립표본보다 서로 종속관계에 있는 표본이 더 유용한 경우도 있다.

예를 들어, 새로 개발한 수면제를 기존의 수면제와 비교하는 문제를 생각해 보자. 두 수면제를 임상실험하기 위하여 20명의 불면증 환자를 임의로 두 그룹으로 나누어 A 그룹에는 새로운 수면제를, B 그룹에는 기존의 수면제를 적용시킨다고 하자. 이 경우에 불면증 환자들의 조건이 많이 다르면 $S_p^2$ 이 커져서 약효에 차이가 있을 때에도 그 차이를 감지하지 못하게 된다. 이와 같은 경우에는 한 환자에게 두 수면제를 교대로 복용시키거나, 모든 조건이 비슷한 환자끼리 쌍으로 묶어서, 각 쌍에 두 수면제를 임의로 선택하여 적용시키는 것이 더 효과적인 실험이 될 수 있다. 즉, 각 쌍은 모든 조건이 비슷하므로 $x-y$ 의 값은 약효의 차이를 나타낸다. 이와 같은 실험에서 각 쌍은 조건이 비슷하므로 $X$와 $Y$는 독립이 아니며, 각 쌍들 사이에서는 독립성이 유지된다.

이와 같이 쌍으로 주어진 자료를 이용하여 두 모평균을 비교하는 방법을 **대응비교**(paired comparison) 또는 **쌍체비교**라고 한다.

대응비교에서는 두 관측값의 차에 일표본 방법을 적용한다. 즉, $(X_1, Y_1), \cdots, (X_n, Y_n)$ 이 쌍으로 주어진 랜덤표본일 때

$$D_i = X_i - Y_i, \quad i = 1, \cdots, n$$

으로 정의하고, $D_1, D_2, \cdots, D_n$ 에 일표본 방법을 적용한다. 즉,

$$\overline{D} = \frac{1}{n}\sum_{i=1}^{n} D_i, \qquad S_D^2 = \frac{1}{n-1}\sum_{i=1}^{n}(D_i - \overline{D})^2$$

으로 정의할 때, 신뢰구간과 검정법은 다음과 같다.

**대응비교**

(1) $\mu_1 - \mu_2$ 의 $100(1-\alpha)\%$ 신뢰구간: $\overline{D} \pm t_{\alpha/2}(n-1)\dfrac{S_D}{\sqrt{n}}$

(2) $H_0$: $\mu_1 = \mu_2$ 의 검정통계량: $T = \dfrac{\overline{D}}{S_D / \sqrt{n}}$

검정법: $t$-검정

**예제 8-15** A, B 두 종류의 사료가 젖소의 우유 생산량에 미치는 영향을 조사하기 위하여, 16마리의 젖소를 영양 상태와 나이가 비슷한 젖소끼리 묶어서 8쌍으로 나누고, 각 쌍에서 임의로 선택하여 A, B의 사료를 주었다. 2주 동안 우유 생산량을 조사한 결과 다음의 자료를 얻었다. 우유 생산량에 차이가 있는지를 유의수준 5%에서 검정해 보자.

| 쌍번호 | 1 | 2 | 3 | 4 | 5 | 6 | 7 | 8 |
|---|---|---|---|---|---|---|---|---|
| 사료A($x$) | 38 | 42 | 36 | 40 | 35 | 38 | 38 | 35 |
| 사료B($y$) | 36 | 41 | 32 | 35 | 35 | 40 | 30 | 33 |

두 사료의 동질성을 검정하는 문제이므로 가설은 다음과 같다.

$$H_0: \mu_1 = \mu_2, \qquad H_1: \mu_1 \neq \mu_2$$

관측값에서 $d_i = x_i - y_i$ 의 값은 다음과 같다.

$$2, \quad 1, \quad 4, \quad 5, \quad 0, \quad -2, \quad 8, \quad 2$$

이들 자료에서 $\overline{D} = 2.5$, $S_d = 3.117$ 이다. 따라서, 검정통계량의 값은 다음

과 같다.

$$T = \frac{\overline{D}}{S_d / \sqrt{n}} = \frac{2.5}{3.117 / \sqrt{8}} = 2.27 < t_{0.025}(7) = 2.365$$

즉, 두 사료에 차이가 있다는 확실한 근거는 없다.

**예제 8-16** 어느 제약회사에서 비만증 환자를 위한 약을 개발하였다. 이 약이 부작용 없이 실제로 체중감소에 도움이 되는지를 알아보기 위하여 20명에게 임상실험을 하였다. 약을 투여하기 전 체중($X_1$)과 2주간 약을 투여한 후의 체중($X_2$)을 측정하고, 체중의 차($x_1 - x_2$)에 대한 표본평균과 표본표준편차를 구한 결과 다음과 같았다.

$$\overline{D} = 0.54(\text{kg}), \quad S_D = 2.15$$

이 약은 체중감소에 효과적이라고 할 수 있는지를 유의수준 1%에서 검정해 보자.
체중 감소를 확인하는 문제이므로 가설은 다음과 같다.

$$H_0: \mu_1 = \mu_2, \quad H_1: \mu_1 > \mu_2$$

대응비교이므로 검정통계량 및 기각역은 다음과 같다.

$$\text{검정통계량: } T = \frac{\overline{D}}{S_D / \sqrt{n}}$$

$$\text{기각역: } T \geq t_{0.01}(19) = 2.539$$

검정통계량의 값은 다음과 같다.

$$T = \frac{0.54}{2.15 / \sqrt{20}} = 1.12 < 2.539$$

따라서, $H_0$를 기각하지 못한다. 즉, 이 약은 체중감소에 약효가 있다는 근거가 없다.

**예제 8-17** 한 자동차 회사에서 신입 사원들이 '성공 세일즈맨 교육'을 받은 후 세일즈 능력에 있어 향상이 있는가를 알고자 한다. 이 회사는 교육 프로그램에 6명의 사원을 보냈다. 6명의 사원에 대한 교육 전과 교육 후 세일즈 성과에 대한 표는 다음과 같다. 이때, 교육 후 세일즈 성과가 더 나아졌는가를 유의수준 1%에서 검정해 보자.

| 교육 전($X_1$) | 8 | 23 | 19 | 12 | 15 | 19 |
|---|---|---|---|---|---|---|
| 교육 후($X_2$) | 15 | 22 | 22 | 16 | 12 | 21 |

검정할 가설은 다음과 같다.

$$H_0: \mu_1 = \mu_2, \quad H_1: \mu_1 < \mu_2$$

$D = X_1 - X_2$로 정의하면, 두 관측값의 차는 다음과 같다.

$$-7 \quad 1 \quad -3 \quad -4 \quad 3 \quad -2$$

따라서, $D_i$들의 평균, 분산 표준편차는 다음과 같다.

$$\overline{D} = -2, \quad S_D^2 = \frac{64}{5}, \quad S_D = 3.58$$

따라서, 검정통계량의 값은 다음과 같다.

$$T = \frac{\overline{D}}{S_D / \sqrt{n}} = \frac{-2}{3.58 / \sqrt{6}} = -1.37 > -t_{0.01}(5) = -3.365$$

즉, 교육의 효과가 있었다는 확실한 근거는 없다.

### 8-2-3 두 모비율의 차에 관한 추정과 검정

$X_1$이 이항분포 $B(n_1, p_1)$을 따르고 $X_2$가 이항분포 $B(n_2, p_2)$를 따를 때, 두 모비율의 차인 $p_1 - p_2$에 관한 추정과 검정의 문제를 알아보자.

$p_1$의 추정량은 $\hat{p}_1 = X_1/n_1$, $p_2$의 추정량은 $\hat{p}_2 = X_2/n_2$이므로 $p_1 - p_2$의 추정량으로 $\hat{p}_1 - \hat{p}_2$을 사용한다. 또한, $\hat{p}_1$와 $\hat{p}_2$가 근사적으로 정규분포를 따르므로 $\hat{p}_1 - \hat{p}_2$도 근사적으로 정규분포를 따른다.

즉, $\hat{p}_1 - \hat{p}_2$은 근사적으로 다음과 같은 정규분포를 따른다.

$$N\left(p_1 - p_2, \frac{p_1(1-p_1)}{n_1} + \frac{p_2(1-p_2)}{n_2}\right)$$

따라서, 이를 표준화시킨

$$Z = \frac{(\hat{p}_1 - \hat{p}_2) - (p_1 - p_2)}{\sqrt{\frac{p_1(1-p_1)}{n_1} + \frac{p_2(1-p_2)}{n_2}}}$$

는 근사적으로 표준정규분포 $N(0,1)$에 따름을 이용하여 $p_1 - p_2$에 관한 구간 추정 문제를 다룬다.

두 모비율이 같다는 귀무가설 $H_0$: $p_1 = p_2$ 하에서는 공통비율인 $p$를 합동으로 추정할 수 있다. 즉,

$$\hat{p} = \frac{X_1 + X_2}{n_1 + n_2}$$

를 **합동표본비율**이라고 하며, $H_0$ 하에서는 $p_1$과 $p_2$를 모두 $\hat{p}$로 추정하게 된다. 이를 이용하여 모비율의 비교를 위한 검정통계량을 다음과 같이 정의한다.

$$Z = \frac{\hat{p}_1 - \hat{p}_2}{\sqrt{\hat{p}(1-\hat{p})(\frac{1}{n_1} + \frac{1}{n_2})}}$$

$p_1 - p_2$에 관한 구간추정과 검정법을 요약하면 다음과 같다.

**$p_1 - p_2$에 대한 추론**

(1) $p_1 - p_2$의 $100(1-\alpha)\%$ 신뢰구간:

$$(\hat{p}_1 - \hat{p}_2) \pm z_{\alpha/2} \sqrt{\frac{\hat{p}_1(1-\hat{p}_1)}{n_1} + \frac{\hat{p}_2(1-\hat{p}_2)}{n_2}}$$

(2) $H_0$: $p_1 = p_2$의 검정통계량: $Z = \dfrac{\hat{p}_1 - \hat{p}_2}{\sqrt{\hat{p}(1-\hat{p})(\frac{1}{n_1} + \frac{1}{n_2})}}$

검정법: $Z$-검정

**예제 8-18** A, B 두 기계에서 생산되는 제품의 불량률이 같은지를 확인하기 위하여 샘플링 검사를 실시하였다. A와 B에서 각각 50개씩 임의로 뽑아 조사한 결과 A에서는 7개의 불량품이 나왔고 B에서는 5개의 불량품이 나왔다. 두 불량률이 같다고 할 수 있는가? 유의수준 5%에서 검정해 보자

$\hat{p}_1 = 7/50 = 0.14$, $\hat{p}_2 = 5/50 = 0.10$ 이며, 귀무가설 $H_0$: $p_1 = p_2$ 하에서 $p$ 의 합동추정량은 다음과 같다.

$$\hat{p} = \frac{X_1 + X_2}{n_1 + n_2} = \frac{7+5}{50+50} = 0.12$$

따라서, 검정통계량의 값은 다음과 같다.

$$Z = \frac{\hat{p}_1 - \hat{p}_2}{\sqrt{\hat{p}(1-\hat{p})(\frac{1}{n_1} + \frac{1}{n_2})}} = \frac{0.14 - 0.10}{\sqrt{(0.12)(1-0.12)(\frac{1}{50} + \frac{1}{50})}} = 0.615$$

한편, $z_{0.025} = 1.96$ 이므로, 유의수준 5%에서 $H_0$를 기각시키지 못한다. 즉, 불량률이 다르다는 근거는 없다.

**예제 8-19** 어떤 지역에서 현 정부에 대한 지지율이 남녀별로 다른지를 알아보기 위하여, 남녀 각각 250명, 200명에 대하여 조사한 결과 다음과 같은 데이터를 얻었다. 남녀별로 지지율에 차이가 있는지를 유의수준 5%에서 검정해 보자.

| | 표본크기 | 지지자수 |
|---|---|---|
| 남자 | 250 | 110 |
| 여자 | 200 | 104 |
| 계 | 450 | 214 |

남녀 지지율을 각각 $p_1, p_2$라고 하고, 공통비율을 $p$라고 하면, 추정량은 다음과 같다.

$$\hat{p}_1 = \frac{110}{250} = 0.440$$

$$\hat{p}_1 = \frac{104}{200} = 0.520$$

$$\hat{p} = \frac{110+104}{250+200} = 0.476$$

문제에 맞는 가설은 $H_0: \ p_1 = p_2$, $H_1: \ p_1 \neq p_2$ 이며, $Z$-검정의 기각역은 다음과 같다.

$$|Z| > z_{0.025} = 1.96$$

한편, 검정통계량의 값은 다음과 같다.

$$|Z| = \left| \frac{\hat{p}_1 - \hat{p}_2}{\sqrt{\hat{p}(1-\hat{p})(\frac{1}{n_1} + \frac{1}{n_2})}} \right| = \left| \frac{0.440 - 0.520}{\sqrt{0.476(1-0.476)}\sqrt{\frac{1}{250} + \frac{1}{200}}} \right|$$

$$= 1.69 < 1.96$$

즉, $H_0$를 기각시키지 못하며, 지지율에 남녀별 차이가 없다고 결론을 내린다.

## 8-3 SPSS 실습

### 8-3-1 한 모평균에 대한 추정과 검정

2년 전 어떤 기관의 조사에 의하면 18세에서 24세 사이의 사람들은 평균적으로 한 달에 5.4번 인터넷 쇼핑몰에 들어간다고 한다. A라는 인터넷 쇼핑몰에서는 이 평균이 지금도 유효한가를 검정하기로 하였다. 이를 위해 20명의 샘플을 랜덤하게 뽑아 다음 자료를 얻었다.

| | | | | | | | | | |
|---|---|---|---|---|---|---|---|---|---|
| 9 | 2 | 6 | 8 | 7 | 4 | 7 | 0 | 4 | 11 |
| 5 | 5 | 5 | 9 | 4 | 5 | 6 | 1 | 10 | 4 |

이 자료를 근거로 한 달에 5.4번 정도 인터넷 쇼핑몰에 들어간다는 가설이 심각하게 달라졌는지 유의수준 5%에서 검정해 보자. 다만, 모집단의 분포는 정규분포를 따른다고 가정한다. 문제에 맞는 귀무가설과 대립가설은 각각 다음과 같다.

$$H_0 \ \mu = 5.4, \quad H_1: \ \mu \neq 5.4$$

SPSS 데이터 편집기 창에서 자료를 입력하고 변수이름을 'shopping'이라고 하자. [그림 8-4]와 같이 분석(A) → 평균 비교(M) → 일표본 T 검정(S)... 을 선택하면, [그림 8-5]의 일표본 T 검정 대화상자가 나타난다.

**|그림 8-4|** 일표본 T검정 메뉴

**|그림 8-5|** 일표본 T검정 대화상자

'일표본 T검정' 대화상자에서 '검정변수'를 shopping으로 선택하고 '검정값'을 5.4로 입력한다. '옵션' 버튼을 누르면 95% 신뢰구간이 디폴트로 선택되어 있음을 알 수 있다. 그대로 '계속'과 '확인'을 클릭하면 다음과 같은 일표본 통계량과 검정 결과로 $t$-통계량, 자유도, 유의확률, $\mu-5.4$값 및 $\mu-5.4$의 신뢰구간이 출력됨을 확인할 수 있다.

**일표본 통계량**

| | N | 평균 | 표준편차 | 평균의 표준오차 |
|---|---|---|---|---|
| shopping | 20 | 5.60 | 2.891 | .646 |

**일표본 검정**

| | 검정값 = 5.4 | | | | | |
|---|---|---|---|---|---|---|
| | t | 자유도 | 유의확률 (양쪽) | 평균차 | 차이의 95% 신뢰구간 | |
| | | | | | 하한 | 상한 |
| shopping | .309 | 19 | .760 | .200 | −1.15 | 1.55 |

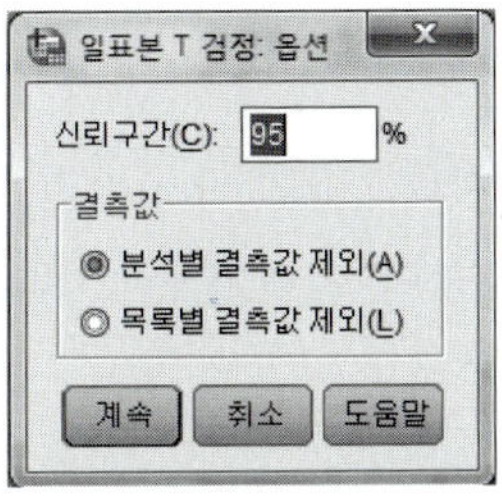


**|그림 8-6|** 일표본 T 검정: 옵션 대화상자

신뢰구간의 신뢰수준을 다른 값으로 바꾸고 싶으면, [그림 8-5]의 일표본 T 검정 대화상자에서 옵션(O)...을 클릭하여 얻은 [그림 8-6]의 '일표본 T검정: 옵션' 대화상자에서 신뢰수준을 바꾸어 준다.

## 8-3-2 독립비교

A 은행의 경영진은 그 은행 지점의 고객들이 은행 서비스를 받기 위해 기다려야 하는 시간이 경쟁은행인 B 은행보다 짧다고 주장한다. 이를 확인하기 위해 A 은행 고객 중에서 25명, B 은행 고객 중에서 23명을 랜덤하게 추출하여 대기시간을 관측한 결과 다음의 자료를 얻었다. 두 은행의 대기시간의 차에 대한 95% 신뢰구간을 구하고, A 은행의 대기시간이 B 은행보다 짧은지 유의수준 5%에서 검정해 보자. 다만, 두 집단의 대기시간 모두 정규분포를 따른다고 가정한다.

| | | | | | | | | | | | | | |
|---|---|---|---|---|---|---|---|---|---|---|---|---|---|
| A 은행 | 5.6 | 3.4 | 7.2 | 3.1 | 3.3 | 1.3 | 6.7 | 5.1 | 3.1 | 2.6 | 4.6 | 5.8 | 4.8 |
| | 4.6 | 3.3 | 3.0 | 2.1 | 5.2 | 2.8 | 5.1 | 1.2 | 6.6 | 0.9 | 3.3 | 6.0 | |
| B 은행 | 6.6 | 3.3 | 3.0 | 1.1 | 2.5 | 4.2 | 5.8 | 4.7 | 5.2 | 4.7 | 3.4 | 3.2 | 2.7 |
| | 3.3 | 6.2 | 6.2 | 6.8 | 4.7 | 4.8 | 4.6 | 6.7 | 0.9 | 6.7 | | | |

A 은행의 평균 대기시간을 $\mu_1$, B 은행의 평균 대기시간을 $\mu_2$라고 하면 검정하고자 하는 귀무가설과 대립가설은 각각 다음과 같다.

$$H_0: \mu_1 = \mu_2 \ , \quad H_1: \mu_1 < \mu_2$$

A 은행과 B 은행의 두 데이터 세트를 SPSS 데이터 편집기에 입력하는 방법은 각 데이터와 은행 기호를 같이 한 케이스로 묶어서 입력해야 한다. 예를 들어, 대기시간은 time이라는 변수명 아래에 입력하고, 은행 이름은 bank라는 변수명 아래에 입력해 보자. 은행을 나타내는 기호로는 A, B를 사용해도 좋고 입력하기 쉽도록 1, 0을 사용해도 좋다. 여기서는 A 은행은 1, B 은행은 0을 사용해서 나타내기로 한다. 다만, bank의 '측도'는 '명목'으로 설정해야 한다. [그림 8-7]에 입력된 자료의 일부가 보인다.

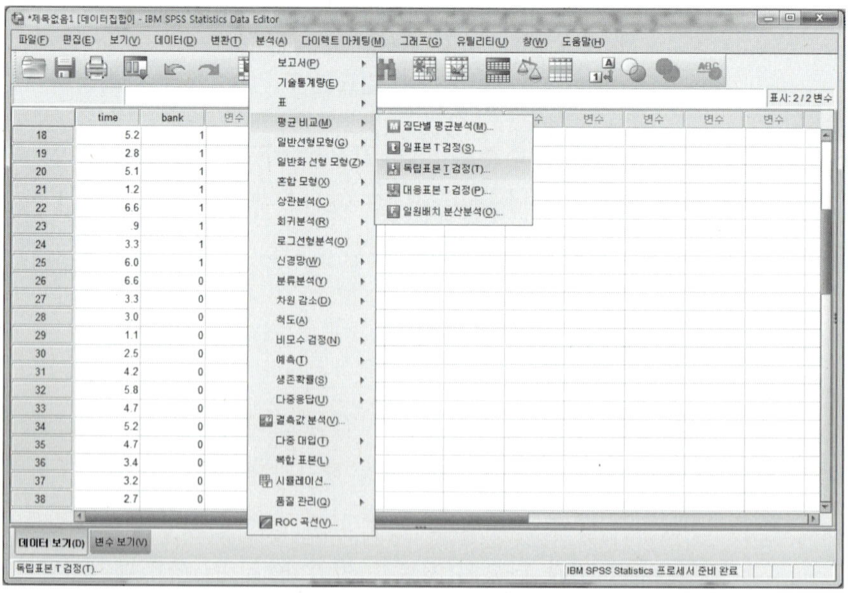


**[그림 8-7]** 독립표본 T 검정 메뉴

이제 입력된 자료를 'time'이란 파일명으로 저장하고 문제를 풀어 보자.

독립표본을 이용한 두 모평균의 비교(독립비교)를 시행하기 위하여 메뉴에서 [그림 8-7]과 같이 분석(A) → 평균 비교(M) → 독립표본 T 검정(T)... 을 선택한다. 그러면 [그림 8-8]과 같은 '독립표본 T검정' 대화상자를 얻는다. 그리고 time을 검정변수로 bank를 집단변수로 선택한다. bank에서 두 집단을 나타내는 값을 정의하기 위하여 집단정의(D)... 를 클릭하면 [그림 8-9]에서와 같이 '집단정의' 대화상자가 나타나고, 집단 1과 집단 2의 값에 각각 1과 0을 입력한다. '계속'을 누르면 다시 '독립표본 T검정' 대화상자로 돌아오고 '집단변수'의 값인 bank(?,?)가 bank(1,0)으로 바뀜을 확인할 수 있다.

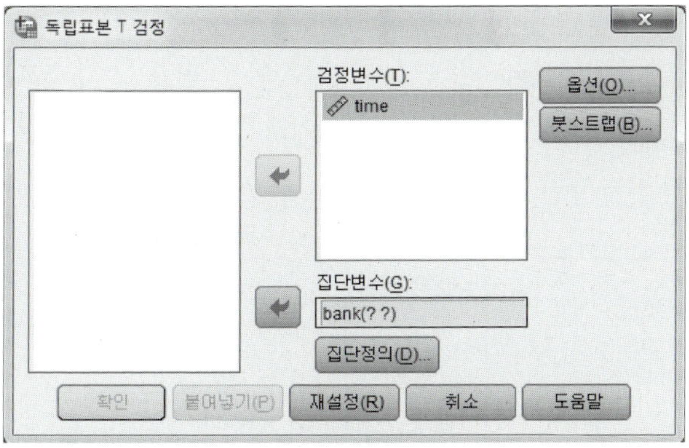


**|그림 8-8|** 독립표본 T 검정 대화상자

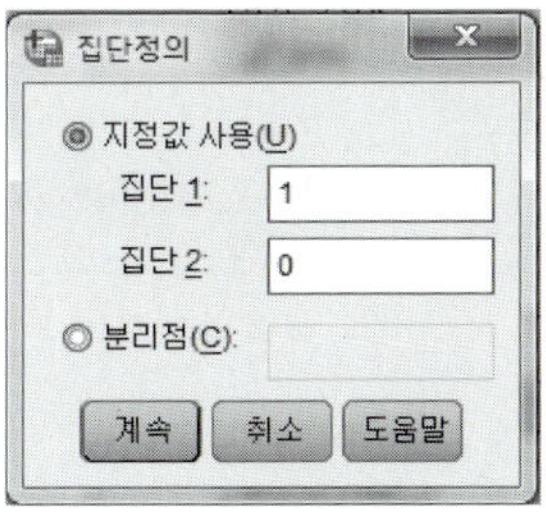


**|그림 8-9|** 집단정의 대화상자

독립표본 T 검정 대화상자에서 '확인'을 클릭하면 다음과 같은 결과를 얻는다.

먼저 '집단통계량'에서는 두 집단의 각각에 대한 통계량들이 디폴트로 출력되고, '독립표본 검정'에서 두 모평균의 차에 대한 $t$-검정 결과가 표로 출력된다. 검정 결과는 항상 등분산이 가정될 경우와 등분산이 가정되지 않을 경우로 나누어 출력되며, 사용자는 'Levene의 등분산 검정'의 결과에 따라 하나를 선택하여 해석하게 된다. 여기서는 등분산성 검정의 유의확률이 0.742로 유의성이 없으므로 두 모집단의 분산이 다르다는 근거가 없다. 따라서, '등분산이 가정됨'이란 첫 줄의 내용을 추정과 검정의 결과로 사용한다.

두 평균의 차에 대한 95% 신뢰구간은 (−1.40075, 0.64806)이다.

두 평균의 동일성에 대한 독립비교 $t$-검정 결과는 양측(양쪽) 검정 결과 유의확률이 0.463이다. 따라서, 단측(한쪽) 검정에서는 유의확률이 0.231이며, 이는 유의성이 없음을 나타낸다. 즉, A 은행의 고객 대기시간이 B 은행보다 짧다고 주장할 근거는 없다.

**집단통계량**

| | bank | N | 평균 | 표준편차 | 평균의 표준오차 |
|---|---|---|---|---|---|
| time | 1 | 25 | 4.028 | 1.7735 | .3547 |
| | 0 | 23 | 4.404 | 1.7481 | .3645 |

**독립표본 검정**

| | | Levene의 등분산 검정 | | 평균의 동일성에 대한 t-검정 | | | | | | |
|---|---|---|---|---|---|---|---|---|---|---|
| | | F | 유의확률 | t | 자유도 | 유의확률(양쪽) | 평균차 | 차이의 표준오차 | 차이의 95% 신뢰구간 하한 | 차이의 95% 신뢰구간 상한 |
| time | 등분산이 가정됨 | .110 | .742 | -.740 | 46 | .463 | -.3763 | .5089 | -1.4008 | .6481 |
| | 등분산이 가정되지 않음 | | | -.740 | 45.771 | .463 | -.3763 | .5086 | -1.4003 | .6476 |

### 8-3-3 대응비교

쌍으로 주어진 자료를 이용하여 두 모평균의 차에 대한 추론을 할 때 대응비교를 시행한다. 이 절에서는 SPSS를 이용하여 대응비교를 시행하는 방법을 알아보자.

한 회사에서는 자사의 16주간의 운동 프로그램이 몸무게를 줄이는 특별한 효과가 있다고 주장한다. 따라서, 이를 확인하기 위해 15명의 임의로 선택된 사람들이 그 프로그램에 참여하였으며, 프로그램 참가 전과 후의 몸무게는 다음과 같았다. 이 회사의 운동 프로그램이 몸무게를 줄이는 효과가 있는지 유의수준 5%에서 검정법으로 확인해 보자.

| 번호 | 1 | 2 | 3 | 4 | 5 | 6 | 7 | 8 | 9 | 10 | 11 | 12 | 13 | 14 | 15 |
|---|---|---|---|---|---|---|---|---|---|---|---|---|---|---|---|
| 참가 전 | 80 | 96 | 75 | 81 | 78 | 71 | 85 | 74 | 84 | 91 | 76 | 85 | 73 | 88 | 94 |
| 참가 후 | 83 | 91 | 74 | 83 | 75 | 65 | 88 | 70 | 81 | 89 | 79 | 78 | 70 | 81 | 93 |

참가 전에 비하여 참가 후에 몸무게가 줄었는지 확인하기를 원하므로 문제에 맞는 귀무가설과 대립가설은 각각 다음과 같다.

$$H_0:\ \mu_1 = \mu_2, \qquad H_1:\ \mu_1 > \mu_2$$

SPSS의 데이터 편집기에 자료를 입력하는 방법은 독립비교와는 다르게 두 변수의 데이터를 별개의 변수로 입력한다. 예를 들어, 참가 전을 'before'로 참가 후를 'after'라는 변수로 나타내면 변수명 'before'와 'after' 아래 데이터를 따로따로 입력한다. [그림 8-10]의 왼쪽에 자료가 입력된 형태가 보인다.

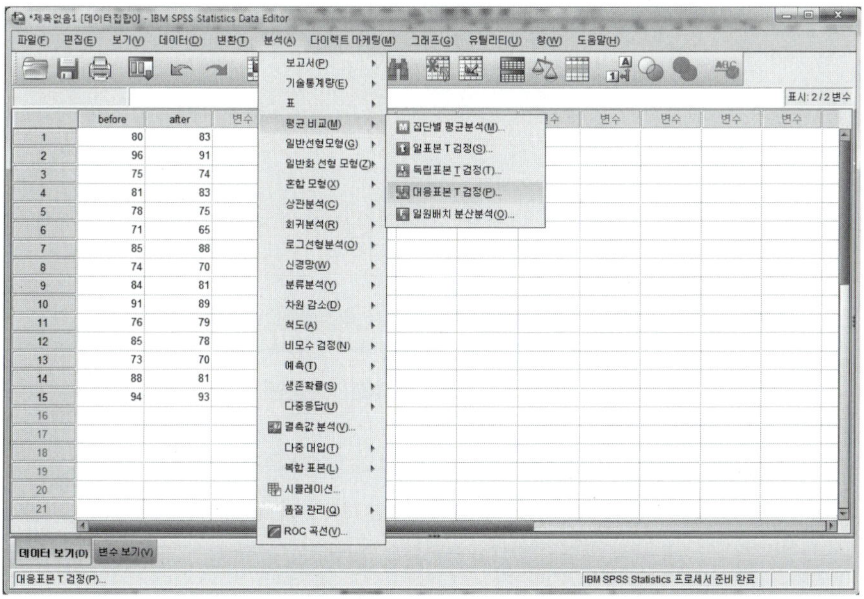


**[그림 8-10]** 대응표본 T검정 메뉴

SPSS에서 대응비교의 메뉴는 분석(A) → 평균 비교(M) → 대응표본 T 검정(P)... 이다. [그림 8-10]에서와 같이 대응표본 T검정 메뉴를 선택하면 [그림 8-11]의 대응표본 T검정 대화상자를 얻는다. 얻어진 대화상자에서 변수 before와 after를 차례로 클릭하면 [그림 8-11]과 같이 '변수1'과 '변수2'에 차례로 before와 after가 선택된다. 이제 중앙에 있는 ➡를 클릭하면 [그림 8-12]와 같이

'before- after'가 대응변수 로 선택되어 $\mu_1 - \mu_2$에 관한 추론을 시행할 예정임을 나타낸 것이다.

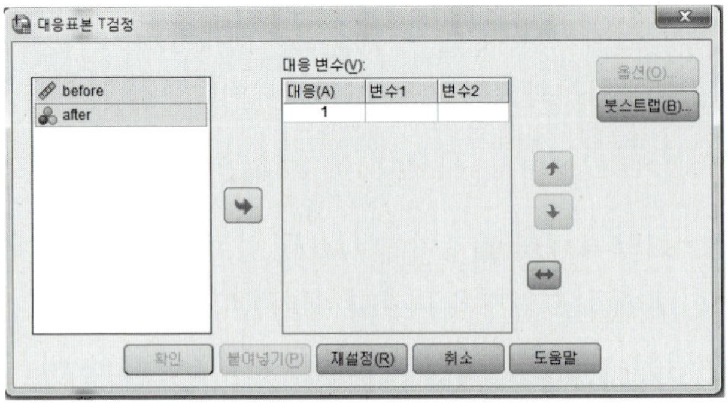


**|그림 8-11|** 대응표본 T 검정 대화상자

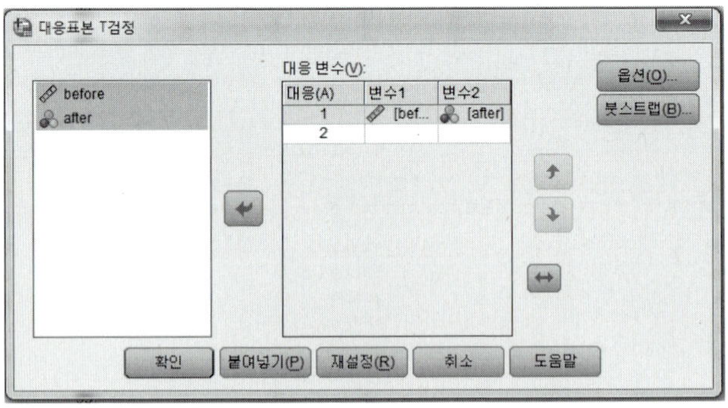


**|그림 8-12|** 대응변수 선택 결과

'확인'을 클릭하여 얻은 출력결과는 다음과 같다.

결과는 대응표본 통계량, 대응표본 상관계수, 대응표본 검정으로 나누어 출력된다. 대응표본 통계량에서는 두 변수(여기서는 before와 after)의 평균, 표준편차 등의 기초 통계량이 출력된다. 대응표본 상관계수에서는 두 변수 before와 after의 상관계수와 유의성 검정 결과가 출력된다. 이 검정에서 유의성이 없으면(예를 들어 유의확률이 5% 이상이면) 두 변수의 상관관계가 약하거나 없음을 뜻한다. 아래의 결과에서는 유의확률이 0.000으로 유의성이 매우 강하여 운동 프로그램 참가 전의 몸무게와 참가 후의 몸무게가 연관성이 강함을 뜻한다.

대응표본 검정 결과에서는 두 모평균의 차인 $\mu_1 - \mu_2$ 의 95% 신뢰구간이 디폴트로 출력되고 대응비교 (양쪽)검정 결과가 출력된다. (양쪽)검정 결과의 유의확률이 0.040이므로 단측(한쪽)검정의 유의확률은 0.02(2%)로서 유의성이 강하다. 즉, 유의수준 5%에서 운동 프로그램이 몸무게를 줄이는 뚜렷한 증거가 있다고 결론을 내린다.

**대응표본 통계량**

| | | 평균 | N | 표준편차 | 평균의 표준오차 |
|---|---|---|---|---|---|
| 대응 1 | before | 82.07 | 15 | 7.796 | 2.013 |
| | after | 80.00 | 15 | 8.220 | 2.122 |

**대응표본 상관계수**

| | | N | 상관계수 | 유의확률 |
|---|---|---|---|---|
| 대응 1 | before & after | 15 | .904 | .000 |

**대응표본 검정**

| | | 대응차 | | | | | t | 자유도 | 유의확률 (양쪽) |
|---|---|---|---|---|---|---|---|---|---|
| | | 평균 | 표준편차 | 평균의 표준오차 | 차이의 95% 신뢰구간 | | | | |
| | | | | | 하한 | 상한 | | | |
| 대응 1 | before − after | 2.067 | 3.535 | .913 | .109 | 4.024 | 2.264 | 14 | .040 |

## 8-3-4 신뢰구간 모의실험

7장에서 추정의 원리를 설명하면서 구간추정의 의미를 설명하였다. 이 절에서는 간단한 모의실험을 통하여 신뢰구간의 의미를 복습하도록 한다.

모의실험 방법은 표준정규분포 $N(0,1)$ 에서 10개의 데이터를 랜덤하게 생성하고, 이들 자료의 80% 신뢰구간을 구하는 일을 20회 반복하여, 20개의 신뢰구간 가운데 0을 포함하는 신뢰구간이 몇 개 있는지 알아보려고 한다.

먼저 데이터 편집기의 '변수보기' 창에서 x1부터 x20까지 20개의 변수를 지정하고 측도는 모두 '척도'형을 선택한다. 데이터를 생성하기 위하여 3장과 6장의 SPSS 실습에서 다루었던 것과 같은 방법을 사용하되 표준정규분포에서 랜덤하게 데이터를 생성할 예정이므로 함수의 이름만 다르게 된다.

먼저 x1에 10개의 데이터를 생성하기 위하여 '데이터 보기' 창에서 10행에 임의의 숫자를 입력한 다음, 메뉴에서 변환(T) → 변수 계산(C)... 을 선택한다. 다시

'변수계산' 창에서 대상변수(T): 란에 x1을 입력하고 오른쪽의 함수 집단(G): 에서 '난수'를 선택한 뒤 함수 및 특수변수(F): 에서 RV.NORMAL(?,?)을 선택한 다음 [↑]을 클릭하여 숫자표현식(E): 으로 보내고 평균에 해당하는 첫 번째 ?에 0을 그리고 분산에 해당하는 두 번째 ?에 1을 입력한 후 '확인'을 클릭하면 10개의 랜덤 데이터가 생성된다. 다시 '변환' → '변수 계산'을 선택하여 '변수 계산' 창이 나오면 '대상변수'를 x2로 바꾸고 '확인'을 클릭한다. 이와 같은 작업을 x20까지 반복하여 [그림 8-14]와 같이 20개의 변수에 대한 관측값을 얻는다.

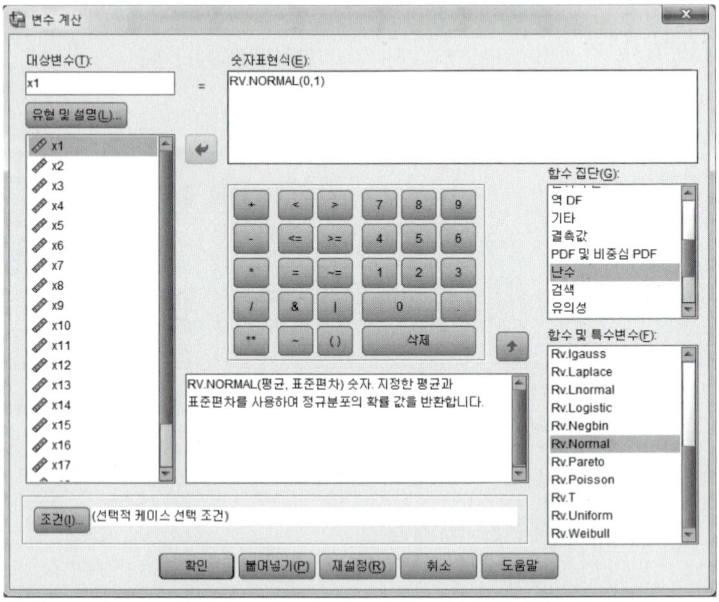


**|그림 8-13|** $N(0,1)$ 에서 난수 생성

| | x1 | x2 | x3 | x4 | x5 | x6 | x7 | x8 | x9 | x10 |
|---|---|---|---|---|---|---|---|---|---|---|
| 1 | -.91 | -1.79 | .00 | -.32 | 1.06 | .87 | .38 | -1.01 | -.47 | .29 |
| 2 | -.04 | -1.52 | 1.06 | .83 | .97 | -.48 | 1.68 | 1.06 | .22 | .41 |
| 3 | -.28 | 1.01 | -1.38 | .07 | -1.11 | -.90 | .08 | -.18 | -1.26 | 1.40 |
| 4 | -.36 | .74 | -.28 | .06 | 1.76 | -1.99 | .74 | -.56 | -.52 | -1.16 |
| 5 | -1.86 | .58 | -.78 | .31 | .48 | .76 | -1.33 | 1.45 | .43 | .56 |
| 6 | -1.77 | .01 | -.31 | -1.19 | -.66 | -.41 | -1.04 | .68 | -.22 | .23 |
| 7 | -.32 | -.88 | -1.14 | -2.39 | -.11 | -.83 | -1.03 | .02 | .27 | .04 |
| 8 | 1.63 | 1.52 | 1.15 | .79 | 1.14 | -.87 | -.23 | .84 | .53 | 1.52 |
| 9 | -.19 | -.27 | 1.35 | 1.08 | 1.04 | -2.04 | .26 | 1.52 | -2.62 | -.14 |
| 10 | -.32 | -.01 | -1.22 | .41 | -2.13 | -.48 | -1.26 | -.24 | -.36 | -.47 |
| 11 | -.34 | 1.36 | -.03 | -.97 | 1.71 | -1.96 | 1.74 | -1.63 | .24 | -1.50 |
| 12 | -1.16 | -.21 | .40 | -.45 | -.44 | -1.72 | -.70 | -.58 | .12 | .33 |
| 13 | 1.43 | -.32 | .03 | 2.35 | .46 | .37 | -1.28 | .79 | .87 | -3.06 |
| 14 | -.87 | .70 | .41 | -.67 | -.08 | .71 | .43 | -.48 | -1.56 | .41 |
| 15 | -.45 | -.98 | .13 | -.49 | -1.40 | -.56 | .24 | -1.54 | -.16 | .49 |

| | x11 | x12 | x13 | x14 | x15 | x16 | x17 | x18 | x19 | x20 |
|---|---|---|---|---|---|---|---|---|---|---|
| 1 | .57 | -1.46 | .62 | 1.55 | .71 | -.06 | -.76 | .92 | -.37 | 1.89 |
| 2 | -.77 | .68 | -1.20 | .07 | .83 | 2.13 | .74 | -.36 | .70 | -.89 |
| 3 | -.22 | -.10 | -.80 | -.73 | -.05 | .54 | -.86 | .35 | -.46 | -.92 |
| 4 | -1.17 | -.35 | -.04 | .66 | .04 | .94 | .33 | .21 | -.21 | 2.13 |
| 5 | -1.27 | .34 | .13 | -.44 | -.34 | 1.16 | -.05 | 1.85 | -.84 | -1.06 |
| 6 | -1.77 | 1.42 | -.30 | -1.31 | 1.44 | .92 | .25 | -.05 | 1.73 | -1.22 |
| 7 | -.77 | -1.40 | -1.35 | .40 | -.35 | .48 | -.59 | -1.58 | 2.36 | -1.15 |
| 8 | -.51 | 1.40 | -.60 | -1.02 | .49 | .19 | 1.17 | -1.47 | -.30 | .44 |
| 9 | .14 | 1.18 | 1.24 | .59 | -.50 | 1.12 | .82 | .55 | -.31 | .27 |
| 10 | .73 | 2.05 | .07 | .16 | -.28 | -.55 | -.65 | .23 | -.31 | -.44 |
| 11 | 1.03 | .56 | 2.17 | 1.19 | 1.34 | .14 | .33 | 1.06 | -.56 | 2.28 |
| 12 | -.46 | -.51 | -.44 | -.09 | -.32 | .59 | .34 | -.38 | 1.58 | 1.46 |
| 13 | -1.16 | .97 | -1.14 | 1.01 | 1.57 | 1.76 | -.57 | -1.44 | -.63 | .49 |
| 14 | .76 | 2.36 | -.78 | .47 | -.02 | 1.01 | .00 | .35 | -.37 | .04 |
| 15 | .95 | -1.87 | .98 | -.67 | -.61 | .39 | 1.59 | .81 | -.09 | -1.15 |

**|그림 8-14|** $N(0,1)$ 에서 생성된 20개의 데이터 세트

이제 20개의 데이터 세트에 대한 각각의 80% 신뢰구간을 구해 보자.

신뢰구간에 대한 메뉴는 따로 없으며, '일표본 T검정'에서 옵션으로 출력된다. 메뉴에서 '분석' → '평균비교' → '일표본 T검정'을 선택하고 이어서 나오는 '일표본 T검정' 창에서 검정변수로 x1부터 x20까지 모두 선택한다. 다음에 '옵션' 버튼을 클릭하여 '일표본 T검정: 옵션' 창이 뜨면 [그림 8-15]와 같이 신뢰구간을 디폴트 값인 95에서 80으로 바꾼다. 이제 '계속'과 '확인'을 계속해서 클릭하면 〈표 8-1〉과 같은 일표본 검정 결과를 얻는다.

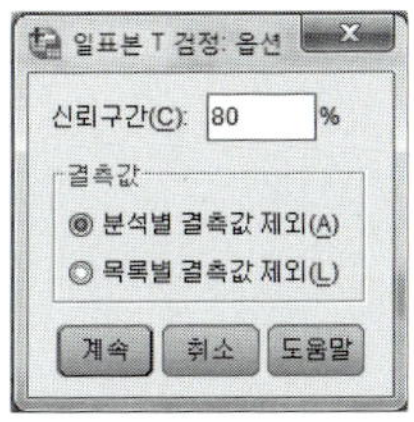


**|그림 8-15|** '일표본 T검정: 옵션' 창

〈표 8-1〉에서 검정은 $H_0 : \mu = 0$를 유의수준 20%에서 양측검정 결과이며, 신뢰구간은 모평균 $\mu$의 80% 신뢰구간들이다. 양측검정과 신뢰구간의 관계에서 유의확률이 20%가 넘으면 대응되는 80% 신뢰구간은 0을 포함하지 않는다. 표에서는 20개의 80% 신뢰구간 가운데 2개가 0을 포함하고 있지 않음을 확인할 수 있다. 이와 같은 결과는 모의실험의 시행 때마다 다른 결과를 얻게 되며, 평균적으로는 대략 4개의 신뢰구간이 0을 포함하지 않게 될 것이다. 일반적으로 모평균 $\mu$의 $100(1-\alpha)$% 신뢰구간이면 100개에 $100\alpha$개 꼴로 참값인 $\mu$를 포함하지 않는 구간이 나오리라 예상한다.

**|표 8-1|** 일표본 검정 결과

**일표본 검정**

| | 검정값 = 0 | | | | | |
|---|---|---|---|---|---|---|
| | t | 자유도 | 유의확률 (양쪽) | 평균차 | 차이의 95% 신뢰구간 | |
| | | | | | 하한 | 상한 |
| x1 | −1.566 | 14 | .140 | −.38576 | −.9140 | .1424 |
| x2 | −.016 | 14 | .987 | −.00414 | −.5582 | .5500 |
| x3 | −.194 | 14 | .849 | −.04254 | −.5125 | .4274 |
| x4 | −.139 | 14 | .892 | −.03982 | −.6555 | .5758 |
| x5 | .595 | 14 | .561 | .17824 | −.4638 | .8203 |
| x6 | −2.454 | 14 | .028 | −.63528 | −1.1906 | −.0800 |
| x7 | −.335 | 14 | .742 | −.08802 | −.6510 | .4750 |
| x8 | .037 | 14 | .971 | .00970 | −.5519 | .5713 |
| x9 | −1.271 | 14 | .224 | −.29911 | −.8038 | .2056 |
| x10 | −.148 | 14 | .885 | −.04398 | −.6818 | .5938 |
| x11 | −1.109 | 14 | .286 | −.26022 | −.7635 | .2431 |
| x12 | 1.059 | 14 | .307 | .35155 | −.3604 | 1.0635 |
| x13 | −.373 | 14 | .714 | −.09618 | −.6486 | .4562 |
| x14 | .565 | 14 | .581 | .12181 | −.3405 | .5841 |
| x15 | 1.367 | 14 | .193 | .26299 | −.1497 | .6757 |
| x16 | 4.034 | 14 | .001 | .71738 | .3360 | 1.0988 |
| x17 | .725 | 14 | .481 | .13843 | −.2712 | .5481 |
| x18 | .275 | 14 | .787 | .07009 | −.4756 | .6158 |
| x19 | .506 | 14 | .621 | .12848 | −.4162 | .6732 |
| x20 | .436 | 14 | .669 | .14343 | −.5620 | .8489 |

## 8장 연습문제

**8.1** 한 심리학자는 실험용 쥐들이 어떤 특정한 미로를 찾아가는 데 평균 13분이 걸린다고 주장하였다. 이를 확인하기 위하여 6마리의 쥐를 실험한 결과 걸린 시간(단위: 분)은 다음과 같았다. 다만, 실험용 쥐가 이 미로를 찾아가는 데 걸리는 시간은 정규분포를 따른다고 가정한다.

14, 9, 12, 13, 5, 17

(a) 쥐가 미로를 찾아가는 평균시간의 95% 신뢰구간을 구하여라.

(b) 이 심리학자의 주장이 옳지 않다는 근거가 있는가? 유의수준 5%에서 검정하여라.

**8.2** 새로 나온 담배의 니코틴 함량이 1개비당 15 mg이라고 한다. 이를 확인하기 위하여 10개비를 조사한 결과 다음의 데이터를 얻었다. 다만, 이 담배의 1개비당 니코틴 함량은 정규분포를 따른다고 한다.

13, 17, 18, 14, 16, 13, 18, 20, 19, 17

(a) 담배 1개비당 니코틴 함량의 99% 신뢰구간을 구하여라.

(b) 평균 니코틴 함량이 15 mg 이상이라고 할 수 있는가? 유의수준 1%에서 검정하여라.

**8.3** A 정당에 대한 지지도를 조사하기 위하여 900명을 랜덤하게 뽑아 조사하였더니, 150명이 지지하는 것으로 나타났다. 지지율을 추정하고 표준오차를 구하여라.

**8.4** 서울에서 부산까지 비행기표를 구입하는데 왕복표를 사는 사람의 비율을 추정하기 위하여 160명을 조사하였더니 60명이 왕복표를 구입하였다. 왕복표의 비율을 추정하고 표준오차를 구하여라.

**8.5** 어느 법안에 대한 지지율을 조사하기 위하여, 600명의 유권자를 랜덤하게 뽑아 조사한 결과 160명이 지지하였다. 지지율의 95% 신뢰구간을 구하여라.

**8.6** 전국에서 대학생에게 지급하는 학비 융자금의 회수율을 조사하기 위하여, 융자를 받은 900명을 조사한 결과 720명이 융자금을 반환하였다. 융자금 회수율의 99% 신뢰구간을 구하여라.

**8.7** 어떤 병원에서 근무하는 간호사의 36%가 O형의 혈액형을 갖고 있다고 한다. 이 중에서 49명의 간호원을 랜덤하게 뽑을 때 O형의 간호원이 31%부터 40% 사이에 있을 확률을 구하여라.

**8.8** 어느 대학의 신입생 중에 재수생이 35%라고 한다. 이 중에서 랜덤하게 100명을 뽑을 때 재수생의 비율이 32% 이하일 확률을 구하여라.

**8.9** 어느 백화점에서 카드 사용자 가운데 A 카드 사용자의 비율을 추정하려 한다. 지난해에는 25%가 A카드를 사용하였다. 올해의 A 카드 사용자 비율 추정에서 95% 오차한계가 2% 이내가 되기 위한 표본크기를 구하여라.

**8.10** 어느 대학에서 지난해 신입생의 30%가 흡연 경험이 있다고 한다. 올해 신입생의 흡연 경험 비율을 추정할 때, 90% 오차한계가 2% 이내가 되기 위한 표본크기를 구하여라.

**8.11** 치과용 마취제가 남자와 여자에 미치는 영향에 차이가 있는지를 조사하기 위하여, 남녀 각각 30명씩 마취 시간을 조사한 결과 다음의 자료를 얻었다.

남자: $n_1 = 30 \quad \bar{x}_1 = 2.3 \quad s = 0.7$

여자: $n_2 = 30 \quad \bar{x}_2 = 2.0 \quad s = 0.8$

(a) 남자와 여자의 평균 마취 시간 차이에 대한 95% 신뢰구간을 구하여라.
(b) 남자와 여자의 평균 마취 시간에 차이가 있는지를 유의수준 5%에서 검정하여라.

**8.12** 어느 산부인과 병원에서 신생아의 경우 남아와 여아의 체중에 차이가 있는지를 알아보기 위하여 다음의 자료를 얻었다.

| | 표본크기 | 표본평균 | 표본표준편차 |
|---|---|---|---|
| 남아 | $n_1 = 30$ | $\bar{x}_1 = 3.51$ (kg) | $s = 0.5$ (kg) |
| 여아 | $n_2 = 30$ | $\bar{x}_2 = 3.28$ (kg) | $s = 0.6$ (kg) |

(a) 남아와 여아의 평균 체중 차이에 대한 95% 신뢰구간을 구하여라.

(b) 남아와 여아의 체중이 다르다고 할 수 있는지를 유의수준 5%에서 검정하여라.

**8.13** 다음은 부부 가운데 한 사람만 직장에 다니는 가정(집단 1)과 부부가 모두 직장에 다니는 가정(집단 2)에서 TV 시청 시간을 조사한 자료이다. 두 집단에서 TV를 시청하는 시간이 다르다고 할 수 있는지 유의수준 10%에서 검정하여라.

| | 표본크기 | 표본평균 | 표본표준편차 |
|---|---|---|---|
| 집단 1 | 15 | 65(분) | 35(분) |
| 집단 2 | 12 | 43(분) | 12(분) |

**8.14** 진보텔레콤의 회계담당자는 판매부서와 연구부서의 일일 출장비가 차이가 나는지 알아보려고 자료(단위: 만 원)를 수집하였다. 유의수준 5%에서 두 부서의 일일 평균 출장비에 차이가 나는지 검정하여라.

| | 표본크기 | 표본평균 | 표본표준편차 |
|---|---|---|---|
| 판매부서 | 15 | 12 | 4 |
| 연구부서 | 13 | 10 | 1.5 |

**8.15** 한 휘트니스 클럽에서는 자신들이 운영하는 체중관리 프로그램을 마치면 체중을 줄일 수 있다고 주장한다. 이를 증명하기 위하여 랜덤하게 추출된 10명의 회원들의 프로그램 전후의 체중(단위: kg)을 조사하였다. 다음의 자료를 바탕으로 이 클럽의 주장이 사실인지 유의수준 5%에서 검정하여라.

| 회 원 | 1 | 2 | 3 | 4 | 5 | 6 | 7 | 8 | 9 | 10 |
|---|---|---|---|---|---|---|---|---|---|---|
| 전 | 55 | 62 | 49 | 52 | 65 | 58 | 75 | 66 | 51 | 59 |
| 후 | 54 | 64 | 50 | 48 | 60 | 59 | 72 | 65 | 55 | 53 |

**8.16** 한 가구회사에서는 판매원들의 실적을 높이기 위해 새로운 인센티브 프로그램을 실시하였다. 새로운 인센티브 프로그램하에서 판매원들의 판매실적이 좋아졌는지 알아보기 위하여 랜덤하게 추출한 6명의 판매원들의 인센티브 프로그램 전후의 월별 판매실적을 조사하였다. 다음의 자료를 바탕으로 새로운 인센티브 프로그램이 효과가 있는지 유의수준 5%에서 검정하여라. (단위: 만 원)

| 판매사원 | 1 | 2 | 3 | 4 | 5 | 6 |
|---|---|---|---|---|---|---|
| 전 | 780 | 620 | 1124 | 440 | 2500 | 1800 |
| 후 | 1200 | 500 | 860 | 980 | 3200 | 2700 |

**8.17** 한 대학교의 여론조사에서 특정 안건에 대하여 남학생은 200명 중에 140명이, 여학생은 100명 중에 55명이 찬성하였다. 남학생과 여학생의 찬성률 차이에 대한 90% 신뢰구간을 구하여라. 그리고 남학생과 여학생들의 찬성률의 차이가 있는지 유의수준 10%에서 검정하여라.

**8.18** 어느 보험회사에서 A, B 두 생명보험에 대하여 계약파기 비율이 다른지를 조사하고자 한다. 지난 일 년간의 자료는 다음과 같다. 두 보험에 대한 계약 파기 비율이 다르다고 할 수 있는가? 유의수준 5%에서 검정하여라.

| | 총 계약자 수 | 계약 파기 자수 |
|---|---|---|
| A | 2,050 | 500 |
| B | 4,700 | 1,150 |

**8.19** 기초통계학 과목을 담당한 K 교수와 L 교수의 A 학점 비율이 다른지를 알아보기 위하여 지난 학기의 성적을 조사한 결과가 다음과 같다. 두 교수의 A 학점 비율은 다르다고 할 수 있는가? 유의수준 5%에서 검정하여라.

| | 학생 수 | A학점 수 |
|---|---|---|
| K 교수 | 120 | 28 |
| L 교수 | 86 | 20 |

**8.20** 한 대학에서는 방학 동안에 남녀 학생들의 부직 취업률에 차이가 있는지를 알아보기 위해 랜덤 추출한 남녀학생들을 대상으로 조사한 결과 다음과 같은 자료를 얻었다. 이 자료에 기초하면 남녀 학생들 간의 취업률에 차이가 있다고 할 수 있는가? 유의수준 5%에서 검정하여라.

| | 남 | 여 |
|---|---|---|
| 취 업 | 708 | 593 |
| 비취업 | 89 | 139 |
| 계 | 797 | 732 |

**8.21** 특정 피임약이 사용자의 혈압을 저하시키는지 알아보기 위하여, 10명의 여성을 대상으로 피임약 사용 전후의 혈압을 측정한 결과 다음의 자료를 얻었다. 이 데이터에 의하면, 피임약은 혈압을 저하시킨다고 할 수 있는가? 유의수준 5%에서 검정하여라.

| 번호 | 1 | 2 | 3 | 4 | 5 | 6 | 7 | 8 | 9 | 10 |
|---|---|---|---|---|---|---|---|---|---|---|
| 사용 전 | 73 | 80 | 72 | 78 | 77 | 70 | 78 | 86 | 89 | 88 |
| 사용 후 | 71 | 76 | 75 | 70 | 65 | 70 | 69 | 79 | 83 | 82 |

**8.22** 서울에서 10월과 12월의 대기오염을 비교하기 위하여, 7개 지역에서 아황산가스 오염값(단위: ppm)을 측정한 결과 다음과 같았다. 10월보다 12월의 오염도가 더 심각하다고 할 수 있는지를 유의수준 5%에서 검정하여라.

| 지역 | 1 | 2 | 3 | 4 | 5 | 6 | 7 |
|---|---|---|---|---|---|---|---|
| 10월 | 0.03 | 0.12 | 0.08 | 0.06 | 0.03 | 0.09 | 0.04 |
| 12월 | 0.05 | 0.11 | 0.12 | 0.09 | 0.06 | 0.12 | 0.06 |

**8.23** 어떤 과학자는 휘발유에 자신이 개발한 새로운 첨가제를 넣을 경우에 주행거리를 증가시킨다고 주장하였다. 이를 확인하기 위하여 10종류의 자동차에 대하여 실험을 실시한 결과 1리터당 주행거리는 다음과 같았다. SPSS를 사용하여 첨가제의 사용 전과 사용 후의 평균 주행거리 차이에 대한 95% 신뢰구간을 구하고, 첨가제 사용이 주행거리를 증가시킨다고 할 수 있는지 유의수준 5%에서 검정하여라.

| 차번호 | 1 | 2 | 3 | 4 | 5 | 6 | 7 | 8 | 9 | 10 |
|---|---|---|---|---|---|---|---|---|---|---|
| 사용 전 | 11.5 | 15.8 | 20.3 | 18.2 | 25.3 | 9.8 | 14.8 | 16.0 | 16.4 | 13.5 |
| 사용 후 | 12.3 | 15.5 | 23.2 | 19.5 | 28.1 | 10.2 | 16.2 | 15.8 | 16.5 | 14.4 |

**8.24** 한 도시에서 실업률을 추정하기 위해 취업 적령기의 1000명을 랜덤하게 추출하여 조사한 결과 실업자가 173명이었다. 이 도시의 실업률에 대한 90% 신뢰구간을 SPSS를 사용하여 구하여라.

**8.25** 해수욕장에서 사용하는 피부보호용 크림을 새로 개발하였으며, 이를 기존의 크림과 비교하려고 한다. 이를 위해 9명의 여성이 두 크림을 바른 후에 일정시간 햇빛에 노출시키고 피부가 탄 정도를 측정하여 다음의 자료를 얻었다. SPSS를 이용하여, 새 크림이 기존의 크림보다 더 효과적인지를 유의수준 5%에서 검정하여라. 다만, 피부가 탄 정도가 적을수록 효과적이라고 한다.

| | 1 | 2 | 3 | 4 | 5 | 6 | 7 | 8 | 9 |
|---|---|---|---|---|---|---|---|---|---|
| 기존 크림 | 43 | 70 | 82 | 63 | 71 | 48 | 56 | 92 | 80 |
| 새 크림 | 50 | 45 | 85 | 57 | 60 | 42 | 48 | 94 | 78 |

**8.26** 회복기의 환자를 위한 식이요법을 개발하였다. 새로 개발된 식이요법 B가 기존의 식이요법 A보다 더 효과적인지를 확인하기 위하여 건강상태가 비슷한 13마리의 쥐 가운데 랜덤하게 6마리를 선택하여 A 요법을 적용하고, 나머지 7마리에는 B 요법을 적용하여 다음의 체중 증가 자료를 얻었다. SPSS를 이용하여 식이요법 B가 A보다 더 효과적인지를 알아보는 검정을 유의수준 5%에서 시행하여라.

| | | | | | | | |
|---|---|---|---|---|---|---|---|
| A | 2.18 | 4.09 | 1.19 | 3.74 | 2.36 | 1.21 | |
| B | 4.27 | 5.08 | 3.29 | 4.67 | 3.58 | 4.96 | 3.98 |

# 제6장 표본분포

$$E(\overline{X}) = \sum_{\text{모든}x} \overline{x}\, p(x)$$

$$= 1 \times \frac{1}{16} + 1.5 \times \frac{2}{16} + 2 \times \frac{3}{16} + 2.5 \times \frac{4}{16} + 3 \times \frac{3}{16} + 3.5 \times \frac{2}{16} + 4 \times \frac{1}{16}$$

$$= \frac{40}{16} = \frac{5}{2}$$

즉, $\overline{X}$의 평균은 모평균 $\mu$와 같다. 한편, 〈표 6-1〉과 〈표 6-3〉에서 $X$와 $\overline{X}$의 분산을 구하면 다음과 같다.

$$\sigma^2 = E(X^2) - \mu^2 = (1^2 + 2^2 + 3^2 + 4^2) \times \frac{1}{4} - \left(\frac{5}{2}\right)^2 = \frac{5}{4}$$

$$\begin{aligned} \mathrm{Var}(\overline{\mathrm{X}}) &= \mathrm{E}(\overline{\mathrm{X}}^2) - [\mathrm{E}(\overline{\mathrm{X}})]^2 \\ &= 1^2 \times \frac{1}{16} + 1.5^2 \times \frac{2}{16} + 2^2 \times \frac{3}{16} + 2.5^2 \times \frac{4}{16} + 3^2 \times \frac{3}{16} + 3.5^2 \\ &\quad \times \frac{2}{16} + 4^2 \times \frac{1}{16} - \left(\frac{5}{2}\right)^2 \\ &= \frac{5}{8} \end{aligned}$$

즉, $\overline{X}$의 분산은 모분산 $\sigma^2$의 $\frac{1}{2}$이다.

일반적으로 $\overline{X}$의 평균과 분산을 구하기 위해서는 다음과 같은 기댓값과 분산의 성질을 이용해야 한다.

1. $E(aX_1 + bX_2) = a\,E(X_1) + b\,E(X_2)$
2. $X_1$와 $X_2$가 독립일 때, $\mathrm{Var}(\mathrm{aX_1 + bX_2}) = \mathrm{a^2 Var(X_1) + b^2 Var(X_2)}$

일반적으로 $\overline{X}$의 평균과 분산은 다음과 같이 구할 수 있다.

$$\begin{aligned} E(\overline{X}) &= \frac{1}{n} E(X_1 + \cdots + X_n) \\ &= \frac{1}{n}[E(X_1) + \cdots + E(X_n)] = \frac{n\mu}{n} = \mu \end{aligned}$$

(2) 복원추출의 경우

$$\mathrm{Var}(\overline{\mathrm{X}}) = \frac{9}{50} = 0.18$$

위의 [예제 6-5]에서 볼 수 있듯이 모집단의 크기 $N$이 n에 비하여 매우 클 때에는 $\frac{N-n}{N-1} \fallingdotseq 1$이므로 비복원추출의 경우와 복원추출의 경우 $\mathrm{Var}(\overline{\mathrm{X}})$의 값은 근사적으로 같게 된다.

표본평균의 표준편차 $\mathrm{sd}(\overline{\mathrm{X}})$를 특히 **표준오차**(standard error)라고 부른다.

**$\overline{X}$ 의 표준오차**

$$\mathrm{sd}(\overline{\mathrm{X}}) = \frac{\sigma}{\sqrt{\mathrm{n}}}$$

## 6-4-2 표본평균의 분포와 중심극한정리

모집단의 분포가 정규분포를 따를 때 $\overline{X}$의 분포도 정규분포에 따름이 알려져 있다. 따라서, 앞 절의 결과와 합하면 다음의 결과를 얻은 수 있다.

**정규모집단에서 $\overline{X}$ 의 분포**

모집단이 정규분포 $N(\mu,\sigma^2)$를 따를 때 표본평균 $\overline{X}$는 정규분포 $N(\mu,\frac{\sigma^2}{n})$을 따른다. 즉,

$$\overline{X} \sim N(\mu,\frac{\sigma^2}{n})$$

따라서, 표준화된 $\overline{X}$의 분포는 표준정규분포 $N(0,1)$을 따른다. 즉,

$$Z = \frac{\overline{X}-\mu}{\sigma/\sqrt{n}} \sim N(0,1)$$

위의 사실을 그림으로 나타내면 다음과 같다.

## 9장 연습문제

**9.1** 스포츠잡지를 발행하는 회사에서는 새로운 고객에게 티셔츠, 커피잔, 귀걸이의 3가지 경품 중 하나를 선물하고 있다. 500명의 새로운 고객을 무작위로 추출하여 경품의 선호도에 대해서 조사한 결과는 다음과 같다. 경품의 선호도에 차이가 있는지를 유의수준 5%에서 검정하여라.

| 경품 | 티셔츠 | 커피잔 | 귀걸이 |
|---|---|---|---|
| 빈도 | 183 | 175 | 142 |

**9.2** 어느 골프장에서 일별 골프팀의 수를 조사한 결과는 다음과 같다. 일별로 고객의 수가 다른지를 유의수준 5%로 검정하여라.

| 월 | 화 | 수 | 목 | 금 |
|---|---|---|---|---|
| 74 | 124 | 104 | 98 | 120 |

**9.3** 다음은 40명에게 낙태 비디오를 보여 주고, 비디오를 보기 전과 후 낙태에 대한 의견에 변화가 있었는가를 실험한 결과이다. 비디오 시청이 낙태에 대한 의견에 영향을 미치는지를 유의수준 5%에서 검정하여라.

| | 찬성 | 미정 | 반대 |
|---|---|---|---|
| 전 | 8 | 20 | 12 |
| 후 | 5 | 14 | 21 |

**9.4** 자동차보험회사에서는 나이에 따라 보험료를 차등 부과하는 것이 합당한지를 판단하기 위하여 1200명을 무작위로 추출하여 나이에 따른 지난 3년 동안 자동차사고 경험에 대하여 조사하였으며, 결과는 다음의 표와 같다. 나이에 따른 자동차보험료 차등 부과가 합당한지를 유의수준 5%에서 검정하여라.

| 사고경험 \ 나이 | 16~25 | 25~40 | 40~55 | 55 이상 |
|---|---|---|---|---|
| 있음 | 170 | 240 | 400 | 190 |
| 없음 | 74 | 58 | 44 | 24 |

**9.5** 한 여론조사기관에서 어떤 지역의 유권자 중에서 2485명을 랜덤하게 추출하여 나이와 선호하는 정당을 조사한 결과가 다음과 같다. 나이에 따라 선호하는 정당이 다르다고 할 수 있는가? 유의수준 1%에서 검정하여라.

| 나이 \ 정당 | 갑 | 을 | 병 | 정 |
|---|---|---|---|---|
| 30세 미만 | 158 | 351 | 287 | 78 |
| 30~50세 | 142 | 297 | 317 | 98 |
| 50세 이상 | 225 | 179 | 210 | 143 |

**9.6** 환경연합회에서 우리나라 100대 기업의 임원을 무작위로 추출하여, 환경 관련 이슈에 대하여 얼마나 많은 관심이 있는가를 조사하였으며, 결과는 다음과 같다. 환경이슈에 대한 관심이 직위에 따라 다르다고 생각하는가? 유의수준 1%에서 검정하여라.

| 관심 정도 \ 직위 | 사장 | 전무 | 상무 | 부장 |
|---|---|---|---|---|
| 전혀 없음 | 15 | 20 | 7 | 28 |
| 보통 | 13 | 19 | 7 | 21 |
| 매우 많음 | 12 | 21 | 6 | 31 |

**9.7** 다음은 나이에 따라 자동차 A, B, C, D, E에 대한 선호도를 조사한 실험 결과이다. 나이와 선호하는 자동차의 종류는 무관한지 유의수준 5%에서 검정하여라.

| 나이 \ 자동차 | A | B | C | D | E |
|---|---|---|---|---|---|
| 30세 미만 | 42 | 29 | 12 | 58 | 74 |
| 30~50세 | 59 | 34 | 43 | 19 | 68 |
| 50세 이상 | 67 | 42 | 81 | 7 | 82 |

**9.8** 어느 보험회사에서 4가지 종류의 연금보험 상품을 판매하고 있다. 이 회사에서는 고객의 직업에 따라 연금보험 상품의 선호도가 다른가를 조사하기 위하여 다음의 자료를 얻었다. 직업에 따라 상품의 선호도가 다른지를 유의수준 5%에서 검정하여라.

| 직업 \ 상품 종류 | 1 | 2 | 3 | 4 |
|---|---|---|---|---|
| 회사 임원 | 10 | 13 | 29 | 16 |
| 일반 직장인 | 19 | 80 | 19 | 17 |
| 노동자 | 81 | 57 | 22 | 43 |

**9.9** 어느 대학에서 새로 제정되는 규정에 대한 학생들의 의견을 알아보기 위하여 각 학년에서 100명씩 뽑아 조사한 결과 다음의 자료를 얻었다. 학년에 따라 의견이 다르다고 할 수 있는가? SPSS를 이용하여 검정하여라.

| 학년 \ 의견 | 찬성 | 반대 | 기권 |
|---|---|---|---|
| 1 | 42 | 22 | 36 |
| 2 | 40 | 30 | 30 |
| 3 | 49 | 11 | 40 |
| 4 | 33 | 35 | 32 |

**9.10** 어느 회사에서 교육수준과 직장에 대한 만족도는 서로 상관이 없는지를 조사하기 위하여 다음의 자료를 얻었다. SPSS를 이용하여 독립성 검정을 시행하여라.

| 교육 수준 \ 만족도 | 불만 | 보통 | 만족 |
|---|---|---|---|
| 고등학교 | 35 | 45 | 85 |
| 대학교 | 55 | 125 | 288 |
| 대학원 | 12 | 20 | 15 |

# 제10장 회귀분석

## 10-1 서론

두 변수 사이의 연관성을 알아보자. 예를 들어, 학생들의 학업성적에서 국어와 영어 성적을 생각해 보자. 일반적으로 학습능력이 뛰어나면 두 과목의 성적이 모두 높을 것으로 예상되고, 학습능력이 떨어지면 두 과목의 성적이 모두 낮을 것으로 예상된다. 이 경우에 국어성적과 영어성적 사이에 강한 연관성이 있음을 뜻한다. 한편, 수학성적과 음악성적 사이의 연관성은 그렇게 강하지 않을 것으로 예상된다. 다른 예로 학생들의 키와 몸무게 사이의 관계에서도 강한 연관성이 있을 것으로 예상된다. 키가 크면 반드시 몸무게도 더 나가는 것은 아니지만 일반적으로 키가 크면 몸무게도 더 나가는 경향이 있다. 이와 같이 두 변수 사이의 연관성에 대한 추론문제를 다루는 통계적 방법을 **상관분석**(correlation analysis)이라고 한다.

상관분석에서는 두 변수가 대등한 위치에 있는 것이 보통이다. 예를 들어, 국어성적에 의해 영어성적을 결정하는 것이 아니며, 키의 크기가 원인이고 몸무게가 결과인 관계는 아니다. 즉, 두 변수가 원인과 결과의 관계보다는 서로 연관성이 있으면서 대등한 관계에 있다.

그러나 변수 사이의 관계가 함수관계인 경우도 있다. 예를 들어, 흡연량과 폐암 발생률의 관계를 분석할 때는 흔히 흡연량이 폐암 발생률에 영향을 준다고 생각한다. 따라서, 이 경우에는 폐암 발생률을 흡연량의 함수로 취급하는 모형을 생각할 수 있다. 이와 같이 한 변수의 값에 따라 다른 변수의 값을 예측하기 위하여 두 변수 사이의 관계를 함수관계의 모형으로 간주하고, 모형 및 예측에 대한 추론을 하는 통계적 방법을 **회귀분석**(regression analysis)이라고 한다.

상관분석이나 회귀분석에서 두 변수 $x$, $y$ 사이의 연관성 또는 함수관계를 알아보기 위한 첫 단계는 산점도를 그려보는 것이다. 즉, 산점도가 직선에 가까운 모양일수록 연관성이 강한 것을 뜻하며, 원형에 가까울수록 연관성이 약함을 뜻한다. 또한, 함수관계에 있을 때에도 직선관계가 아닐 때에는 변수변환 등을 통하여 직선관계로 바꾸어 분석하는 경우도 많이 있다.

## 10-2 상관분석

두 변수 $X$, $Y$ 사이의 연관성을 나타내는 측도로서 공분산 및 상관계수를

4.2절에서 다루었다. 즉, $X$와 $Y$의 공분산을 $\mathrm{Cov}(X, Y)$로 나타내면 $X$와 $Y$의 **상관계수**(correlation coefficient)는 다음과 같이 정의된다.

$$\rho = \mathrm{Corr}(X, Y) = \frac{\mathrm{Cov}(X, Y)}{\sqrt{\mathrm{Var}(X)\, Var(Y)}}$$

두 변수 $(X, Y)$에 대한 관측값이 $(x_1, y_1), \cdots, (x_n, y_n)$으로 주어질 때, 상관계수 $\rho$는 다음의 **표본상관계수**(sample correlation coefficient)로 추정한다.

$$r = \frac{\sum_{i=1}^{n}(x_i - \overline{x})(y_i - \overline{y})}{\sqrt{\sum_{i=1}^{n}(x_i - \overline{x})^2 \sum_{i=1}^{n}(y_i - \overline{y})^2}}$$

이 표본상관계수는 **피어슨(Pearson)의 상관계수**라고도 부른다. 앞으로 복잡한 수식을 간단히 나타내기 위하여 다음과 같은 **제곱합**과 **곱의 합**의 기호를 사용하기로 한다.

$$S(xx) = \sum_{i=1}^{n}(x_i - \overline{x})^2 = \sum x_i^2 - \left(\sum x_i\right)^2/n$$

$$S(yy) = \sum_{i=1}^{n}(y_i - \overline{y})^2 = \sum y_i^2 - \left(\sum y_i\right)^2/n$$

$$S(xy) = \sum_{i=1}^{n}(x_i - \overline{x})(y_i - \overline{y}) = \sum x_i y_i - \left(\sum x_i\right)\left(\sum y_i\right)/n$$

표본상관계수와 그의 성질을 요약하면 다음과 같다.

**표본상관계수**

$$r = \frac{\sum_{i=1}^{n}(x_i - \overline{x})(y_i - \overline{y})}{\sqrt{\sum_{i=1}^{n}(x_i - \overline{x})^2 \sum_{i=1}^{n}(y_i - \overline{y})^2}} = \frac{S(xy)}{\sqrt{S(xx)S(yy)}}$$

**표본상관계수의 성질**

(1) $-1 \leq r \leq 1$

(2) $|r|$의 값이 1에 가까울수록 강한 상관관계
$|r|$의 값이 0에 가까울수록 약한 상관관계
(3) $r$이 양수이면 양(+)의 상관관계
$r$이 음수이면 음(−)의 상관관계

[그림 10-1]은 이변량 정규분포에서 여러 가지 $\rho$값에 대한 관측값의 산점도를 나타낸 것이다. 일반적으로 양의 상관관계가 있을 때는 왼쪽에서 오른쪽으로 증가하는 추세가 있으며, 음의 상관관계가 있을 때는 감소하는 추세가 있다. 또한, 점들이 직선에 밀집해 있을수록 강한 상관관계, 넓게 퍼져 있을수록 약한 상관관계가 있음을 뜻한다.

다음에는 연관성의 존재 여부를 검정하는 문제를 살펴보자. 상관계수에 대한 귀무가설 $H_0$: $\rho = 0$는 연관성이 없다는 가설이 되며, 이를 검정하기 위하여 $r$을 변환시켜서 사용한다. 즉, 다음과 같이 정의되는 $t$−통계량은 $H_0$하에서 자유도 $n-2$인 $t$−분포를 따름을 이용하여 검정하며, 검정법은 다음과 같다.

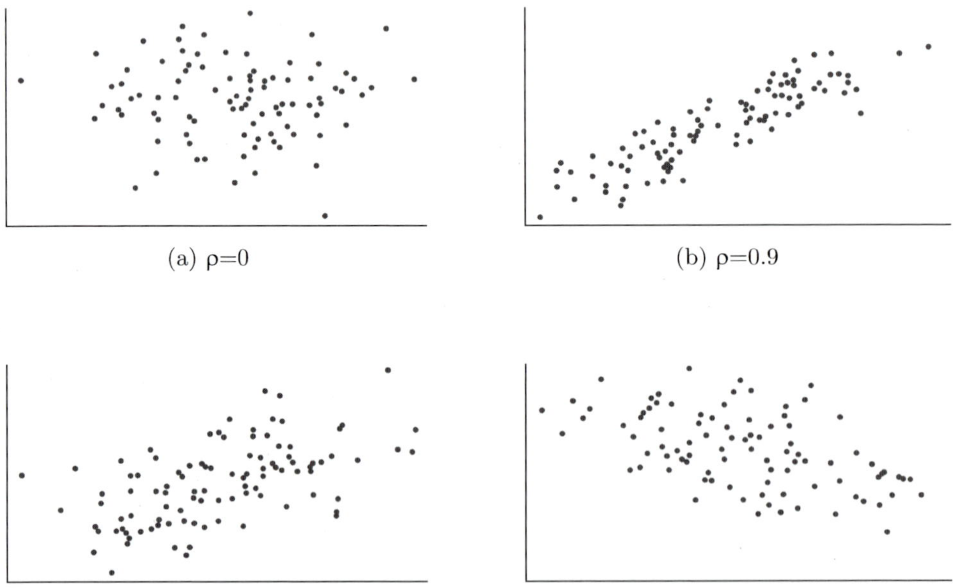
(a) ρ=0 (b) ρ=0.9
(c) ρ=0.5 (d) ρ=−0.5

**[그림 10-1]** 여러 가지 $\rho$ 값에 대한 산점도

**연관성의 검정**

**귀무가설:** $H_0: \rho = 0$

**검정통계량:** $T = \dfrac{\sqrt{n-2}\ r}{\sqrt{1-r^2}}$

**유의수준 $\alpha$ 에서 기각역:**

$H_1: \rho > 0$일 때 $T \geq t_\alpha(n-2)$

$H_1: \rho < 0$일 때 $T \leq -t_\alpha(n-2)$

$H_1: \rho \neq 0$일 때 $|T| \geq t_\alpha(n-2)$

**예제 10-1** 〈표 10-1〉은 10명의 남학생에 대한 키($x$)와 몸무게($y$)의 자료이다. 이들 자료의 산점도를 그리고, 표본상관계수를 구해 보자. 또한, 상관관계의 유의성에 대한 검정을 시행해 보자.

**|표 10-1|** 키와 몸무게 자료

| 번호 | 1 | 2 | 3 | 4 | 5 | 6 | 7 | 8 | 9 | 10 |
|---|---|---|---|---|---|---|---|---|---|---|
| 키($x$) | 172 | 165 | 157 | 175 | 155 | 168 | 170 | 176 | 162 | 171 |
| 몸무게($y$) | 63 | 66 | 56 | 70 | 55 | 59 | 60 | 75 | 53 | 68 |

SPSS를 이용한 산점도는 [그림 10-2]와 같다.

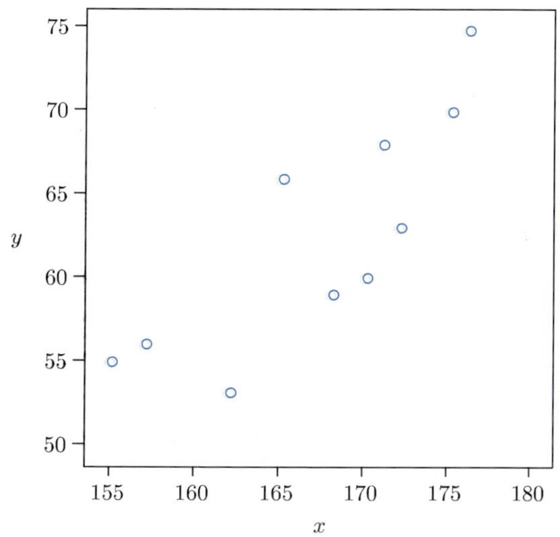


**|그림 10-2|** 키와 몸무게의 산점도

그림에서 두 변수는 선형관계에 가깝고, $x$가 증가하면 $y$도 증가하여 양의 상관관계를 가짐을 짐작할 수 있다. 〈표 10-1〉의 자료에서 제곱합과 곱의 합은 다음과 같다.

$$\sum x_i = 1671, \quad \sum x_i^2 = 279693$$
$$\sum y_i = 625, \quad \sum y_i^2 = 39525, \quad \sum x_i y_i = 104819$$
$$S(xx) = 279693 - (1671)^2/10 = 468.9$$
$$S(yy) = 39525 - (625)^2/10 = 462.5$$
$$S(xy) = 104819 - (1671)(625)/10 = 381.5$$

따라서, 표본상관계수 $r$값은 다음과 같다.

$$r = \frac{S(xy)}{\sqrt{S(xx)S(yy)}} = \frac{381.5}{\sqrt{468.9 \times 462.5}} = 0.819$$

연관성의 검정가설은

$$H_0: \ \rho = 0, \quad H_1: \ \rho \neq 0$$

이며, $t$-통계량의 값은

$$T = \frac{\sqrt{n-2}\, r}{\sqrt{1-r^2}} = \frac{\sqrt{10-2}\,(0.819)}{\sqrt{1-(0.819)^2}} = 4.037 > t_{0.025}(8) = 2.306$$

이므로 유의수준 5%에서 $H_0$를 기각한다.

**예제 10-2** 자산의 결합인 포트폴리오를 구성할 때는 위험을 분산시키기 위하여 상관관계가 약하거나 음의 상관관계를 갖는 자산들을 결합하여 구성한다. 〈표 10-2〉는 두 주식 A, B의 분기별 가격을 8분기간 조사한 자료이다. 두 주식의 표본상관계수를 구하고, 상관관계의 유의성을 검정해 보자.

**|표 10-2|** 두 주식의 가격 자료

| | 1 | 2 | 3 | 4 | 5 | 6 | 7 | 8 |
|---|---|---|---|---|---|---|---|---|
| A($x$) | 2.1 | 2.8 | 2.5 | 3.2 | 3.5 | 3.0 | 2.7 | 3.3 |
| B($y$) | 6.5 | 6.6 | 5.2 | 5.8 | 6.0 | 6.8 | 7.1 | 7.8 |

〈표 10-2〉의 자료에서 제곱합과 곱의 합은 다음과 같다.

$$\sum x_i = 23.1, \quad \sum x_i^2 = 68.17$$

$$\sum y_i = 51.8, \quad \sum y_i^2 = 339.98, \quad \sum x_i y_i = 150$$

$$S(xx) = 68.17 - (23.1)^2/\ 8 = 1.46875$$

$$S(yy) = 339.98 - (51.8)^2/\ 8 = 4.575$$

$$S(xy) = 150 - (23.1)(51.8)/\ 8 = 0.4275$$

따라서, 표본상관계수 $r$값은 다음과 같다.

$$r = \frac{S(xy)}{\sqrt{S(xx)S(yy)}} = \frac{0.42756}{\sqrt{1.46875 \times 4.575}} = 0.165$$

연관성의 검정가설은

$$H_0:\ \rho = 0, \quad H_1:\ \rho \neq 0$$

이며, $t$-통계량의 값은

$$T = \frac{\sqrt{n-2}\, r}{\sqrt{1-r^2}} = \frac{\sqrt{8-2}\,(0.165)}{\sqrt{1-(0.165)^2}} = 0.410 < t_{0.025}(6) = 2.447$$

이므로 유의수준 5%에서 $H_0$를 기각시키지 못한다. 즉, 연관성이 없다고 할 수 있다.

## 10-3 단순회귀모형

### 10-3-1 단순선형회귀모형

두 변수 사이의 연관성과 같은 상호관계를 규명하는 것이 상관분석이었다. 이에 대하여 두 변수 사이의 함수관계를 규명하는 분야가 **회귀분석**(regression analysis)이다. 예를 들어, 가정에서 월수입($x$)과 저축액($y$), 농작물 재배에서 비료의 양($x$)과 수확량($y$), 전자제품 대리점별로 광고료($x$)와 총판매액($y$) 등은 $x$의 값에 따라 $y$의 값이 영향을 받는 함수관계가 있다.

일반적으로 $x$와 $y$ 사이에 $y=f(x)$의 함수관계가 있을 때, $x$를 **설명변수**(explanatory variable) 또는 **독립변수**(independent variable)라고 하며, $y$를 **반응변수**(response variable) 또는 **종속변수**(dependent variable)라고 한다.

회귀모형에서 설명변수는 2개 이상이 될 수 있다. 설명변수가 1개인 회귀모형을 **단순회귀모형**(simple regression)이라고 하며, 2개 이상인 모형을 **중회귀모형**(multiple regression)이라고 한다. 단순회귀모형에서 특히 설명변수와 반응변수 사이에 직선관계(선형관계)가 있는 모형을 **단순선형회귀모형**(simple linear regression) 또는 **직선회귀모형**이라고 한다.

다음과 같은 예를 생각해 보자.

각 가구당 저축액을 월수입으로 설명하는 함수관계를 찾기 위하여 도시 가구 가운데 10가구를 랜덤하게 추출하여 조사하였으며, 조사 결과는 〈표 10-3〉과 같다.

**|표 10-3|** 도시 가구당 월소득과 저축액 (단위: 10만 원)

| | 1 | 2 | 3 | 4 | 5 | 6 | 7 | 8 | 9 | 10 |
|---|---|---|---|---|---|---|---|---|---|---|
| $x$(월소득) | 34 | 50 | 15 | 80 | 52 | 50 | 45 | 20 | 60 | 18 |
| $y$(저축액) | 6 | 10 | 3 | 15 | 12 | 5 | 10 | 2 | 14 | 4 |

월소득($x$)과 저축액($y$)의 산점도는 [그림 10-3]과 같다.

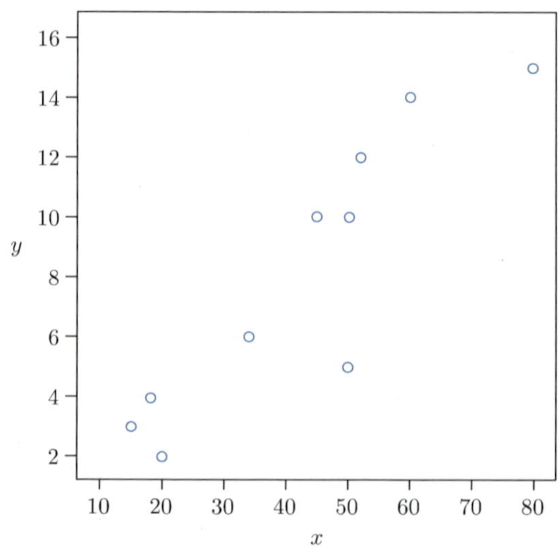


**|그림 10-3|** 월소득과 저축액의 산점도

그림에서 $x$와 $y$는 직선관계에 가까운 것으로 보이며, 따라서 직선의 함수관계를 찾는 것을 시도할 수 있다.

이와 같이 직선관계를 나타내는 **단순선형회귀모형** 또는 **직선회귀모형**은 다음과 같다.

$$y_i = \alpha + \beta x_i + \epsilon_i, \qquad i = 1, \cdots, n$$

다만,

$\alpha$, $\beta$: 회귀모수
$x_1, \cdots, x_n$: 설명변수(독립변수)
$y_1, \cdots, y_n$: 반응변수(종속변수)
$\epsilon_1, \cdots, \epsilon_n$: 서로 독립인 $N(0, \sigma^2)$ 확률변수 (오차항)

회귀모수에서 특히 $\alpha$를 **상수항** 또는 $y$-**절편**이라고 하며, $\beta$를 **기울기**라고 한다. $\epsilon_1, \cdots, \epsilon_n$은 **오차항**(error term)이라고 하며, 평균 0, 분산 $\sigma^2$인 확률변수이다. 직선관계를 나타내는 $y = \alpha + \beta x$를 **모회귀직선**(population regression line)이라고 하며, 우리는 회귀모수 $\alpha$, $\beta$와 함께 회귀직선의 추정에 관심이 있게 된다.

직선회귀모형을 그림으로 나타내면 [그림 10-4]와 같다.

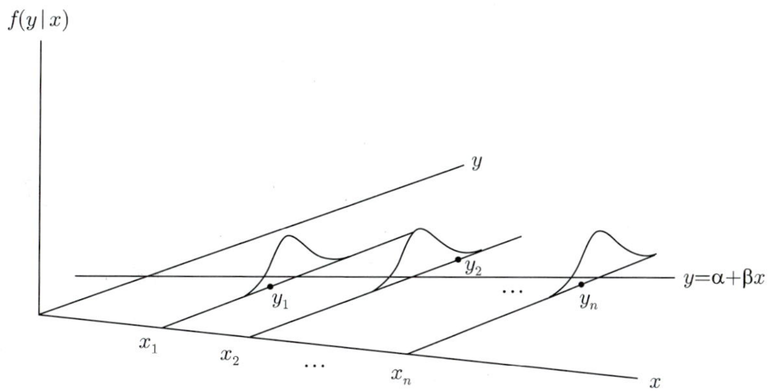


**[그림 10-4]** 직선회귀모형의 의미

[그림 10-4]에서 $x$의 값이 주어지면, 그에 대응되는 $y$는 평균 $\alpha + \beta x$, 분산 $\sigma^2$인 정규분포에서 관측된 값이 된다. 따라서, $y$값은 $(x, y)$ 평면에서 보면 직

선 $y = \alpha + \beta x$ 를 중심으로 산포를 갖고 관측되며, 이들을 평면 위에 나타낸 것이 산점도이다. 이제 관측값 $(x_1, y_1)$, $\cdots$, $(x_n, y_n)$이 주어지면 이를 기초로 미지의 회귀직선 $y = \alpha + \beta x$ 를 추정하는 문제에 관심이 있게 된다.

$\alpha$와 $\beta$의 추정량을 각각 $\hat{\alpha}$, $\hat{\beta}$ 라고 하면, **추정회귀직선** 또는 **적합된 회귀직선**은

$$\hat{y} = \hat{\alpha} + \hat{\beta} x$$

로 나타낸다. 또한, 각 $x_i$에서 관측값 $y_i$와 적합된 값 $\hat{y}_i = \hat{\alpha} + \hat{\beta} x_i$ 의 차인

$$r_i = y_i - \hat{y}_i$$

을 **잔차**(residual)라고 한다.

회귀모수를 추정하는 방법으로 가장 많이 사용되는 방법은 다음과 같이 정의되는 **최소제곱법**(least squares method)이다.

> **최소제곱법**
>
> 잔차제곱합인 $\sum_{i=1}^{n}(y_i - \hat{y}_i)^2 = \sum_{i=1}^{n}(y_i - \hat{\alpha} - \hat{\beta} x_i)^2$ 을 최소로 하는 $\hat{\alpha}$, $\hat{\beta}$ 을 각각 $\alpha$, $\beta$ 의 **최소제곱추정량**(least squares estimator)이라고 하며, 이러한 추정법을 **최소제곱법**이라고 한다.

$\alpha$와 $\beta$의 최소제곱추정량은 다음과 같다.

> **최소제곱추정량**
>
> $$\hat{\beta} = \frac{\sum_{i=1}^{n}(x_i - \bar{x})(y_i - \bar{y})}{\sum_{i=1}^{n}(x_i - \bar{x})^2}, \qquad \hat{\alpha} = \bar{y} - \hat{\beta}\bar{x}$$
>
> **최소제곱회귀직선**
>
> $$\hat{y} = \hat{\alpha} + \hat{\beta} x$$

$\hat{\alpha} = \bar{y} - \hat{\beta}\bar{x}$ 에서 $\bar{y} = \hat{\alpha} + \hat{\beta}\bar{x}$ 가 성립하므로 최소제곱회귀직선은 언제나

$(\overline{x}, \overline{y})$ 를 지난다. 제곱합을 이용한 $\hat{\beta}$ 의 간편계산법은 다음과 같다.

$$\hat{\beta} = \frac{S(xy)}{S(xx)}$$

참고로 기울기 모수 $\beta$는 설명변수 $x$가 1단위 증가할 때 반응변수 $y$의 증가량으로 이해할 수 있다.

**예제 10-3** 〈표 10-3〉에 주어진 월소득과 저축액의 자료를 최소제곱법에 의해 직선회귀로 적합시켜 보자. 〈표 10-4〉는 제곱합의 간편계산법을 사용하기 위한 계산표이다.

〈표 10-4〉로부터 다음의 결과를 얻을 수 있다.

$$S(xx) = 21843 - (424)^2 / 10 = 3856.4$$

$$S(xy) = 4225 - (424)(81) / 10 = 790.6$$

$$\hat{\beta} = \frac{790.6}{3856.4} = 0.205$$

$$\hat{\alpha} = \overline{y} - \hat{\beta}\overline{x} = 8.1 - (0.205)(42.4) = -0.592$$

따라서, 적합된 회귀직선은 다음과 같다.

$$\hat{y} = -0.592 + 0.205x$$

기울기 모수의 값이 0.205이므로 월소득이 10만 원($x$의 1단위) 증가하면 저축

**|표 10-4|** 제곱합 계산표

| | $x$ | $y$ | $x^2$ | $y^2$ | $xy$ |
|---|---|---|---|---|---|
| 1 | 34 | 6 | 1156 | 36 | 204 |
| 2 | 50 | 10 | 2500 | 100 | 500 |
| 3 | 15 | 3 | 225 | 9 | 45 |
| 4 | 80 | 15 | 6400 | 225 | 1200 |
| 5 | 52 | 12 | 2704 | 144 | 624 |
| 6 | 50 | 5 | 2500 | 25 | 250 |
| 7 | 45 | 10 | 2025 | 100 | 450 |
| 8 | 20 | 2 | 400 | 4 | 40 |
| 9 | 60 | 14 | 3600 | 196 | 840 |
| 10 | 18 | 4 | 324 | 16 | 72 |
| 계 | 424 | 81 | 21834 | 855 | 4225 |

액은 2만 500원 증가함을 뜻한다. 이를 그림으로 나타내면 [그림 10-5]와 같다.

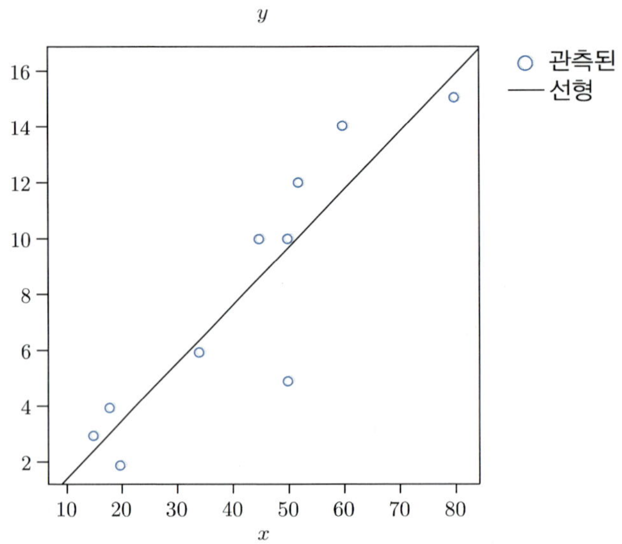


**|그림 10-5|** 적합된 회귀직선

### 10-3-2 회귀모형의 유의성 검정

이제 **제곱합의 분해**를 통하여 회귀모형의 유의성 검정을 위한 분산분석표를 만드는 방법과 오차항의 분산을 추정하는 방법 등을 알아보자.

앞에서 언급한 바와 같이, 관측값과 적합값의 차인 $r_i = y_i - \hat{y}_i$를 **잔차**(residual)라고 한다. 이제 **총편차**인 $y_i - \bar{y}$를 잔차와 **회귀편차**로 다음과 같이 분해한다.

$$\begin{aligned}(y_i - \bar{y}) &= (y_i - \hat{y}_i) + (\hat{y}_i - \bar{y}) \\ \text{총편차} &= \quad \text{잔차} \quad + \text{회귀편차}\end{aligned}$$

이제 위 식의 양변을 제곱하여 더하면, 우변에서 곱의 합은 0이 되므로, 다음과 같은 제곱합의 분해를 얻는다.

$$\sum_{i=1}^{n}(y_i - \bar{y})^2 = \sum_{i=1}^{n}(y_i - \hat{y}_i)^2 + \sum_{i=1}^{n}(\hat{y}_i - \bar{y})^2$$

이들 제곱합의 이름 및 간편계산법은 다음과 같다.

**총제곱합**(total sum of squares):

$$SST = \sum_{i=1}^{n}(y_i - \bar{y})^2 = S(yy)$$

**회귀제곱합**(regression sum of squares):

$$SSR = \sum_{i=1}^{n}(\hat{y}_i - \bar{y})^2 = \sum_{i=1}^{n}[\hat{\beta}(x_i - \bar{x})]^2 = \frac{[S(xy)]^2}{S(xx)}$$

**잔차제곱합**(residual sum of squares):

$$SSE = \sum_{i=1}^{n}(y_i - \hat{y}_i)^2 = SST - SSR$$

제곱합의 분해를 요약하면 다음과 같다.

**제곱합의 분해**

$$\underset{\text{SST (총제곱합)}}{\sum_{i=1}^{n}(y_i - \bar{y})^2} = \underset{\text{SSE (잔차제곱합)}}{\sum_{i=1}^{n}(y_i - \hat{y}_i)^2} + \underset{\text{SSR (회귀제곱합)}}{\sum_{i=1}^{n}(\hat{y}_i - \bar{y})^2}$$

관측값이 직선에 밀집해 있을수록 잔차제곱합인 SSE는 작아지며 회귀제곱합인 SSR은 커진다. 특히 총제곱합에서 회귀제곱합이 차지하는 비율인

$$R^2 = \frac{SSR}{SST}$$

을 **결정계수**(coefficient of determination)라고 한다. 이 결정계수는 $y$의 총변동 가운데 회귀모형으로 설명되는 비율로서 흔히 백분율(%)로 나타낸다. 이 결정계수는 $x$와 $y$의 표본상관계수 $r$을 제곱한 값과 같으며, 따라서 결정계수 $R^2$의 값은 0과 1 사이의 값을 갖는다.

SSE와 SSR의 자유도는 각각 $n-2$와 1이며, 제곱합을 자유도로 나눈

$$MSE = SSE/(n-2), \quad MSR = SSR/1$$

을 각각 **잔차평균제곱**(residual mean square)과 **회귀평균제곱**(regression mean square)이라고 한다. 여기서 MSE는 특히 오차항의 분산 $\sigma^2$의 추정량으로 사용

된다. 즉,

$$\hat{\sigma}^2 = \text{MSE}$$

이다.

직선회귀에서 $\beta = 0$일 때는 $x$와 $y$ 사이에 직선관계가 없으며, $x$값에 관계 없이 $y$값이 결정된다. 따라서, 직선관계 또는 회귀모형의 유의성을 나타내는 가설은 다음과 같다.

$$H_0: \ \beta = 0, \quad H_1: \ \beta \neq 0$$

$H_0$하에서 평균제곱의 비인

$$F = \frac{\text{MSR}}{\text{MSE}}$$

는 자유도 $(1, n-2)$인 $F$-분포를 따름을 이용하여 모형의 유의성을 검정한다. 이와 같은 결과를 요약한 것이 〈표 10-5〉의 분산분석표이다.

**|표 10-5| 직선회귀의 분산분석표**

| 요인 | 제곱합 | 자유도 | 평균제곱 | $F$값 | $p$-값 |
|---|---|---|---|---|---|
| 회귀<br>잔차 | SSR<br>SSE | 1<br>$n-2$ | MSR<br>MSE | $f$ =MSR/MSE | $P(F \geq f)$ |
| 계 | SST | $n-1$ | | | |

8장에서 등분산성의 검정에서 다루었던 $F$-분포에 대하여 자세히 알아보자. $F$-분포를 따르는 $F$-통계량은 흔히 제곱합의 비로 주어진다. $F$-분포는 양수에서 정의되며, 오른쪽으로 긴 꼬리를 갖는 분포로서 분포 함수의 모양은 [그림 10-6]과 같다. 카이제곱 분포는 자유도가 증가하면서 오른쪽으로 이동하는 모양이지만, $F$-분포는 분모 분자의 자유도가 동시에 증가할 때 1 가까이 밀집된 모양을 나타낸다.

자유도 $(k_1, k_2)$인 $F$-분포에서 오른쪽 꼬리의 넓이가 $\alpha$인 점을 기호 $F_\alpha(k_1, k_2)$로 나타내기로 한다. 즉, $F_\alpha(k_1, k_2)$는

$$P\ (F \geq F_\alpha(k_1, k_2)) = \alpha$$

인 점이며, 이를 그림으로 나타내면 [그림 10-6]과 같다.

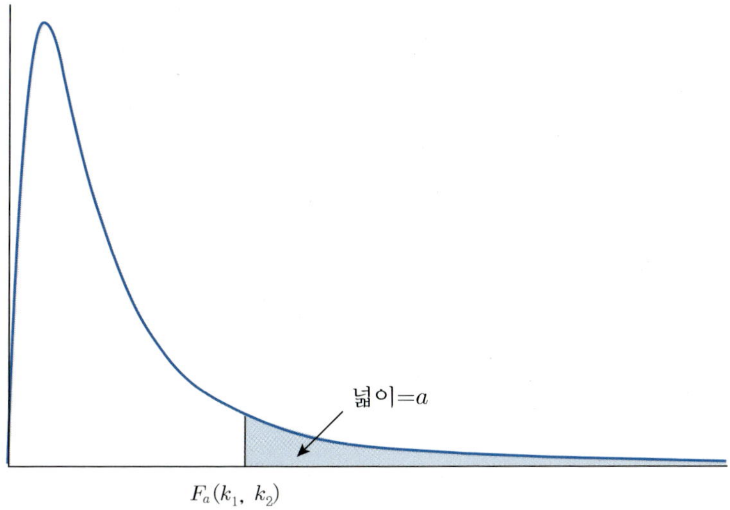


**|그림 10-6|** $F$-분포와 $F_\alpha(k_1, k_2)$ 의 의미

부록 〈표 6〉에는 $F$-분포표가 수록되어 있으며, 이 표로부터 다음과 같은 값들을 확인할 수 있다.

$$F_{0.05}(5,5) = 5.05, \quad F_{0.05}(10,10) = 2.98$$

$$F_{0.05}(5,10) = 3.33, \quad F_{0.05}(10,5) = 4.74$$

**예제 10-4** [예제 10-3]에서는 〈표 10-3〉에 주어진 월소득과 저축액의 자료를 최소제곱법에 의해 직선회귀로 적합시켰다. 같은 자료에 대하여 결정계수 $R^2$의 값을 구하고 분산분석표를 작성하여 직선회귀의 유의성을 검정해 보자.

〈표 10-4〉로부터 제곱합 및 곱의 합은 다음과 같다.

$$S(xx) = 21843 - (424)^2/10 = 3856.4$$
$$S(yy) = 855 - (81)^2/10 = 198.9$$
$$S(xy) = 4225 - (424)(81)/10 = 790.6$$

따라서, 총제곱합, 회귀제곱합, 잔차제곱합은 다음과 같다.

$$\text{SST} = \text{S(yy)} = 198.9$$

$$SSR = \frac{[S(xy)]^2}{S(xx)} = \frac{(790.6)^2}{3856.4} = 162.1$$

$$SSE = SST - SSR = 198.9 - 162.1 = 36.8$$

따라서, 결정계수는

$$R^2 = \frac{SSR}{SST} = \frac{162.1}{198.9} = 0.815$$

로서 총변동의 81.5%를 회귀직선으로 설명함을 알 수 있다.

또한, 제곱합들의 계산결과를 이용하여 다음과 같은 분산분석표를 얻을 수 있다. 표에서 유의확률은 SPSS를 이용하여 구한 것이다.

**|표 10-6| 저축자료의 분산분석표**

| 요인 | 제곱합 | 자유도 | 평균제곱 | $F$ | 유의확률 |
|---|---|---|---|---|---|
| 회귀 | 162.1 | 1 | 162.1 | 35.2 | .000 |
| 잔차 | 36.8 | 8 | 4.6 | | |
| 계 | 198.9 | 9 | | | |

분산분석표의 결과에 의하면 회귀직선의 유의성은 매우 강하다고 할 수 있다. 참고로 분산의 추정값은 $\hat{\sigma}^2 = MSE = 4.6$ 이다.

**예제 10-5** 미국의 한 투자회사에서는 처음으로 증권을 상장하는 회사들을 조사하였다. 투자회사는 특히 상장 주식의 총액과 주당 가격에 관심이 있다. 최근에 상장된 15개의 회사를 조사형 〈표 10-7〉과 같은 결과를 얻었다. 주당 가격을 주식총액으로 설명하는 직선회귀로 적합시키고, 결정계수를 구해 보자. 그리고 모형의 유의성을 검정하여 보자.

주식총액을 $x$, 주당 가격을 $y$라 놓으면 다음과 같은 결과를 얻을 수 있다.

$$\sum x_i = 1193.8, \quad \sum x_i^2 = 126252$$

$$S(xx) = 126252 - (1193.8)^2/15 = 31241.44$$

$$S(yy) = 1783.41 - (163.5)^2/15 = 1.26$$

$$S(xy) = 13104.85 - (1193.8)(163.5)/15 = 92.43$$

$$\hat{\beta} = \frac{92.43}{31241.44} = 0.0030$$

**|표 10-7|** 상장시의 주식총액($million)과 주당 가격($)

| 회사 | 주식총액 | 주당 가격 | 회사 | 주식총액 | 주당 가격 |
|---|---|---|---|---|---|
| 1 | 9.0 | 10.8 | 9 | 160.7 | 11.3 |
| 2 | 94.4 | 11.3 | 10 | 96.5 | 10.6 |
| 3 | 27.3 | 11.2 | 11 | 83.0 | 10.5 |
| 4 | 179.2 | 11.1 | 12 | 23.5 | 10.3 |
| 5 | 71.9 | 11.1 | 13 | 58.7 | 10.7 |
| 6 | 93.5 | 11.0 | 14 | 93.8 | 11.0 |
| 7 | 93.5 | 11.0 | 15 | 34.4 | 10.8 |
| 8 | 70.0 | 10.7 | | | |

$$\hat{\alpha} = \bar{y} - \hat{\beta}\bar{x} = 10.9 - (0.0030)(79.59) = 10.66$$

따라서, 적합된 회귀직선은 다음과 같으며,

$$\hat{y} = 10.66 + 0.0030x$$

이를 그림으로 나타내면 [그림 10-7]과 같다. 그림에서 보는 바와 같이 산점도의 모양이 직선관계라고 확신하기 어려우므로 기울기 모수의 유의성을 검정해 보자.

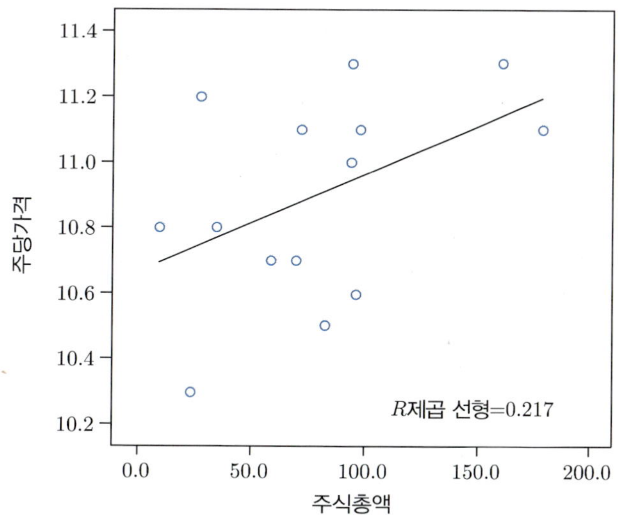


**|그림 10-7|** 적합된 회귀직선

SPSS를 이용하여 다음과 같은 분산분석표를 얻었다. 유의확률이 0.0801로,

유의수준 0.05에서 회귀직선의 유의성이 없음을 알 수 있다. 표에서 결정계수는 $R^2 = 0.273/1.260 = 0.217$로서 결정계수의 값도 매우 낮다.

**|표 10-8| 분산분석표**

| | 제곱합 | 자유도 | 평균제곱합 | F 값 | 유의확률 |
|---|---|---|---|---|---|
| 회귀 | .273 | 1 | .273 | 3.603 | 0.0801 |
| 잔차 | .987 | 13 | .076 | | |
| 계 | 1.260 | 14 | | | |

### 10-3-3 회귀모수에 관한 추론

이 절에서는 회귀모수의 추론에 대하여 알아보자.

정규성의 가정하에 회귀모수의 최소제곱추정량들은 정규분포를 따르며, 따라서 이들을 스튜던트화한 통계량들은 $t$-분포를 따른다. 결과를 요약하면 다음과 같다.

**$\hat{\alpha}$과 $\hat{\beta}$의 표준오차와 분포**

(1) $\widehat{\mathrm{SE}}(\hat{\beta}) = \sqrt{\hat{\sigma}^2/\mathrm{S(xx)}}$, 다만 $\hat{\sigma}^2 = \mathrm{MSE}$

$$T = \frac{\hat{\beta} - \beta}{\widehat{\mathrm{SE}}(\hat{\beta})} \sim t(n-2)$$

(2) $\widehat{\mathrm{SE}}(\hat{\alpha}) = \sqrt{\hat{\sigma}^2\left(\frac{1}{\mathrm{n}} + \frac{(\bar{\mathrm{x}})^2}{\mathrm{S(xx)}}\right)}$, 다만 $\hat{\sigma}^2 = \mathrm{MSE}$

$$T = \frac{\hat{\alpha} - \alpha}{\widehat{\mathrm{SE}}(\hat{\alpha})} \sim t(n-2)$$

회귀모수인 $\alpha$와 $\beta$의 유의성 검정은 각각

$$H_0:\ \alpha = 0\ (H_1:\ \alpha \neq 0), \qquad H_0:\ \beta = 0\ (H_1:\ \beta \neq 0)$$

을 검정하는 문제이며, $\hat{\alpha}$과 $\hat{\beta}$의 분포를 이용하여 $t$-검정을 시행한다. 기울기 모수인 $\beta$에 대한 유의성 검정($t$-검정) 결과는 회귀모형의 분산분석에서 $F$-검정 결과와 언제나 일치한다. 이는 $t$-통계량인 $T$에 대하여 $T \sim t(k)$이면

$T^2 \sim F(1,k)$ 가 성립하기 때문이다. 그러나 중회귀모형에서는 회귀계수가 벡터 형식이기 때문에 $t$-검정을 시행할 수 없으며, 언제나 $F$-검정을 시행하게 된다.

일반적으로 $\beta$에 관한 검정의 귀무가설은 $H_0: \ \beta = \beta_0$이며, $\beta$에 관한 구간추정 및 검정법을 요약하면 다음과 같다.

**회귀계수 $\beta$에 관한 추론**

(1) $\beta$의 $100(1-\alpha)\%$ 신뢰구간: $\hat{\beta} \pm t_{\alpha/2}(n-2)\widehat{\mathrm{SE}}(\hat{\beta})$

(2) 검정법

귀무가설: $H_0: \ \beta = \beta_0$

검정통계량: $T = \dfrac{\hat{\beta} - \beta_0}{\widehat{\mathrm{SE}}(\hat{\beta})}$

기각역: (i) $H_1 : \beta > \beta_0$일 때, $T \geq t_\alpha(n-2)$

(ii) $H_1 : \beta < \beta_0$일 때, $T \leq -t_\alpha(n-2)$

(iii) $H_1 : \beta \neq \beta_0$일 때, $|T| \geq t_{\alpha/2}(n-2)$

**예제 10-6** [예제 10-3]과 [예제 10-4]에서는 저축액을 월소득으로 설명하는 회귀모형을 구하였다. 한편, 저축액은 가구원 수에도 의존한다고 생각되어 같은 가구들에 대하여 가구원 수를 조사한 결과 〈표 10-9〉를 얻었다. 저축액을 가구원 수로 설명하는 직선회귀로 적합시키고, 결정계수를 구해 보자. 또한, 기울기 모수 $\beta$ 의 유의성을 검정해 보자.

**|표 10-9|** 도시 가구당 가구원 수와 저축액 (단위: 10만 원)

| | 1 | 2 | 3 | 4 | 5 | 6 | 7 | 8 | 9 | 10 |
|---|---|---|---|---|---|---|---|---|---|---|
| $x$(가구원수) | 3 | 4 | 2 | 5 | 3 | 6 | 4 | 3 | 4 | 2 |
| $y$(저축액) | 6 | 10 | 3 | 15 | 12 | 5 | 10 | 2 | 14 | 4 |

〈표 10-9〉로부터 다음 결과를 얻을 수 있다.

$$\sum x_i = 36, \qquad \sum x_i^2 = 144$$

$$S(xx) = 144 - (36)^2/10 = 14.4$$

$$S(yy) = 855 - (81)^2/10 = 198.9$$

$$S(xy) = 315 - (36)(81)/10 = 23.4$$

$$\hat{\beta} = \frac{23.4}{14.4} = 1.625$$

$$\hat{\alpha} = \overline{y} - \hat{\beta}\overline{x} = 8.1 - (1.625)(3.6) = 2.25$$

따라서, 적합된 회귀직선은 다음과 같으며,

$$\hat{y} = 2.25 + 1.625x$$

이를 그림으로 나타내면 [그림 10-8]과 같다. 그림에서 보는 바와 같이 산점도의 모양이 직선관계라고 확신하기 어려우므로 기울기 모수의 유의성을 검정해 보자.

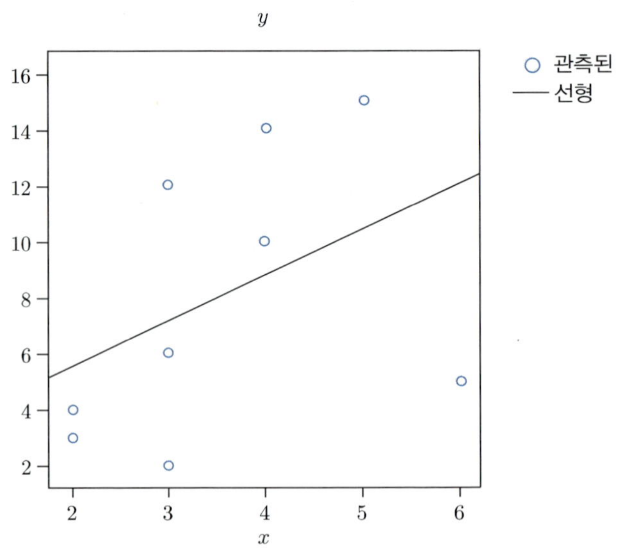


**|그림 10-8|** 적합된 회귀직선

먼저 총제곱합, 회귀제곱합, 잔차제곱합을 구하면 다음과 같다.

$$SST = S(yy) = 198.9$$

$$SSR = \frac{[S(xy)]^2}{S(xx)} = \frac{(23.4)^2}{14.4} = 38.025$$

$$SSE = SST - SSR = 198.9 - 38.025 = 160.875$$

따라서, 결정계수는

$$R^2 = \frac{\text{SSR}}{\text{SST}} = \frac{38.025}{198.9} = 0.191$$

로서 총변동의 19.1%를 회귀직선으로 설명함을 알 수 있다.

$\hat{\sigma}^2$ 및 $t$-통계량의 값은 다음과 같다.

$$\hat{\sigma}^2 = \text{MSE} = \frac{\text{SSE}}{\text{n}-2} = \frac{160.875}{8} = 20.109$$

$$T = \frac{\hat{\beta}}{\sqrt{\hat{\sigma}^2 / S(xx)}} = \frac{1.625}{\sqrt{20.109/14.4}} = 1.375$$

한편, $t$-분포표에서 $t_{0.025}(8) = 2.306$ 이므로 귀무가설 $H_0 : \beta = 0$ 를 기각시키지 못한다. 즉, 가구원 수로 저축액을 결정하는 모형은 유의성이 없다.

참고로 회귀모형의 유의성을 검정하기 위하여 SPSS를 이용한 결과 다음과 같은 분산분석표를 얻었다. 유의확률이 0.206으로 유의성이 없음을 나타내고 있다. 또한, 위에서 구한 $t$-통계량의 제곱이 $F$-통계량의 값과 같음을 확인할 수 있다.

**|표 10-10|** 가구원 수에 의한 저축자료의 분산분석표

| 요인 | 제곱합 | 자유도 | 평균제곱 | $F$ | 유의확률 |
|---|---|---|---|---|---|
| 회귀 | 38.025 | 1 | 38.025 | 1.891 | .206 |
| 잔차 | 160.875 | 8 | 20.109 | | |
| 합계 | 198.900 | 9 | | | |

다음은 예측값의 신뢰구간에 대하여 알아보자.

회귀직선 $y = \alpha + \beta x$ 은 최소제곱회귀직선 $\hat{y} = \hat{\alpha} + \hat{\beta} x$ 로 추정됨을 앞에서 설명하였다. 이제 $\hat{y}$ 의 분포를 이용하여 각 $x$ 에서 평균반응값인 $E(y) = \alpha + \beta x$ 의 신뢰구간을 구하면 다음과 같다.

**$x$ 에서 평균반응값 $E(y) = \alpha + \beta x$ 에 관한 추정**

예측값: $\hat{y} = \hat{\alpha} + \hat{\beta} x$

표준오차: $\widehat{\text{SE}}(\hat{\text{y}}) = \sqrt{\hat{\sigma}^2 \left( \frac{1}{\text{n}} + \frac{(\text{x} - \bar{\text{x}})^2}{\text{S(xx)}} \right)}$ , $\hat{\sigma}^2 = \text{MSE}$

신뢰구간: $(\hat{\alpha} + \hat{\beta} x) \pm t_{\alpha/2}(n-2)\widehat{\text{SE}}(\hat{\text{y}})$

신뢰구간의 길이는 $x$값에 따라 달라지며, $x$가 $\bar{x}$로부터 멀어질수록 $SE(\hat{y})$가 증가하여 신뢰구간의 길이가 커진다. 이와 같은 신뢰구간을 곡선으로 연결한 그래프를 **신뢰대**(confidence band)라고 한다.

**예제 10-7** [예제 10-3] 및 [예제 10-4]에서 다루었던 월소득과 저축액의 회귀모형에서 $x = 70$, 즉 월소득 70(70만 원)인 가구의 평균 저축액에 대한 95% 신뢰구간을 구해 보자.

앞의 결과들 가운데 필요한 정보들은 다음과 같다.

$$\bar{x} = 42.4\,,\ S(xx) = 3856.4,\ \hat{\sigma}^2 = 4.6$$

따라서, $\hat{y}$의 표준오차는 다음과 같다.

$$\widehat{SE}(\hat{y}) = \sqrt{\hat{\sigma}^2\left(\frac{1}{n} + \frac{(x-\bar{x})^2}{S(xx)}\right)} = \sqrt{4.6\left(\frac{1}{10} + \frac{(70-42.4)^2}{3856.4}\right)} = 1.17$$

한편, 평균 저축액의 추정식은 $\hat{y} = -0.592 + 0.205x$이며, $t_{0.025}(8) = 2.306$이므로 $x = 70$에서 평균 저축액의 95% 신뢰구간은 다음과 같다.

$$\begin{aligned}(-0.592 + 0.205 \times 70) \pm (2.306)(1.17) &= 13.758 \pm 2.698 \\ &= (11.060,\ 16.456)\end{aligned}$$

## 10-4 중회귀모형

단순선형회귀모형에서는 설명변수가 1개 있는 모형을 다루었으나, 이제 설명변수가 2개 이상인 중회귀모형을 생각해 보자.

설명변수가 $k$개 있는 **중선형회귀모형**(multiple linear regression model) 또는 간단히 **중회귀모형**은 다음과 같다.

$$y_i = \beta_0 + \beta_1 x_{1i} + \cdots + \beta_k x_{ki} + \epsilon_i, \quad i = 1, \cdots, n$$

다만,

$\beta_0, \beta_1, \cdots .\beta_k$: 회귀모수

$x_{1i}, \cdots, x_{ki}$ : 설명변수(독립변수)

$y_1, \cdots, y_n$ : 반응변수(종속변수)

$\epsilon_1, \cdots, \epsilon_n$ : 서로 독립인 $N(0, \sigma^2)$ 확률변수 (오차항)

단순선형회귀모형에서는 상수항을 $\alpha$로 표시하였으나 중회귀모형에서는 기호의 편의 때문에 $\beta_0$ 라는 기호를 사용하기로 한다.

중회귀에서는 단순회귀와는 달리 최소제곱추정량의 계산이 매우 복잡하여 컴퓨터에 의존하게 된다. 따라서, 여기서는 대략적인 이론만을 설명하고, SPSS를 이용하는 방법을 주로 설명할 예정이다.

중회귀모형은 다음과 같이 벡터 방정식으로 나타내면 편리하다.

$$\boldsymbol{y} = \boldsymbol{X\beta} + \boldsymbol{\epsilon}$$

다만,

$\boldsymbol{X}$는 $i$ 번째 행이 $(1, x_{1i}, \cdots, x_{ki})$ 인 $n \times (k+1)$ 행렬

$\boldsymbol{\beta}$는 $(\beta_0,\ \beta_1, \cdots, \beta_k)'$ 로 된 $(k+1)$ 열벡터

$\boldsymbol{\epsilon}$은 $(\epsilon_1, \cdots, \epsilon_n)'$ 으로 된 $n$ 열벡터

$\boldsymbol{y}$는 $(y_1, \cdots, y_n)'$ 으로 된 $n$ 열벡터

이와 같은 행렬을 사용하면 $\boldsymbol{\beta}$의 최소제곱추정량 및 적합된 모형은 다음과 같다.

**최소제곱추정량과 적합된 모형**

$\hat{\boldsymbol{\beta}} = (\boldsymbol{X'X})^{-1}\boldsymbol{X'y}$ ($\boldsymbol{X'}$: $\boldsymbol{X}$의 전치행렬)

$\hat{\boldsymbol{y}} = \boldsymbol{X}\hat{\boldsymbol{\beta}}$

총제곱합의 분해는 단순회귀의 경우와 같으며, 다만 자유도만 변한다. 중회귀모형의 유의성을 검정하기 위하여는 가설

$$H_0:\ \boldsymbol{\beta} = 0, \quad H_1:\ \boldsymbol{\beta} = 0$$

을 검정하며, 이를 위한 분산분석표는 〈표 10-11〉과 같다.

**|표 10-11|** 중회귀의 분산분석표

| 요인 | 제곱합 | 자유도 | 평균제곱 | F값 | $p$-값 |
|---|---|---|---|---|---|
| 회귀 | SSR | $k$ | MSR | $f$ =MSR/MSE | $P(F \geq f)$ |
| 잔차 | SSE | $n-k-1$ | MSE | | |
| 계 | SST | $n-1$ | | | |

중회귀모형에서 **결정계수**는 단순회귀와 같이 정의된다. 즉, 결정계수는

$$R^2 = \frac{\mathrm{SSR}}{\mathrm{SST}}$$

로 정의된다. 설명변수가 추가되면 $R^2$ 값은 언제나 증가한다. 그러나 때로는 추가된 설명변수가 유의성이 없거나 설명력이 미약한 경우가 있다. 이와 같은 경우에는 결정계수보다는 다음과 같이 정의된 **수정결정계수**(adjusted $R^2$)를 살펴보아야 한다.

$$\text{수정된 } R^2 = 1 - \frac{n-1}{n-k-1}\frac{\mathrm{SSE}}{\mathrm{SST}}$$

새로 추가되는 변수가 설명력이 없을 때는 이 수정결정계수의 값이 오히려 감소하기 때문에 새로운 설명변수의 추가 여부를 판단하는 데 도움이 된다.

**예제 10-8** 단순회귀의 [예제 10-3]과 [예제 10-6]에서 다룬 저축액의 회귀모형을 다시 생각해 보자. [예제 10-3]에서 저축액을 월소득으로 설명하는 회귀모형에서는 결정계수가 81.5%이었으며, [예제 10-6]에서 저축액을 가구원 수로 설명하는 회귀모형에서는 결정계수가 19.1%이었다. 이제 저축액을 월소득과 가구원 수로 설명하는 중회귀모형을 생각해 보자. 두 자료를 합한 것은 〈표 10-12〉와 같다.

저축액을 $y$, 월소득을 $x_1$, 가구원 수를 $x_2$로 놓고 SPSS를 이용하여 중회귀를 시행한 결과 다음과 같은 결과를 얻었다. 출력결과의 모양은 일부 편집한 형태이다.

**모형 요약**

| R | R 제곱 | 수정된 R 제곱 | 추정값의 표준오차 |
|---|---|---|---|
| .976 | .952 | .938 | 1.172 |

**|표 10-12|** 월소득과 가구원 수 및 저축액 (단위: 10만 원)

| | 저축액 | 월소득 | 가구원 수 |
|---|---|---|---|
| 1 | 6 | 34 | 3 |
| 2 | 10 | 50 | 4 |
| 3 | 3 | 15 | 2 |
| 4 | 15 | 80 | 5 |
| 5 | 12 | 52 | 3 |
| 6 | 5 | 50 | 6 |
| 7 | 10 | 45 | 4 |
| 8 | 2 | 20 | 3 |
| 9 | 14 | 60 | 4 |
| 10 | 4 | 18 | 2 |

**분산분석**

| | 제곱합 | 자유도 | 평균제곱 | F | 유의확률 |
|---|---|---|---|---|---|
| 선형회귀분석 | 189.288 | 2 | 94.644 | 68.924 | .000 |
| 잔차 | 9.612 | 7 | 1.373 | | |
| 합계 | 198.900 | 9 | | | |

**계수**

| | 비표준화 계수 | | 표준화 계수 | t | 유의확률 |
|---|---|---|---|---|---|
| | B | 표준오차 | 베타 | | |
| (상수) | 2.853 | 1.173 | | 2.431 | .045 |
| x1 | .301 | .029 | 1.327 | 10.496 | .000 |
| x2 | −2.091 | .470 | −.563 | −4.451 | .003 |

출력 결과에 의하면 $R^2 = 0.952$ (수정된 $R^2 = 0.938$ )로서 전체 변동의 95.2%를 회귀모형으로 설명하고 있음을 알 수 있다. 모형에 대한 분산분석의 결과 유의확률이 0.000으로 매우 유의성이 있음을 나타낸다.

추정된 회귀직선은 다음과 같다.

$$\hat{y} = 2.853 + 0.301\,x_1 - 2.091\,x_2$$

회귀계수 $x_1$, $x_2$의 유의확률이 각각 0.000, 0.003으로서 매우 유의성이 있다. 이와 같이 $x_1$만으로 적합시킨 모형에서 $R^2$가 81.5%이었던 것이 $x_2$를 추가함으로써 95.2%로 증가하였다. 또한, [예제 10-6]에서 $x_2$만으로 적합시킨 모형은 유의성이 없었으나 중회귀모형에서는 $x_1$과 $x_2$가 모두 유의한 것으로 판명되었다. 이는 $x_2$만으로 적합시킨 모형에서는 $x_1$으로 설명되는 부분이 모두 오차항으로 포함되어 전체 MSE가 커져 $x_2$의 유의성이 없는 것 같이 보이나, $x_1$으로 설명된 나머지 부분을 $x_2$로 설명하면 $x_1$으로만 적합시킨 모형보다 MSE도 줄고 $R^2$도 증가하므로 $x_2$도 설명력이 있다.

## 10-5 잔차의 검토

회귀모형에서 최소제곱추정량으로 여러 가지 추론 문제를 다룰 수 있는 것은 모형에 대한 여러 가지 가정이 있었기 때문이다. 예를 들어, 10-3절에서 다룬 단순선형회귀모형

$$y_i = \alpha + \beta x_i + \epsilon_i, \quad i = 1, \cdots, n$$

에서는 다음과 같은 중요한 가정이 전제된다.

(a) 선형성: $y = \alpha + \beta x$

(b) 정규성: $\epsilon_i \sim N(0, \sigma^2)$

(c) 등분산성: $\epsilon_1, \cdots, \epsilon_n$의 분산은 모두 $\sigma^2$

(d) 독립성: $\epsilon_1, \cdots, \epsilon_n$은 서로 독립

이와 같은 가정 가운데 선형성이나 정규성 등은 매우 중요하며, 잔차를 검토하여 이러한 조건들이 만족되는지를 확인할 필요가 있다. 이와 같이 잔차를 이용하여 모형의 가정에 대한 검토를 하는 것을 **잔차분석**(residual analysis)이라고 한다.

경제모형에서는 특히 $y$값이 커지면서 분산도 증가하여 등분산의 조건이 만족되지 않는 경우가 흔히 있으며, 시간에 따라 관측된 시계열 자료에서는 독립성의 조건이 만족되지 않는 경우도 있다. 그러나 이런 문제들은 이 책의 범위를 벗어나므로 여기서는 선형성의 조건에 대한 잔차분석만을 다루기로 한다.

오차항인 $\epsilon_i$들이 서로 독립이고 같은 분포 $N(0, \sigma^2)$에 따른다면 잔차인

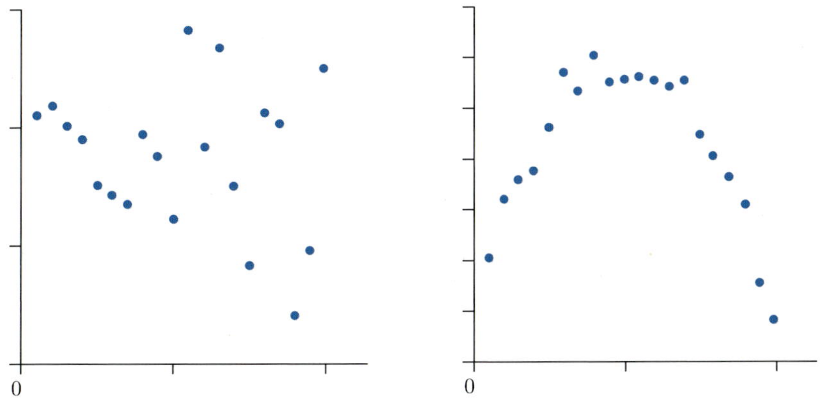


(a) 등분산이 아닌 경우 (b) 선형이 아닌 경우

**|그림 10-9|** 가정에서 벗어나는 잔차 형태의 대표적인 예

$r_i = y_i - \hat{y}_i$ 는 0을 중심으로 특별한 경향이 없이 임의로(랜덤하게) 분포되어 있어야 한다. 이를 확인하기 위하여 흔히 잔차 $r_i$를 관측순서 $i$, 또는 예측값 $\hat{y}_i$, 또는 $y$의 관측값 $y_i$에 대하여 그림으로 나타낸다. 예를 들어, [그림 10-9]는 관측번호에 따라 $r_i$를 나타낸 것이다. 그림에서 (a)는 $r_i$들의 분산이 증가하고 있으므로 등분산성의 조건을 만족하지 못함을 뜻하며, (b)는 선형보다는 2차함수 모양의 잔차를 보이고 있으므로 변수변환을 하거나 모형이 다항식으로 주어지는 다항회귀로 적합시키는 것이 바람직하다.

일반적으로 잔차 $r_i$값 자체만으로는 그 값이 얼마나 큰지를 판단하기 어렵다. 즉, 표준편차에 비하여 얼마나 큰지를 알아야 특정한 $r_i$가 소위 **이상점**(outlier)인지를 판단할 수 있다. 이를 위하여 $r_i$를 표준화시키고 표준화된 잔차를 이용하여 분석하게 된다. 자세한 내용은 이 책의 수준을 넘으므로 $r_i$의 표준편차를 $\text{sd}(r_i)$로 나타내어 설명하기로 한다. 여기서 $r_i$를 표준편차로 나눈 **표준화잔차**(studentized residual)는 다음과 같다.

$$t_i = \frac{r_i}{\text{sd}(r_i)}$$

표준화잔차는 근사적으로 표준정규분포를 따른다고 할 수 있으며, 따라서 $\pm 2$ 또는 $\pm 2.5$를 벗어나는 관측값은 이상점으로 의심할 수 있다. 또한, 이와

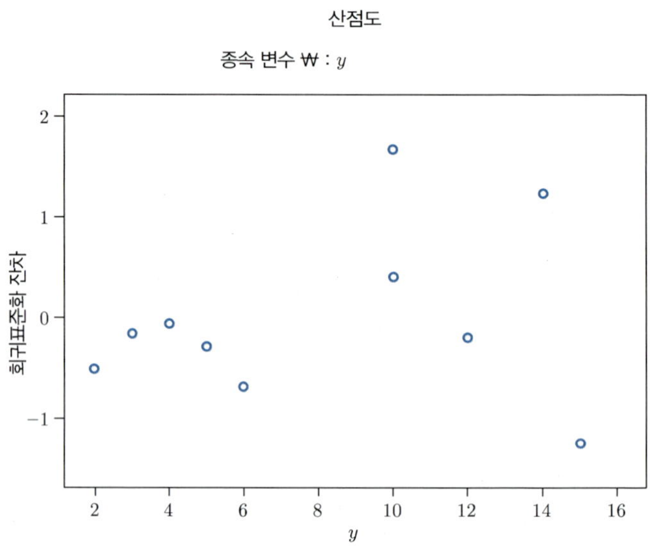


**|그림 10-10|** 관측값에 대한 잔차 산점도

같은 이상점이 많이 존재할 때는 정규성의 가정이 만족되지 않음을 뜻한다.

잔차분석을 통하여 극단적인 이상점이 발견되면 그 관측값이 이상점인 원인을 찾아야 하며, 분포의 특성 때문에 나온 관측값들이면 전통적인 최소제곱법에 의한 분석이 안전한 결과를 제공하지 못함에 유의해야 한다. 이와 같은 잔차분석 등을 통하여 모형을 검토하는 분야를 **회귀진단**(regression diagnostic)이라고 한다. 그러나 회귀진단은 이 책의 범위를 벗어나므로 간단한 잔차분석만 다루기로 한다.

예를 들어, [예제 10-8]에서 다룬 중회귀모형에서 관측값에 대한 표준화잔차를 산점도로 나타내면 [그림 10-10]과 같다. 그림에서 $y$값이 증가하면서 잔차도 증가하는 것으로 보이나 그 정도가 심각하지는 않으며, $\pm 2$를 벗어나는 잔차도 없어서 비교적 안정된 잔차의 산점도를 보이고 있다.

일반적으로 회귀분석에서는 산점도를 그려 선형성을 시각적으로 확인하고, 필요하면 변수변환 등의 다른 조치를 취한 후에 모형을 적합한다. 또한, 잔차분석을 통하여 모형의 적합 여부를 여러 측면에서 검토한 후에 최종모형을 확정하고, 이 최종모형을 이용하여 예측 등의 문제를 다루는 것이 보통이다. 다음의 예제는 여러 통계량들의 값들은 매우 비슷함에도 불구하고, 실제 자료의 분포 모양은 많이 다른 예를 보이는 유명한 문제이다.

**예제 10-9** (Anscombe 자료의 분석) 다음의 〈표 10-13〉은 앤스콤(Anscombe)에 의하여 만들어진 데이터로서 $x$와 $y1$, $x$와 $y2$, $x$와 $y3$를 각각 직선회귀로 적합시키면, 세 자료의 분포 모양이 많이 다름에도 불구하고 회귀계수 등 대부분의 통계량들이 매우 비슷한 결과를 준다. 이를 SPSS를 이용하여 확인해 보자.

$x$와 $y1$, $x$와 $y2$, $x$와 $y3$를 각각 직선회귀로 적합시킨 결과는 [그림 10-11]과 같다.

**|표 10-13|** Anscombe 자료

| $x$ | $y1$ | $y2$ | $y3$ |
|---|---|---|---|
| 10 | 8.04 | 9.14 | 7.46 |
| 8 | 6.95 | 8.14 | 6.77 |
| 13 | 7.58 | 8.74 | 12.74 |
| 9 | 8.81 | 8.77 | 7.11 |
| 11 | 8.33 | 9.26 | 7.81 |
| 14 | 9.96 | 8.1 | 8.84 |
| 6 | 7.24 | 6.13 | 6.08 |
| 4 | 4.26 | 3.1 | 5.39 |
| 12 | 10.84 | 9.13 | 8.15 |
| 7 | 4.82 | 7.26 | 6.42 |
| 5 | 5.68 | 4.74 | 5.73 |

**|표 10-14|** 세 회귀직선의 모형 적합 결과

| 모형 | $x$와 $y1$ | $x$와 $y2$ | $x$와 $y3$ |
|---|---|---|---|
| $F$-값 | 17.99 | 17.97 | 17.97 |
| 유의확률 | 0.002 | 0.002 | 0.002 |
| $R^2$ | 0.667 | 0.666 | 0.666 |
| $\alpha$ | 3.0001 | 3.0009 | 3.0025 |
| $\beta$ | 0.5001 | 0.5000 | 0.4997 |

이들 세 자료를 직선회귀로 적합시킨 후에 출력되는 통계량의 값들을 보면 〈표 10-14〉와 같다. [그림 10-11]에서 보는 바와 같이 산점도에 나타난 세 자료는 많이 다름에도 불구하고, 출력된 $F$-값, 유의확률, $R^2$, $\alpha$, $\beta$ 값들은 매우 비슷함을 알 수 있다. 이와 같이 출력된 유의확률이나 통계량의 값, 회귀계수 등만으로는 모형이 적합한지의 여부를 판정하기 어려울 때가 있으므로, 회귀분

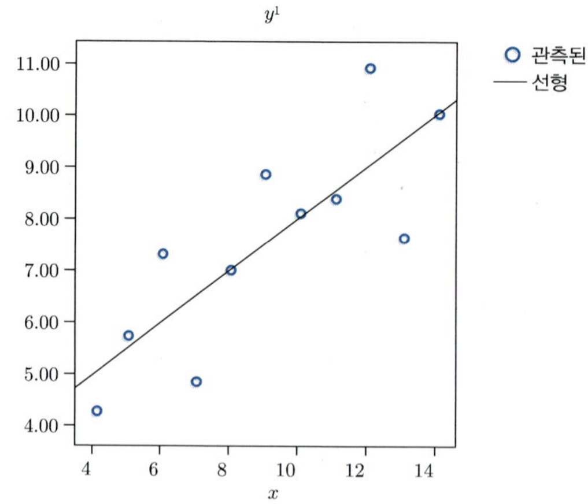


(a) $x$와 $y1$의 적합

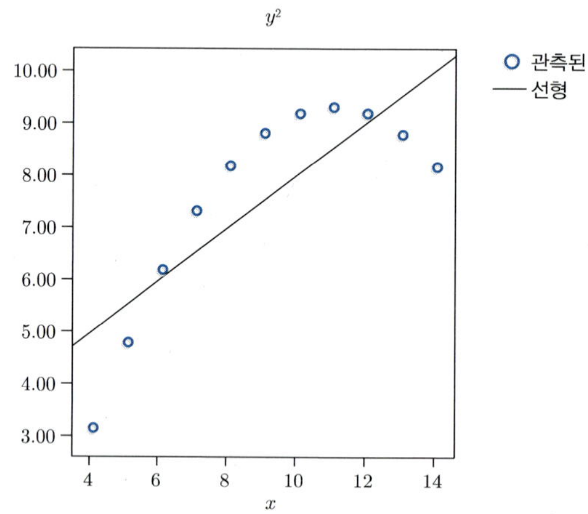


(b) $x$와 $y2$의 적합

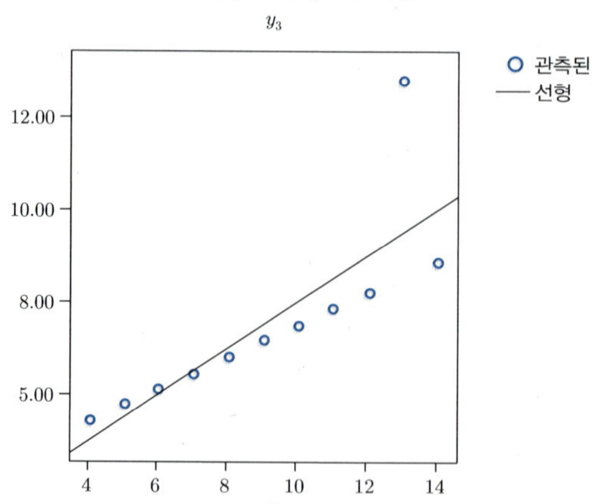


(c) $x$와 $y3$의 적합

**|그림 10-11|** 적합된 세 회귀직선

석에서는 항상 산점도를 통하여 적합된 결과를 확인하고, 회귀진단 등의 기법을 이용하여 추가분석을 시행해야 한다.

## 10-6 SPSS 실습

### 10-6-1 상관분석

한 음료 생산업체에서는 소비자 마케팅 전략을 세우고 소비자들의 음료에 대한 경향을 알고자 소비자 연령에 따른 음료 소비량을 조사하였다. 그 결과 〈표 10-15〉의 자료를 얻었다. 자료에 대해 산점도를 그리고, 두 변수 간 상관계수를 구하고, 상관관계의 유의성을 검정해 보자.

**|표 10-15|** 연령과 청량음료 소비량

| 소비자 | 연령 | 청량음료 |
|---|---|---|
| 1 | 40 | 74 |
| 2 | 25 | 120 |
| 3 | 55 | 30 |
| 4 | 50 | 40 |
| 5 | 42 | 72 |
| 6 | 30 | 85 |
| 7 | 25 | 97 |
| 8 | 30 | 58 |
| 9 | 30 | 66 |
| 10 | 45 | 40 |

상관분석을 시행하기 위해서 메뉴에서 분석(A) → 상관분석(C) → 이변량 상관계수(B)... 를 선택하면 그림 [10-12]와 같은 '이변량 상관계수' 대화상자가 나타난다.

[그림 10-12]에서와 같이 분석하고자 하는 두 변수를 옮기고, 세 가지 상관계수 중에서 두 변수 간의 선형결합 측도를 의미하고 일반적으로 많이 사용되는 'Pearson'의 상관계수를 선택하였다. 두 변수 간 상관관계가 있는지를 검정하는 것이므로 유의성 검정은 '양쪽'으로 설정한다. 데이터의 일반적인 통계량을 구하기 위해서는 옵션(O)... 에서 선택할 수 있다. '확인'을 클릭하면 다음과 같은 출력 결과를 얻는다.

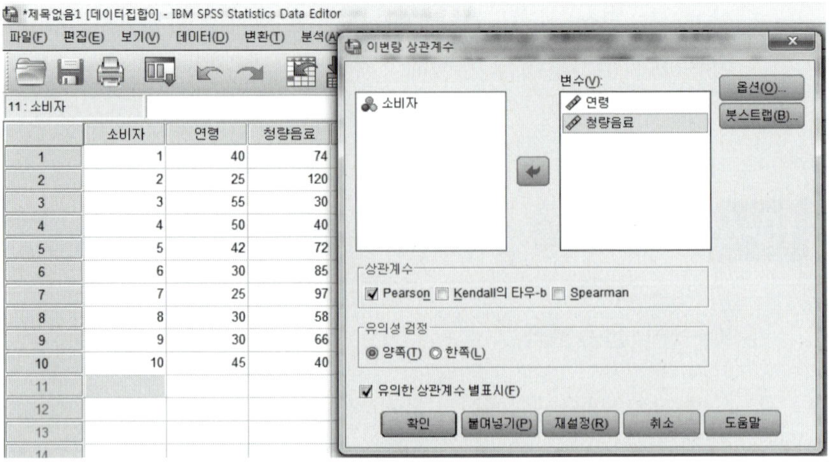


**|그림 10-12|** 입력된 자료와 이변량 상관계수 대화상자

출력 결과에서 두 변수(연령, 청량음료)의 상관계수는 −0.836이고 이에 대한 유의확률은 0.003으로 강한 음의 상관관계를 나타낸다고 할 수 있다. 즉, 연령이 높아질수록 청량음료의 소비량은 줄어든다고 할 수 있다.

**상관계수**

| | | 연령 | 청량음료 |
|---|---|---|---|
| 연령 | Pearson 상관계수 | 1 | −.836** |
| | 유의확률 (양쪽) | | .003 |
| | N | 10 | 10 |
| 청량음료 | Pearson 상관계수 | −.836** | 1 |
| | 유의확률 (양쪽) | .003 | |
| | N | 10 | 10 |

**. 상관계수는 0.01 수준(양쪽)에서 유의하다.

### 10-6-2 단순회귀분석

〈표 10-15〉의 자료에서 연령이 청량음료의 판매에 어떤 영향을 미치는지 알아보기 위해 SPSS를 이용하여 회귀분석을 실시해 보자. SPSS를 이용하여 회귀분석을 하기 위해서는 SPSS의 메뉴에서 분석(A) → 회귀분석(R) ▸ → 선형(L)... 을 선택한다. [그림 10-13]과 같은 대화상자에서 분석의 관심대상인 '청량음료'를 종속변수로, 이에 영향을 주는 '연령'을 독립변수에 각각 넣어 준다.

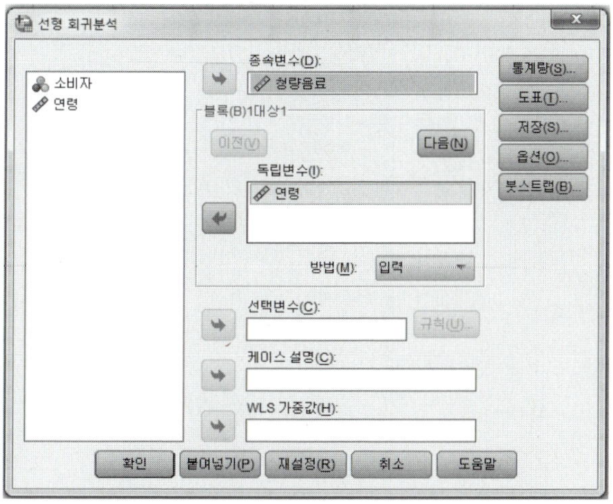


**|그림 10-13|** 선형회귀분석 대화상자

종속변수와 독립변수를 설정한 후 여러 통계량, 도표, 옵션 등을 설정할 수 있다. 먼저 [통계량(S)...]을 선택하면 [그림 10-14]와 같은 대화상자가 나타나며, 회귀계수에 대한 통계량, 모형적합 등의 통계량, 잔차분석 등을 선택할 수 있다. 그림에서는 회귀계수의 추정값과 신뢰구간, 모형적합, 기술통계를 선택하였다. 회귀분석을 실시하고 데이터 세트로 저장하고 싶은 결과들은 '저장' 옵션을 사용한다. 즉, [그림 10-13]의 선형회귀분석 대화상자에서 [저장(S)...]을 선택하면 [그림 10-15]와 같은 '저장' 대화상자가 나오며, 여기서 저장하기를 원하는 결과들을 선택한다. 선택된 결과들은 [그림 10-16]과 같이 데이터 편집기에 새 변수의 이름과 내용으로 나타난다. 새 변수에서 'PRE'는 예측값, 'RES'는 잔차를 나타내며, 이들이 'Z'로 시작되면 표준화된 값을 나타낸다.

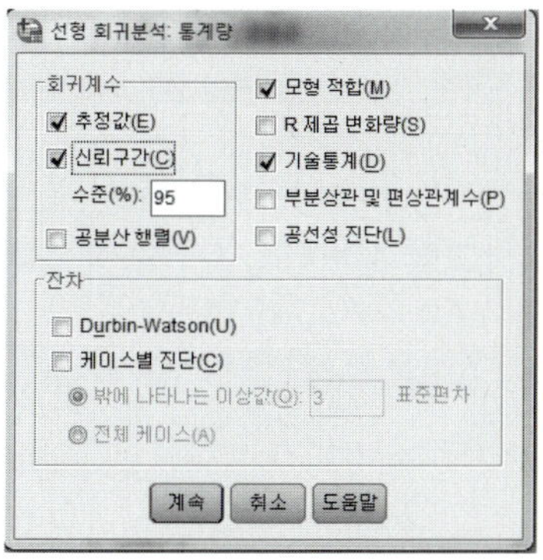


**|그림 10-14|** 통계량 대화상자

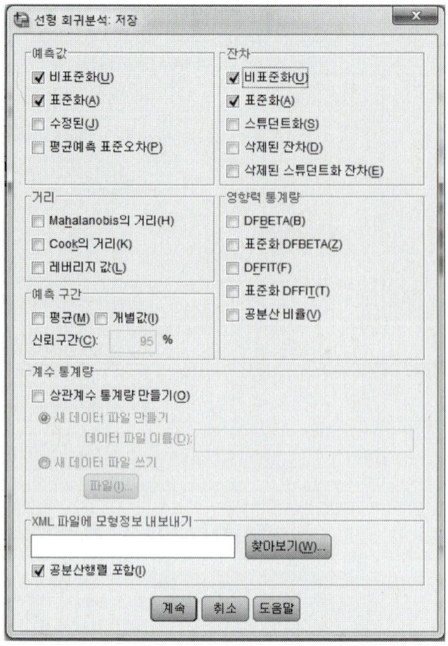


**|그림 10-15|** 저장 대화상자

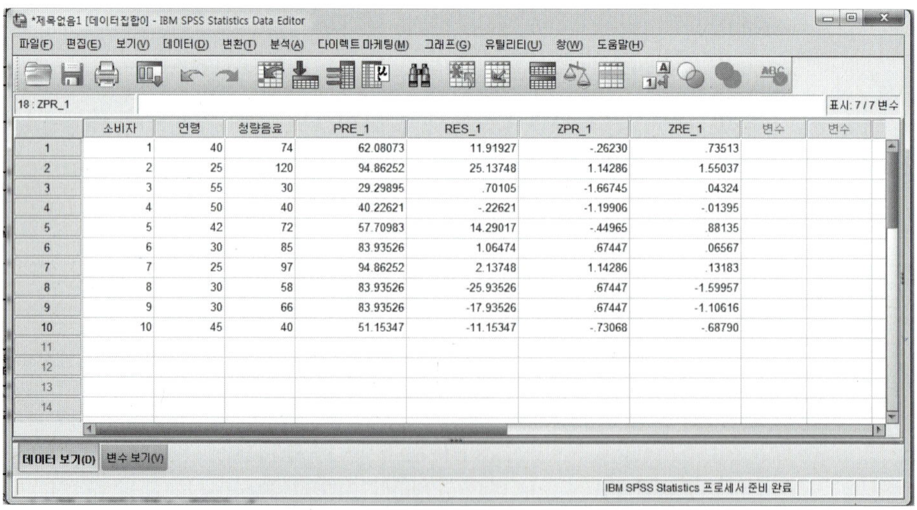


**|그림 10-16|** 회귀분석 시행 후의 데이터 편집기

선형회귀분석에서는 상관분석 결과가 디폴트로 출력된다. 다음은 관심이 있는 출력 결과들이다.

**기술통계량**

| | 평균 | 표준편차 | N |
|---|---|---|---|
| 청량음료 | 68.20 | 27.892 | 10 |
| 연령 | 37.20 | 10.675 | 10 |

**모형 요약b**

| 모형 | R | R 제곱 | 수정된 R 제곱 | 추정값의 표준오차 |
|---|---|---|---|---|
| 1 | .836a | .700 | .662 | 16.214 |

a. 예측값: (상수), 연령
b. 종속변수: 청량음료

**분산분석a**

| 모형 | | 제곱합 | 자유도 | 평균 제곱 | F | 유의확률 |
|---|---|---|---|---|---|---|
| 1 | 회귀 모형 | 4898.473 | 1 | 4898.473 | 18.633 | .003b |
| | 잔차 | 2103.127 | 8 | 262.891 | | |
| | 합계 | 7001.600 | 9 | | | |

a. 종속변수: 청량음료
b. 예측값: (상수), 연령

**계수a**

| 모형 | | 비표준화 계수 | | 표준화 계수 | t | 유의확률 | B에 대한 95.0% 신뢰구간 | |
|---|---|---|---|---|---|---|---|---|
| | | B | 표준오차 | 베타 | | | 하한값 | 상한값 |
| 1 | (상수) | 149.499 | 19.519 | | 7.659 | .000 | 104.487 | 194.511 |
| | 연령 | −2.185 | .506 | −.836 | −4.317 | .003 | −3.353 | −1.018 |

a. 종속변수: 청량음료

**모형요약**에서 '$R$'은 다중상관계수로서 이 경우에는 $\sqrt{R^2}$ 를 의미한다. '$R$ 제곱'은 회귀모형에 의한 설명력을 나타내는 결정계수 $R^2$ 를 의미한다. 자료는 양의 상관관계를 보이며 회귀직선에 의해 자료를 70% 정도 설명한다고 할 수 있다.

**분산분석** 표를 통하여 회귀모형이 적합함을 알 수 있다. 회귀모형에 의해 설정한 모형은 $F$−통계량의 값이 18.633이고 그에 대한 유의확률은 0.003으로 모형이 유의하다.

**계수**에서는 모수인 절편과 기울기에 대한 검정 결과가 출력된다. 절편을 나타내는 (상수)와 기울기 모수인 '연령'의 추정값은 '비표준화 계수'에서 'B'라는 제목 아래 출력된다. (상수)와 '연령'의 유의확률은 각각 0.000, 0.003으로 매우 유의함을 알 수 있다. 비표준화 계수로 출력된 추정값에 의하면, 청량음료 소비량 $y$를 연령인 $x$로 설명하는 선형회귀식은 다음과 같이 나타낼 수 있다.

$$y = 149.499 - 2.185x$$

즉, "청량음료= 149.499 − 2.185 * 연령"으로 나타낼 수 있는데, 그 의미는 「연령이 한 단위 증가할 때마다 청량음료 소비량이 2.185 단위만큼 감소한다」는 것이다.

**표준화계수 베타**는 회귀모형에서 각 변수들의 표준편차가 1이 되도록 조정하였을 때의 회귀계수를 뜻하며, 해당 독립변수에 의하여 설명되는 종속변수의 비율을 의미한다.

## 10-6-3 중회귀모형

중회귀모형의 분석은 단순회귀에 비하여 확인해야 할 사항들이 많고 최종모형을 찾는 과정이 복잡하여 이 책의 범위를 넘어서는 것이 대부분이다. 따라서, 이 절에서는 간단히 중회귀모형의 적합 방법만 다루기로 한다.

〈표 10-16〉의 자료는 손실분량(stackloss) 자료라고 부르는 실제 자료로서,

**|표 10-16|** 손실분량 자료

| 번호 | $x_1$ | $x_2$ | $x_2$ | $y$ |
|---|---|---|---|---|
| 1 | 80 | 27 | 89 | 42 |
| 2 | 80 | 27 | 88 | 37 |
| 3 | 75 | 25 | 90 | 37 |
| 4 | 62 | 24 | 87 | 28 |
| 5 | 62 | 22 | 87 | 18 |
| 6 | 62 | 23 | 87 | 18 |
| 7 | 62 | 24 | 93 | 19 |
| 8 | 62 | 24 | 93 | 20 |
| 9 | 58 | 23 | 87 | 15 |
| 10 | 58 | 18 | 80 | 14 |
| 11 | 58 | 18 | 89 | 14 |
| 12 | 58 | 17 | 88 | 13 |
| 13 | 58 | 18 | 82 | 11 |
| 14 | 58 | 19 | 93 | 12 |
| 15 | 50 | 18 | 89 | 8 |
| 16 | 50 | 18 | 86 | 7 |
| 17 | 50 | 19 | 72 | 8 |
| 18 | 50 | 19 | 79 | 8 |
| 19 | 50 | 20 | 80 | 9 |
| 20 | 56 | 20 | 82 | 15 |
| 31 | 70 | 20 | 91 | 15 |

중회귀분석에서 많이 인용되는 자료이다. 이 자료는 암모니아를 산화하여 질산을 만드는 화학공정에서 세 설명변수의 값과 대응되는 손실분량을 21일간 측정한 자료이다. 자료에서 변수들의 내용은 다음과 같다.

$x_1$: 작업 속도

$x_2$: 냉각수 온도

$x_3$: 질산 농도

$y$: 암모니아의 손실분량(%)

SPSS의 데이터 편집기 창에서 자료를 [그림 10-17]과 같이 입력하고 케이스의 번호에 대한 변수이름은 $n$으로 입력하였다.

먼저 세 변수를 모두 사용한 중회귀모형에 적합시켜 보자. 이를 위해 단순회귀에서와 같이 메뉴에서 분석(A) → 회귀분석(R) → 선형(L)... 을 선택한다. '선형회귀분석' 창에서 종속변수로 $y$를 선택하고, 독립변수로 $x_1$, $x_2$, $x_3$ 세 변수를 모두 선택한다. 변수가 선택된 형태는 [그림 10-18]과 같다.

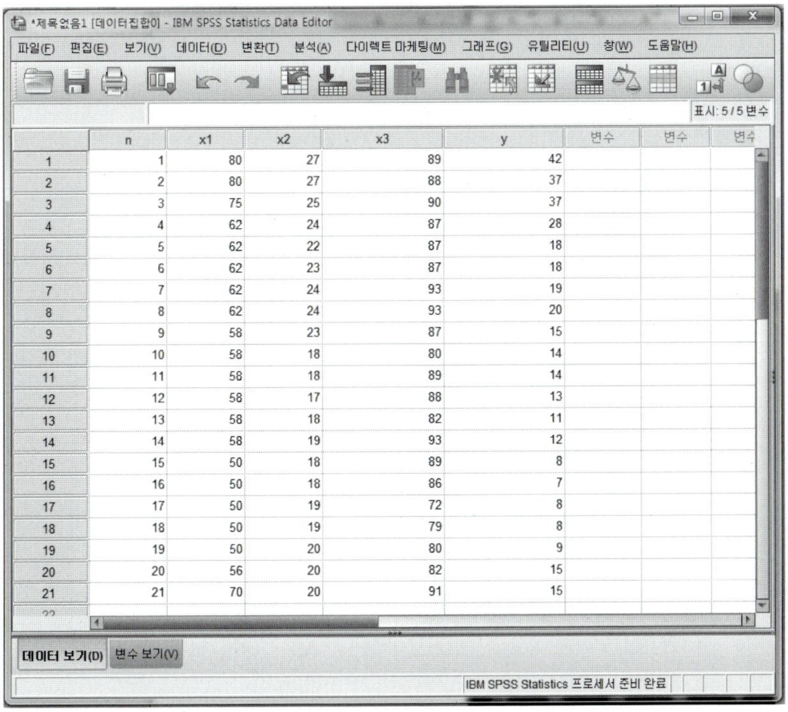


| | n | x1 | x2 | x3 | y | 변수 | 변수 | 변수 |
|---|---|---|---|---|---|---|---|---|
| 1 | 1 | 80 | 27 | 89 | 42 | | | |
| 2 | 2 | 80 | 27 | 88 | 37 | | | |
| 3 | 3 | 75 | 25 | 90 | 37 | | | |
| 4 | 4 | 62 | 24 | 87 | 28 | | | |
| 5 | 5 | 62 | 22 | 87 | 18 | | | |
| 6 | 6 | 62 | 23 | 87 | 18 | | | |
| 7 | 7 | 62 | 24 | 93 | 19 | | | |
| 8 | 8 | 62 | 24 | 93 | 20 | | | |
| 9 | 9 | 58 | 23 | 87 | 15 | | | |
| 10 | 10 | 58 | 18 | 80 | 14 | | | |
| 11 | 11 | 58 | 18 | 89 | 14 | | | |
| 12 | 12 | 58 | 17 | 88 | 13 | | | |
| 13 | 13 | 58 | 18 | 82 | 11 | | | |
| 14 | 14 | 58 | 19 | 93 | 12 | | | |
| 15 | 15 | 50 | 18 | 89 | 8 | | | |
| 16 | 16 | 50 | 18 | 86 | 7 | | | |
| 17 | 17 | 50 | 19 | 72 | 8 | | | |
| 18 | 18 | 50 | 19 | 79 | 8 | | | |
| 19 | 19 | 50 | 20 | 80 | 9 | | | |
| 20 | 20 | 56 | 20 | 82 | 15 | | | |
| 21 | 21 | 70 | 20 | 91 | 15 | | | |

**|그림 10-17|** 손실분량 자료의 입력

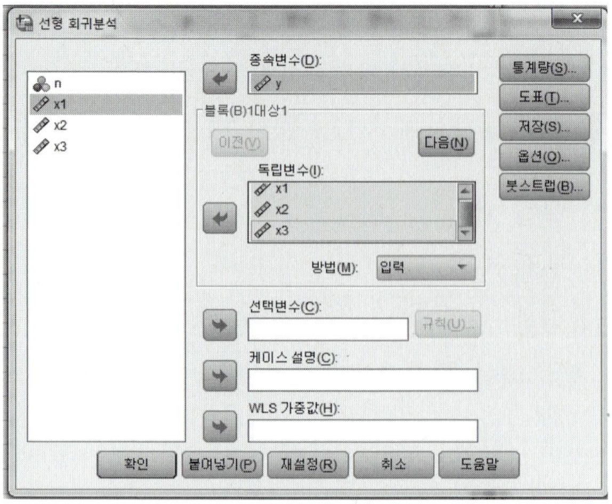


**|그림 10-18|** 변수의 선택

SPSS에서 디폴트로 출력되는 결과를 이용하여 변수들의 유의성을 살펴보기 위하여 옵션은 이용하지 않고 '확인'을 클릭하면 다음의 결과들이 출력된다.

**모형요약**에서 결정계수는 $R^2 = 91.4\%$로서 높은 설명력을 보이고 있다.

**분산분석표**에서 모형의 유의확률도 0.000으로 매우 유의하다.

**계수**에서 출력된 추정값에 의하면 선형회귀식은 다음과 같이 나타낼 수 있다.

$$y = -39.920 + 0.716\,x_1 + 1.295\,x_2 - 0.152\,x_3$$

**모형 요약**

| 모형 | R | R 제곱 | 수정된 R 제곱 | 추정값의 표준오차 |
|---|---|---|---|---|
| 1 | .956a | .914 | .898 | 3.243 |

a. 예측값: (상수), x3, x2, x1

**분산분석a**

| 모형 | | 제곱합 | 자유도 | 평균 제곱 | F | 유의확률 |
|---|---|---|---|---|---|---|
| 1 | 회귀 모형 | 1890.408 | 3 | 630.136 | 59.902 | .000b |
| | 잔차 | 178.830 | 17 | 10.519 | | |
| | 합계 | 2069.238 | 20 | | | |

a. 종속변수: y

b. 예측값: (상수), x3, x2, x1

**계수a**

| 모형 | | 비표준화 계수 | | 표준화 계수 | t | 유의확률 |
|---|---|---|---|---|---|---|
| | | B | 표준오차 | 베타 | | |
| 1 | (상수) | -39.920 | 11.896 | | -3.356 | .004 |
| | x1 | .716 | .135 | .645 | 5.307 | .000 |
| | x2 | 1.295 | .368 | .403 | 3.520 | .003 |
| | x3 | -.152 | .156 | -.080 | -.973 | .344 |

a. 종속변수: y

회귀계수의 출력 결과에서 $x_3$의 유의확률이 0.344로서 유의성이 없다. 따라서, $x_3$를 제외한 선형 모형으로 분석하기로 한다. 이를 위해 '선형회귀분석' 창에서 선택된 독립변수 $x_3$를 활성화시킨 상태에서 를 클릭하여 $x_3$를 독립변수 명단에서 제거한다. 표준화된 잔차를 구하고 데이터 편집기에 출력시키기 위하여 회귀분석 대화상자의 아래쪽에 있는 저장(S)... 을 클릭한다. 이어서 뜨는 '저장' 대화상자에서 잔차의 '표준화'를 선택하고 '계속'과 '확인'을 누르면 [그림 10-20]과 같이 데이터 편집기 창에 'ZRE_1'이란 변수명 아래 표준화잔차가 출력되고, 회귀분석 결과는 Output 창에 출력된다.

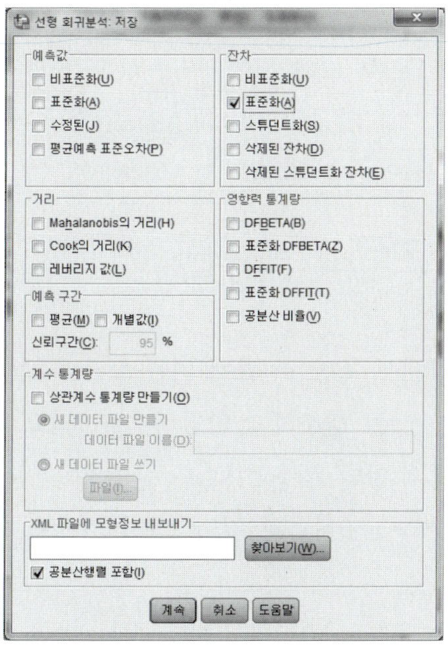


**|그림 10-19|** 저장 대화상자

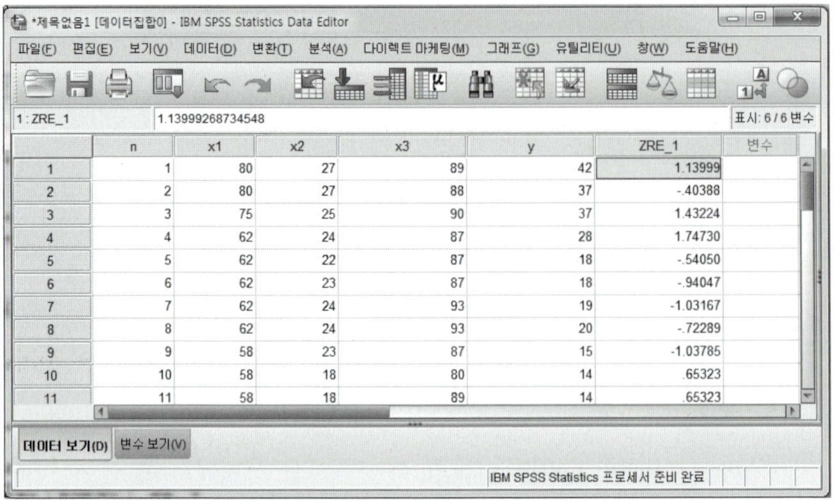


**|그림 10-20|** 표준화잔차(ZRE_1)의 출력

**모형 요약 b**

| 모형 | R | R 제곱 | 수정된 R 제곱 | 추정값의 표준오차 |
|---|---|---|---|---|
| 1 | .953a | .909 | .899 | 3.239 |

a. 예측값: (상수), x2, x1

b. 종속변수: y

**계수 a**

| 모형 | | 비표준화 계수 | | 표준화 계수 | t | 유의확률 |
|---|---|---|---|---|---|---|
| | | B | 표준오차 | 베타 | | |
| 1 | (상수) | -50.359 | 5.138 | | -9.801 | .000 |
| | x1 | .671 | .127 | .605 | 5.298 | .000 |
| | x2 | 1.295 | .367 | .403 | 3.525 | .002 |

a. 종속변수: y

모형요약에서 보면, $x_3$를 제외한 결과 $R^2$는 92.4%에서 90.0%로 감소하였지만 수정된 $R^2$는 감소하지 않았다. 일반적으로 변수가 추가되면 $R^2$값은 항상 증가하지만 수정된 $R^2$은 변수의 설명력이 있을 때에만 증가한다. $x_3$를 제외하였을 때의 모형은 다음과 같다.

$$y = -50.359 + 0.671\,x_1 + 1.295\,x_2$$

한편, 잔차분석을 위하여 케이스 번호인 $n$과 표준화잔차 'ZRE_1'의 산점도를

**|표 10-17|** Hald 자료

| $x_1$ | $x_2$ | $x_3$ | $x_4$ | $y$ |
|---|---|---|---|---|
| 7 | 26 | 6 | 60 | 78.5 |
| 1 | 29 | 15 | 52 | 74.3 |
| 11 | 56 | 8 | 20 | 104.3 |
| 11 | 31 | 8 | 47 | 87.6 |
| 7 | 52 | 6 | 33 | 95.9 |
| 11 | 55 | 9 | 22 | 109.2 |
| 3 | 71 | 17 | 6 | 102.7 |
| 1 | 31 | 22 | 44 | 72.5 |
| 2 | 54 | 18 | 22 | 93.1 |
| 21 | 47 | 4 | 26 | 115.9 |
| 1 | 40 | 23 | 34 | 83.8 |
| 11 | 66 | 9 | 12 | 113.3 |
| 10 | 68 | 8 | 12 | 109.4 |

그리면 [그림 10-21]과 같다. 21번째인 마지막 데이터가 ±2의 범위를 벗어나서 이상점일 가능성이 있으나 전체적으로는 안정된 산점도를 보인다. 실제로 이 문제는 좀 더 고급 수준의 여러 가지 분석을 시행하면 1, 3, 4, 21번의 데이터가 심각한 이상점임을 판명할 수 있다. 잔차의 산점도를 비롯한 여러 가지 다른 도표를 '선형회귀분석' 대화상자의 '도표' 옵션에서 선택하여 출력시킬 수 있다.

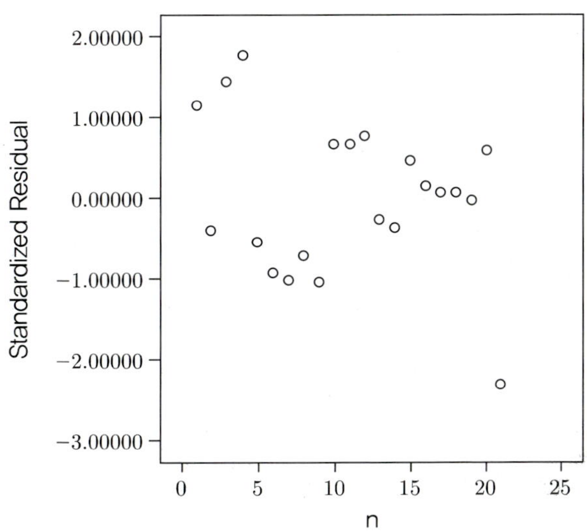


**|그림 10-21|** 표준화잔차의 산점도

다음에 살펴볼 〈표 10-17〉의 예제는 Hald 자료로 알려진 데이터 세트로서 반응변수 $y$는 시멘트에서 방출되는 열량이며, 4개의 설명변수들은 시멘트 제조시의 주요 성분들을 퍼센트로 나타낸 것이다. 이들 자료의 특징은 설명변수들 사이에 강한 상관관계가 존재하여 변수 선택이 어려운 것이다.

앞의 예제와 같이 분석(A) → 회귀분석(R) ▸ → 선형(L)... 을 선택하여 나온 '선형회귀분석' 창에서 $Y$를 종속변수로 선택하고 $x_1 \sim x_4$를 모두 독립변수로 선택한다. 이어서 '확인을 클릭하면 다음과 같은 결과가 출력된다. 결정계수 $r^2$은 98.2%로서 설명력이 높은 모형이며, 계수의 추정값에 의하면 최종모형은 다음과 같다.

$$7y = 62.405 + 1.551x_1 + 0.510x_2 + 0.102x_3 - 0.144x_4$$

그러나 4개의 설명변수 가운데 $x_1$만 유의확률 0.071로서 약한 유의성이 있으며, 나머지 변수들은 유의성이 없는 것으로 보인다.

**모형 요약**

| 모형 | R | R 제곱 | 수정된 R 제곱 | 추정값의 표준오차 |
|---|---|---|---|---|
| 1 | .991a | .982 | .974 | 2.44601 |

a. 예측값: (상수), x4, x3, x1, x2

**계수 a**

| 모형 | | 비표준화 계수 | | 표준화 계수 | t | 유의확률 |
|---|---|---|---|---|---|---|
| | | B | 표준오차 | 베타 | | |
| 1 | (상수) | 62.405 | 70.071 | | .891 | .399 |
| | x1 | 1.551 | .745 | .607 | 2.083 | .071 |
| | x2 | .510 | .724 | .528 | .705 | .501 |
| | x3 | .102 | .755 | .043 | .135 | .896 |
| | x4 | -.144 | .709 | -.160 | -.203 | .844 |

a. 종속변수: y

이 책의 본문에서는 다루지 않았으나 회귀모형에서 독립변수를 선택하는 옵션들이 여러 가지 있다. '선형회귀분석' 창에서 '독립변수' 아래 있는 '방법'에서 선택 키를 누르면 여러 방법이 나온다. 여기서 [그림 10-22]와 같이 단계 선택을 옵션으로 선택하고 '확인'을 클릭하면 앞의 결과와는 다른 출력 결과를 얻는다. 처음에 변수 $x_4$가 선택되어 '모형 1'을 이루고, 다음으로 $x_1$이 추가되어 '모형 2'를 이룬다. 모형 1과 모형 2의 결정계수는 각각 67.5%, 97.2%이다. 회귀계수의 추정 결과에 의하면 $x_4$와 $x_1$이 모두 유의확률 0.000으로 유의성이 강하며, 최종모형은 다음과 같이 나타낼 수 있다.

$$y = 103.097 + 1.440\,x_1 - 0.614\,x_4$$

이와 같이 선택된 변수에 따라 계수의 유의성과 모형의 해석이 많이 다르게 된다. 이와 같은 이유는 주로 설명변수들 사이에 상관관계가 높을 때 나타난다. 또한, 선택되는 변수도 선택 기준에 따라 다르다. 즉, '선형회귀분석' 창에서 '옵션' 버튼을 클릭하면 [그림 10-23]과 같은 '옵션' 창이 뜨며, 여기서 변수의 '진입'과 '제거'에 대한 유의수준을 조절할 수 있다. 그러나 자세한 내용은 이 책의 범위를 넘어서므로 생략하기로 한다.

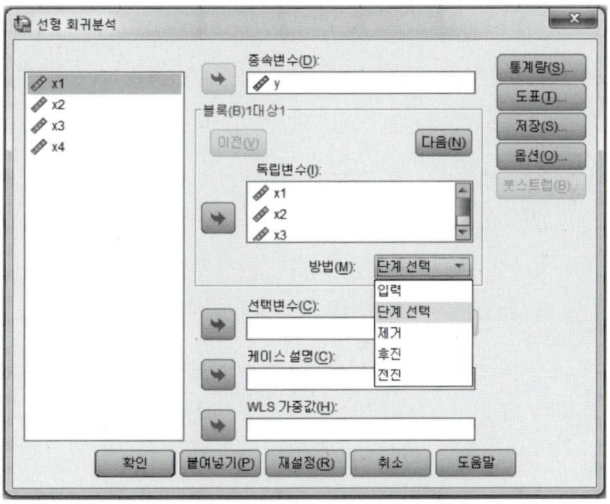


**|그림 10-22|** 독립변수의 선택 방법 옵션

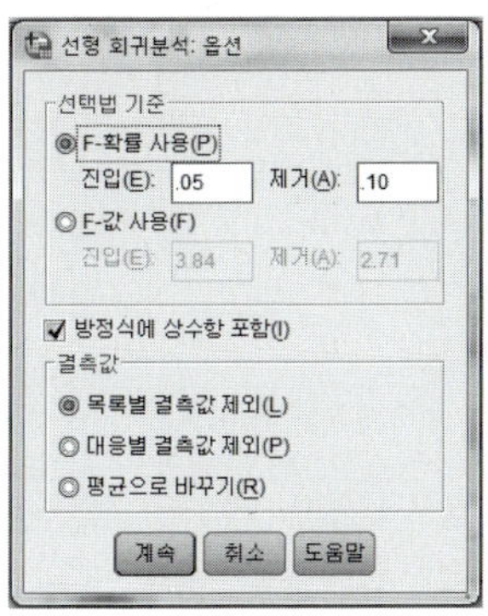


**|그림 10-23|** 변수 선택 기준 옵션

**모형 요약**

| 모형 | R | R 제곱 | 수정된 R 제곱 | 추정값의 표준오차 |
|---|---|---|---|---|
| 1 | .821a | .675 | .645 | 8.96390 |
| 2 | .986b | .972 | .967 | 2.73427 |

a. 예측값: (상수), x4

b. 예측값: (상수), x4, x1

**계수a**

| 모형 | | 비표준화 계수 | | 표준화 계수 | t | 유의확률 |
|---|---|---|---|---|---|---|
| | | B | 표준오차 | 베타 | | |
| 1 | (상수) | 117.568 | 5.262 | | 22.342 | .000 |
| | x4 | −.738 | .155 | −.821 | −4.775 | .001 |
| 2 | (상수) | 103.097 | 2.124 | | 48.540 | .000 |
| | x4 | −.614 | .049 | −.683 | −12.621 | .000 |
| | x1 | 1.440 | .138 | .563 | 10.403 | .000 |

a. 종속변수: y

## 10장 연습문제

**10.1** 어느 슈퍼마켓에서 두 명의 감독관이 점원 7명의 수행을 각각 따로 평가하였다. 두 점수 사이의 표본상관계수를 구하여라.

| 번호 | 1 | 2 | 3 | 4 | 5 | 6 | 7 |
|---|---|---|---|---|---|---|---|
| 감독관 A | 9 | 1 | 5 | 3 | 5 | 7 | 7 |
| 감독관 B | 6 | 2 | 4 | 8 | 7 | 9 | 2 |

**10.2** 다음은 역사 과목에서의 두 번의 시험에 대한 7명의 학생의 점수이다. 두 시험점수 사이의 표본상관계수를 구하여라.

| 번호 | 1 | 2 | 3 | 4 | 5 | 6 | 7 |
|---|---|---|---|---|---|---|---|
| 시험 1 | 3 | 9 | 7 | 8 | 4 | 7 | 5 |
| 시험 2 | 2 | 7 | 8 | 6 | 6 | 7 | 6 |

**10.3** 다음은 10명의 남학생에 대한 키$(x)$와 몸무게$(y)$의 자료이다.

(a) 키와 몸무게의 표본상관계수를 구하여라.

(b) 두 변수 사이에 양의 상관이 있는지를 유의수준 5%에서 검정하여라.

| 번호 | 1 | 2 | 3 | 4 | 5 | 6 | 7 | 8 | 9 | 10 |
|---|---|---|---|---|---|---|---|---|---|---|
| 키$(x)$ | 172 | 165 | 157 | 175 | 155 | 168 | 170 | 176 | 162 | 171 |
| 몸무게$(y)$ | 63 | 66 | 56 | 70 | 55 | 59 | 60 | 75 | 53 | 68 |

**10.4** 다음은 어느 고등학교의 모의시험에서 랜덤하게 추출된 10명 학생의 언어영역과 외국어영역의 점수이다.

(a) 언어영역과 외국어영역 사이의 표본상관계수를 구하여라.

(b) 두 영역 사이에 양의 상관이 있는지를 유의수준 5%에서 검정하여라.

| 번호 | 1 | 2 | 3 | 4 | 5 | 6 | 7 | 8 | 9 | 10 |
|---|---|---|---|---|---|---|---|---|---|---|
| 언어영역 | 42 | 38 | 51 | 53 | 40 | 37 | 41 | 29 | 52 | 39 |
| 외국어영역 | 30 | 25 | 34 | 35 | 31 | 29 | 33 | 23 | 36 | 30 |

**10.5** $x$를 설명변수, $y$를 반응변수로 하는 단순선형회귀모형을 적합시키기 위해 다음 자료를 얻었다.

(a) 제곱합 $S(xx)$, $S(yy)$, $S(xy)$를 구하여라.

(b) 최소제곱 회귀직선을 구하여라.

(c) 결정계수를 구하고 의미를 설명하여라.

(d) $x=4$에서 $y$의 평균반응에 대한 90% 신뢰구간을 구하여라.

| 번호 | 1 | 2 | 3 | 4 |
|---|---|---|---|---|
| $x$ | 1 | 3 | 3 | 5 |
| $y$ | 4 | 6 | 8 | 10 |

**10.6** $x$를 설명변수, $y$를 반응변수로 하는 단순선형회귀모형을 적합시키기 위해 다음 자료를 얻었다.

(a) 제곱합 $S(xx)$, $S(yy)$, $S(xy)$를 구하여라.

(b) 최소제곱 회귀직선을 구하여라.

(c) 결정계수를 구하고 의미를 설명하여라.

(d) $x=4$에서 $y$의 평균반응에 대한 90% 신뢰구간을 구하여라.

| 번호 | 1 | 2 | 3 | 4 |
|---|---|---|---|---|
| $x$ | 1 | 3 | 3 | 5 |
| $y$ | 4 | 6 | 8 | 10 |

**10.7** 어느 보험회사에서 영업사원의 사내 평가점수와 그 영업사원의 판매실적(단위: 100만 원)을 조사하였으며, 다음은 10명의 사원에 대한 조사 결과이다.

(a) 최소제곱 회귀직선과 결정계수를 구하여라.

(b) 기울기 모수 $\beta$의 95% 신뢰구간을 구하여라.

| 번호 | 1 | 2 | 3 | 4 | 5 | 6 | 7 |
|---|---|---|---|---|---|---|---|
| 평가점수($x$) | 14 | 30 | 20 | 16 | 40 | 23 | 48 |
| 판매실적($y$) | 24 | 65 | 28 | 30 | 70 | 45 | 90 |

**10.8** 다음은 어느 은행 점원들에 대하여 고용 전 실시한 직업선발 고사에서의 점수($x$)와

일을 시작한지 3개월 후 감독관들이 채점한 평가점수($y$)에 대한 자료이다.

(a) 최소제곱 회귀직선과 결정계수를 구하여라.

(b) 기울기 모수 $\beta$의 95% 신뢰구간을 구하여라.

| 번호 | 1 | 2 | 3 | 4 | 5 | 6 |
|---|---|---|---|---|---|---|
| $x$ | 44 | 54 | 51 | 68 | 64 | 79 |
| $y$ | 7 | 4 | 10 | 8 | 13 | 11 |

**10.9** 회사의 판매 실적이 수입에 어떻게 영향을 미치는가를 알려고 한다. 다음은 최근 Business Week에 게재된 건실한 회사 중에 랜덤하게 12개 회사를 뽑은 자료이다. SPSS를 이용하여 다음 물음에 답하여라.

(a) 이 자료의 산점도를 그려라.

(b) 상관계수와 결정계수를 구하여라

(c) (b)의 결과를 해석하여라.

(d) 선형회귀식을 추정하여라.

(e) 50억의 판매액을 가지는 회사의 경우 수익을 예측하여라.

| 회사 | 판매금액(억) | 수입(억) | 회사 | 판매금액(억) | 수입(억) |
|---|---|---|---|---|---|
| 1 | 89.2 | 4.9 | 7 | 17.5 | 2.6 |
| 2 | 18.6 | 4.4 | 8 | 11.9 | 1.7 |
| 3 | 18.2 | 1.3 | 9 | 19.6 | 3.5 |
| 4 | 71.7 | 8.0 | 10 | 24.2 | 8.2 |
| 5 | 58.6 | 6.6 | 11 | 28.6 | 6.0 |
| 6 | 46.8 | 4.1 | 12 | 69.2 | 12.8 |

**10-10** 여러 펀드(fund)에 투자를 하는 뮤추얼 펀드(mutual fund) 중에서 특히 펀드의 자산이 수익률에 미치는 영향에 대하여 연구하려고 한다. 다음의 자료는 랜덤하게 선택한 9개 펀드의 자산과 수익률을 나타낸 것이다. SPSS를 이용하여 다음 물음에 답하여라.

(a) 이 자료의 산점도를 그려라.

(b) 상관계수와 결정계수를 구하여라

(c) (b)의 결과를 해석하여라.

(d) 선형회귀식을 추정하여라. (단, 독립변수로 자산을 사용한다.)

(e) 400만 원의 수익(자산)을 올린 펀드의 경우 수익률을 예측하여라.

| Fund | 자산(만 원) | 수익률(%) | Fund | 자산(만 원) | 수익률(%) |
|---|---|---|---|---|---|
| A | 622.2 | 10.8 | F | 494.5 | 11.6 |
| B | 160.4 | 11.3 | G | 158.3 | 9.5 |
| C | 275.7 | 11.4 | H | 681.0 | 8.2 |
| D | 433.2 | 9.1 | I | 241.3 | 6.8 |
| E | 437.9 | 9.2 | | | |

**10.11** 어느 도시에서는 개인주택의 겨울 난방비를 예측하려고 한다. 난방비에 영향을 줄 것으로 예상되는 3가지 변수를 다음과 같이 선정하였다.

$x_1$: 1월 평균 온도(℃)

$x_2$: 단열재의 두께(cm)

$x_3$: 주택의 나이(년)

난방비($y$)를 세 변수의 선형모형으로 적합시키기 위해 20가구를 랜덤하게 선택하여 조사한 결과 아래 자료를 얻었다. SPSS를 이용하여 다음 물음에 답하여라.

(a) 선형회귀식을 추정하여라.

(b) (a)에서 추정된 회귀식에서 회귀계수의 의미를 설명하여라

(c) 1월 평균기온이 −1.1℃, 단열재의 두께가 5 cm, 10년된 주택일 때, 난방비를 예측하여라.

**|표 10-18|** 난방비 자료

| $y$ | $x_1$ | $x_2$ | $x_3$ |
|---|---|---|---|
| 250 | 1.67 | 3 | 6 |
| 360 | −1.67 | 4 | 10 |
| 165 | 2.22 | 7 | 3 |
| 43 | 15.56 | 6 | 9 |
| 92 | 18.33 | 5 | 6 |
| 200 | −1.11 | 5 | 5 |
| 355 | −12.22 | 6 | 7 |
| 290 | −13.89 | 10 | 10 |
| 230 | −6.11 | 9 | 11 |
| 120 | 12.78 | 2 | 5 |
| 73 | 12.22 | 12 | 4 |
| 205 | 8.89 | 5 | 1 |
| 400 | −6.67 | 5 | 15 |
| 320 | 3.89 | 4 | 7 |
| 72 | 15.56 | 8 | 6 |
| 272 | −6.67 | 5 | 8 |
| 94 | 14.44 | 7 | 3 |
| 190 | 4.44 | 8 | 11 |
| 235 | −2.78 | 9 | 8 |
| 139 | −1.11 | 7 | 5 |

**10.12** 노동조합에서는 매년 연봉 협상을 하기 위해 연봉을 합리적으로 예측하려고 한다. 조합에서는 20명의 조합원을 랜덤하게 뽑아 연봉($y$)에 영향을 미칠 것으로 예상하는 경력($x_1$), 실적($x_2$), 석사학위 소유 여부($x_3$)의 3가지 변수에 대해서 조사한 결과 아래의 자료를 얻었다. SPSS를 이용하여 다음에 답하여라.

(a) 상관행렬을 구하여라. 어느 독립변수가 종속변수와 강한 상관관계를 가지고 있는가?

(b) 선형회귀식을 추정하여라.

(c) 회귀계수 각각에 대해 유의수준 5%에서 유의성을 검정하여라.

(d) 5년 경력에 실적이 60이고 대학을 졸업한 조합원의 예상 연봉은 얼마인가?

**|표 10-19|** 연봉 자료

| $y$ | $x_1$ | $x_2$ | $x_3$ |
|---|---|---|---|
| 21.1 | 8 | 35 | 0 |
| 23.6 | 5 | 43 | 0 |
| 19.3 | 2 | 51 | 1 |
| 33.0 | 15 | 60 | 1 |
| 28.6 | 11 | 73 | 0 |
| 35.0 | 14 | 80 | 1 |
| 32.0 | 9 | 76 | 0 |
| 26.8 | 7 | 54 | 1 |
| 38.6 | 22 | 55 | 1 |
| 21.7 | 3 | 90 | 1 |
| 15.7 | 1 | 30 | 0 |
| 20.6 | 5 | 44 | 0 |
| 41.8 | 23 | 84 | 1 |
| 36.7 | 17 | 76 | 0 |
| 28.4 | 12 | 68 | 1 |
| 23.6 | 14 | 25 | 0 |
| 31.8 | 8 | 90 | 1 |
| 20.7 | 4 | 62 | 0 |
| 22.8 | 2 | 80 | 1 |
| 32.8 | 8 | 72 | 0 |

학위: 1-석사, 0-학사

# 제11장 분산분석

## 11-1 서론

두 모평균 $\mu_1 - \mu_2$ 의 크기를 비교하기 위하여 두 표본평균 $\bar{x}$ 와 $\bar{y}$ 의 크기를 비교하였다. 즉, $\bar{x} - \bar{y}$ 를 스튜던트화시킨 통계량이 $t$-분포에 따름을 이용하여 $\mu_1 - \mu_2$ 에 관한 추론문제를 다루었다.

이제 세 개 이상의 모평균을 비교하는 문제를 생각해 보자. 예를 들어, A, B, C 세 식이요법의 효과가 같은가를 비교하기 위한 문제에서는 세 종류의 식이요법에 의한 체중변화의 평균 $\bar{y}_1$, $\bar{y}_2$, $\bar{y}_3$를 비교하여 세 식이요법의 효과가 같은지 여부를 판정할 수 있다. 다만, $\bar{y}_1$, $\bar{y}_2$, $\bar{y}_3$가 서로 얼마만큼 다른지를 나타낼 통계량이 필요하다. 이를 위한 기법이 **분산분석**(analysis of variance, ANOVA)이다. 즉, 분산분석은 특성값의 변동을 나타내는 제곱합을 요인별 제곱합과 오차에 의한 제곱합으로 분해하고, 이들의 비를 통계량으로 하여 요인의 유의성을 검증하는 통계적 방법을 뜻한다.

앞의 예에서 "식이요법"과 같이 관측값에 영향을 주는 속성을 **인자**(factor) 또는 **요인**이라고 하며, 식이용법의 종류인 'A, B, C'와 같이 인자의 여러 조건을 **인자수준**(factor level) 또는 **처리**(treatment)라고 한다. 특성값에 영향을 주는 요인이 1개만 있는 모형을 **일원배치법**(one-way ANOVA)이라고 하며, 2개 있는 모형을 **이원배치법**(two-way ANOVA)이라고 한다. 이 책에서는 일원배치법만 다루기로 한다.

분산분석 모형에서 관측값을 얻을 때는 같은 조건하에서 랜덤하게 자료가 얻어져야 한다. 예를 들어, A, B, C 세 식이요법에 의한 체중변화의 데이터를 얻을 때는 가능하면 다른 요인에 의해 A, B, C의 차이가 나지 않도록 실험이 이루어져야 한다. 실험 대상인 사람들이 랜덤하게 A, B, C에 배치되어야 하며, 실험 순서도 랜덤하게 결정하고, 다른 조건들도 가능하면 비슷하도록 관리하여 실험 조건에 따른 치우침이 없도록 해야 한다. 이와 같이 각 인자 수준 또는 처리에서 실험을 랜덤하게 시행하는 원리를 **확률화의 원리**(randomization principle)라고 한다.

## 11-2 일원배치법

일원배치법에서는 특성값에 영향을 주는 한 요인(인자)의 유의성을 검증하기 위하여, 요인의 여러 수준(처리)에서 실험하여 그 처리효과를 비교하게 된다. 처리의 개수가 $k$개이고, 각 처리 내에 $n_i$ 개의 관측값이 있는 경우에, 일원배치법의 자료구조는 〈표 11-1〉과 같다.

**|표 11-1|** 일원배치의 자료구조

| | 처리1 | 처리2 | $\cdots$ | 처리$k$ | |
|---|---|---|---|---|---|
| | $y_{11}$ | $y_{21}$ | $\cdots$ | $y_{k1}$ | |
| | $y_{12}$ | $y_{22}$ | $\cdots$ | $y_{k2}$ | |
| | $\vdots$ | $\vdots$ | $\cdots$ | $\vdots$ | |
| | $y_{1n_1}$ | $y_{2n_2}$ | $\cdots$ | $y_{kn_k}$ | |
| 평균 | $\bar{y}_{1\cdot}$ | $\bar{y}_{2\cdot}$ | $\cdots$ | $\bar{y}_{k\cdot}$ | 총평균 $\bar{y}_{\cdot\cdot}$ |

일원배치법에서 관측값을 나타내는 모형은 다음과 같다.

$$y_{ij} = \mu + \alpha_i + \epsilon_{ij} \;,\quad i = 1,\cdots,k \;,\; j = 1,\cdots,n_i$$

$\mu$: 총평균

$\alpha_i$: 처리$i$ 의 효과로서 $\sum n_i \alpha_i = 0$ 을 가정

$\epsilon_{ij}$ : 오차항으로서 서로 독립이며 $N(0,\sigma^2)$ 확률변수

처리효과가 있는지의 여부를 검증하는 귀무가설은 다음과 같다.

$$H_0:\; \alpha_1 = \alpha_2 = \cdots = \alpha_k = 0$$

여기서 처리효과에 대하여 $\sum n_i \alpha_i = 0$ 을 가정하므로, 처리효과가 모두 같을 때는 $\alpha_i$ 들이 모두 0이고, '처리효과가 없다'고 표현한다.

'처리'의 개념 대신에 '모평균'의 개념으로 이해할 수도 있다. 즉,

$$\mu_i = \mu + \alpha_i, \quad i = 1,\cdots,k$$

로 정의하면 $\mu_i$는 $i$번째 모집단의 평균이 되며, 모평균이 모두 같다는 귀무가설은

$$H_0: \ \mu_1 = \mu_2 = \cdots = \mu_k$$

로 표현할 수 있다. 일원배치법에서 처리효과에 대한 가설이나 모평균에 대한 가설은 같은 가설을 나타낸다.

이제 제곱합을 분해하여 $H_0$를 검정하는 검정통계량을 만들어 보자. 〈표 11-11〉에서 사용된 평균들은 다음과 같이 정의된다.

$$\overline{y}_{i\cdot} = \frac{1}{n_i}\sum_{j=1}^{n_i} y_{ij}, \qquad \overline{y}_{\cdot\cdot} = \frac{\sum_{i=1}^{k}\sum_{j=1}^{n_i} y_{ij}}{\sum_{i=1}^{k} n_i}$$

총편차 $y_{ij} - \overline{y}_{\cdot\cdot}$를 다음과 같이 분해한다.

$$y_{ij} - \overline{y}_{\cdot\cdot} = (y_{ij} - \overline{y}_{i\cdot}) + (\overline{y}_{i\cdot} - \overline{y}_{\cdot\cdot})$$

이제 위 식의 양변을 제곱하여 모두 $i$, $j$에 관하여 더하면 우변에서 곱의 합이 0이 되어 다음과 같은 제곱합의 분해를 얻는다.

$$\begin{array}{ccccc} \sum_{i=1}^{k}\sum_{j=1}^{n_i}(y_{ij} - \overline{y}_{\cdot\cdot})^2 & = & \sum_{i=1}^{k}\sum_{j=1}^{n_i}(y_{ij} - \overline{y}_{i\cdot})^2 & + & \sum_{i=1}^{k} n_i(\overline{y}_{i\cdot} - \overline{y}_{\cdot\cdot})^2 \\ \text{SST} & = & \text{SSE} & + & \text{SS}_\text{T} \end{array}$$

위 식의 **제곱합**(sum of squares)을 차례로 다음과 같이 부른다.

**총제곱합** : $\text{SST} = \sum_{i=1}^{k}\sum_{j=1}^{n_i}(y_{ij} - \overline{y}_{\cdot\cdot})^2$

**잔차제곱합**(error sum fo squares) : $\text{SSE} = \sum_{i=1}^{k}\sum_{j=1}^{n_i}(y_{ij} - \overline{y}_{i\cdot})^2$

**처리제곱합**(treament sum fo squares) : $\text{SS}_\text{T} = \sum_{i=1}^{k} n_i(\overline{y}_{i\cdot} - \overline{y}_{\cdot\cdot})^2$

잔차제곱합은 각 수준(또는 모집단) 내에서 관측값과 평균의 차를 제곱하여 더한 것이므로 **급내제곱합**(within sum of squares)이라고 부르기도 한다. 한편, 처리제곱합은 처리들 사이의 평균의 차를 제곱하여 더한 것이므로 **급간제곱**

**합**(between sum of squares)이라고 부르기도 한다. 잔차제곱합(급내제곱합)은 모형에서 오차항 $\epsilon$ 의 분산 $\sigma^2$ 때문에 발생하는 제곱합으로써 우연에 의해 발생한 산포의 개념이다. 이에 대하여, 처리제곱합(급간제곱합)은 처리효과가 클수록 커지는 제곱합이다. 따라서, 처리제곱합을 잔차제곱합에 대한 크기로 나타내어 검정통계량을 만들 수 있다.

관측값의 총 개수를 $N = \sum n_i$ 라고 하면 각 제곱합의 자유도는 각각 $N-1$, $k-1$, $N-k$ 임이 알려져 있다. 제곱합을 자유도로 나누면 **평균제곱**(mean square)을 얻는다. 처리와 잔차에 대한 평균제곱은 각각 다음과 같다.

**처리평균제곱**: $\mathrm{MS_T} = \dfrac{\mathrm{SS_T}}{k-1}$

**잔차평균제곱**: $\mathrm{MSE} = \dfrac{\mathrm{SSE}}{N-k}$

한편, 귀무가설 $H_0$하에서 평균제곱의 비로 정의된

$$F = \frac{\mathrm{MS}_T}{\mathrm{MSE}}$$

은 자유도 $(k-1, N-k)$인 $F$-분포를 따름이 알려져 있다. 이를 이용하여 유의수준 $\alpha$에서 $H_0$를 검정하기 위한 기각역은 다음과 같다.

$$F \geqq F_\alpha(k-1, N-k)$$

또한, $F$-통계량의 관측값을 $f$라고 하면 $p$-값은 다음과 같다.

$$p\text{-값} = P(F \geqq f)$$

이와 같은 검정 결과를 요약하여 표로 나타낸 것을 **분산분석표**(ANOVA table)라고 하며, 일원배치법의 분산분석표는 〈표 11-2〉와 같다.

**|표 11-2| 일원배치 분산분석표**

| 요인 | 제곱합 | 자유도 | 평균제곱 | $F$값 | $p$-값 |
|---|---|---|---|---|---|
| 처리 | $\mathrm{SS_{tr}}$ | $k-1$ | $\mathrm{MS_{tr}}$ | $f = \mathrm{MS_{tr}}/\mathrm{MSE}$ | $P[F \geqq f]$ |
| 잔차 | SSE | $N-k$ | MSE | | |
| 계 | SST | $N-1$ | | | |

(단, $N = \sum n_i$ )

**예제 11-1** A, B, C 세 자동차 회사에서 생산되는 같은 배기량을 갖는 자동차에 대한 시내 주행 연비를 조사하였다. 각 종류에 4번씩 실험을 실시하였다. 도로사정으로 하나는 추정에 실패하고 〈표 11-3〉의 연비자료를 얻었다. 세 자동차의 연비가 다르다고 할 수 있는가?

**|표 11-3|** 세 자동차의 연비

| A | B | C |
|---|---|---|
| 16.5 | 15.3 | 19.0 |
| 18.0 | 14.8 | 18.4 |
| 14.1 | 16.1 | 15.3 |
| 17.8 | | 17.3 |

먼저, 각 인자 수준에서의 관측값의 평균과 총평균을 구하면 다음과 같다.

$$\overline{y}_{1}. = 16.6, \quad \overline{y}_{2}. = 15.4, \quad \overline{y}_{3}. = 17.5; \quad \overline{y_{..}} = 16.6$$

따라서, 제곱합은 다음과 같다.

$$SS_T = 4(16.6-16.6)^2+3(15.4-16.6)^2+4(17.5-16.6)^2 = 7.56$$

$$SST = \sum_{i=1}^{k}\sum_{j=1}^{n_i}(y_{ij}-\overline{y}\,..)^2$$

$$= (16.5-16.6)^2+(18.0-16.6)^2+(14.8-16.6)^2+(17.8-16.6)^2$$
$$+ (15.3-16.6)^2+(14.8-16.6)^2+(16.1-16.6)^2$$
$$+ (19.0-16.6)^2+(18.4-16.6)^2+(15.3-16.6)^2+(17.3-16.6)^2$$
$$= 26.02$$

$$SSE = SST - = 26.02 - 7.56 = 18.46$$

따라서, 다음과 같은 분산분석표를 얻을 수 있다.

| 요 인 | 제곱합 | 자유도 | 평균제곱 | $F$값 |
|---|---|---|---|---|
| 처리 | 7.56 | 2 | 3.78 | $F = \frac{3.78}{2.31} = 1.64$ |
| 잔차 | 18.46 | 8 | 2.31 | |
| 계 | 26.02 | 10 | | |

분산분석표에서 $F$ 통계량의 값이 1.64이며, 이는 $F_{0.05}(2,8) = 4.46$보다 작으

므로 유의수준 5%에서 귀무가설을 기각시키지 못한다. 따라서, 자동차의 종류에 따라 연비에 차가 있다고 할 뚜렷한 근거는 없다.

**예제 11-2** A, B, C 세 식이요법의 효과를 비교하기 위하여 12명의 지원자를 랜덤하게 3그룹으로 4명씩 나누고, 각 그룹에 A, B, C 세 식이요법을 한 달 동안 시행한 후에 각자의 체중감소를 조사한 결과 〈표 11-4〉와 같았다. 분산분석표를 작성하고 유의수준 5%에서 효과의 유의성을 검정해 보자.

**|표 11-4|** 체중감소(Kg)

| | A | B | C | |
|---|---|---|---|---|
| | 5.6 | 4.8 | 5.2 | |
| | 6.0 | 6.1 | 5.0 | |
| | 5.7 | 4.9 | 4.4 | |
| | 6.4 | 5.3 | 4.6 | |
| 평균 | 5.925 | 5.275 | 4.800 | 총평균 5.333 |

표에서 다음 결과를 얻을 수 있다.

$$SST = \sum_{i=1}^{k}\sum_{j=1}^{n_i}(y_{ij} - \overline{y}_{..})^2 = 4.3867$$

$$SS_T = \sum_{i=1}^{k} n_i(\overline{y}_{i.} - \overline{y}_{..})^2 = 2.5517$$

$$SSE = SST - SS_T = 1.8350$$

따라서, 다음과 같은 분산분석표를 얻는다.

| 요인 | 제곱합 | 자유도 | 평균제곱 | $F$값 |
|---|---|---|---|---|
| 처리 | 2.5517 | 2 | 1.2759 | 6.29 |
| 잔차 | 1.8350 | 9 | 0.2039 | |
| 계 | 4.8367 | 11 | | |

한편, $F$-분포표에서 $F_{0.05}(2,9) = 4.26$ 이므로 유의수준 5%에서 $H_0$를 기각하고, 식이요법에 따라 체중감소 효과가 다르다고 결론을 내린다.

**예제 11-3** 세 개의 산업분야 – 건설업, 도소매업, 은행업의 주식의 주당 이익이 다른지를 알기 위하여 각 분야별로 몇 개 회사의 주당 이익을 조사하여 표 〈11-5〉의 자료를 얻었다. 분산분석표를 작성하고 유의수준 5%에서 산업분야가 주당 이익에 미치는 효과에 대하여 검정해 보자.

**|표 11-5|** 산업분야별 주당 이익 (단위: 100원)

| 건설업 | 도소매업 | 은행 |
|---|---|---|
| 14.3 | 11.5 | 15.5 |
| 18.1 | 12.0 | 12.7 |
| 17.8 | 11.1 | 18.2 |
| 17.3 | 11.9 | 14.7 |
| 19.5 | 11.6 | 18.1 |
| | | 13.2 |

먼저 각 인자수준에서 관측값의 평균과 총평균을 구하면 다음과 같다.

$$\bar{y}_{1\cdot} = 17.4, \quad \bar{y}_{2\cdot} = 11.62, \quad \bar{y}3\cdot = 15.4, \quad \bar{y}_{\cdot\cdot} = 14.84$$

제곱합은 다음과 같다.

$$\text{SST} = (14.3-14.84)^2 + (18.1-14.84)^2 + \cdots + (13.2-14.84)^2 = 129.439$$

$$\text{SS}_{\text{T}} = 5(17.4-14.84)^2 + 5(11.62-14.84)^2 + 6(15.4-14.84)^2 = 86.491$$

$$\text{SSE} = \text{SST} - \text{SS}_{\text{T}} = 42.948$$

따라서, 다음과 같은 분산분석표를 얻을 수 있다.

| | 제곱합 | 자유도 | 평균제곱합 | $F$ 값 | 유의확률 |
|---|---|---|---|---|---|
| 처리 | 86.491 | 2 | 43.246 | 13.090 | .001 |
| 잔차 | 42.948 | 13 | 3.304 | | |
| 계 | 129.438 | 15 | | | |

분산분석표에서 $F$통계량의 값이 13.09이며 이는 $F_{0.01}(2,13) = 3.81$보다 크므로 유의수준 5%에서 귀무가설을 기각시킨다. 즉, 산업분야에 따라 주당 이익에 차이가 있다고 결론을 내린다.

**예제 11-4** 어떤 나일론 원사의 생산 공정에서는 공정 온도가 제품의 인장강도에 영향을 미칠 것으로 생각된다. 이에 제품의 인장강도를 최대화할 수 있는 온도를 탐색해 보기로 하고, 현행의 70℃를 중심으로 ±5℃를 2단계로 변화시켜 모두 5개의 수준에서 5회 반복실험을 하였다. 공정 온도의 변화에 따라 인장강도가 영향을 받는가? 또한, 최적 온도는 얼마로 하면 좋겠는가? SPSS를 이용하여 풀어 보자.

**|표 11-6|** 제품의 인장강도

| | 인자의 수준 | | | | | |
|---|---|---|---|---|---|---|
| | A1 | A2 | A3 | A4 | A5 | |
| | 7.32 | 9.34 | 8.80 | 9.54 | 7.89 | |
| | 7.12 | 9.05 | 8.79 | 9.62 | 7.21 | |
| | 7.51 | 9.28 | 8.60 | 8.99 | 8.03 | |
| | 6.90 | 9.07 | 8.30 | 8.88 | 8.30 | |
| | 6.89 | 9.12 | 8.67 | 9.79 | 7.98 | |
| 평균 | 7.148 | 9.172 | 8.632 | 9.364 | 7.882 | 총평균 8.4396 |

다음은 SPSS에서 출력된 결과를 편집한 것이다. 분산분석표에서 유의확률이 0.000으로서 온도에 따라 인장강도가 다름을 확인할 수 있다.

| | 제곱합 | 자유도 | 평균제곱 | $F$값 | 유의확률 |
|---|---|---|---|---|---|
| 집단-간 | 17.035 | 4 | 4.259 | 46.463 | .000 |
| 집단-내 | 1.833 | 20 | .092 | | |
| 합계 | 18.869 | 24 | | | |

참고로 SPSS에서 기술통계를 출력시키고 각 수준별 평균을 그래프로 나타내면 〈표 11-7〉 및 [그림 11-1]과 같다. 〈표 11-7〉은 출력 결과의 일부만 수록하여 편집한 것이다.

**|표 11-7|** 기술통계

| | N | 평균 | 표준편차 | 표준오차 | 평균에 대한 95% 신뢰구간 | |
|---|---|---|---|---|---|---|
| | | | | | 하한값 | 상한값 |
| 1 | 5 | 7.1480 | .26902 | .12031 | 6.8140 | 7.4820 |
| 2 | 5 | 9.1720 | .13027 | .05826 | 9.0102 | 9.3338 |
| 3 | 5 | 8.6320 | .20364 | .09107 | 8.3791 | 8.8849 |
| 4 | 5 | 9.3640 | .40377 | .18057 | 8.8627 | 9.8653 |
| 5 | 5 | 7.8820 | .40555 | .18137 | 7.3784 | 8.3856 |
| 합계 | 25 | 8.4396 | .88668 | .17734 | 8.0736 | 8.8056 |

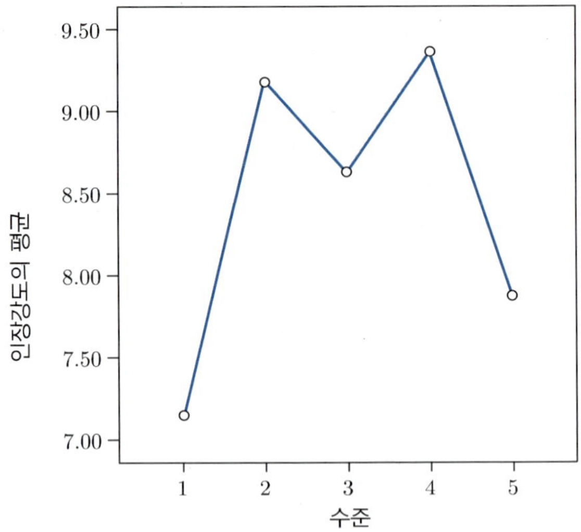


**|그림 11-1|** 인장강도의 평균

[그림 11-1]에서 보면 2번째 수준과 4번째 수준에서 가장 높은 값을 나타내고 있으며, 두 수준에서의 차이는 크지 않으므로 비용이 적게 드는 2번 수준(65℃)을 선택하는 것이 좋을 것이다.

## 11-3 SPSS 실습

SPSS를 이용한 분산분석을 연습하기 위하여 다음과 같은 예제를 생각해 보자.

뇌에 영향을 주는 것으로 알려진 유아기의 세 질병이 IQ를 낮추는지 확인하기 위하여 각 질병을 앓은 그룹(처리그룹)과 질병을 앓지 않은 그룹(대조그룹)에서 각각 6명씩 랜덤하게 뽑아 IQ검사를 시행한 결과 〈표 11-8〉의 자료를 얻었다. 분산분석의 기법으로 네 그룹의 평균 IQ 점수에 차이가 있는지 확인해 보자.

〈표 11-8〉의 자료를 데이터 편집기에서 SPSS 파일로 입력할 때는 독립표본 문제나 분할표 분석에서와 같이 요인과 데이터가 같이 묶여 한 케이스로 입력되어야 한다. [그림 11-2]에서와 같이 처리 변수의 이름을 '그룹'으로 점수 변수의 이름을 'IQ'라고 하고 자료를 입력한 후 'IQ'라는 파일명으로 저장한다.

SPSS를 이용하여 일원배치 분산분석을 시행하기 위해서는 메뉴에서 분석(A) → 평균 비교(M) ▸ → 일원배치 분산분석(O)... 을 선택하고, 분산분석 대화상자에서 'IQ'는 종속변수로, '그룹'은 요인으로 선택한다.

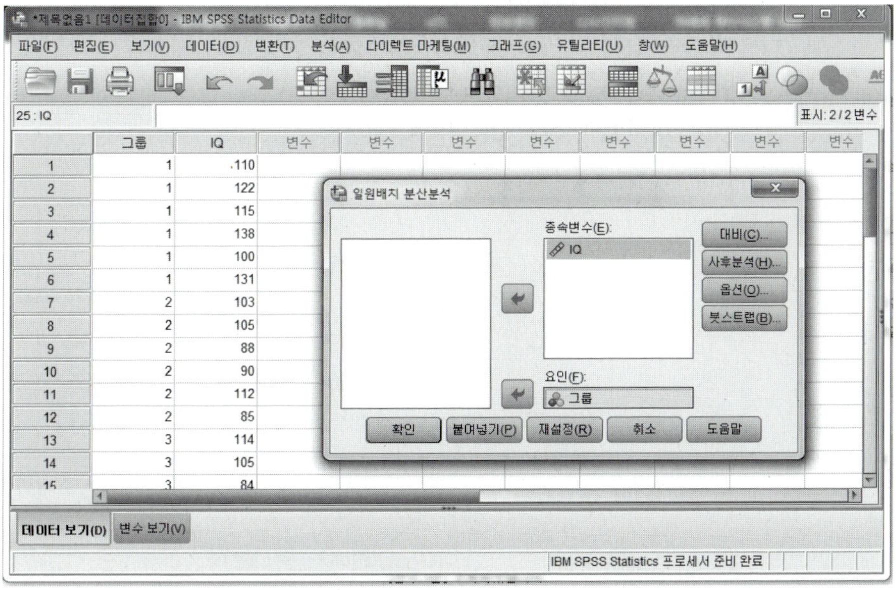


**|그림 11-2|** 일원배치 분산분석 대화상자

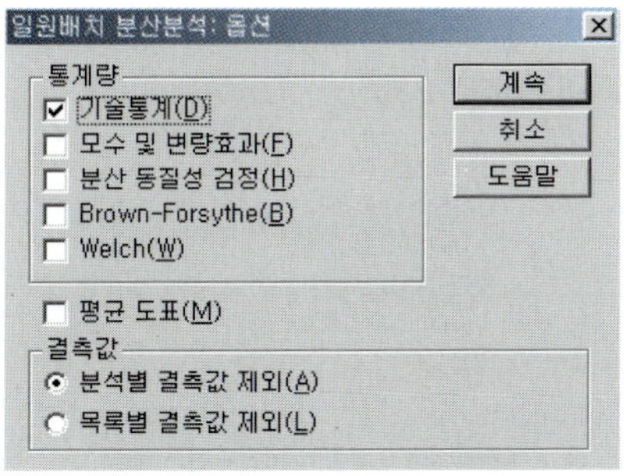


**|그림 11-3|** 옵션 대화상자

**|표 11-8|** 질병에 따른 IQ 점수

| 대조 | A | B | C |
|---|---|---|---|
| 110 | 103 | 114 | 88 |
| 122 | 105 | 105 | 94 |
| 115 | 88 | 84 | 100 |
| 138 | 90 | 102 | 92 |
| 100 | 112 | 92 | 114 |
| 131 | 85 | 105 | 105 |

각 처리(그룹)별 평균 등의 기초통계 자료를 얻기 위해 '일원배치 분산분석' 대화상자에서 [옵션(O)...] 버튼을 눌러 옵션 대화상자를 띄우고, [그림 11-3]과 같은 대화상자에서 '기술통계'를 선택한다. 이어서 '계속'과 '확인'을 클릭하면 다음과 같은 출력 결과를 얻는다.

**기술통계**

IQ

| | N | 평균 | 표준편차 | 표준오차 | 평균에 대한 95% 신뢰구간 | | 최솟값 | 최댓값 |
|---|---|---|---|---|---|---|---|---|
| | | | | | 하한값 | 상한값 | | |
| 1 | 6 | 119.33 | 13.938 | 5.690 | 104.71 | 133.96 | 100 | 138 |
| 2 | 6 | 97.17 | 10.944 | 4.468 | 85.68 | 108.65 | 85 | 112 |
| 3 | 6 | 100.33 | 10.671 | 4.356 | 89.13 | 111.53 | 84 | 114 |
| 4 | 6 | 98.83 | 9.559 | 3.902 | 88.80 | 108.86 | 88 | 114 |
| 합계 | 24 | 103.92 | 14.031 | 2.864 | 97.99 | 109.84 | 84 | 138 |

**일원배치 분산분석**

IQ

| | 제곱합 | df | 평균 제곱 | F | 유의확률 |
|---|---|---|---|---|---|
| 집단-간 | 1931.500 | 3 | 643.833 | 4.960 | .010 |
| 집단-내 | 2596.333 | 20 | 129.817 | | |
| 합계 | 4527.833 | 23 | | | |

분산분석 표에 의하면 '집단-간' 유의확률이 0.01로서 매우 유의함을 나타낸다. 즉, 그룹 사이에 평균이 같지 않다고 할 수 있다.

실제 이와 같은 평균의 비교에서는 분산분석으로 끝나지 않고, 어느 평균들이 서로 다른가를 비교하는 **다중비교**(multiple comparison)를 실시한다. 즉, 귀무가설이 기각되어 처리효과(또는 평균)가 같지 않다고 결론을 내렸을 때, 어느 처리들이 서로 다른지를 검정을 통하여 확인하는 과정으로 다중비교 방법을 적용한다.

SPSS에서 다중비교를 실시하기 위해서는 [일원배치 분산분석(O)...] 대화상자에서 '사후분석' 옵션을 사용한다. [사후분석(H)...] 버튼을 누르면 [그림 11-4]와 같은 '다중비교' 대화상자가 나타난다. 다중비교 방법은 여러 가지가 있는데, 예를 들어 피셔(Fisher)의 **최소유의차**(Least Significant Difference) 방법인 LSD를 선택하고 '계속'과 '확인'을 클릭하면 다음과 같은 다중비교 결과가 출력된다.

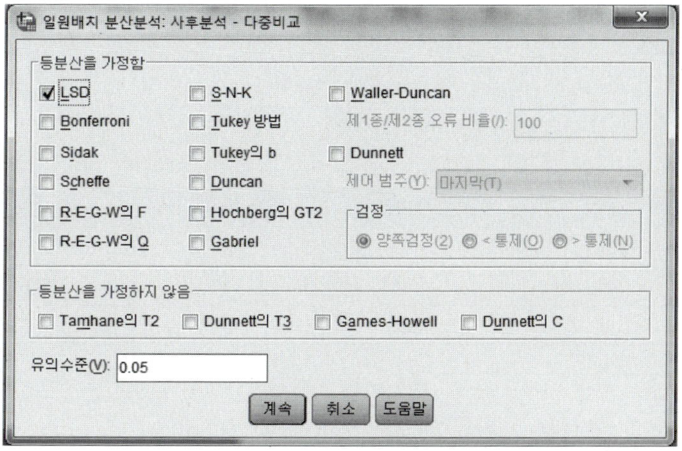


**|그림 11-4|** 다중비교 대화상자

**다중 비교(종속 변수 : IQ) LSD**

| (I) 그룹 | (J) 그룹 | 평균차(I-J) | 표준오차 | 유의확률 | 95% 신뢰구간 | |
|---|---|---|---|---|---|---|
| | | | | | 하한값 | 상한값 |
| 1 | 2 | 22.167* | 6.578 | .003 | 8.44 | 35.89 |
| | 3 | 19.000* | 6.578 | .009 | 5.28 | 32.72 |
| | 4 | 20.500* | 6.578 | .005 | 6.78 | 34.22 |
| 2 | 1 | −22.167* | 6.578 | .003 | −35.89 | −8.44 |
| | 3 | −3.167 | 6.578 | .635 | −16.89 | 10.56 |
| | 4 | −1.667 | 6.578 | .803 | −15.39 | 12.06 |
| 3 | 1 | −19.000* | 6.578 | .009 | −32.72 | −5.28 |
| | 2 | 3.167 | 6.578 | .635 | −10.56 | 16.89 |
| | 4 | 1.500 | 6.578 | .822 | −12.22 | 15.22 |
| 4 | 1 | −20.500* | 6.578 | .005 | −34.22 | −6.78 |
| | 2 | 1.667 | 6.578 | .803 | −12.06 | 15.39 |
| | 3 | −1.500 | 6.578 | .822 | −15.22 | 12.22 |

*. 평균차는 0.05 수준에서 유의하다.

다중비교 표를 보면, 그룹 간의 차이가 유의할 때는 '평균차(I−J)'의 값들에 (*) 표시가 있다. 예를 들어, 그룹 1은 그룹 2, 3, 4와 모두 차이가 있지만, 그룹 2, 3, 4들은 서로 차이가 없는 것으로 나타났다.

# 11장 연습문제

**11.1** 다음의 분산분석표를 완성하여라.

| 요인 | 제곱합 | 자유도 | 평균제곱합 | F |
|---|---|---|---|---|
| 처리 | | 2 | | |
| 잔차 | | | 20 | |
| 계 | 500 | 11 | | |

**11.2** 다음의 분산분석표를 완성하여라.

| 요인 | 제곱합 | 자유도 | 평균제곱 | F |
|---|---|---|---|---|
| 처리 | | 7 | | |
| 잔차 | 146 | | | |
| 계 | 580 | 47 | | |

**11.3** 다음은 A, B, C 세 벼 품종에 대한 단위 면적당 생산량을 나타내는 자료이다. 벼의 종류에 따라 수확량이 다르다고 할 수 있는가? 유의수준 5%에서 검정하여라.

| A | B | C |
|---|---|---|
| 56 | 48 | 52 |
| 60 | 61 | 50 |
| 57 | 49 | 44 |
| 64 | 53 | 46 |

**11.4** 다음은 A, B, C 식이요법에 의한 체중감소를 나타내는 자료이다. 식이요법의 종류에 따라 체중감소 효과가 다르다고 할 수 있는가? 유의수준 5%에서 검정하여라.

| A | B | C |
|---|---|---|
| 4 | 8 | 3 |
| 5 | 8 | 6 |
| 5 | 7 | 7 |
| 6 | 9 | 8 |

**11.5** 어느 투자회사에서는 우리나라 상장사 주식을 'KOSPI 대형주', 'KOSPI 중소형주', 'KOSDAQ주'의 세 가지 종류로 분류하여 관리하고 있다. 이 투자회사에서는 주식의 종류에 따라 지난해 가격상승률에 차이가 있는가를 조사하기 위하여, 각 종류별로 5개의 주식을 무작위로 추출하여 가격상승률(단위: %)을 조사하여 다음과 같은 결과를 얻었다. 주식 종류별 가격상승률이 다른가? 유의수준 5%에서 검정하여라.

| KOSPI 대형주 | KOSPI 중소형주 | KOSDAQ주 |
|---|---|---|
| 14.2 | 4.2 | 2.3 |
| 2.8 | 8.7 | −12.7 |
| −3.2 | −10.3 | 5.5 |
| 1.4 | −0.4 | −1.3 |
| 5.3 | 5.5 | 2.7 |

**11.6** K 의류회사에서 원피스를 기획상품으로 개발하였는데, 디자인을 A, B, C 세 가지로 하였다. 다음 표는 디자인에 따른 1일 매출고를 나타내는데, 디자인의 차이에 따라 매출고에 차이가 나는지를 유의수준 5%에서 점정하여라.

| A | B | C |
|---|---|---|
| 32 | 17 | 22 |
| 30 | 19 | 24 |
| 31 | 16 | 25 |
| 28 | 15 | 20 |
| 26 | 13 | 16 |
| 24 | 17 | 19 |

**11.7** A 교수는 본인이 개발한 4가지 서로 다른 교육방법 중 어떤 방법이 가장 좋은지를 확인하기 위해 20명의 학생을 각각 5명씩 네 그룹으로 나누어 각 교육방법을 적용해 보았다. 다음은 평점 결과이다. 교육방법의 종류에 따라 평점에 차이가 있다고 할 수 있는가? SPSS를 이용하여 유의수준 5%에서 검정하여라.

| 교육방법1 | 교육방법2 | 교육방법3 | 교육방법4 |
|---|---|---|---|
| 4.3 | 2.3 | 3.3 | 2.0 |
| 3.7 | 3.3 | 3.3 | 1.7 |
| 4.0 | 2.7 | 3.0 | 2.7 |
| 3.3 | 3.7 | 2.7 | 3.3 |
| 4.3 | 2.7 | 3.0 | 2.3 |

**11.8** 금융업과 유통업 및 제조업에 종사하는 사람들의 일일 평균 근무시간에 차이가 있는지를 알아보기 위해, 각 업종별로 5개의 업체를 골라 평균 근무시간을 조사하였다. 다음은 조사 결과이다. 이 자료에 기초하면 업종별로 일일 평균 근무시간에 차이가 있다고 할 수 있는가? SPSS를 이용하여 유의수준 5%에서 검정하여라.

| 금융업 | 유통업 | 제조업 |
|---|---|---|
| 12 | 10 | 8 |
| 11 | 9 | 7 |
| 10 | 12 | 10 |
| 13 | 11 | 8 |
| 10 | 10 | 9 |

# 제12장 조사이론과 설문조사 방법

## 12-1 서론

### 12-1-1 모집단과 표본

우리 주변에서는 모집단의 일부만 조사하여 모집단에 대한 추론을 하는 예들을 많이 볼 수 있다. 예를 들어, TV 프로그램의 시청률 조사, 쌀 생산량 조사, 도시 근로자의 월소득 조사, 농가의 연소득 조사, 실업률 조사 등은 표본에 기초해서 조사가 이루어지고, 이를 기초로 추정하게 된다. 모집단 전체를 조사하여 정보를 얻는 것을 **전수조사** 또는 **총조사**(census)라고 하고, 모집단의 일부인 표본을 조사하여 이것을 기초로 전체를 파악하는 것을 **표본조사**(sampling survey)라고 한다. 국가에서 끝자리가 5 또는 0인 해에 시행하는 센서스는 총조사에 해당되며, 이와 같은 총조사를 시행하기 위해서는 많은 예산과 인력이 필요하다.

표본조사는 모집단의 일부분을 조사하기 때문에 전수조사에 비하여 비용 및 시간을 절약할 수 있다. 또한, 표본조사에서는 조사규모가 작으므로 표본조사의 올바른 설계와 소수의 조사자에 대한 철저한 훈련과 감독을 통하여 조사 시 발생할 수 있는 오류를 줄일 수 있어 전수조사에서보다 오히려 더 정확한 정보를 얻을 수 있다. 즉, 표본조사를 합리적이고 과학적으로 시행한다면 표본조사는 전수조사보다 더 정확한 정보를 제공할 수 있다. 예를 들어, TV의 시청률 조사는 매일 이루어지고 있으며, 방송사에서는 이를 기초로 여러 가지 정책을 세울 것이다. 만약 시청률 조사를 전수조사로 시행한다면, 조사 결과는 최소한 한 달 후에나 나올 것이므로, 쓸모 없는 정보를 얻기 위해 많은 인력과 비용을 투자한 셈이 된다.

표본조사를 할 때 유의할 점은 표본이 모집단의 특성을 잘 대표할 수 있어야 한다는 것이다. 예를 들어, 도시 근로자의 평균임금을 조사하는 표본조사에서 조사자의 편의상 조사자 거주지역 직장인들에 대해서만 조사한다고 하자. 만약 조사자 거주지역 직장인의 임금수준이 다른 지역 직장인의 임금수준과 상당히 다르다면, 표본에서 구한 평균임금은 모집단의 평균임금과 큰 차이가 있어 전체 도시 근로자의 평균임금에 대한 잘못된 결론을 이끌어 내게 될 것이다. 다른 예로 우리나라 주부들의 혼례제도에 대한 의식구조를 조사하는 문제에서 서울의 몇몇 학교에서 학부모를 대상으로 설문조사를 시행하였다면, 이는 우리나라를 대표하는 표본이 될 수 없으며, 따라서 여기서 얻는 정보는 실제와 다른 왜곡된 정보일 수도 있다.

이와 같이 표본조사가 전수조사에 비하여 더 효과적인 경우가 많지만 표본이 모집단 전체를 대표할 수 없을 때는 결과에 심한 오류가 있을 수 있으므로, 이 장에서는 표본을 추출하는 여러 방법의 기본 개념을 소개하고, 설문조사를 통하여 여러 가지 정보를 추출할 때에 설문지의 분석 방법 등을 다루기로 한다.

### 12-1-2 표본오차와 비표본오차

표본조사는 기본적으로 모집단의 일부만 조사하여 모집단 전체에 대한 추론을 하는 것이다. 따라서, 표본이 어떻게 뽑히느냐에 따라 조사결과가 조금씩 다를 것이다. 즉, 추정값에 오차가 발생할 수 있다. 예를 들어, 무한모집단에서 표본을 추출하여 평균과 모비율을 각각 $\bar{x}$ 와 $\hat{p}$ 으로 추정할 경우에 이들의 표준오차는 각각

$$\mathrm{SE}(\overline{\mathrm{X}}) = \frac{\sigma}{\sqrt{\mathrm{n}}}, \quad \mathrm{SE}(\hat{\mathrm{p}}) = \sqrt{\frac{\mathrm{p}(1-\mathrm{p})}{\mathrm{n}}}$$

이다. 이와 같이 모집단 전체 대신에 표본을 사용하여 발생하는 오차를 **표본오차**(sampling error, 또는 **표집오차**)라고 한다. 이에 대하여 표본오차 이외의 모든 오차를 **비표본오차**(nonsampling error, 또는 **비표집오차**)라고 한다. 위의 $\overline{X}$ 와 $\hat{p}$ 의 표준오차 공식에서 보는 바와 같이 표본오차는 $1/\sqrt{n}$ 의 비율로 감소한다. 그러나 표본의 크기가 커질수록 비표본오차가 증가하는 것이 일반적인 경향이므로, 표본크기를 결정하는 것은 표본조사에서 매우 중요한 요소가 된다.

비표본오차가 발생하는 요인은 무수히 많으나, 그중에서 대표적인 요인을 나열하면 다음과 같다.

**① 대상모집단과 추출모집단의 차이**

연구의 대상인 대상모집단에서 골고루 표본을 추출하는 것이 실제로는 어려운 경우가 많으므로 실제 표본을 추출하는 추출모집단은 아주 좁은 범위로 한정하는 경우가 많다. 예를 들어, '우리나라 유권자'를 대상으로 하는 조사에서 전화조사를 실시할 경우에는 '전화번호부에 등재된 가구'를 추출모집단으로 정의

하므로 두 모집단이 심각하게 다를 수도 있음에 유의해야 한다.

신문이나 TV에서 발표되는 여론조사 결과에서는 흔히 모집단과 오차한계를 명시하게 된다. 예를 들어, 다음과 같은 설명을 볼 수 있다.

"이번 조사는 제주도를 제외한 전국의 유권자를 대상으로 조사하였으며, 1,000명을 층화랜덤추출법으로 뽑아 조사하였다. 조사 결과에 대한 오차한계는 95% 신뢰수준에서 ±3.1%이다."

여기서 오차한계는 표본오차만을 뜻한다. 전국의 유권자를 조사하는 것이 목표이었으나 실제로는 일부 지역에서만 조사하였다면 대상모집단과 추출모집단에 차이가 있고 이로 인하여 결과에 심각한 편의(bias)가 발생할 수 있다.

대상모집단과 추출모집단의 차이로 인하여 조사 결과가 심하게 왜곡되었던 대표적인 사례로서 1936년도 미국의 대통령 선거에 대한 여론조사 결과가 있다. 당시에 리터러리 다이제스트사는 전화번호부와 자동차등록대장에서 뽑은 1000만 명의 유권자에 모의투표용지를 발송하여 선호하는 후보에게 투표하도록 하였으며, 이 가운데 약 250만 명이 응답하였고, 이를 토대로 선거 결과를 예측하였다. 당시의 후보는 공화당의 랜든(Landon) 후보와 민주당의 루즈벨트(Roosevelt) 후보이었다. 조사 결과는 랜든 후보가 3:2로 압도적인 승리를 하리라는 것이었으나 실제로는 루즈벨트 후보가 48개 주 가운데 46개 주에서 이기는 압도적인 승리를 하였다. 이와 같이 잘못된 예측을 한 가장 큰 이유는 대상모집단과 추출모집단이 많이 다른 것이었다. 즉, 공화당은 전통적으로 상류층에 인기가 있고 민주당은 중산층 이하에 인기가 있는 것이 미국의 전통인데, 당시에 미국에서 전화나 자동차를 갖고 있는 사람들은 전 인구의 25%에 해당하는 상류층이었고, 따라서 공화당 표밭에서 표본을 뽑아 조사한 셈이다.

**② 설문의 결함**

설문지의 질문 내용이 원래 의도된 내용을 추정하지 못하거나, 특정 대답을 유도하는 식의 질문은 모두 왜곡된 결과를 줄 수 있다.

예를 들어 사형제도 폐지에 관한 여론을 조사하기 위한 설문으로 다음의 두 가지 경우를 생각해 보자.

(i) 강력범죄를 줄이기 위하여 사형제도는 존속되어야 한다고 생각하십니까?

예( ) 아니요( )

(ii) 인권을 보호하기 위하여 사형제도는 폐지되어야 한다고 생각하십니까?

예( ) 아니요( )

이와 같은 질문은 유도성 질문으로서 두 문항에서 모두 "예"라는 대답으로 편의가 발생할 것이다.

### ③ 무응답 오차

응답을 거부하는 경우에 이들은 어떤 특별한 경향을 띠고 있는 경우가 많다. 따라서, 무응답을 고려하지 않은 분석은 많은 편의를 유발할 수 있다.

예를 들어, ①번에서 인용한 1936년의 미국 대통령 선거에 대한 여론조사에서 회수율이 25% 정도였으며, 75%의 무응답에 대한 추적조사가 이루어지지 않은 상태였다. 사후에 통계 전문가들의 추적 조사에 의하면 무응답자들 가운데는 당시에 현직 대통령인 루즈벨트에 대한 지지가 더 많았으며, 이들은 현직 대통령에 대하여 특별한 불만이 없었기에 여론조사에서도 적극적으로 응답하지 않은 것으로 판명되었다.

### ④ 기타 요인

조사원의 미숙이나 불성실한 조사, 조사 단위의 누락, 자료의 처리 과정에서의 오류 등도 비표본오차의 요인들이다.

예를 들어, 우리나라의 1996년 4.11 총선거에서 사전조사와 선거 당일의 전화조사를 종합하여 예측한 결과에서는 253개 선거구 가운데 39곳에서 당선자 예측이 틀리는 오류를 범하였다. 여러 요인이 있지만 조사원의 미숙도 큰 요인 가운데 하나인 것으로 알려졌다. 예를 들어, 대답을 꺼리는 응답자에게 억지로 대답을 유도하여 사회에서 선호하는 후보나 여당 후보에 투표하였다고 거짓으로 응답하는 사례가 많았던 것으로 판명되었다.

자료를 수집하는 과정에서 기록을 잘못하거나, 컴퓨터에 입력시키는 과정에서의 오류가 발생하는 경우도 많다. 따라서, 이런 자료를 분석할 때는 필요한 데이터의 정제(cleaning) 과정이 필요하다.

## 12-2 표본조사 방법

### 12-2-1 단순랜덤추출법

실제 표본을 추출하는 모집단은 대부분의 경우 유한 개의 단위로 구성된 유한 모집단에서 시행된다. 따라서, 유한모집단에서 비복원추출을 시행한다는 가정 하에 추출법을 설명하기로 한다. 모든 추출법의 기본이 되는 단순랜덤추출법은 다음과 같이 정의된다.

> **단순랜덤추출법**
>
> $N$개의 추출단위가 있는 모집단에서 $n$개의 추출단위를 비복원추출할 때, $\binom{N}{n}$개의 모든 가능한 표본들이 같은 확률로 추출되는 방법을 **단순랜덤추출법**(simple random sampling)이라고 한다.

먼저 단순랜덤추출에서 모평균의 추론에 대해 알아보고, 다음으로 모비율의 추론에 대해 알아보기로 한다.

표본조사에서 모평균 $\mu$에 대한 추론은 표본평균 $\overline{X}$에 기초를 둔다. 또한, 모분산을 모르는 경우, 모분산 $\sigma^2$은 표본분산 $S^2$으로 추정한다. 이때, 표본평균 $\overline{X}$와 표본분산 $S^2$은 각각 $\mu$와 $\sigma^2$에 대한 불편추정량이 되며, $\overline{X}$의 분산은 다음과 같다.

$$\mathrm{Var}(\overline{\mathrm{X}}) = \sigma^2\left(\frac{1}{\mathrm{n}} - \frac{1}{\mathrm{N}}\right) = \frac{\sigma^2}{\mathrm{n}}(1-\mathrm{f}),\ \text{다만 } f = \frac{n}{N}$$

여기서 $f = n/N$을 **추출률**(sampling fraction)이라고 하며, $(1-f)$를 **유한모집단수정항**(finite population correction factor)이라고 한다.

이들을 요약하면 다음과 같다.

> **단순랜덤추출에서 $\overline{X}$와 $S^2$의 성질**
>
> ① $E(\overline{X}) = \mu,\quad E(S^2) = \sigma^2$
>
> ② $\mathrm{Var}(\overline{\mathrm{X}}) = \frac{\sigma^2}{\mathrm{n}}(1-\mathrm{f})$, 다만 $f = \frac{n}{N}$

③ $\widehat{\mathrm{SE}}(\overline{\mathrm{X}}) = \frac{\mathrm{S}}{\sqrt{\mathrm{n}}}\sqrt{(1-\mathrm{f})}$

④ $\mu$ 에 대한 95% 근사신뢰구간: $\bar{x} \pm 1.96\frac{S}{\sqrt{n}}\sqrt{(1-f)}$

다음은 모비율의 추론에 대해 알아보자. 실업률이나 특정 정당에 대한 지지율, 납품된 제품의 불량률 등과 같이 유한모집단에서 특정 속성에 대한 비율을 알고자 할 때가 많다. 유한모집단에서 특정 속성을 가지는 추출단위에 1을 부여하고, 나머지 단위에 0을 부여하였을 때, $X$를 크기 $n$인 단순랜덤표본에서 그 속성을 갖는 단위의 개수로 정의하면 $X$는 **초기하분포**를 따른다. 이때, 표본비율인 $\hat{p}= X/n$의 기댓값과 분산은 각각

$$E(\hat{p}) = p, \quad \mathrm{Var}(\hat{p}) = \frac{p(1-p)}{n}\left(\frac{N-n}{N-1}\right)$$

이며, $\mathrm{Var}(\hat{p})$에 대한 추정량으로는 $p$ 대신 $\hat{p}$를 대입해서 사용하기도 하나, 불편추정량인

$$\widehat{\mathrm{Var}}(\hat{p}) = \hat{p}(1-\hat{p})\frac{N-n}{N(n-1)}$$

을 많이 사용한다. 이것을 정리하면 다음과 같다.

**비율에 관한 추론**

① $p$의 추정량 : $\hat{p}= \frac{X}{n}$

② $\mathrm{Var}(\hat{p}) = \frac{p(1-p)}{n}\left(\frac{N-n}{N-1}\right)$

③ $\widehat{\mathrm{SE}}(\hat{p}) = \sqrt{\hat{p}(1-\hat{p})\frac{N-n}{N(n-1)}}$

④ $p$의 95% 근사신뢰구간: $\hat{p}\pm 1.96\sqrt{\hat{p}(1-\hat{p})\frac{N-n}{N(n-1)}}$

유한모집단에서도 표본크기 $n$에 비하여 모집단 크기 $N$이 충분히 클 때는 유

한모집단 수정항인 $(N-n)/(N-1)$이 1에 수렴하므로 무한모집단으로 가정하고 표준오차 또는 오차한계 등을 구하기도 한다. 예를 들어, 선거에서의 지지율을 조사할 때, 표본조사를 유권자 2,000명 정도에 대하여 실시하면 모집단이 10만 명일 때나 100만 명일 때나 표본비율 $\hat{p}$의 분산은 비슷한 값이 됨을 알 수 있다.

앞에서도 언급한 바와 같이 표본조사에서 발생하는 오차에는 표본오차 이외에 여러 가지 비표본오차가 있고, 표본의 크기가 증가함에 따라 비표본오차가 커지는 경우가 많다. 그러므로 적당한 표본크기를 정하여 비표본오차가 유발될 수 있는 조사항목에 대해서는 우수한 조사원으로 하여금 철저한 관리를 하게 함으로써 비표본오차를 줄이게 하는 것이 모집단 전체를 조사하거나 또는 지나치게 큰 표본을 선택하는 것보다 효율적이다.

### 12-2-2 기타추출법

단순랜덤추출법은 가장 기본이 되는 추출법이지만 실제 실행하는 데는 비용이나 효율 등을 고려하여 다른 추출법과 함께 사용되는 것이 보통이다. 중요한 추출법으로는 층화추출법, 군집추출법, 계통추출법 등이 있으며, 복잡한 표본설계에서는 이런 방법들이 다단계 형식으로 사용되는 것이 보통이다. 이 절에서는 기본적인 추출법에 대하여 간략히 개념만 소개하기로 한다.

#### ① 층화추출법

모집단의 각 개체가 서로 이질적일 때, 즉 모집단의 분산이 클 때는 단순랜덤추출법에 의하여 추출된 표본으로부터의 추정량은 분산이 큰 경향이 있다. 이러한 경우, 단순랜덤추출법의 단점을 보완한 것이 **층화추출법**(stratified sampling)이며, 이 방법은 모집단을 동질적인 몇 개의 **층**(strata)으로 나눈 다음, 각 층에서 단순랜덤추출법을 적용하는 것이다. 층화추출법은 기본적으로 추정량의 분산을 줄여 정밀도를 높이는 것이 목적이다.

**층화**(stratification)의 기본원리는 층 내부는 가능한 동질적으로 하고 층 간에는 이질적이 되도록 하여 추정량의 정밀도를 높이는 것이다. 예를 들어, 한 대학에서 학생들의 정치문제에 대한 의식구조를 조사하는 문제를 생각해 보자. 대학생의 정치에 대한 의식구조는 학년이 올라가면서 변하는 것이 보통이며, 전공 또는 대학에 따라서도 많은 차이가 있다. 따라서, 단과대학과 함께 학년을 층으로 사용하여 층화하고, 각 층 내에서는 단순랜덤추출법으로 표본을 뽑으면 정밀도가 향상된 추정이 가능하다.

층화추출이 단순랜덤추출보다 정밀도가 높은 이유는 간단하다. 예를 들어, 층화작업이 잘되어 각 층들이 동질적인 추출단위로만 구성되었다면, 그 층에서 적은 개수의 표본을 추출하여도 층 전체를 추정할 수 있으며, 이들을 기초로 모집단 전체에 대해서도 정확한 추정을 할 수 있게 된다.

### ② 군집추출법

**군집추출법**(cluster sampling) 또는 **집락추출법**은 모집단을 **군집**(cluster)이라고 부르는 부모집단으로 나누고, 그 군집들 가운데서 몇 개의 군집을 랜덤하게 추출하여 추출된 군집을 전수조사하거나 추출된 군집에서 표본을 랜덤하게 추출하는 방법이다. 추출된 군집을 전수조사하는 것을 **일단군집추출법**(single-stage cluster sampling)이라고 하고, 추출된 군집 내에서 조사구를 랜덤하게 추출하여 추출된 조사구를 전수조사하는 것을 **이단군집추출법**(two-stage cluster sampling)이라고 부른다.

층화추출법과 군집추출법은 다 같이 모집단을 부모집단으로 구분하지만, 층화추출에서는 각 층 내의 분산을 최소화하기 위하여 동질적인 단위끼리 층(부모집단)을 형성하도록 층화해야 하지만, 군집추출에서는 각 군집들 사이에 이질성이 적어야만 선택된 군집이 모집단을 잘 대표할 수 있어 모집단의 특성을 올바르게 추정해 낼 수 있다. 즉, 층화추출에서는 각 층이 동질적이어야 하며, 군집추출에서는 각 군집들이 이질적이어야 한다.

군집분석은 기본적으로 비용을 절감하기 위한 방법이다. 예를 들어, 한 대학에서 학생들의 정치문제에 대한 의식구조를 조사하는 문제에서 층화추출을 하게 되면 각 단과대학별로 골고루 표본이 추출되어야 하므로 많은 시간과 비용이 든다. 비용을 절감하기 위하여 군집분석을 시행하는 방법을 생각해 보자. 예를 들어, 전공단위를 군집으로 간주하고, 몇 개의 전공을 군집으로 랜덤하게 뽑은 다음, 뽑힌 전공은 전 학년을 조사하는 방법을 생각할 수 있다. 뽑힌 전공은 수업시간을 이용하여 전수조사를 쉽게 할 수 있으므로 비용을 많이 절감할 수 있다. 그러나 뽑힌 전공에 따라 추정 결과가 많이 다를 수 있으므로 군집추출에서는 단순랜덤추출에서보다 정밀도가 떨어지는 단점이 있다.

이와 같이 군집추출법은 비용을 절감하는 장점이 있는 반면에 정밀도가 떨어지는 단점이 있다.

#### ③ 계통추출법

**계통추출법**(systematic sampling)은 표본을 시간적으로나 공간적으로 일정한 간격을 두고 취하는 추출법으로, 표본추출이 용이하며 모집단 전체에서 골고루 표본이 추출되는 장점을 가지고 있다. 모집단의 크기를 $N$, 표본의 크기를 $n$이라고 할 때, 모집단과 표본의 비율, 즉 $k=N/n$을 **추출간격**(sampling interval)이라고 한다. 계통추출은 모집단의 각 추출단위에 일련번호를 부여한 다음 처음 $k$개의 추출단위에서 하나를 랜덤하게 추출하고, 매 $k$번째마다 표본을 추출해 나가는 것이다.

예를 들어, 1부터 10,000까지 만 개의 추출단위가 있는 모집단에서 500개를 계통추출하고자 할 때, 처음 $k=10,000/500=20$개의 추출단위로부터 하나를 선택한다. 만일 15번이 추출되었다면 15, 35, 55, 75,⋯ 가 표본으로 선택된다.

계통추출을 사용하면 단순랜덤추출보다 일반적으로 정확한 추정값을 구할 수 있으며, 특히 대량생산에서 품질관리나 검사를 위해서 표본을 추출할 때 많이 사용된다. 계통추출법의 단점은 모집단이 주기성을 띠고 있을 때 심하게 편의된 표본이 나올 가능성이 있다는 것이다. 예를 들어, 어느 공장에서 생산하는 제품의 품질을 조사할 때, 만 하루의 추출간격을 가지고 계통추출을 한다고 하자. 이때, 저녁시간에 생산되는 제품의 품질이 떨어진다고 할 때, 매일 저녁 제품을 추출하는 계통추출은 진실과 매우 동떨어진 결과를 초래할 수 있다. 일반적으로 모집단에 주기성이 내포되어 있다고 판단될 때에는 계통추출을 하지 않는다.

## 12-3 설문조사 방법

### 12-3-1 설문조사의 종류

설문조사를 실시하는 주요 방법으로는 면접조사, 전화조사, 우편조사 등이 있다. 특히 전화조사는 사회조사기관에서 비용과 시간의 절약을 위해 많이 사용하는 기법이지만, 편리한 대신 오류의 가능성도 많으므로 주의를 필요로 한다.

이들의 특성과 장단점을 간단히 요약해 보자.

**① 면접조사**

면접조사는 조사원이 응답자를 직접 대면하여 조사하는 방법이다. 따라서, 조사원에 대한 인건비가 다른 방법에 비하여 월등하게 높은 단점이 있다. 그러나 다른 방법보다 응답률(또는 회수율)이 높고 비표본오차가 적은 장점이 있다.

**② 전화조사**

전화조사는 조사원과 응답자가 전화를 통하여 서로 질문과 응답을 주고받는 방법이다. 면접조사에 비하여 비용이 아주 적게 드는 장점이 있으나 여러 가지 비표본오차로 인하여 편의가 심각하게 커지는 경우가 많다. 특히 정치적 문제나 개인의 사생활과 관련된 문제 등에서는 솔직한 답변을 얻기 어려운 경우가 많다.

예를 들어 "선생님은 이번 선거에서 투표를 하실 예정입니까?"라는 질문을 전화로 물어 본다면 투표율의 예측값은 과대 추정될 것임에 틀림없다. 투표를 안 하고 놀러가겠다고 솔직히 대답을 하기가 어렵기 때문이다. 이런 문제점은 면접조사나 우편조사에서도 나타나지만 전화조사에서 특히 심각하게 일어난다.

한 실례를 들어 보자. 1996년 4월 11일 시행된 15대 총선을 6일 앞두고 「공명선거실천 시민운동 협의회」에서 서울 지역 유권자 564명을 대상으로 조사한 결과에 의하면 86.7%가 투표하겠다고 응답한 것으로 나타났으나, 실제로 서울 지역의 투표율은 60.5%이었다. 또한, 공보처에서는 제주도를 제외한 전국에서 1천 명을 대상으로 조사한 결과 응답자의 88.5%가 투표하겠다고 응답하였으나 실제 전국의 투표율은 63.9%이었다. 모두가 실제값보다 오차의 한계를 훨씬 넘어서는 과대추정을 한 셈이다.

전화조사에서는 다음과 같은 점을 특히 유의해야 한다.

- 질문은 간략하고 짧아야 한다.
- 시간대에 따라서 응답자의 구성비가 심각하게 다를 수 있다.
- 성별, 연령별 인구 구성비가 적절해야 한다.
- 전화 보급률이 낮은 지역에서는 편의가 심각할 수 있다.

**③ 우편조사**

우편조사는 질문지를 우편으로 우송한 후에 반송용 봉투를 이용하여 응답을 받는 방법이다. 우편조사는 최소의 비용과 노력으로 광범위한 지역과 대상을 표본으로 삼을 수 있는 장점이 있는 반면에 회수율(또는 응답률)이 심각하게 낮은 단점이 있다. 예를 들어, 회수율이 20~30% 정도에 그치는 경우도 흔히 있다. 회수율이 낮은 경우에 표본수를 늘리는 것으로 문제점이 보완되는 것은 아니기 때문에 심각한 단점이 된다. 즉, 무응답자들에게 일정한 경향이 있는 경우에는 자발적 응답자에 기초한 추정에 심각한 편의가 발생할 수 있다. 예를 들어, 어떤 정치 현안에 대한 찬반을 묻는 질문에는 적극적으로 반대하는 사람들이 찬성하는 사람들보다 능동적으로 응답하는 성향이 있을 수 있다. 현안의 성격에 따라서는 반대의 성향이 나타날 수도 있다. 이런 경우에는 무응답자에 대한 사후조사에 의한 추적이 꼭 필요하다.

회수율을 높이기 위한 첫 번째 조건은 질문지의 문항수가 많지 않아야 하는 것이다. 문항수가 30~50개를 넘으면 일반적으로 성실한 답변을 얻기 힘들고 회수율도 급격히 떨어지게 된다. 두 번째 방법은 응답자에게 소요시간에 대한 보상을 하는 것이다. 질문지의 내용을 이해하여 응답을 하는 데 걸리는 시간을 산출하여 이에 상응한 사례금을 지불할 경우에 회수율을 높일 수 있다.

### 12-3-2 설문의 신뢰성 분석

설문조사에서는 흔히 개념적인 내용을 점수화하기 위하여 4점 또는 5점의 리커트(Likert) 척도를 이용한다. 예를 들어, 제품의 만족도를 묻는 설문에서 5점 척도를 사용할 경우에 다음과 같은 5개의 항목 가운데 하나를 택하게 하여 만족도 점수를 1점부터 5점까지 부여한다. 이 경우에 많은 응답자가 중간인 ③번을 선택할 우려가 있을 때는 ③번을 없애고 4점 척도를 사용하는 것도 한 방안이다.

① 매우 불만( ) ② 불만( ) ③ 보통( ) ④ 만족( ) ⑤ 매우 만족( )

한 개념을 점수화하기 위하여 흔히 여러 문항이 필요하고, 이들 문항의 평균점수 또는 점수의 합을 그 개념에 대한 관측값으로 간주하게 된다. 예를 들어, 유치원 아동의 기질로서 "친사회성"을 측정하기 위하여 다음의 〈예 12-1〉과 같은 문항들을 만들 수 있다.

**예 12-1** 아동의 기질을 측정하는 문항

1. 친구들과 같이 놀기를 좋아한다.
2. 차례를 잘 지킨다.
3. 장난감을 친구들과 잘 나누어 갖는다.
4. 다른 친구들에게 인기가 있다.
5. 친구들과 자주 다툰다.

〈예 12-1〉의 5개 문항에 대하여 4점 척도를 사용하기 위하여 다음의 4개 항목 가운데 하나를 선택하게 한다고 하자.

① 전혀 아니다( ) ② 아닌 편이다( ) ③ 그런 편이다( ) ④ 항상 그렇다( )

그러면 이들 5개 문항의 합으로 각 아동에 대한 친사회성의 관측값을 얻는다. 이 경우에 관측값은 5~20점 사이의 값이 될 것이다. 이와 같이 만들어진 5개의 문항이 모두 아동의 "친사회성"을 묻는 문항이면 **신뢰성**(reliability)이 높다고 하며, 각 문항이 묻는 개념이 분명하지 않거나 서로 다를 때에는 신뢰성이 떨어진다고 한다.

즉, 신뢰성은 동일한 개념을 반복 측정할 때 동일한 결과를 얻게 될 가능성을 뜻한다. 위에서 1번에 '전혀 아니다'라는 답을 하는 아동에 대하여는 2~5번에서도 같은 답을 할수록 신뢰성이 높은 설문이 된다. 5개의 문항에서 1점부터 4점까지가 랜덤하게 나타난다면 신뢰성이 없는 설문임을 뜻한다.

이와 같은 신뢰성을 나타내는 측도를 생각해 보자.

$n$개의 문항이 있는 설문에서 각 문항의 값을 $X_1, \cdots, X_n$ 이라고 하고, 이들의 합을 $T$로 나타내자. 즉,

$$T = X_1 + \cdots + X_n$$

이며, 각 $X_i$들은 같은 분포를 따르므로 분산 $\mathrm{Var}(X_i)$ 도 같다. 따라서, $n$개의 문항이 완전히 동일한 문항이라면 $X$의 분산은 다음과 같다.

$$\mathrm{Var}(T) = \mathrm{Var}(nX_1) = n^2 \mathrm{Var}(X_1)$$

만약 $n$개의 문항들이 서로 연관성이 없이 독립이라면 $T$의 분산은 다음과 같다.

$$\mathrm{Var}(T) = \mathrm{Var}(X_1 + \cdots + X_n) = \mathrm{Var}(X_1) + \cdots + \mathrm{Var}(X_n) = n\mathrm{Var}(X_1)$$

$n$개 문항의 신뢰성을 나타내는 측도인 **크론바하의 알파**(Cronbach alpha)를 다음과 같이 정의한다.

$$\alpha = \frac{n}{n-1}\left[1 - \frac{\sum \mathrm{Var}(X_i)}{\mathrm{Var}(T)}\right]$$

$n$개의 문항이 완전히 동일한 문항일 때 $\mathrm{Var}(T) = n\sum \mathrm{Var}(X_i)$이므로 $\alpha = 1$이며, $n$개의 문항이 연관성이 전혀 없이 독립이라면 $\mathrm{Var}(T) = \sum \mathrm{Var}(X_i)$이므로 $\alpha = 0$이다. 일반적으로는

$$0 \leq \alpha \leq 1$$

의 관계가 성립하며, $\alpha$의 값이 1에 가까울수록 신뢰성이 높은 문항들임을 뜻한다. 그러나 문항들의 긍정과 부정이 반대로 되어 있는 문항이 섞여 있으면 문항들 사이의 상관계수가 음수가 되고, 이 경우에는 $\alpha$값이 음수가 될 수 있다.

이제 각 문항의 분산 $\mathrm{Var}(X_i)$의 추정량으로 각 문항의 표본분산 $S_i^2$을 사용하고, 전체 문항의 합인 $T$의 분산 $\mathrm{Var}(T)$의 추정량으로 $S_T^2$을 사용하면, 크론바하의 알파는 다음과 같이 추정할 수 있다.

$$\hat{\alpha} = \frac{n}{n-1}\left[1 - \frac{\sum S_i^2}{S_T^2}\right]$$

다만, $n$ = 문항수

$S_i^2$ = 각 문항의 표본분산

$S_T^2$ = 전체 문항의 합의 표본분산

좋은 설문에 대한 $\alpha$의 값의 기준값을 제시하기는 어렵다. 그러나 흔히 $\alpha$가 0.7 이상이면 문항의 신뢰성이 있다고 판단한다.

다음에는 크론바하의 알파를 이용하여 문항을 점검하는 방법을 알아보자. 〈예 12-1〉에 주어진 5개 문항을 점검하기 위하여, 5개 문항을 모두 포함할 경

우의 크로바하의 알파를 구하고 1번 문항을 제외한 크론바하의 알파를 구한다.

만약 1번 문항을 제외할 경우에 크론바하의 알파가 증가하면 1번 문항은 다른 문항과 일관성이 없다는 뜻이다. 따라서, 이런 문항은 제외하고 분석하는 것이 전체의 신뢰성을 높이는 분석이 된다.

**예제 12-1** 〈표 12-1〉은 A 유치원에서 20명의 아동에 대하여 〈예 12-1〉에 주어진 5개 문항을 4점 척도를 사용하여 유치원 교사가 응답한 결과이다. 문항의 신뢰성을 분석해 보자.

**|표 12-1|** 아동의 친사회성 자료

| 번호 | 문항 1 | 문항 2 | 문항 3 | 문항 4 | 문항 5 |
|---|---|---|---|---|---|
| 1 | 2 | 2 | 3 | 2 | 4 |
| 2 | 4 | 3 | 4 | 3 | 2 |
| 3 | 3 | 4 | 3 | 4 | 2 |
| 4 | 4 | 4 | 3 | 4 | 2 |
| 5 | 4 | 4 | 4 | 3 | 3 |
| 6 | 3 | 4 | 4 | 3 | 2 |
| 7 | 2 | 1 | 2 | 2 | 3 |
| 8 | 4 | 4 | 3 | 4 | 2 |
| 9 | 4 | 4 | 3 | 4 | 3 |
| 10 | 3 | 3 | 3 | 4 | 1 |
| 11 | 4 | 4 | 3 | 4 | 3 |
| 12 | 4 | 3 | 4 | 3 | 2 |
| 13 | 1 | 2 | 1 | 3 | 4 |
| 14 | 2 | 3 | 2 | 2 | 3 |
| 15 | 3 | 2 | 4 | 3 | 4 |
| 16 | 2 | 3 | 3 | 2 | 2 |
| 17 | 4 | 4 | 3 | 4 | 3 |
| 18 | 4 | 3 | 4 | 3 | 2 |
| 19 | 3 | 2 | 3 | 2 | 1 |
| 20 | 4 | 3 | 4 | 4 | 2 |

SPSS에서 신뢰도분석을 이용하여 5개의 문항 간 상관계수 행렬을 구하고, 크론바하의 알파를 구한 결과가 다음과 같다.

**신뢰도 통계량**

| Cronbach의 알파 | Cronbach's Alpha Based on Standardized Items | 항목 수 |
|---|---|---|
| .651 | .632 | 5 |

**항목 간 상관행렬**

| | 문항 1 | 문항 2 | 문항 3 | 문항 4 | 문항 5 |
|---|---|---|---|---|---|
| 문항 1 | 1.000 | .643 | .708 | .640 | −.175 |
| 문항 2 | .643 | 1.000 | .334 | .689 | −.056 |
| 문항 3 | .708 | .334 | 1.000 | .203 | −.174 |
| 문항 4 | .640 | .689 | .203 | 1.000 | −.252 |
| 문항 5 | −.175 | −.056 | −.174 | −.252 | 1.000 |

**항목 총계 통계량**

| | 항목이 삭제된 경우 척도 평균 | 항목이 삭제된 경우 척도 분산 | 수정된 항목-전체 상관관계 | 제곱 다중 상관관계 | 항목이 삭제된 경우 Cronbach 알파 |
|---|---|---|---|---|---|
| 문항 1 | 11.80 | 3.958 | .773 | .774 | .381 |
| 문항 2 | 11.90 | 4.411 | .665 | .560 | .457 |
| 문항 3 | 11.85 | 5.503 | .427 | .620 | .589 |
| 문항 4 | 11.85 | 5.187 | .525 | .653 | .544 |
| 문항 5 | 12.60 | 8.042 | −.199 | .126 | .826 |

크론바하의 알파 값은 0.651이다.

한편, 상관행렬을 보면 5번 문항이 다른 문항과 음의 상관관계를 갖고 있다. 이 문제에서는 5번 문항이 다른 문항과 반대되는 방법으로 질문한 것으로 짐작된다.

항목 총계 통계량의 마지막 열을 보면 5번 문항이 제외되면 크론바하의 알파는 0.651에서 0.826으로 증가함을 보이고 있다. 따라서, 5번 문항이 반대로 물은 것이면 코딩을 5에서 뺀 값으로 다시 해 주거나, 아니면 설문에서 삭제하는 것이 분석에 도움이 된다.

## 12-4 SPSS 실습

이 절에서는 SPSS를 이용하여 설문지 문항의 신뢰성을 분석하는 방법을 알아보자.

이웃과의 관계를 분석하는 설문조사를 실시하기 위하여

> 아이돌보기, 용품빌리기, 경조사참석, 돈을빌림,
> 일을의논, 문제해결, 공동참여

의 7항목에 대한 5점 척도의 설문을 만들고, 14가구에 대해 조사한 결과 [그림 12-1]과 같은 결과를 얻었다. 이들 문항에 대한 신뢰성 분석을 시행해 보자. 점수 순서의 방향은 같다고 한다.

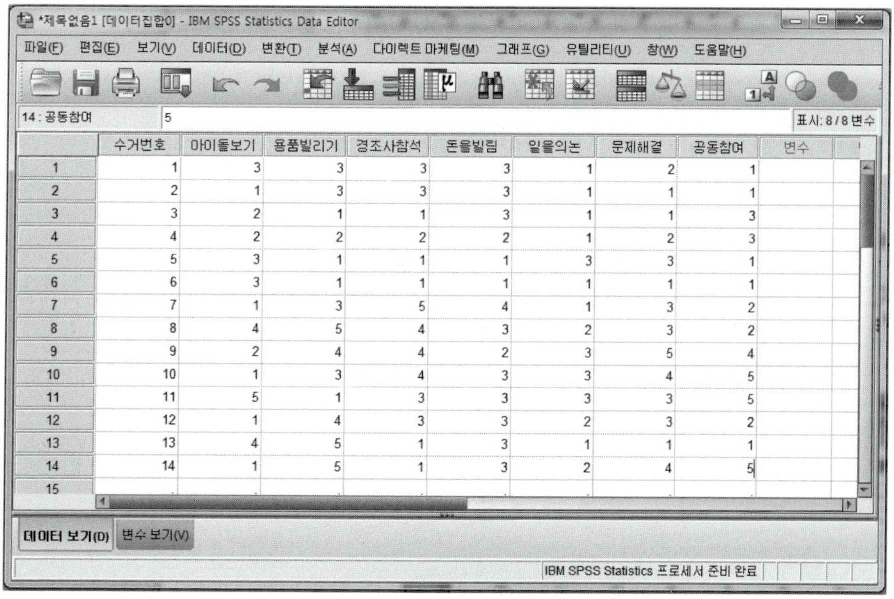


| | 수거번호 | 아이돌보기 | 용품빌리기 | 경조사참석 | 돈을빌림 | 일을의논 | 문제해결 | 공동참여 | 변수 |
|---|---|---|---|---|---|---|---|---|---|
| 1 | 1 | 3 | 3 | 3 | 3 | 1 | 2 | 1 | |
| 2 | 2 | 1 | 3 | 3 | 3 | 1 | 1 | 1 | |
| 3 | 3 | 2 | 1 | 1 | 3 | 1 | 1 | 3 | |
| 4 | 4 | 2 | 2 | 2 | 2 | 1 | 2 | 3 | |
| 5 | 5 | 3 | 1 | 1 | 1 | 3 | 3 | 1 | |
| 6 | 6 | 3 | 1 | 1 | 1 | 1 | 1 | 1 | |
| 7 | 7 | 1 | 3 | 5 | 4 | 1 | 3 | 2 | |
| 8 | 8 | 4 | 5 | 4 | 3 | 2 | 3 | 2 | |
| 9 | 9 | 2 | 4 | 4 | 2 | 3 | 5 | 4 | |
| 10 | 10 | 1 | 3 | 4 | 3 | 3 | 4 | 5 | |
| 11 | 11 | 5 | 1 | 3 | 3 | 3 | 3 | 5 | |
| 12 | 12 | 1 | 4 | 3 | 3 | 2 | 3 | 2 | |
| 13 | 13 | 4 | 5 | 1 | 3 | 1 | 1 | 1 | |
| 14 | 14 | 1 | 5 | 1 | 3 | 2 | 4 | 5 | |
| 15 | | | | | | | | | |

**|그림 12-1|** 설문조사 결과

신뢰성 계수를 사용할 때에는 점수의 방향을 주의하여야 한다. 만일 점수의 방향이 역으로 입력되어 있는 경우는 코딩변환 기능을 이용하여 척도의 크기를 동일하게 맞춘 후 신뢰성을 평가하여야 한다. SPSS를 이용하여 신뢰성 분석을 하기 위해서 [그림 12-2]와 같이 분석(A) → 척도(A) → 신뢰도분석(R)... 을 선택한다.

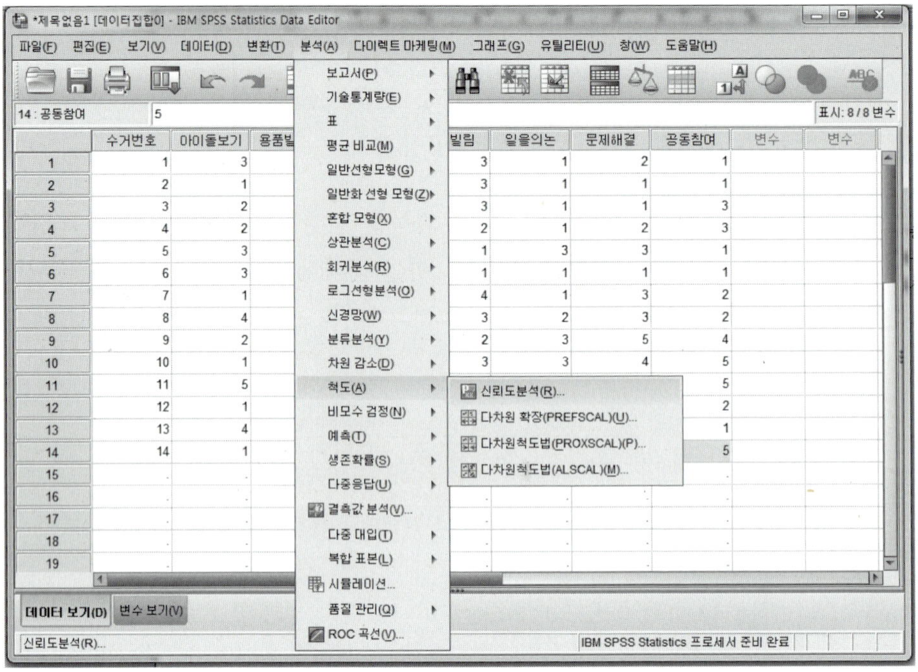

**|그림 12-2|** 신뢰도 분석 메뉴

[그림 12-3]의 대화상자가 나타나면 내적 일관성을 나타내는 크론바하 알파 계수를 표시하기 위해서는 모형(M): 에서 '알파'를 선택하고 하나의 개념을 나타낼 수 있는 여러 문항들을 항목(I): 으로 보낸다.

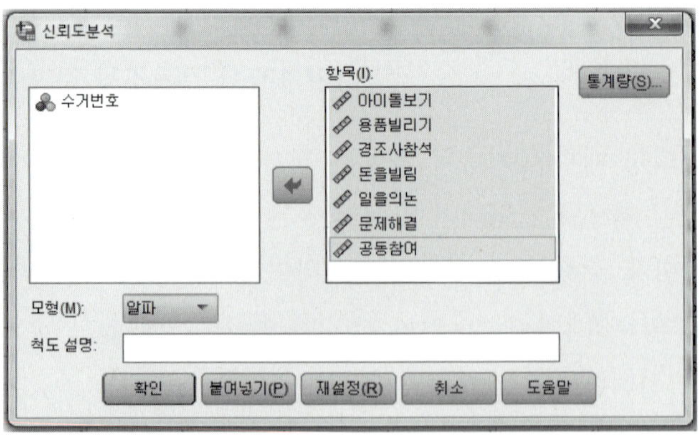

**|그림 12-3|** 신뢰도 분석 대화상자

[그림 12-3]에서 통계량(S)... 버튼을 선택하면 [그림 12-4]의 대화상자가 나타난다. '다음에 대한 기술통계량'은 각 항목의 평균이나 척도 등을 나타내며, 이를

설정하지 않으면 크론바하의 알파만을 보여 주게 된다. '항목내'는 문항 간의 상관계수와 공분산을 나타낸다. '요약값'은 문항들에 대해서 선택된 기술통계량을 보여 주고 'Hotelling의 T제곱'은 분산의 동질성에 대한 검정 결과를 보여 준다.

위의 과정을 통해서 분석한 결과 다음의 결과를 얻는다.

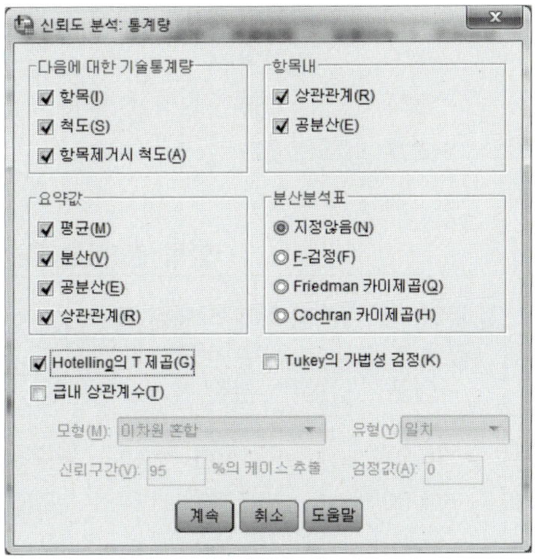


**|그림 12-4|** 통계량 선택 대화상자

**항목 통계량**

| | 평균 | 표준편차 | N |
|---|---|---|---|
| 아이돌보기 | 2.36 | 1.336 | 14 |
| 용품빌리기 | 2.93 | 1.542 | 14 |
| 경조사참석 | 2.57 | 1.399 | 14 |
| 돈을빌림 | 2.64 | .842 | 14 |
| 일을의논 | 1.79 | .893 | 14 |
| 문제해결 | 2.57 | 1.284 | 14 |
| 공동참여 | 2.57 | 1.604 | 14 |

**신뢰도 통계량**

| Cronbach의 알파 | Cronbach's Alpha Based on Standardized Items | 항목 수 |
|---|---|---|
| .582 | .606 | 7 |

**항목 간 공분산 행렬**

| | 아이돌보기 | 용품빌리기 | 경조사참석 | 돈을빌림 | 일을의논 | 문제해결 | 공동참여 |
|---|---|---|---|---|---|---|---|
| 아이돌보기 | 1.786 | -.357 | -.374 | -.247 | .159 | -.374 | -.297 |
| 용품빌리기 | -.357 | 2.379 | .582 | .588 | -.016 | .659 | .121 |
| 경조사참석 | -.374 | .582 | 1.956 | .604 | .286 | .879 | .418 |
| 돈을빌림 | -.247 | .588 | .604 | .709 | -.159 | .066 | .297 |
| 일을의논 | .159 | -.016 | .286 | -.159 | .797 | .901 | .824 |
| 문제해결 | -.374 | .659 | .879 | .066 | .901 | 1.648 | 1.341 |
| 공동참여 | -.297 | .121 | .418 | .297 | .824 | 1.341 | 2.571 |

**항목 총계 통계량**

| | 항목이 삭제된 경우 척도 평균 | 항목이 삭제된 경우 척도 분산 | 수정된 항목-전체 상관관계 | 제곱 다중 상관관계 | 항목이 삭제된 경우 Cronbach 알파 |
|---|---|---|---|---|---|
| 아이돌보기 | 15.07 | 24.841 | -.224 | .319 | .714 |
| 용품빌리기 | 14.50 | 18.115 | .240 | .556 | .573 |
| 경조사참석 | 14.86 | 16.901 | .417 | .638 | .498 |
| 돈을빌림 | 14.79 | 20.643 | .300 | .678 | .553 |
| 일을의논 | 15.64 | 18.863 | .515 | .798 | .497 |
| 문제해결 | 14.86 | 15.055 | .697 | .890 | .387 |
| 공동참여 | 14.86 | 15.670 | .426 | .674 | .490 |

기술통계('항목 통계량') 결과 응답자 14명에 대하여 '용품빌리기'의 평균이 가장 높게 나타나고 '공동참여'의 표준편차가 가장 높게 나타났다.

'신뢰도 통계량'에서 전체적인 크론바하의 알파계수는 0.5822이며 각 변수들을 표준화하였을 경우에는 0.6055로 계산이 된다.

'일을의논', '문제해결', '공동참여' 간의 상관관계가 높게 나타났다. 이를 통해서 이웃관계를 살펴보는 과정에서 공동체 의식에 관련된 항목들이 상관관계가 높다는 것을 알 수 있다.

'항목 간 공분산 행렬'에서 '아이돌보기'는 다른 변수들과도 낮거나 음의 상관성을 보이고 있다. 따라서, '항목 총계 통계량'에서 끝 열을 살펴보면, 이를 제거하였을 경우에는 크론바하 알파 계수가 0.7140으로 높아짐을 알 수 있다. 따라서, 이 항목을 제거하고 다음 단계로 진행하는 것이 바람직할 것이다. 또한, '문제해결' 항목을 제거하였을 경우에는 크론바하 알파 계수가 0.3872로 낮아지는 것을 볼 수 있다. 이를 통하여 이웃관계에 있어서 '문제해결'이 중요 항목 중 하나인 것을 알 수 있다.

## 12장 연습문제

**12.1** 표본추출방법에는 크게 단순랜덤추출법, 층화추출법, 집락추출법, 계통추출법이 있다. 다음의 예들은 어떤 추출법인가?

(a) 마케팅연구소에서는 고객들이 선호하는 립스틱 상표의 비율을 추정하기 위하여, 쇼핑센터의 한 상점에서 100명의 여성 고객을 무작위로 추출하여 조사한다.

(b) 서울 시민의 TV 시청률을 조사하기 위하여 구별로 인구비례에 의해 가구를 뽑아 시청률을 조사한다.

(c) 어느 지역의 소아설사병 발생 빈도를 추정하고자 한다. 아이들의 명부가 없어서, 이 지역에 있는 20개 동 가운데 3개 동을 랜덤하게 추출한 후, 추출된 동에 있는 모든 아이들의 연간 설사횟수를 조사한다.

(d) 국회위원 선거에서 출구조사를 하기 위하여, 조사원은 투표장에서 투표를 끝내고 나오는 유권자 10명마다 한 명씩 조사한다.

**12.2** 문제 12.1과 같이 다음의 예들은 어떤 추출법인가?

(a) 어느 공장에서 출하되는 제품의 불량률을 알아보기 위하여 출하되는 제품 100개마다 한 개씩 뽑아 품질을 검사한다.

(b) 어느 회사에서 각종 사고로 인한 작업시간의 손실을 추정하고자 한다. 노동자, 기술자, 사무직 직원들의 사고율이 다르기 때문에, 조사자는 노동자, 기술자, 사무직 직원들 가운데 직원수에 비례하여 표본을 추출한다.

(c) 어느 병원에서 환자의 불만사항에 대한 설문조사를 실시하기 위하여 425명의 환자에 일련번호를 부여하고, 이 가운데 랜덤하게 20명을 뽑아 설문조사를 실시한다.

(d) 어떤 기업이 새로운 정년퇴직정책을 세우고, 새 정책에 찬성하는 종업원들의 비율을 추정하고자 한다. 이 기업은 87개의 지점으로 구성되어 있으며, 이 가운데 15개 지점을 임의로 추출하여, 추출된 지점의 모든 종업원들을 대상으로 새로운 정책의 선호도를 조사한다.

**12.3** 어떤 지역 사회가 가뭄 동안 각 가구의 일일 평균 물 소비량(단위: ton)을 추정하고자 100개의 계량기를 단순임의표본으로 선택하였다. 표본평균과 표본분산은 각각

$\bar{x} = 12.5$, $S^2 = 1252$이다. 만약, 이 지역 사회에 $N = 10{,}000$가구가 살고 있다면, 일일 평균 물 소비량 $\mu$를 추정하고 표준오차를 구하여라.

**12.4** 심리학자가 신경질환에 대한 병원 진단을 한 200명의 환자에게 어떤 자극을 주고 평균 반응시간을 추정하고자 한다. $n = 20$명의 환자를 표본으로 추출하여 반응시간을 측정한 결과 $\bar{x} = 2.1$초, $S = 0.4$초였다. 모평균 $\mu$를 추정하고 표준오차를 구하여라.

**12.5** 공원관리자가 어떤 야영장에서 야영공간에 만족하는 야영객의 비율을 추정하고자 한다. 야영장을 찾아온 $N = 300$명의 야영객에서 $n = 30$명을 단순임의표본으로 추출하여 조사한 결과 25명이 만족한다고 응답하였다. 야영공간에 만족하는 야영객의 비율을 추정하고 표준오차를 구하여라.

**12.6** 어느 고등학교의 재학생은 $N = 1500$명이다. 이 학교에서 50명을 랜덤하게 뽑아 여러 가지 학교 시설에 대한 만족도를 조사하였다. 이 가운데 '운동시설'에 대한 만족도에서는 35명이 만족하였다. 운동시설에 만족하는 학생의 비율을 추정하고 표준오차를 구하여라.

**12.7** 다음은 5명으로 구성된 심사위원이 선수 4명의 기량에 대하여 7점 만점으로 평가를 내린 자료이다. 연구자는 모든 심사위원들이 일관된 평가를 하고 있는지를 알고자 한다. SPSS를 이용하여 신뢰성 분석을 하여라.

| 심사위원 | 선수1 | 선수2 | 선수3 | 선수4 |
|---|---|---|---|---|
| 1 | 4 | 5 | 6 | 6 |
| 2 | 1 | 1 | 2 | 1 |
| 3 | 3 | 5 | 6 | 4 |
| 4 | 2 | 4 | 1 | 3 |
| 5 | 2 | 4 | 4 | 4 |

**12.8** 다음은 인터넷 쇼핑몰에 대해 느끼는 속성에 관한 설문지와 20명을 대상으로 얻어진 자료이다. SPSS를 이용하여 신뢰성 분석을 실시하여라.

| | | | | | | | | | |
|---|---|---|---|---|---|---|---|---|---|
| 6 | 4 | 7 | 6 | 5 | 5 | 6 | 6 | 3 | 4 |
| 5 | 7 | 5 | 6 | 6 | 2 | 3 | 3 | 4 | 3 |
| 3 | 3 | 2 | 3 | 4 | 2 | 6 | 3 | 5 | 3 |
| 1 | 3 | 3 | 3 | 2 | 7 | 3 | 6 | 5 | 5 |
| 5 | 9 | 6 | 5 | 2 | 6 | 2 | 4 | 5 | 2 |
| 7 | 6 | 5 | 4 | 6 | 4 | 3 | 3 | 3 | 2 |
| 6 | 6 | 2 | 6 | 4 | 5 | 3 | 4 | 5 | 6 |
| 2 | 6 | 3 | 5 | 3 | 5 | 7 | 6 | 5 | 2 |
| 7 | 4 | 6 | 3 | 5 | 6 | 5 | 7 | 5 | 3 |
| 3 | 4 | 4 | 3 | 2 | 2 | 7 | 5 | 5 | 4 |

본 점에 대한 만족도를 다음항목에 대하여 표시하여 주십시오.

| | 매우 불만 | | | 보통 | | | 매우 만족 |
|---|---|---|---|---|---|---|---|
| 1) 가격에 대한 만족도 | 1 | 2 | 3 | 4 | 5 | 6 | 7 |
| 2) 쇼핑몰의 이미지 | 1 | 2 | 3 | 4 | 5 | 6 | 7 |
| 3) 배달원의 이미지 | 1 | 2 | 3 | 4 | 5 | 6 | 7 |
| 4) 상품에 대한 만족도 | 1 | 2 | 3 | 4 | 5 | 6 | 7 |
| 5) A/S 및 반품관리 | 1 | 2 | 3 | 4 | 5 | 6 | 7 |

# 부록

## 〈표 1〉 난수표

| | | | | | | | | | | |
|---|---|---|---|---|---|---|---|---|---|---|
| 00000 | 55393 | 09387 | 85360 | 25490 | 37142 | 33975 | 70094 | 27422 | 07806 | 25242 |
| 00001 | 48573 | 27725 | 48001 | 83737 | 35415 | 95063 | 19385 | 72402 | 21671 | 40826 |
| 00002 | 56939 | 72916 | 62452 | 57398 | 59826 | 93619 | 64467 | 36271 | 31041 | 67002 |
| 00003 | 19897 | 54854 | 25920 | 45433 | 27646 | 60877 | 73053 | 93178 | 73713 | 48308 |
| 00004 | 76938 | 65115 | 56106 | 67352 | 98254 | 71411 | 07084 | 24729 | 67972 | 46489 |
| 00005 | 99062 | 85211 | 26916 | 28920 | 56232 | 21613 | 55709 | 03829 | 21877 | 92855 |
| 00006 | 16418 | 36177 | 38335 | 76687 | 70158 | 21473 | 29651 | 72443 | 79495 | 25344 |
| 00007 | 97757 | 96256 | 19764 | 63442 | 91910 | 13393 | 03681 | 52121 | 44120 | 94615 |
| 00008 | 32139 | 93215 | 98577 | 84865 | 99649 | 94683 | 92480 | 06753 | 86299 | 68091 |
| 00009 | 49123 | 28010 | 28891 | 77446 | 47639 | 06369 | 82146 | 69558 | 97945 | 35086 |
| 00010 | 98376 | 19447 | 20573 | 83480 | 33233 | 56704 | 67837 | 04268 | 87795 | 74028 |
| 00011 | 20692 | 72133 | 49296 | 03237 | 03216 | 57730 | 29610 | 83872 | 83354 | 16743 |
| 00012 | 01579 | 45886 | 62030 | 43835 | 07494 | 42522 | 00765 | 50935 | 48299 | 51994 |
| 00013 | 76655 | 55437 | 73970 | 66380 | 95399 | 48696 | 69719 | 28308 | 06408 | 61838 |
| 00014 | 46009 | 68360 | 17066 | 93647 | 39414 | 59534 | 47401 | 74664 | 03851 | 46226 |
| 00015 | 39022 | 12541 | 16342 | 72295 | 56570 | 99786 | 71901 | 18445 | 70103 | 85076 |
| 00016 | 19973 | 14198 | 95031 | 97537 | 29466 | 52576 | 68322 | 41905 | 75990 | 45740 |
| 00017 | 86423 | 05957 | 85644 | 47762 | 55663 | 27832 | 78123 | 10008 | 87961 | 58329 |
| 00018 | 28393 | 06416 | 98692 | 42202 | 00862 | 02981 | 08802 | 51768 | 81983 | 07786 |
| 00019 | 30388 | 40562 | 96855 | 64272 | 63682 | 07964 | 23376 | 63565 | 28901 | 65657 |
| 00020 | 91079 | 91270 | 56716 | 10049 | 41495 | 52235 | 53048 | 83538 | 35768 | 25305 |
| 00021 | 57068 | 86242 | 64560 | 30313 | 44636 | 76587 | 72526 | 72570 | 01097 | 02441 |
| 00022 | 53093 | 93033 | 35182 | 49801 | 43464 | 13597 | 59993 | 23617 | 19063 | 00267 |
| 00023 | 58594 | 64203 | 72194 | 11368 | 21582 | 08624 | 94713 | 36252 | 04652 | 34584 |
| 00024 | 57417 | 57230 | 06133 | 93801 | 77497 | 63988 | 06669 | 60510 | 65563 | 88636 |
| 00025 | 46869 | 60489 | 38493 | 75449 | 68995 | 33405 | 73756 | 63506 | 13326 | 55415 |
| 00026 | 17321 | 53296 | 06898 | 46362 | 10664 | 81466 | 22585 | 00350 | 17928 | 00326 |
| 00027 | 49910 | 07681 | 24889 | 15293 | 88722 | 91381 | 84713 | 23830 | 08623 | 93004 |
| 00028 | 26373 | 53853 | 44619 | 74140 | 91771 | 91453 | 94677 | 29296 | 87292 | 39085 |
| 00029 | 63589 | 58712 | 49591 | 61683 | 98714 | 59077 | 91788 | 52452 | 98441 | 26648 |
| 00030 | 15077 | 71148 | 07472 | 63518 | 02725 | 43825 | 33284 | 86426 | 88252 | 75315 |
| 00031 | 49894 | 83702 | 38519 | 28902 | 41169 | 34404 | 35530 | 74866 | 38358 | 77929 |
| 00032 | 53057 | 52724 | 90145 | 16836 | 67501 | 52746 | 26832 | 10819 | 64571 | 03790 |
| 00033 | 29443 | 63314 | 92218 | 01592 | 40809 | 49522 | 02689 | 21871 | 43010 | 11027 |
| 00034 | 99781 | 08909 | 35681 | 85957 | 41281 | 44000 | 09199 | 60004 | 46227 | 33843 |
| 00035 | 96670 | 16101 | 64183 | 10410 | 54467 | 07799 | 84181 | 16321 | 68220 | 33415 |
| 00036 | 06027 | 30445 | 80539 | 98079 | 96756 | 60860 | 51419 | 31990 | 21851 | 37353 |
| 00037 | 66567 | 32517 | 04435 | 38274 | 46919 | 21127 | 70544 | 77271 | 17088 | 94956 |
| 00038 | 06820 | 46464 | 98660 | 67549 | 32067 | 94434 | 22694 | 57363 | 63336 | 18486 |
| 00039 | 25500 | 49202 | 63556 | 15654 | 88088 | 81746 | 15249 | 37755 | 12412 | 53183 |
| 00040 | 89414 | 16019 | 67978 | 77483 | 33299 | 08242 | 97080 | 75567 | 24068 | 48469 |
| 00041 | 75198 | 23861 | 25961 | 03932 | 68735 | 48830 | 25207 | 16752 | 34145 | 90703 |
| 00042 | 03566 | 61733 | 85754 | 71985 | 50448 | 94325 | 24699 | 97185 | 22771 | 52612 |
| 00043 | 36284 | 91660 | 67883 | 35298 | 19941 | 30349 | 61316 | 96830 | 75485 | 46653 |
| 00044 | 95061 | 35074 | 41119 | 01596 | 30788 | 62888 | 39408 | 85958 | 39636 | 63681 |
| 00045 | 44952 | 35508 | 52293 | 44618 | 33330 | 71789 | 50718 | 47657 | 31253 | 77385 |
| 00046 | 77064 | 68837 | 88064 | 64217 | 21754 | 99218 | 32564 | 10109 | 36332 | 19908 |
| 00047 | 04730 | 91855 | 64921 | 18916 | 71956 | 45928 | 29221 | 17656 | 42639 | 71142 |
| 00048 | 06949 | 25495 | 27963 | 43949 | 50977 | 19377 | 18703 | 90813 | 51098 | 11131 |
| 00049 | 52744 | 67149 | 95115 | 03802 | 67227 | 49830 | 51240 | 96323 | 06626 | 98981 |

| | | | | | |
|---|---|---|---|---|---|
| 00050 | 58857 79499 | 30849 82653 | 00620 91137 | 88459 32434 | 57930 53506 |
| 00051 | 01483 53105 | 39552 69936 | 93978 92063 | 65948 24180 | 02539 79217 |
| 00052 | 57492 35331 | 63257 05714 | 60314 42415 | 68155 77319 | 88738 08922 |
| 00053 | 14078 08344 | 90406 89117 | 35728 14018 | 27070 88469 | 13100 12022 |
| 00054 | 26421 70941 | 38046 42810 | 86449 39023 | 17264 48284 | 42838 14792 |
| 00055 | 24486 02720 | 09959 38245 | 76500 87198 | 76273 75874 | 98014 04668 |
| 00056 | 98876 63018 | 70572 91521 | 06066 57075 | 07536 43002 | 21137 55091 |
| 00057 | 53226 02192 | 86442 51688 | 84941 46454 | 47000 65045 | 14410 04927 |
| 00058 | 92732 51584 | 14869 82158 | 31607 32897 | 17125 51273 | 99539 68111 |
| 00059 | 53574 84217 | 74164 73536 | 61024 25487 | 32666 41758 | 59509 89103 |
| 00060 | 05677 18936 | 25758 55693 | 22385 97670 | 73865 52403 | 45881 09394 |
| 00061 | 54639 07959 | 13388 61307 | 20898 98011 | 48381 04157 | 30575 46532 |
| 00062 | 27068 72732 | 59317 31216 | 17319 35167 | 44214 91326 | 52828 32105 |
| 00063 | 91960 48233 | 29208 07290 | 74141 68784 | 67298 73270 | 11082 26689 |
| 00064 | 28690 96251 | 34039 30332 | 21462 55777 | 00355 50963 | 86560 59882 |
| 00065 | 80686 84876 | 09415 10762 | 33881 96469 | 63464 12903 | 58473 88473 |
| 00066 | 25390 49705 | 84710 45014 | 98101 77584 | 07331 77199 | 55308 68015 |
| 00067 | 43361 98738 | 43083 09624 | 28809 03144 | 71320 91907 | 40074 49730 |
| 00068 | 93099 32444 | 34682 39525 | 05089 36890 | 33617 61738 | 94829 14982 |
| 00069 | 66212 43712 | 10511 59254 | 82617 42147 | 08884 08310 | 64927 83823 |
| 00070 | 80978 91499 | 82207 85381 | 47080 73491 | 72269 56802 | 84889 88176 |
| 00071 | 94519 24279 | 36444 96782 | 56925 20196 | 54737 91039 | 33900 97926 |
| 00072 | 85141 35933 | 69175 14929 | 21898 82118 | 57305 70077 | 92974 21908 |
| 00073 | 94850 28063 | 26434 93150 | 83142 71628 | 19500 86696 | 56755 74919 |
| 00074 | 15366 59544 | 97131 87251 | 31169 62537 | 51799 06295 | 13652 53949 |
| 00075 | 24184 22970 | 16594 10492 | 45654 90505 | 79600 02198 | 08416 79947 |
| 00076 | 20759 98917 | 29200 36004 | 80035 39583 | 11609 39563 | 66863 29818 |
| 00077 | 43242 84413 | 29784 59111 | 96115 71996 | 58469 13767 | 49527 98884 |
| 00078 | 96567 61170 | 78670 45816 | 47521 55631 | 65102 48908 | 40032 81225 |
| 00079 | 69333 46522 | 21107 42002 | 66233 00988 | 80974 69520 | 79582 26497 |
| 00080 | 94177 59786 | 26858 07413 | 79421 32530 | 90762 51865 | 63158 79849 |
| 00081 | 87373 02274 | 27863 65944 | 72527 30968 | 71793 24627 | 97866 26263 |
| 00082 | 28877 67193 | 97490 00982 | 57514 04397 | 94967 37063 | 44431 83048 |
| 00083 | 23299 35545 | 94651 28290 | 79741 77709 | 82834 52637 | 70496 26762 |
| 00084 | 46736 50109 | 01206 68435 | 88806 76243 | 03760 76078 | 78183 37113 |
| 00085 | 88049 65996 | 23959 32615 | 12014 84490 | 67328 10480 | 14412 66555 |
| 00086 | 06838 28021 | 22679 35246 | 43533 99280 | 56024 61208 | 51201 70495 |
| 00087 | 55407 03954 | 14129 70441 | 39823 64381 | 80088 82897 | 32544 91137 |
| 00088 | 25894 15898 | 06094 73884 | 51609 30707 | 34575 21922 | 88963 65371 |
| 00089 | 02732 62551 | 32349 90569 | 84485 67701 | 60313 73540 | 56286 43941 |
| 00090 | 52378 20226 | 03992 14920 | 67694 63449 | 88206 41937 | 64312 33263 |
| 00091 | 19031 03293 | 72858 14233 | 58459 95310 | 16594 33905 | 30922 75362 |
| 00092 | 70656 77542 | 90608 10311 | 44223 12277 | 49403 32257 | 79448 35076 |
| 00093 | 14143 84006 | 18729 85475 | 53216 44716 | 47173 43156 | 73486 82199 |
| 00094 | 87483 16144 | 26842 13444 | 03172 76024 | 50334 58990 | 17622 12551 |
| 00095 | 77108 60328 | 81969 98564 | 25634 74758 | 26639 08680 | 26502 03032 |
| 00096 | 27410 12381 | 39566 06800 | 19735 16479 | 17900 01157 | 25187 73927 |
| 00097 | 60400 37288 | 75076 39873 | 99652 55506 | 97940 27766 | 43478 49521 |
| 00098 | 07297 20555 | 28197 79343 | 66038 17266 | 28589 48970 | 97379 86027 |
| 00099 | 96554 31407 | 21305 91664 | 90002 21862 | 86659 72114 | 00366 44407 |

## 〈표 2〉 누적이항분포표

$$P\{X \leq c\} = \sum_{x=0}^{c} \binom{n}{x} p^x (1-p)^{n-x}$$

| $n$ | $c$ | $p$ | | | | | | | | | | |
|---|---|---|---|---|---|---|---|---|---|---|---|---|
| | | 0.05 | 0.1 | 0.2 | 0.3 | 0.4 | 0.5 | 0.6 | 0.7 | 0.8 | 0.9 | 0.95 |
| 1 | 0 | 0.950 | 0.900 | 0.800 | 0.700 | 0.600 | 0.500 | 0.400 | 0.300 | 0.200 | 0.100 | 0.050 |
| | 1 | 1.000 | 1.000 | 1.000 | 1.000 | 1.000 | 1.000 | 1.000 | 1.000 | 1.000 | 1.000 | 1.000 |
| 2 | 0 | 0.903 | 0.810 | 0.640 | 0.490 | 0.360 | 0.250 | 0.160 | 0.090 | 0.040 | 0.010 | 0.003 |
| | 1 | 0.998 | 0.990 | 0.960 | 0.910 | 0.840 | 0.750 | 0.640 | 0.510 | 0.360 | 0.190 | 0.098 |
| | 2 | 1.000 | 1.000 | 1.000 | 1.000 | 1.000 | 1.000 | 1.000 | 1.000 | 1.000 | 1.000 | 1.000 |
| 3 | 0 | 0.857 | 0.729 | 0.512 | 0.343 | 0.216 | 0.125 | 0.064 | 0.027 | 0.008 | 0.001 | 0.000 |
| | 1 | 0.993 | 0.972 | 0.896 | 0.784 | 0.648 | 0.500 | 0.352 | 0.216 | 0.104 | 0.028 | 0.007 |
| | 2 | 1.000 | 0.999 | 0.992 | 0.973 | 0.936 | 0.875 | 0.784 | 0.657 | 0.488 | 0.271 | 0.143 |
| | 3 | 1.000 | 1.000 | 1.000 | 1.000 | 1.000 | 1.000 | 1.000 | 1.000 | 1.000 | 1.000 | 1.000 |
| 4 | 0 | 0.815 | 0.656 | 0.410 | 0.240 | 0.130 | 0.063 | 0.026 | 0.008 | 0.002 | 0.000 | 0.000 |
| | 1 | 0.986 | 0.948 | 0.819 | 0.652 | 0.475 | 0.313 | 0.179 | 0.084 | 0.027 | 0.004 | 0.000 |
| | 2 | 1.000 | 0.996 | 0.973 | 0.916 | 0.821 | 0.688 | 0.525 | 0.348 | 0.181 | 0.052 | 0.014 |
| | 3 | 1.000 | 1.000 | 0.998 | 0.992 | 0.974 | 0.938 | 0.870 | 0.760 | 0.590 | 0.344 | 0.185 |
| | 4 | 1.000 | 1.000 | 1.000 | 1.000 | 1.000 | 1.000 | 1.000 | 1.000 | 1.000 | 1.000 | 1.000 |
| 5 | 0 | 0.774 | 0.590 | 0.328 | 0.168 | 0.078 | 0.031 | 0.010 | 0.002 | 0.000 | 0.000 | 0.000 |
| | 1 | 0.977 | 0.919 | 0.737 | 0.528 | 0.337 | 0.188 | 0.087 | 0.031 | 0.007 | 0.000 | 0.000 |
| | 2 | 0.999 | 0.991 | 0.942 | 0.837 | 0.683 | 0.500 | 0.317 | 0.163 | 0.058 | 0.009 | 0.001 |
| | 3 | 1.000 | 1.000 | 0.993 | 0.969 | 0.913 | 0.813 | 0.663 | 0.472 | 0.263 | 0.081 | 0.023 |
| | 4 | 1.000 | 1.000 | 1.000 | 0.998 | 0.990 | 0.969 | 0.922 | 0.832 | 0.672 | 0.410 | 0.226 |
| | 5 | 1.000 | 1.000 | 1.000 | 1.000 | 1.000 | 1.000 | 1.000 | 1.000 | 1.000 | 1.000 | 1.000 |
| 6 | 0 | 0.735 | 0.531 | 0.262 | 0.118 | 0.047 | 0.016 | 0.004 | 0.001 | 0.000 | 0.000 | 0.000 |
| | 1 | 0.967 | 0.886 | 0.655 | 0.420 | 0.233 | 0.109 | 0.041 | 0.011 | 0.002 | 0.000 | 0.000 |
| | 2 | 0.998 | 0.984 | 0.901 | 0.744 | 0.544 | 0.344 | 0.179 | 0.070 | 0.017 | 0.001 | 0.000 |
| | 3 | 1.000 | 0.999 | 0.983 | 0.930 | 0.821 | 0.656 | 0.456 | 0.256 | 0.099 | 0.016 | 0.002 |
| | 4 | 1.000 | 1.000 | 0.998 | 0.989 | 0.959 | 0.891 | 0.767 | 0.580 | 0.345 | 0.114 | 0.033 |
| | 5 | 1.000 | 1.000 | 1.000 | 0.999 | 0.996 | 0.984 | 0.953 | 0.882 | 0.738 | 0.469 | 0.265 |
| | 6 | 1.000 | 1.000 | 1.000 | 1.000 | 1.000 | 1.000 | 1.000 | 1.000 | 1.000 | 1.000 | 1.000 |
| 7 | 0 | 0.698 | 0.478 | 0.210 | 0.082 | 0.028 | 0.008 | 0.002 | 0.000 | 0.000 | 0.000 | 0.000 |
| | 1 | 0.956 | 0.850 | 0.577 | 0.329 | 0.159 | 0.063 | 0.019 | 0.004 | 0.000 | 0.000 | 0.000 |
| | 2 | 0.996 | 0.974 | 0.852 | 0.647 | 0.420 | 0.227 | 0.096 | 0.029 | 0.005 | 0.000 | 0.000 |
| | 3 | 1.000 | 0.997 | 0.967 | 0.874 | 0.710 | 0.500 | 0.290 | 0.126 | 0.033 | 0.003 | 0.000 |
| | 4 | 1.000 | 1.000 | 0.995 | 0.971 | 0.904 | 0.773 | 0.580 | 0.353 | 0.148 | 0.026 | 0.004 |
| | 5 | 1.000 | 1.000 | 1.000 | 0.996 | 0.981 | 0.938 | 0.841 | 0.671 | 0.423 | 0.150 | 0.044 |
| | 6 | 1.000 | 1.000 | 1.000 | 1.000 | 0.998 | 0.992 | 0.972 | 0.918 | 0.790 | 0.522 | 0.302 |
| | 7 | 1.000 | 1.000 | 1.000 | 1.000 | 1.000 | 1.000 | 1.000 | 1.000 | 1.000 | 1.000 | 1.000 |

| $n$ | $c$ | $p$ | | | | | | | | | | |
|---|---|---|---|---|---|---|---|---|---|---|---|---|
| | | 0.05 | 0.1 | 0.2 | 0.3 | 0.4 | 0.5 | 0.6 | 0.7 | 0.8 | 0.9 | 0.95 |
| 8 | 0 | 0.663 | 0.430 | 0.168 | 0.058 | 0.017 | 0.004 | 0.001 | 0.000 | 0.000 | 0.000 | 0.000 |
| | 1 | 0.943 | 0.813 | 0.503 | 0.255 | 0.106 | 0.035 | 0.009 | 0.001 | 0.000 | 0.000 | 0.000 |
| | 2 | 0.994 | 0.962 | 0.797 | 0.552 | 0.315 | 0.145 | 0.050 | 0.011 | 0.001 | 0.000 | 0.000 |
| | 3 | 1.000 | 0.995 | 0.944 | 0.806 | 0.594 | 0.363 | 0.174 | 0.058 | 0.010 | 0.000 | 0.000 |
| | 4 | 1.000 | 1.000 | 0.990 | 0.942 | 0.826 | 0.637 | 0.406 | 0.194 | 0.056 | 0.005 | 0.000 |
| | 5 | 1.000 | 1.000 | 0.999 | 0.989 | 0.950 | 0.855 | 0.685 | 0.448 | 0.203 | 0.038 | 0.006 |
| | 6 | 1.000 | 1.000 | 1.000 | 0.999 | 0.991 | 0.965 | 0.894 | 0.745 | 0.497 | 0.187 | 0.057 |
| | 7 | 1.000 | 1.000 | 1.000 | 1.000 | 0.999 | 0.996 | 0.983 | 0.942 | 0.832 | 0.570 | 0.337 |
| | 8 | 1.000 | 1.000 | 1.000 | 1.000 | 1.000 | 1.000 | 1.000 | 1.000 | 1.000 | 1.000 | 1.000 |
| 9 | 0 | 0.630 | 0.387 | 0.134 | 0.040 | 0.010 | 0.002 | 0.000 | 0.000 | 0.000 | 0.000 | 0.000 |
| | 1 | 0.929 | 0.775 | 0.436 | 0.196 | 0.071 | 0.020 | 0.004 | 0.000 | 0.000 | 0.000 | 0.000 |
| | 2 | 0.992 | 0.947 | 0.738 | 0.463 | 0.232 | 0.090 | 0.025 | 0.004 | 0.000 | 0.000 | 0.000 |
| | 3 | 0.999 | 0.992 | 0.914 | 0.730 | 0.483 | 0.254 | 0.099 | 0.025 | 0.003 | 0.000 | 0.000 |
| | 4 | 1.000 | 0.999 | 0.980 | 0.901 | 0.733 | 0.500 | 0.267 | 0.099 | 0.020 | 0.001 | 0.000 |
| | 5 | 1.000 | 1.000 | 0.997 | 0.975 | 0.901 | 0.746 | 0.517 | 0.270 | 0.086 | 0.008 | 0.001 |
| | 6 | 1.000 | 1.000 | 1.000 | 0.996 | 0.975 | 0.910 | 0.768 | 0.537 | 0.262 | 0.053 | 0.008 |
| | 7 | 1.000 | 1.000 | 1.000 | 1.000 | 0.996 | 0.980 | 0.929 | 0.804 | 0.564 | 0.225 | 0.071 |
| | 8 | 1.000 | 1.000 | 1.000 | 1.000 | 1.000 | 0.998 | 0.990 | 0.960 | 0.866 | 0.613 | 0.370 |
| | 9 | 1.000 | 1.000 | 1.000 | 1.000 | 1.000 | 1.000 | 1.000 | 1.000 | 1.000 | 1.000 | 1.000 |
| 10 | 0 | 0.599 | 0.349 | 0.107 | 0.028 | 0.006 | 0.001 | 0.000 | 0.000 | 0.000 | 0.000 | 0.000 |
| | 1 | 0.914 | 0.736 | 0.376 | 0.149 | 0.046 | 0.011 | 0.002 | 0.000 | 0.000 | 0.000 | 0.000 |
| | 2 | 0.988 | 0.930 | 0.678 | 0.383 | 0.167 | 0.055 | 0.012 | 0.002 | 0.000 | 0.000 | 0.000 |
| | 3 | 0.999 | 0.987 | 0.879 | 0.650 | 0.382 | 0.172 | 0.055 | 0.011 | 0.001 | 0.000 | 0.000 |
| | 4 | 1.000 | 0.998 | 0.967 | 0.850 | 0.633 | 0.377 | 0.166 | 0.047 | 0.006 | 0.000 | 0.000 |
| | 5 | 1.000 | 1.000 | 0.994 | 0.953 | 0.834 | 0.623 | 0.367 | 0.150 | 0.033 | 0.002 | 0.000 |
| | 6 | 1.000 | 1.000 | 0.999 | 0.989 | 0.945 | 0.828 | 0.618 | 0.350 | 0.121 | 0.013 | 0.001 |
| | 7 | 1.000 | 1.000 | 1.000 | 0.998 | 0.988 | 0.945 | 0.833 | 0.617 | 0.322 | 0.070 | 0.012 |
| | 8 | 1.000 | 1.000 | 1.000 | 1.000 | 0.998 | 0.989 | 0.954 | 0.851 | 0.624 | 0.264 | 0.086 |
| | 9 | 1.000 | 1.000 | 1.000 | 1.000 | 1.000 | 0.999 | 0.994 | 0.972 | 0.893 | 0.651 | 0.401 |
| | 10 | 1.000 | 1.000 | 1.000 | 1.000 | 1.000 | 1.000 | 1.000 | 1.000 | 1.000 | 1.000 | 1.000 |
| 11 | 0 | 0.569 | 0.314 | 0.086 | 0.020 | 0.004 | 0.000 | 0.000 | 0.000 | 0.000 | 0.000 | 0.000 |
| | 1 | 0.898 | 0.697 | 0.322 | 0.113 | 0.030 | 0.006 | 0.001 | 0.000 | 0.000 | 0.000 | 0.000 |
| | 2 | 0.985 | 0.910 | 0.617 | 0.313 | 0.119 | 0.033 | 0.006 | 0.001 | 0.000 | 0.000 | 0.000 |
| | 3 | 0.998 | 0.981 | 0.839 | 0.570 | 0.296 | 0.113 | 0.029 | 0.004 | 0.000 | 0.000 | 0.000 |
| | 4 | 1.000 | 0.997 | 0.950 | 0.790 | 0.533 | 0.274 | 0.099 | 0.022 | 0.002 | 0.000 | 0.000 |
| | 5 | 1.000 | 1.000 | 0.988 | 0.922 | 0.753 | 0.500 | 0.247 | 0.078 | 0.012 | 0.000 | 0.000 |
| | 6 | 1.000 | 1.000 | 0.998 | 0.978 | 0.901 | 0.726 | 0.467 | 0.210 | 0.050 | 0.003 | 0.000 |
| | 7 | 1.000 | 1.000 | 1.000 | 0.996 | 0.971 | 0.887 | 0.704 | 0.430 | 0.161 | 0.019 | 0.002 |
| | 8 | 1.000 | 1.000 | 1.000 | 0.999 | 0.994 | 0.967 | 0.881 | 0.687 | 0.383 | 0.090 | 0.015 |
| | 9 | 1.000 | 1.000 | 1.000 | 1.000 | 0.999 | 0.994 | 0.970 | 0.887 | 0.678 | 0.303 | 0.102 |
| | 10 | 1.000 | 1.000 | 1.000 | 1.000 | 1.000 | 1.000 | 0.996 | 0.980 | 0.914 | 0.686 | 0.431 |
| | 11 | 1.000 | 1.000 | 1.000 | 1.000 | 1.000 | 1.000 | 1.000 | 1.000 | 1.000 | 1.000 | 1.000 |

| n | c | p | | | | | | | | | | |
|---|---|---|---|---|---|---|---|---|---|---|---|---|
| | | 0.05 | 0.1 | 0.2 | 0.3 | 0.4 | 0.5 | 0.6 | 0.7 | 0.8 | 0.9 | 0.95 |
| 12 | 0 | 0.540 | 0.282 | 0.069 | 0.014 | 0.002 | 0.000 | 0.000 | 0.000 | 0.000 | 0.000 | 0.000 |
| | 1 | 0.882 | 0.659 | 0.275 | 0.085 | 0.020 | 0.003 | 0.000 | 0.000 | 0.000 | 0.000 | 0.000 |
| | 2 | 0.980 | 0.889 | 0.558 | 0.253 | 0.083 | 0.019 | 0.003 | 0.000 | 0.000 | 0.000 | 0.000 |
| | 3 | 0.998 | 0.974 | 0.795 | 0.493 | 0.225 | 0.073 | 0.015 | 0.002 | 0.000 | 0.000 | 0.000 |
| | 4 | 1.000 | 0.996 | 0.927 | 0.724 | 0.438 | 0.194 | 0.057 | 0.009 | 0.001 | 0.000 | 0.000 |
| | 5 | 1.000 | 0.999 | 0.981 | 0.882 | 0.665 | 0.387 | 0.158 | 0.039 | 0.004 | 0.000 | 0.000 |
| | 6 | 1.000 | 1.000 | 0.996 | 0.961 | 0.842 | 0.613 | 0.335 | 0.118 | 0.019 | 0.001 | 0.000 |
| | 7 | 1.000 | 1.000 | 0.999 | 0.991 | 0.943 | 0.806 | 0.562 | 0.276 | 0.073 | 0.004 | 0.000 |
| | 8 | 1.000 | 1.000 | 1.000 | 0.998 | 0.985 | 0.927 | 0.775 | 0.507 | 0.205 | 0.026 | 0.002 |
| | 9 | 1.000 | 1.000 | 1.000 | 1.000 | 0.997 | 0.981 | 0.917 | 0.747 | 0.442 | 0.111 | 0.020 |
| | 10 | 1.000 | 1.000 | 1.000 | 1.000 | 1.000 | 0.997 | 0.980 | 0.915 | 0.725 | 0.341 | 0.118 |
| | 11 | 1.000 | 1.000 | 1.000 | 1.000 | 1.000 | 1.000 | 0.998 | 0.986 | 0.931 | 0.718 | 0.460 |
| | 12 | 1.000 | 1.000 | 1.000 | 1.000 | 1.000 | 1.000 | 1.000 | 1.000 | 1.000 | 1.000 | 1.000 |
| 13 | 0 | 0.513 | 0.254 | 0.055 | 0.010 | 0.001 | 0.000 | 0.000 | 0.000 | 0.000 | 0.000 | 0.000 |
| | 1 | 0.865 | 0.621 | 0.234 | 0.064 | 0.013 | 0.002 | 0.000 | 0.000 | 0.000 | 0.000 | 0.000 |
| | 2 | 0.975 | 0.866 | 0.502 | 0.202 | 0.058 | 0.011 | 0.001 | 0.000 | 0.000 | 0.000 | 0.000 |
| | 3 | 0.997 | 0.966 | 0.747 | 0.421 | 0.169 | 0.046 | 0.008 | 0.001 | 0.000 | 0.000 | 0.000 |
| | 4 | 1.000 | 0.994 | 0.901 | 0.654 | 0.353 | 0.133 | 0.032 | 0.004 | 0.000 | 0.000 | 0.000 |
| | 5 | 1.000 | 0.999 | 0.970 | 0.835 | 0.574 | 0.291 | 0.098 | 0.018 | 0.001 | 0.000 | 0.000 |
| | 6 | 1.000 | 1.000 | 0.993 | 0.938 | 0.771 | 0.500 | 0.229 | 0.062 | 0.007 | 0.000 | 0.000 |
| | 7 | 1.000 | 1.000 | 0.999 | 0.982 | 0.902 | 0.709 | 0.426 | 0.165 | 0.030 | 0.001 | 0.000 |
| | 8 | 1.000 | 1.000 | 1.000 | 0.996 | 0.968 | 0.867 | 0.647 | 0.346 | 0.099 | 0.006 | 0.000 |
| | 9 | 1.000 | 1.000 | 1.000 | 0.999 | 0.992 | 0.954 | 0.831 | 0.579 | 0.253 | 0.034 | 0.003 |
| | 10 | 1.000 | 1.000 | 1.000 | 1.000 | 0.999 | 0.989 | 0.942 | 0.798 | 0.498 | 0.134 | 0.025 |
| | 11 | 1.000 | 1.000 | 1.000 | 1.000 | 1.000 | 0.998 | 0.987 | 0.936 | 0.766 | 0.379 | 0.135 |
| | 12 | 1.000 | 1.000 | 1.000 | 1.000 | 1.000 | 1.000 | 0.999 | 0.990 | 0.945 | 0.746 | 0.487 |
| | 13 | 1.000 | 1.000 | 1.000 | 1.000 | 1.000 | 1.000 | 1.000 | 1.000 | 1.000 | 1.000 | 1.000 |
| 14 | 0 | 0.488 | 0.229 | 0.044 | 0.007 | 0.001 | 0.000 | 0.000 | 0.000 | 0.000 | 0.000 | 0.000 |
| | 1 | 0.847 | 0.585 | 0.198 | 0.047 | 0.008 | 0.001 | 0.000 | 0.000 | 0.000 | 0.000 | 0.000 |
| | 2 | 0.970 | 0.842 | 0.448 | 0.161 | 0.040 | 0.006 | 0.001 | 0.000 | 0.000 | 0.000 | 0.000 |
| | 3 | 0.996 | 0.956 | 0.698 | 0.355 | 0.124 | 0.029 | 0.004 | 0.000 | 0.000 | 0.000 | 0.000 |
| | 4 | 1.000 | 0.991 | 0.870 | 0.584 | 0.279 | 0.090 | 0.018 | 0.002 | 0.000 | 0.000 | 0.000 |
| | 5 | 1.000 | 0.999 | 0.956 | 0.781 | 0.486 | 0.212 | 0.058 | 0.008 | 0.000 | 0.000 | 0.000 |
| | 6 | 1.000 | 1.000 | 0.988 | 0.907 | 0.692 | 0.395 | 0.150 | 0.031 | 0.002 | 0.000 | 0.000 |
| | 7 | 1.000 | 1.000 | 0.998 | 0.969 | 0.850 | 0.605 | 0.308 | 0.093 | 0.012 | 0.000 | 0.000 |
| | 8 | 1.000 | 1.000 | 1.000 | 0.992 | 0.942 | 0.788 | 0.514 | 0.219 | 0.044 | 0.001 | 0.000 |
| | 9 | 1.000 | 1.000 | 1.000 | 0.998 | 0.982 | 0.910 | 0.721 | 0.416 | 0.130 | 0.009 | 0.000 |
| | 10 | 1.000 | 1.000 | 1.000 | 1.000 | 0.996 | 0.971 | 0.876 | 0.645 | 0.302 | 0.044 | 0.004 |
| | 11 | 1.000 | 1.000 | 1.000 | 1.000 | 0.999 | 0.994 | 0.960 | 0.839 | 0.552 | 0.158 | 0.030 |
| | 12 | 1.000 | 1.000 | 1.000 | 1.000 | 1.000 | 0.999 | 0.992 | 0.953 | 0.802 | 0.415 | 0.153 |
| | 13 | 1.000 | 1.000 | 1.000 | 1.000 | 1.000 | 1.000 | 0.999 | 0.993 | 0.956 | 0.771 | 0.512 |
| | 14 | 1.000 | 1.000 | 1.000 | 1.000 | 1.000 | 1.000 | 1.000 | 1.000 | 1.000 | 1.000 | 1.000 |

| $n$ | $c$ | $p$ | | | | | | | | | | |
|---|---|---|---|---|---|---|---|---|---|---|---|---|
| | | 0.05 | 0.1 | 0.2 | 0.3 | 0.4 | 0.5 | 0.6 | 0.7 | 0.8 | 0.9 | 0.95 |
| 15 | 0 | 0.463 | 0.206 | 0.035 | 0.005 | 0.000 | 0.000 | 0.000 | 0.000 | 0.000 | 0.000 | 0.000 |
| | 1 | 0.829 | 0.549 | 0.167 | 0.035 | 0.005 | 0.000 | 0.000 | 0.000 | 0.000 | 0.000 | 0.000 |
| | 2 | 0.964 | 0.816 | 0.398 | 0.127 | 0.027 | 0.004 | 0.000 | 0.000 | 0.000 | 0.000 | 0.000 |
| | 3 | 0.995 | 0.944 | 0.648 | 0.297 | 0.091 | 0.018 | 0.002 | 0.000 | 0.000 | 0.000 | 0.000 |
| | 4 | 0.999 | 0.987 | 0.836 | 0.515 | 0.217 | 0.059 | 0.009 | 0.001 | 0.000 | 0.000 | 0.000 |
| | 5 | 1.000 | 0.998 | 0.939 | 0.722 | 0.403 | 0.151 | 0.034 | 0.004 | 0.000 | 0.000 | 0.000 |
| | 6 | 1.000 | 1.000 | 0.982 | 0.869 | 0.610 | 0.304 | 0.095 | 0.015 | 0.001 | 0.000 | 0.000 |
| | 7 | 1.000 | 1.000 | 0.996 | 0.950 | 0.787 | 0.500 | 0.213 | 0.050 | 0.004 | 0.000 | 0.000 |
| | 8 | 1.000 | 1.000 | 0.999 | 0.985 | 0.905 | 0.696 | 0.390 | 0.131 | 0.018 | 0.000 | 0.000 |
| | 9 | 1.000 | 1.000 | 1.000 | 0.996 | 0.966 | 0.849 | 0.597 | 0.278 | 0.061 | 0.002 | 0.000 |
| | 10 | 1.000 | 1.000 | 1.000 | 0.999 | 0.991 | 0.941 | 0.783 | 0.485 | 0.164 | 0.013 | 0.001 |
| | 11 | 1.000 | 1.000 | 1.000 | 1.000 | 0.998 | 0.982 | 0.909 | 0.703 | 0.352 | 0.056 | 0.005 |
| | 12 | 1.000 | 1.000 | 1.000 | 1.000 | 1.000 | 0.996 | 0.973 | 0.873 | 0.602 | 0.184 | 0.036 |
| | 13 | 1.000 | 1.000 | 1.000 | 1.000 | 1.000 | 1.000 | 0.995 | 0.965 | 0.833 | 0.451 | 0.171 |
| | 14 | 1.000 | 1.000 | 1.000 | 1.000 | 1.000 | 1.000 | 1.000 | 0.995 | 0.965 | 0.794 | 0.537 |
| | 15 | 1.000 | 1.000 | 1.000 | 1.000 | 1.000 | 1.000 | 1.000 | 1.000 | 1.000 | 1.000 | 1.000 |
| 16 | 0 | 0.440 | 0.185 | 0.028 | 0.003 | 0.000 | 0.000 | 0.000 | 0.000 | 0.000 | 0.000 | 0.000 |
| | 1 | 0.811 | 0.515 | 0.141 | 0.026 | 0.003 | 0.000 | 0.000 | 0.000 | 0.000 | 0.000 | 0.000 |
| | 2 | 0.957 | 0.789 | 0.352 | 0.099 | 0.018 | 0.002 | 0.000 | 0.000 | 0.000 | 0.000 | 0.000 |
| | 3 | 0.993 | 0.932 | 0.598 | 0.246 | 0.065 | 0.011 | 0.001 | 0.000 | 0.000 | 0.000 | 0.000 |
| | 4 | 0.999 | 0.983 | 0.798 | 0.450 | 0.167 | 0.038 | 0.005 | 0.000 | 0.000 | 0.000 | 0.000 |
| | 5 | 1.000 | 0.997 | 0.918 | 0.660 | 0.329 | 0.105 | 0.019 | 0.002 | 0.000 | 0.000 | 0.000 |
| | 6 | 1.000 | 0.999 | 0.973 | 0.825 | 0.527 | 0.227 | 0.058 | 0.007 | 0.000 | 0.000 | 0.000 |
| | 7 | 1.000 | 1.000 | 0.993 | 0.926 | 0.716 | 0.402 | 0.142 | 0.026 | 0.001 | 0.000 | 0.000 |
| | 8 | 1.000 | 1.000 | 0.999 | 0.974 | 0.858 | 0.598 | 0.284 | 0.074 | 0.007 | 0.000 | 0.000 |
| | 9 | 1.000 | 1.000 | 1.000 | 0.993 | 0.942 | 0.773 | 0.473 | 0.175 | 0.027 | 0.001 | 0.000 |
| | 10 | 1.000 | 1.000 | 1.000 | 0.998 | 0.981 | 0.895 | 0.671 | 0.340 | 0.082 | 0.003 | 0.000 |
| | 11 | 1.000 | 1.000 | 1.000 | 1.000 | 0.995 | 0.962 | 0.833 | 0.550 | 0.202 | 0.017 | 0.001 |
| | 12 | 1.000 | 1.000 | 1.000 | 1.000 | 0.999 | 0.989 | 0.935 | 0.754 | 0.402 | 0.068 | 0.007 |
| | 13 | 1.000 | 1.000 | 1.000 | 1.000 | 1.000 | 0.998 | 0.982 | 0.901 | 0.648 | 0.211 | 0.043 |
| | 14 | 1.000 | 1.000 | 1.000 | 1.000 | 1.000 | 1.000 | 0.997 | 0.974 | 0.859 | 0.485 | 0.189 |
| | 15 | 1.000 | 1.000 | 1.000 | 1.000 | 1.000 | 1.000 | 1.000 | 0.997 | 0.972 | 0.815 | 0.560 |
| | 16 | 1.000 | 1.000 | 1.000 | 1.000 | 1.000 | 1.000 | 1.000 | 1.000 | 1.000 | 1.000 | 1.000 |
| 17 | 0 | 0.418 | 0.167 | 0.023 | 0.002 | 0.000 | 0.000 | 0.000 | 0.000 | 0.000 | 0.000 | 0.000 |
| | 1 | 0.792 | 0.482 | 0.118 | 0.019 | 0.002 | 0.000 | 0.000 | 0.000 | 0.000 | 0.000 | 0.000 |
| | 2 | 0.950 | 0.762 | 0.310 | 0.077 | 0.012 | 0.001 | 0.000 | 0.000 | 0.000 | 0.000 | 0.000 |
| | 3 | 0.991 | 0.917 | 0.549 | 0.202 | 0.046 | 0.006 | 0.000 | 0.000 | 0.000 | 0.000 | 0.000 |
| | 4 | 0.999 | 0.978 | 0.758 | 0.389 | 0.126 | 0.025 | 0.003 | 0.000 | 0.000 | 0.000 | 0.000 |
| | 5 | 1.000 | 0.995 | 0.894 | 0.597 | 0.264 | 0.072 | 0.011 | 0.001 | 0.000 | 0.000 | 0.000 |
| | 6 | 1.000 | 0.999 | 0.962 | 0.775 | 0.448 | 0.166 | 0.035 | 0.003 | 0.000 | 0.000 | 0.000 |
| | 7 | 1.000 | 1.000 | 0.989 | 0.895 | 0.641 | 0.315 | 0.092 | 0.013 | 0.000 | 0.000 | 0.000 |
| | 8 | 1.000 | 1.000 | 0.997 | 0.960 | 0.801 | 0.500 | 0.199 | 0.040 | 0.003 | 0.000 | 0.000 |
| | 9 | 1.000 | 1.000 | 1.000 | 0.987 | 0.908 | 0.685 | 0.359 | 0.105 | 0.011 | 0.000 | 0.000 |

| $n$ | $c$ | $p$ | | | | | | | | | | |
|---|---|---|---|---|---|---|---|---|---|---|---|---|
| | | 0.05 | 0.1 | 0.2 | 0.3 | 0.4 | 0.5 | 0.6 | 0.7 | 0.8 | 0.9 | 0.95 |
| | 10 | 1.000 | 1.000 | 1.000 | 0.997 | 0.965 | 0.834 | 0.552 | 0.225 | 0.038 | 0.001 | 0.000 |
| | 11 | 1.000 | 1.000 | 1.000 | 0.999 | 0.989 | 0.928 | 0.736 | 0.403 | 0.106 | 0.005 | 0.000 |
| | 12 | 1.000 | 1.000 | 1.000 | 1.000 | 0.997 | 0.975 | 0.874 | 0.611 | 0.242 | 0.022 | 0.001 |
| | 13 | 1.000 | 1.000 | 1.000 | 1.000 | 1.000 | 0.994 | 0.954 | 0.798 | 0.451 | 0.083 | 0.009 |
| | 14 | 1.000 | 1.000 | 1.000 | 1.000 | 1.000 | 0.999 | 0.988 | 0.923 | 0.690 | 0.238 | 0.050 |
| | 15 | 1.000 | 1.000 | 1.000 | 1.000 | 1.000 | 1.000 | 0.998 | 0.981 | 0.882 | 0.518 | 0.208 |
| | 16 | 1.000 | 1.000 | 1.000 | 1.000 | 1.000 | 1.000 | 1.000 | 0.998 | 0.977 | 0.833 | 0.582 |
| | 17 | 1.000 | 1.000 | 1.000 | 1.000 | 1.000 | 1.000 | 1.000 | 1.000 | 1.000 | 1.000 | 1.000 |
| 18 | 0 | 0.397 | 0.150 | 0.018 | 0.002 | 0.000 | 0.000 | 0.000 | 0.000 | 0.000 | 0.000 | 0.000 |
| | 1 | 0.774 | 0.450 | 0.099 | 0.014 | 0.001 | 0.000 | 0.000 | 0.000 | 0.000 | 0.000 | 0.000 |
| | 2 | 0.942 | 0.734 | 0.271 | 0.060 | 0.008 | 0.001 | 0.000 | 0.000 | 0.000 | 0.000 | 0.000 |
| | 3 | 0.989 | 0.902 | 0.501 | 0.165 | 0.033 | 0.004 | 0.000 | 0.000 | 0.000 | 0.000 | 0.000 |
| | 4 | 0.998 | 0.972 | 0.716 | 0.333 | 0.094 | 0.015 | 0.001 | 0.000 | 0.000 | 0.000 | 0.000 |
| | 5 | 1.000 | 0.994 | 0.867 | 0.534 | 0.209 | 0.048 | 0.006 | 0.000 | 0.000 | 0.000 | 0.000 |
| | 6 | 1.000 | 0.999 | 0.949 | 0.722 | 0.374 | 0.119 | 0.020 | 0.001 | 0.000 | 0.000 | 0.000 |
| | 7 | 1.000 | 1.000 | 0.984 | 0.859 | 0.563 | 0.240 | 0.058 | 0.006 | 0.000 | 0.000 | 0.000 |
| | 8 | 1.000 | 1.000 | 0.996 | 0.940 | 0.737 | 0.407 | 0.135 | 0.021 | 0.001 | 0.000 | 0.000 |
| | 9 | 1.000 | 1.000 | 0.999 | 0.979 | 0.865 | 0.593 | 0.263 | 0.060 | 0.004 | 0.000 | 0.000 |
| | 10 | 1.000 | 1.000 | 1.000 | 0.994 | 0.942 | 0.760 | 0.437 | 0.141 | 0.016 | 0.000 | 0.000 |
| | 11 | 1.000 | 1.000 | 1.000 | 0.999 | 0.980 | 0.881 | 0.626 | 0.278 | 0.051 | 0.001 | 0.000 |
| | 12 | 1.000 | 1.000 | 1.000 | 1.000 | 0.994 | 0.952 | 0.791 | 0.466 | 0.133 | 0.006 | 0.000 |
| | 13 | 1.000 | 1.000 | 1.000 | 1.000 | 0.999 | 0.985 | 0.906 | 0.667 | 0.284 | 0.028 | 0.002 |
| | 14 | 1.000 | 1.000 | 1.000 | 1.000 | 1.000 | 0.996 | 0.967 | 0.835 | 0.499 | 0.098 | 0.011 |
| | 15 | 1.000 | 1.000 | 1.000 | 1.000 | 1.000 | 0.999 | 0.992 | 0.940 | 0.729 | 0.266 | 0.058 |
| | 16 | 1.000 | 1.000 | 1.000 | 1.000 | 1.000 | 1.000 | 0.999 | 0.986 | 0.901 | 0.550 | 0.226 |
| | 17 | 1.000 | 1.000 | 1.000 | 1.000 | 1.000 | 1.000 | 1.000 | 0.998 | 0.982 | 0.850 | 0.603 |
| | 18 | 1.000 | 1.000 | 1.000 | 1.000 | 1.000 | 1.000 | 1.000 | 1.000 | 1.000 | 1.000 | 1.000 |
| 19 | 0 | 0.377 | 0.135 | 0.014 | 0.001 | 0.000 | 0.000 | 0.000 | 0.000 | 0.000 | 0.000 | 0.000 |
| | 1 | 0.755 | 0.420 | 0.083 | 0.010 | 0.001 | 0.000 | 0.000 | 0.000 | 0.000 | 0.000 | 0.000 |
| | 2 | 0.933 | 0.705 | 0.237 | 0.046 | 0.005 | 0.000 | 0.000 | 0.000 | 0.000 | 0.000 | 0.000 |
| | 3 | 0.987 | 0.885 | 0.455 | 0.133 | 0.023 | 0.002 | 0.000 | 0.000 | 0.000 | 0.000 | 0.000 |
| | 4 | 0.998 | 0.965 | 0.673 | 0.282 | 0.070 | 0.010 | 0.001 | 0.000 | 0.000 | 0.000 | 0.000 |
| | 5 | 1.000 | 0.991 | 0.837 | 0.474 | 0.163 | 0.032 | 0.003 | 0.000 | 0.000 | 0.000 | 0.000 |
| | 6 | 1.000 | 0.998 | 0.932 | 0.666 | 0.308 | 0.084 | 0.012 | 0.001 | 0.000 | 0.000 | 0.000 |
| | 7 | 1.000 | 1.000 | 0.977 | 0.818 | 0.488 | 0.180 | 0.035 | 0.003 | 0.000 | 0.000 | 0.000 |
| | 8 | 1.000 | 1.000 | 0.993 | 0.916 | 0.667 | 0.324 | 0.088 | 0.011 | 0.000 | 0.000 | 0.000 |
| | 9 | 1.000 | 1.000 | 0.998 | 0.967 | 0.814 | 0.500 | 0.186 | 0.033 | 0.002 | 0.000 | 0.000 |
| | 10 | 1.000 | 1.000 | 1.000 | 0.989 | 0.912 | 0.676 | 0.333 | 0.084 | 0.007 | 0.000 | 0.000 |
| | 11 | 1.000 | 1.000 | 1.000 | 0.997 | 0.965 | 0.820 | 0.512 | 0.182 | 0.023 | 0.000 | 0.000 |
| | 12 | 1.000 | 1.000 | 1.000 | 0.999 | 0.988 | 0.916 | 0.692 | 0.334 | 0.068 | 0.002 | 0.000 |
| | 13 | 1.000 | 1.000 | 1.000 | 1.000 | 0.997 | 0.968 | 0.837 | 0.526 | 0.163 | 0.009 | 0.000 |
| | 14 | 1.000 | 1.000 | 1.000 | 1.000 | 0.999 | 0.990 | 0.930 | 0.718 | 0.327 | 0.035 | 0.002 |
| | 15 | 1.000 | 1.000 | 1.000 | 1.000 | 1.000 | 0.998 | 0.977 | 0.867 | 0.545 | 0.115 | 0.013 |
| | 16 | 1.000 | 1.000 | 1.000 | 1.000 | 1.000 | 1.000 | 0.995 | 0.954 | 0.763 | 0.295 | 0.067 |
| | 17 | 1.000 | 1.000 | 1.000 | 1.000 | 1.000 | 1.000 | 0.999 | 0.990 | 0.917 | 0.580 | 0.245 |
| | 18 | 1.000 | 1.000 | 1.000 | 1.000 | 1.000 | 1.000 | 1.000 | 0.999 | 0.986 | 0.865 | 0.623 |
| | 19 | 1.000 | 1.000 | 1.000 | 1.000 | 1.000 | 1.000 | 1.000 | 1.000 | 1.000 | 1.000 | 1.000 |

| $n$ | $c$ | $p$ 0.05 | 0.1 | 0.2 | 0.3 | 0.4 | 0.5 | 0.6 | 0.7 | 0.8 | 0.9 | 0.95 |
|---|---|---|---|---|---|---|---|---|---|---|---|---|
| 20 | 0 | 0.358 | 0.122 | 0.012 | 0.001 | 0.000 | 0.000 | 0.000 | 0.000 | 0.000 | 0.000 | 0.000 |
| | 1 | 0.736 | 0.392 | 0.069 | 0.008 | 0.001 | 0.000 | 0.000 | 0.000 | 0.000 | 0.000 | 0.000 |
| | 2 | 0.925 | 0.677 | 0.206 | 0.035 | 0.004 | 0.000 | 0.000 | 0.000 | 0.000 | 0.000 | 0.000 |
| | 3 | 0.984 | 0.867 | 0.411 | 0.107 | 0.016 | 0.001 | 0.000 | 0.000 | 0.000 | 0.000 | 0.000 |
| | 4 | 0.997 | 0.957 | 0.630 | 0.238 | 0.051 | 0.006 | 0.000 | 0.000 | 0.000 | 0.000 | 0.000 |
| | 5 | 1.000 | 0.989 | 0.804 | 0.416 | 0.126 | 0.021 | 0.002 | 0.000 | 0.000 | 0.000 | 0.000 |
| | 6 | 1.000 | 0.998 | 0.913 | 0.608 | 0.250 | 0.058 | 0.006 | 0.000 | 0.000 | 0.000 | 0.000 |
| | 7 | 1.000 | 1.000 | 0.968 | 0.772 | 0.416 | 0.132 | 0.021 | 0.001 | 0.000 | 0.000 | 0.000 |
| | 8 | 1.000 | 1.000 | 0.990 | 0.887 | 0.596 | 0.252 | 0.057 | 0.005 | 0.000 | 0.000 | 0.000 |
| | 9 | 1.000 | 1.000 | 0.997 | 0.952 | 0.755 | 0.412 | 0.128 | 0.017 | 0.001 | 0.000 | 0.000 |
| | 10 | 1.000 | 1.000 | 0.999 | 0.983 | 0.872 | 0.588 | 0.245 | 0.048 | 0.003 | 0.000 | 0.000 |
| | 11 | 1.000 | 1.000 | 1.000 | 0.995 | 0.943 | 0.748 | 0.404 | 0.113 | 0.010 | 0.000 | 0.000 |
| | 12 | 1.000 | 1.000 | 1.000 | 0.999 | 0.979 | 0.868 | 0.584 | 0.228 | 0.032 | 0.000 | 0.000 |
| | 13 | 1.000 | 1.000 | 1.000 | 1.000 | 0.994 | 0.942 | 0.750 | 0.392 | 0.087 | 0.002 | 0.000 |
| | 14 | 1.000 | 1.000 | 1.000 | 1.000 | 0.998 | 0.979 | 0.874 | 0.584 | 0.196 | 0.011 | 0.000 |
| | 15 | 1.000 | 1.000 | 1.000 | 1.000 | 1.000 | 0.994 | 0.949 | 0.762 | 0.370 | 0.043 | 0.003 |
| | 16 | 1.000 | 1.000 | 1.000 | 1.000 | 1.000 | 0.999 | 0.984 | 0.893 | 0.589 | 0.133 | 0.016 |
| | 17 | 1.000 | 1.000 | 1.000 | 1.000 | 1.000 | 1.000 | 0.996 | 0.965 | 0.794 | 0.323 | 0.075 |
| | 18 | 1.000 | 1.000 | 1.000 | 1.000 | 1.000 | 1.000 | 0.999 | 0.992 | 0.931 | 0.608 | 0.264 |
| | 19 | 1.000 | 1.000 | 1.000 | 1.000 | 1.000 | 1.000 | 1.000 | 0.999 | 0.988 | 0.878 | 0.642 |
| | 20 | 1.000 | 1.000 | 1.000 | 1.000 | 1.000 | 1.000 | 1.000 | 1.000 | 1.000 | 1.000 | 1.000 |
| 25 | 0 | 0.277 | 0.072 | 0.004 | 0.000 | 0.000 | 0.000 | 0.000 | 0.000 | 0.000 | 0.000 | 0.000 |
| | 1 | 0.642 | 0.271 | 0.027 | 0.002 | 0.000 | 0.000 | 0.000 | 0.000 | 0.000 | 0.000 | 0.000 |
| | 2 | 0.873 | 0.537 | 0.098 | 0.009 | 0.000 | 0.000 | 0.000 | 0.000 | 0.000 | 0.000 | 0.000 |
| | 3 | 0.966 | 0.764 | 0.234 | 0.033 | 0.002 | 0.000 | 0.000 | 0.000 | 0.000 | 0.000 | 0.000 |
| | 4 | 0.993 | 0.902 | 0.421 | 0.090 | 0.009 | 0.000 | 0.000 | 0.000 | 0.000 | 0.000 | 0.000 |
| | 5 | 0.999 | 0.967 | 0.617 | 0.193 | 0.029 | 0.002 | 0.000 | 0.000 | 0.000 | 0.000 | 0.000 |
| | 6 | 1.000 | 0.991 | 0.780 | 0.341 | 0.074 | 0.007 | 0.000 | 0.000 | 0.000 | 0.000 | 0.000 |
| | 7 | 1.000 | 0.998 | 0.891 | 0.512 | 0.154 | 0.022 | 0.001 | 0.000 | 0.000 | 0.000 | 0.000 |
| | 8 | 1.000 | 1.000 | 0.953 | 0.677 | 0.274 | 0.054 | 0.004 | 0.000 | 0.000 | 0.000 | 0.000 |
| | 9 | 1.000 | 1.000 | 0.983 | 0.811 | 0.425 | 0.115 | 0.013 | 0.000 | 0.000 | 0.000 | 0.000 |
| | 10 | 1.000 | 1.000 | 0.994 | 0.902 | 0.586 | 0.212 | 0.034 | 0.002 | 0.000 | 0.000 | 0.000 |
| | 11 | 1.000 | 1.000 | 0.998 | 0.956 | 0.732 | 0.345 | 0.078 | 0.006 | 0.000 | 0.000 | 0.000 |
| | 12 | 1.000 | 1.000 | 1.000 | 0.983 | 0.846 | 0.500 | 0.154 | 0.017 | 0.000 | 0.000 | 0.000 |
| | 13 | 1.000 | 1.000 | 1.000 | 0.994 | 0.922 | 0.655 | 0.268 | 0.044 | 0.002 | 0.000 | 0.000 |
| | 14 | 1.000 | 1.000 | 1.000 | 0.998 | 0.966 | 0.788 | 0.414 | 0.098 | 0.006 | 0.000 | 0.000 |
| | 15 | 1.000 | 1.000 | 1.000 | 1.000 | 0.987 | 0.885 | 0.575 | 0.189 | 0.017 | 0.000 | 0.000 |
| | 16 | 1.000 | 1.000 | 1.000 | 1.000 | 0.996 | 0.946 | 0.726 | 0.323 | 0.047 | 0.000 | 0.000 |
| | 17 | 1.000 | 1.000 | 1.000 | 1.000 | 0.999 | 0.978 | 0.846 | 0.488 | 0.109 | 0.002 | 0.000 |
| | 18 | 1.000 | 1.000 | 1.000 | 1.000 | 1.000 | 0.993 | 0.926 | 0.659 | 0.220 | 0.009 | 0.000 |
| | 19 | 1.000 | 1.000 | 1.000 | 1.000 | 1.000 | 0.998 | 0.971 | 0.807 | 0.383 | 0.033 | 0.001 |
| | 20 | 1.000 | 1.000 | 1.000 | 1.000 | 1.000 | 1.000 | 0.991 | 0.910 | 0.579 | 0.098 | 0.007 |
| | 21 | 1.000 | 1.000 | 1.000 | 1.000 | 1.000 | 1.000 | 0.998 | 0.967 | 0.766 | 0.236 | 0.034 |
| | 22 | 1.000 | 1.000 | 1.000 | 1.000 | 1.000 | 1.000 | 1.000 | 0.991 | 0.902 | 0.463 | 0.127 |
| | 23 | 1.000 | 1.000 | 1.000 | 1.000 | 1.000 | 1.000 | 1.000 | 0.998 | 0.973 | 0.729 | 0.358 |
| | 24 | 1.000 | 1.000 | 1.000 | 1.000 | 1.000 | 1.000 | 1.000 | 1.000 | 0.996 | 0.928 | 0.723 |
| | 25 | 1.000 | 1.000 | 1.000 | 1.000 | 1.000 | 1.000 | 1.000 | 1.000 | 1.000 | 1.000 | 1.000 |

## 〈표 3〉 표준정규분포표

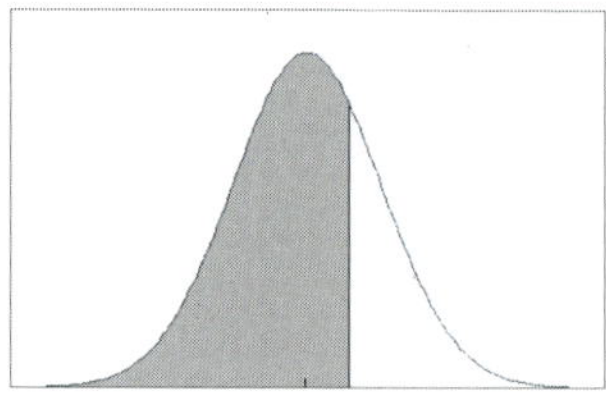

0 $z$

표의 숫자는 $z$와 같거나 작은 확률을 나타낸다.

| $z$ | .00 | .01 | .02 | .03 | .04 | .05 | .06 | .07 | .08 | .09 |
|---|---|---|---|---|---|---|---|---|---|---|
| 0.0 | .5000 | .5040 | .5080 | .5120 | .5160 | .5199 | .5239 | .5279 | .5319 | .5359 |
| 0.1 | .5398 | .5438 | .5478 | .5517 | .5557 | .5596 | .5636 | .5675 | .5714 | .5753 |
| 0.2 | .5793 | .5832 | .5871 | .5910 | .5948 | .5987 | .6026 | .6064 | .6103 | .6141 |
| 0.3 | .6179 | .6217 | .6255 | .6293 | .6331 | .6368 | .6406 | .6443 | .6480 | .6517 |
| 0.4 | .6554 | .6591 | .6628 | .6664 | .6700 | .6736 | .6772 | .6808 | .6844 | .6879 |
| 0.5 | .6915 | .6950 | .6985 | .7019 | .7054 | .7088 | .7123 | .7157 | .7190 | .7224 |
| 0.6 | .7257 | .7291 | .7324 | .7357 | .7389 | .7422 | .7454 | .7486 | .7517 | .7549 |
| 0.7 | .7580 | .7611 | .7642 | .7673 | .7704 | .7734 | .7764 | .7794 | .7823 | .7852 |
| 0.8 | .7881 | .7910 | .7939 | .7967 | .7995 | .8023 | .8051 | .8078 | .8106 | .8133 |
| 0.9 | .8159 | .8186 | .8212 | .8238 | .8264 | .8289 | .8315 | .8340 | .8365 | .8389 |
| 1.0 | .8413 | .8438 | .8461 | .8485 | .8508 | .8531 | .8554 | .8577 | .8599 | .8621 |
| 1.1 | .8643 | .8665 | .8686 | .8708 | .8729 | .8749 | .8770 | .8790 | .8810 | .8830 |
| 1.2 | .8849 | .8869 | .8888 | .8907 | .8925 | .8944 | .8962 | .8980 | .8997 | .9015 |
| 1.3 | .9032 | .9049 | .9066 | .9082 | .9099 | .9115 | .9131 | .9147 | .9162 | .9177 |
| 1.4 | .9192 | .9207 | .9222 | .9236 | .9251 | .9265 | .9279 | .9292 | .9306 | .9319 |
| 1.5 | .9332 | .9345 | .9357 | .9370 | .9382 | .9394 | .9406 | .9418 | .9429 | .9441 |
| 1.6 | .9452 | .9463 | .9474 | .9484 | .9495 | .9505 | .9515 | .9525 | .9535 | .9545 |
| 1.7 | .9554 | .9564 | .9573 | .9582 | .9591 | .9599 | .9608 | .9616 | .9625 | .9633 |
| 1.8 | .9641 | .9649 | .9656 | .9664 | .9671 | .9678 | .9686 | .9693 | .9699 | .9706 |
| 1.9 | .9713 | .9719 | .9726 | .9732 | .9738 | .9744 | .9750 | .9756 | .9761 | .9767 |
| 2.0 | .9772 | .9778 | .9783 | .9788 | .9793 | .9798 | .9803 | .9808 | .9812 | .9817 |
| 2.1 | .9821 | .9826 | .9830 | .9834 | .9838 | .9842 | .9846 | .9850 | .9854 | .9857 |
| 2.2 | .9861 | .9864 | .9868 | .9871 | .9875 | .9878 | .9881 | .9884 | .9887 | .9890 |
| 2.3 | .9893 | .9896 | .9898 | .9901 | .9904 | .9906 | .9909 | .9911 | .9913 | .9916 |
| 2.4 | .9918 | .9920 | .9922 | .9925 | .9927 | .9929 | .9931 | .9932 | .9934 | .9936 |
| 2.5 | .9938 | .9940 | .9941 | .9943 | .9945 | .9946 | .9948 | .9949 | .9951 | .9952 |
| 2.6 | .9953 | .9955 | .9956 | .9957 | .9959 | .9960 | .9961 | .9962 | .9963 | .9964 |
| 2.7 | .9965 | .9966 | .9967 | .9968 | .9969 | .9970 | .9971 | .9972 | .9973 | .9974 |
| 2.8 | .9974 | .9975 | .9976 | .9977 | .9977 | .9978 | .9979 | .9979 | .9980 | .9981 |
| 2.9 | .9981 | .9982 | .9982 | .9983 | .9984 | .9984 | .9985 | .9985 | .9986 | .9986 |
| 3.0 | .9987 | .9987 | .9987 | .9988 | .9988 | .9989 | .9989 | .9989 | .9990 | .9990 |
| 3.1 | .9990 | .9991 | .9991 | .9991 | .9992 | .9992 | .9992 | .9992 | .9993 | .9993 |
| 3.2 | .9993 | .9993 | .9994 | .9994 | .9994 | .9994 | .9994 | .9995 | .9995 | .9995 |
| 3.3 | .9995 | .9995 | .9995 | .9996 | .9996 | .9996 | .9996 | .9996 | .9996 | .9997 |
| 3.4 | .9997 | .9997 | .9997 | .9997 | .9997 | .9997 | .9997 | .9997 | .9997 | .9998 |

## 〈표 4〉 $t$-분포표

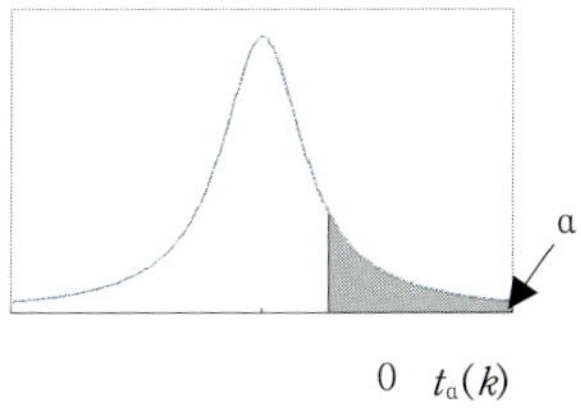


표의 숫자는 주어진 α 값에 대한 $t_{\alpha}(k)$의 값을 나타낸다

| $k$ | α | | | | | | | | | | | |
|---|---|---|---|---|---|---|---|---|---|---|---|---|
| | .25 | .20 | .15 | .10 | .05 | .025 | .02 | .01 | .005 | .0025 | .001 | .0005 |
| 1 | 1.000 | 1.376 | 1.963 | 3.078 | 6.314 | 12.71 | 15.89 | 31.82 | 63.66 | 127.3 | 318.3 | 636.6 |
| 2 | 0.816 | 1.061 | 1.386 | 1.886 | 2.920 | 4.303 | 4.849 | 6.965 | 9.925 | 14.09 | 22.33 | 31.60 |
| 3 | 0.765 | 0.978 | 1.250 | 1.638 | 2.353 | 3.182 | 3.482 | 4.541 | 5.841 | 7.453 | 10.21 | 12.92 |
| 4 | 0.741 | 0.941 | 1.190 | 1.533 | 2.132 | 2.776 | 2.999 | 3.747 | 4.604 | 5.598 | 7.173 | 8.610 |
| 5 | 0.727 | 0.920 | 1.156 | 1.476 | 2.015 | 2.571 | 2.757 | 3.365 | 4.032 | 4.773 | 5.894 | 6.869 |
| 6 | 0.718 | 0.906 | 1.134 | 1.440 | 1.943 | 2.447 | 2.612 | 3.143 | 3.707 | 4.317 | 5.208 | 5.959 |
| 7 | 0.711 | 0.896 | 1.119 | 1.415 | 1.895 | 2.365 | 2.517 | 2.998 | 3.499 | 4.029 | 4.785 | 5.408 |
| 8 | 0.706 | 0.889 | 1.108 | 1.397 | 1.860 | 2.306 | 2.449 | 2.896 | 3.355 | 3.833 | 4.501 | 5.041 |
| 9 | 0.703 | 0.883 | 1.100 | 1.383 | 1.833 | 2.262 | 2.398 | 2.821 | 3.250 | 3.690 | 4.297 | 4.781 |
| 10 | 0.700 | 0.879 | 1.093 | 1.372 | 1.812 | 2.228 | 2.359 | 2.764 | 3.169 | 3.581 | 4.144 | 4.587 |
| 11 | 0.697 | 0.876 | 1.088 | 1.363 | 1.796 | 2.201 | 2.328 | 2.718 | 3.106 | 3.497 | 4.025 | 4.437 |
| 12 | 0.695 | 0.873 | 1.083 | 1.356 | 1.782 | 2.179 | 2.303 | 2.681 | 3.055 | 3.428 | 3.930 | 4.318 |
| 13 | 0.694 | 0.870 | 1.079 | 1.350 | 1.771 | 2.160 | 2.282 | 2.650 | 3.012 | 3.372 | 3.852 | 4.221 |
| 14 | 0.692 | 0.868 | 1.076 | 1.345 | 1.761 | 2.145 | 2.264 | 2.624 | 2.977 | 3.326 | 3.787 | 4.140 |
| 15 | 0.691 | 0.866 | 1.074 | 1.341 | 1.753 | 2.131 | 2.249 | 2.602 | 2.947 | 3.286 | 3.733 | 4.073 |
| 16 | 0.690 | 0.865 | 1.071 | 1.337 | 1.746 | 2.120 | 2.235 | 2.583 | 2.921 | 3.252 | 3.686 | 4.015 |
| 17 | 0.689 | 0.863 | 1.069 | 1.333 | 1.740 | 2.110 | 2.224 | 2.567 | 2.898 | 3.222 | 3.646 | 3.965 |
| 18 | 0.688 | 0.862 | 1.067 | 1.330 | 1.734 | 2.101 | 2.214 | 2.552 | 2.878 | 3.197 | 3.610 | 3.922 |
| 19 | 0.688 | 0.861 | 1.066 | 1.328 | 1.729 | 2.093 | 2.205 | 2.539 | 2.861 | 3.174 | 3.579 | 3.883 |
| 20 | 0.687 | 0.860 | 1.064 | 1.325 | 1.725 | 2.086 | 2.197 | 2.528 | 2.845 | 3.153 | 3.552 | 3.850 |
| 21 | 0.686 | 0.859 | 1.063 | 1.323 | 1.721 | 2.080 | 2.189 | 2.518 | 2.831 | 3.135 | 3.527 | 3.819 |
| 22 | 0.686 | 0.858 | 1.061 | 1.321 | 1.717 | 2.074 | 2.183 | 2.508 | 2.819 | 3.119 | 3.505 | 3.792 |
| 23 | 0.685 | 0.858 | 1.060 | 1.319 | 1.714 | 2.069 | 2.177 | 2.500 | 2.807 | 3.104 | 3.485 | 3.768 |
| 24 | 0.685 | 0.857 | 1.059 | 1.318 | 1.711 | 2.064 | 2.172 | 2.492 | 2.797 | 3.091 | 3.467 | 3.745 |
| 25 | 0.684 | 0.856 | 1.058 | 1.316 | 1.708 | 2.060 | 2.167 | 2.485 | 2.787 | 3.078 | 3.450 | 3.725 |
| 26 | 0.684 | 0.856 | 1.058 | 1.315 | 1.706 | 2.056 | 2.162 | 2.479 | 2.779 | 3.067 | 3.435 | 3.707 |
| 27 | 0.684 | 0.855 | 1.057 | 1.314 | 1.703 | 2.052 | 2.158 | 2.473 | 2.771 | 3.057 | 3.421 | 3.689 |
| 28 | 0.683 | 0.855 | 1.056 | 1.313 | 1.701 | 2.048 | 2.154 | 2.467 | 2.763 | 3.047 | 3.408 | 3.674 |
| 29 | 0.683 | 0.854 | 1.055 | 1.311 | 1.699 | 2.045 | 2.150 | 2.462 | 2.756 | 3.038 | 3.396 | 3.660 |
| 30 | 0.683 | 0.854 | 1.055 | 1.310 | 1.697 | 2.042 | 2.147 | 2.457 | 2.750 | 3.030 | 3.385 | 3.646 |
| 40 | 0.681 | 0.851 | 1.050 | 1.303 | 1.684 | 2.021 | 2.123 | 2.423 | 2.704 | 2.971 | 3.307 | 3.551 |
| 50 | 0.679 | 0.849 | 1.047 | 1.299 | 1.676 | 2.009 | 2.109 | 2.403 | 2.678 | 2.937 | 3.261 | 3.496 |
| 60 | 0.679 | 0.848 | 1.045 | 1.296 | 1.671 | 2.000 | 2.099 | 2.390 | 2.660 | 2.915 | 3.232 | 3.460 |
| 70 | 0.678 | 0.847 | 1.044 | 1.294 | 1.667 | 1.994 | 2.093 | 2.381 | 2.648 | 2.899 | 3.211 | 3.435 |
| 80 | 0.678 | 0.846 | 1.043 | 1.292 | 1.664 | 1.990 | 2.088 | 2.374 | 2.639 | 2.887 | 3.195 | 3.416 |
| 90 | 0.677 | 0.846 | 1.042 | 1.291 | 1.662 | 1.987 | 2.084 | 2.368 | 2.632 | 2.878 | 3.183 | 3.402 |
| 100 | 0.677 | 0.845 | 1.042 | 1.290 | 1.660 | 1.984 | 2.081 | 2.364 | 2.626 | 2.871 | 3.174 | 3.390 |
| 1000 | 0.675 | 0.842 | 1.037 | 1.282 | 1.646 | 1.962 | 2.056 | 2.330 | 2.581 | 2.813 | 3.098 | 3.300 |
| ∞ | 0.674 | 0.842 | 1.036 | 1.282 | 1.645 | 1.960 | 2.054 | 2.326 | 2.576 | 2.807 | 3.090 | 3.290 |

## 〈표 5〉 $\chi^2$–분포표

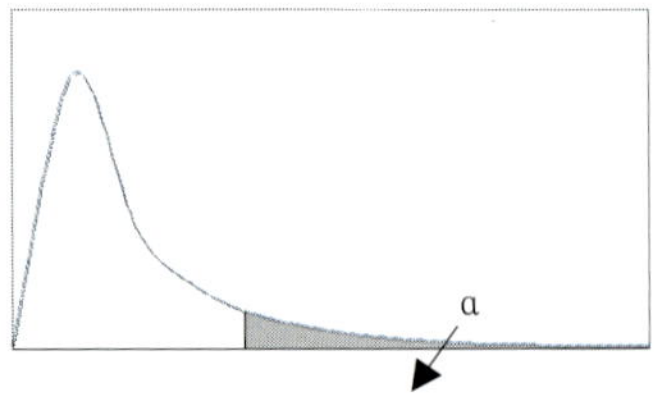


0 $\chi^2_\alpha(k)$

표의 숫자는 주어진 α 값에 대한 $\chi^2_\alpha(k)$ 의 값을 나타낸다

| $k$ | α | | | | | | | |
|---|---|---|---|---|---|---|---|---|
| | .995 | .99 | .975 | .95 | .05 | .025 | .01 | .005 |
| 1 | .000039 | .000157 | .000982 | .003932 | 3.84146 | 5.02390 | 6.63489 | 7.87944 |
| 2 | .010025 | .020100 | .050636 | .102586 | 5.99148 | 7.37778 | 9.210351 | 10.59653 |
| 3 | .071724 | .114832 | .215795 | .351846 | 7.81473 | 9.34840 | 11.34488 | 12.83807 |
| 4 | .206990 | .297110 | .484419 | .710721 | 9.48773 | 11.14326 | 13.27670 | 14.86017 |
| 5 | .411740 | .554300 | .831211 | 1.14548 | 11.07048 | 12.83249 | 15.08632 | 16.74965 |
| 6 | .675727 | .872085 | 1.23734 | 1.63538 | 12.59158 | 14.44935 | 16.81187 | 18.54751 |
| 7 | .989265 | 1.23903 | 1.68986 | 2.16735 | 14.06713 | 16.01277 | 18.47532 | 20.27774 |
| 8 | 1.34440 | 1.64651 | 2.17972 | 2.73263 | 15.50731 | 17.53454 | 20.09016 | 21.95486 |
| 9 | 1.73491 | 2.08789 | 2.70039 | 3.32512 | 16.91896 | 19.02278 | 21.66605 | 23.58927 |
| 10 | 2.15585 | 2.55820 | 3.24696 | 3.94030 | 18.30703 | 20.48320 | 23.20929 | 25.18805 |
| 11 | 2.60320 | 3.05350 | 3.81574 | 4.57481 | 19.67515 | 21.92002 | 24.72502 | 26.75686 |
| 12 | 3.07379 | 3.57055 | 4.40378 | 5.22603 | 21.02606 | 23.33666 | 26.21696 | 28.29966 |
| 13 | 3.56504 | 4.10690 | 5.00874 | 5.89186 | 22.36203 | 24.73558 | 27.68818 | 29.81932 |
| 14 | 4.07466 | 4.66042 | 5.62872 | 6.57063 | 23.68478 | 26.11893 | 29.14116 | 31.31943 |
| 15 | 4.60087 | 5.22936 | 6.26212 | 7.26093 | 24.99580 | 27.48836 | 30.57795 | 32.80149 |
| 16 | 5.14216 | 5.81220 | 6.90766 | 7.96164 | 26.29622 | 28.84532 | 31.99986 | 34.26705 |
| 17 | 5.69727 | 6.40774 | 7.56418 | 8.67175 | 27.58710 | 30.19098 | 33.40872 | 35.71838 |
| 18 | 6.26477 | 7.01490 | 8.23074 | 9.39045 | 28.86932 | 31.52641 | 34.80524 | 37.15639 |
| 19 | 6.84392 | 7.63270 | 8.90651 | 10.11701 | 30.14351 | 32.85234 | 36.19077 | 38.58212 |
| 20 | 7.43381 | 8.26037 | 9.59077 | 10.85080 | 31.41042 | 34.16958 | 37.56627 | 39.99686 |
| 21 | 8.03360 | 8.89717 | 10.28291 | 11.59132 | 32.67056 | 35.47886 | 38.93223 | 41.40094 |
| 22 | 8.64268 | 9.54249 | 10.98233 | 12.33801 | 33.92446 | 36.78068 | 40.28945 | 42.79566 |
| 23 | 9.26038 | 10.19569 | 11.68853 | 13.09051 | 35.17246 | 38.07561 | 41.63833 | 44.18139 |
| 24 | 9.88620 | 10.85635 | 12.40115 | 13.84842 | 36.41503 | 39.36406 | 42.97978 | 45.55836 |
| 25 | 10.51965 | 11.52395 | 13.11971 | 14.61140 | 37.65249 | 40.64650 | 44.31401 | 46.92797 |
| 26 | 11.16022 | 12.19818 | 13.84388 | 15.37916 | 38.88513 | 41.92314 | 45.64164 | 48.28978 |
| 27 | 11.80765 | 12.87847 | 14.57337 | 16.15139 | 40.11327 | 43.19452 | 46.96284 | 49.64504 |
| 28 | 12.46128 | 13.56467 | 15.30785 | 16.92788 | 41.33715 | 44.46079 | 48.27817 | 50.99356 |
| 29 | 13.12107 | 14.25641 | 16.04705 | 17.70838 | 42.55695 | 45.72228 | 49.58783 | 52.33550 |
| 30 | 13.78668 | 14.95346 | 16.79076 | 18.49267 | 43.77295 | 46.97922 | 50.89218 | 53.67187 |
| 40 | 20.70658 | 22.16420 | 24.43306 | 26.50930 | 55.75849 | 59.34168 | 63.69077 | 66.76605 |
| 50 | 27.99082 | 29.70673 | 32.35738 | 34.76424 | 67.50481 | 71.42019 | 76.15380 | 79.48984 |
| 60 | 35.53440 | 37.48480 | 40.48171 | 43.18797 | 79.08195 | 83.29771 | 88.37943 | 91.95181 |
| 70 | 43.27531 | 45.44170 | 48.75754 | 51.73926 | 90.53126 | 95.02315 | 100.42505 | 104.21477 |
| 80 | 51.17193 | 53.53998 | 57.15315 | 60.39146 | 101.87947 | 106.62854 | 112.32879 | 116.32093 |
| 90 | 59.19633 | 61.75402 | 65.64659 | 69.12602 | 113.14523 | 118.13591 | 124.11620 | 128.29868 |
| 100 | 67.32753 | 70.06500 | 74.22188 | 77.92944 | 124.34210 | 129.56125 | 135.80689 | 140.16971 |

## 〈표 6〉 F-분포표

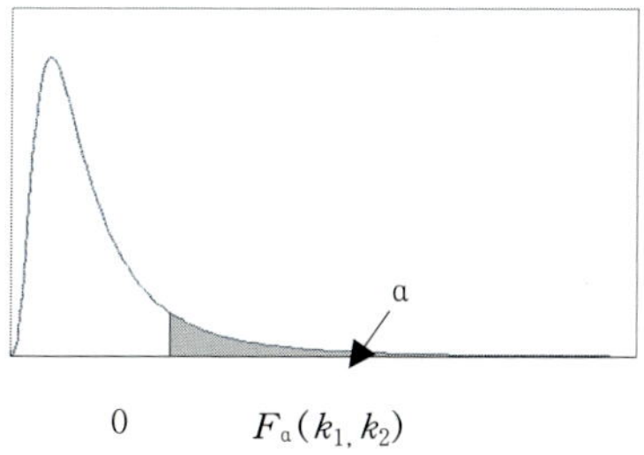

표의 숫자는 주어진 α 값에 대한 $F_{\alpha}(k_1, k_2)$ 의 값을 나타낸다

| $k_2$ | α | $k_1$ | | | | | | | | |
|---|---|---|---|---|---|---|---|---|---|---|
| | | 1 | 2 | 3 | 4 | 5 | 6 | 7 | 8 | 9 |
| 1 | 0.100 | 39.86 | 49.50 | 53.59 | 55.83 | 57.24 | 58.20 | 58.91 | 59.44 | 59.86 |
| | 0.050 | 161.45 | 199.50 | 215.71 | 224.58 | 230.16 | 233.99 | 236.77 | 238.88 | 240.54 |
| | 0.025 | 647.79 | 799.48 | 864.15 | 899.60 | 921.83 | 937.11 | 948.20 | 956.64 | 963.28 |
| | 0.010 | 4052 | 4999 | 5404 | 5624 | 5764 | 5859 | 5928 | 5981 | 6022 |
| 2 | 0.100 | 8.53 | 9.00 | 9.16 | 9.24 | 9.29 | 9.33 | 9.35 | 9.37 | 9.38 |
| | 0.050 | 18.51 | 19.00 | 19.16 | 19.25 | 19.30 | 19.33 | 19.35 | 19.37 | 19.38 |
| | 0.025 | 38.51 | 39.00 | 39.17 | 39.25 | 39.30 | 39.33 | 39.36 | 39.37 | 39.39 |
| | 0.010 | 98.50 | 99.00 | 99.16 | 99.25 | 99.30 | 99.33 | 99.36 | 99.38 | 99.39 |
| 3 | 0.100 | 5.54 | 5.46 | 5.39 | 5.34 | 5.31 | 5.28 | 5.27 | 5.25 | 5.24 |
| | 0.050 | 10.13 | 9.55 | 9.28 | 9.12 | 9.01 | 8.94 | 8.89 | 8.85 | 8.81 |
| | 0.025 | 17.44 | 16.04 | 15.44 | 15.10 | 14.88 | 14.73 | 14.62 | 14.54 | 14.47 |
| | 0.010 | 34.12 | 30.82 | 29.46 | 28.71 | 28.24 | 27.91 | 27.67 | 27.49 | 27.34 |
| 4 | 0.100 | 4.54 | 4.32 | 4.19 | 4.11 | 4.05 | 4.01 | 3.98 | 3.95 | 3.94 |
| | 0.050 | 7.71 | 6.94 | 6.59 | 6.39 | 6.26 | 6.16 | 6.09 | 6.04 | 6.00 |
| | 0.025 | 12.22 | 10.65 | 9.98 | 9.60 | 9.36 | 9.20 | 9.07 | 8.98 | 8.90 |
| | 0.010 | 21.20 | 18.00 | 16.69 | 15.98 | 15.52 | 15.21 | 14.98 | 14.80 | 14.66 |
| 5 | 0.100 | 4.06 | 3.78 | 3.62 | 3.52 | 3.45 | 3.40 | 3.37 | 3.34 | 3.32 |
| | 0.050 | 6.61 | 5.79 | 5.41 | 5.19 | 5.05 | 4.95 | 4.88 | 4.82 | 4.77 |
| | 0.025 | 10.01 | 8.43 | 7.76 | 7.39 | 7.15 | 6.98 | 6.85 | 6.76 | 6.68 |
| | 0.010 | 16.26 | 13.27 | 12.06 | 11.39 | 10.97 | 10.67 | 10.46 | 10.29 | 10.16 |

| $k_2$ | α | $k_1$ | | | | | | | | |
|---|---|---|---|---|---|---|---|---|---|---|
| | | 1 | 2 | 3 | 4 | 5 | 6 | 7 | 8 | 9 |
| 6 | 0.100 | 3.78 | 3.46 | 3.29 | 3.18 | 3.11 | 3.05 | 3.01 | 2.98 | 2.96 |
| | 0.050 | 5.99 | 5.14 | 4.76 | 4.53 | 4.39 | 4.28 | 4.21 | 4.15 | 4.10 |
| | 0.025 | 8.81 | 7.26 | 6.60 | 6.23 | 5.99 | 5.82 | 5.70 | 5.60 | 5.52 |
| | 0.010 | 13.75 | 10.92 | 9.78 | 9.15 | 8.75 | 8.47 | 8.26 | 8.10 | 7.98 |
| 7 | 0.100 | 3.59 | 3.26 | 3.07 | 2.96 | 2.88 | 2.83 | 2.78 | 2.75 | 2.72 |
| | 0.050 | 5.59 | 4.74 | 4.35 | 4.12 | 3.97 | 3.87 | 3.79 | 3.73 | 3.68 |
| | 0.025 | 8.07 | 6.54 | 5.89 | 5.52 | 5.29 | 5.12 | 4.99 | 4.90 | 4.82 |
| | 0.010 | 12.25 | 9.55 | 8.45 | 7.85 | 7.46 | 7.19 | 6.99 | 6.84 | 6.72 |
| 8 | 0.100 | 3.46 | 3.11 | 2.92 | 2.81 | 2.73 | 2.67 | 2.62 | 2.59 | 2.56 |
| | 0.050 | 5.32 | 4.46 | 4.07 | 3.84 | 3.69 | 3.58 | 3.50 | 3.44 | 3.39 |
| | 0.025 | 7.57 | 6.06 | 5.42 | 5.05 | 4.82 | 4.65 | 4.53 | 4.43 | 4.36 |
| | 0.010 | 11.26 | 8.65 | 7.59 | 7.01 | 6.63 | 6.37 | 6.18 | 6.03 | 5.91 |
| 9 | 0.100 | 3.36 | 3.01 | 2.81 | 2.69 | 2.61 | 2.55 | 2.51 | 2.47 | 2.44 |
| | 0.050 | 5.12 | 4.26 | 3.86 | 3.63 | 3.48 | 3.37 | 3.29 | 3.23 | 3.18 |
| | 0.025 | 7.21 | 5.71 | 5.08 | 4.72 | 4.48 | 4.32 | 4.20 | 4.10 | 4.03 |
| | 0.010 | 10.56 | 8.02 | 6.99 | 6.42 | 6.06 | 5.80 | 5.61 | 5.47 | 5.35 |
| 10 | 0.100 | 3.29 | 2.92 | 2.73 | 2.61 | 2.52 | 2.46 | 2.41 | 2.38 | 2.35 |
| | 0.050 | 4.96 | 4.10 | 3.71 | 3.48 | 3.33 | 3.22 | 3.14 | 3.07 | 3.02 |
| | 0.025 | 6.94 | 5.46 | 4.83 | 4.47 | 4.24 | 4.07 | 3.95 | 3.85 | 3.78 |
| | 0.010 | 10.04 | 7.56 | 6.55 | 5.99 | 5.64 | 5.39 | 5.20 | 5.06 | 4.94 |
| 11 | 0.100 | 3.23 | 2.86 | 2.66 | 2.54 | 2.45 | 2.39 | 2.34 | 2.30 | 2.27 |
| | 0.050 | 4.84 | 3.98 | 3.59 | 3.36 | 3.20 | 3.09 | 3.01 | 2.95 | 2.90 |
| | 0.025 | 6.72 | 5.26 | 4.63 | 4.28 | 4.04 | 3.88 | 3.76 | 3.66 | 3.59 |
| | 0.010 | 9.65 | 7.21 | 6.22 | 5.67 | 5.32 | 5.07 | 4.89 | 4.74 | 4.63 |
| 12 | 0.100 | 3.18 | 2.81 | 2.61 | 2.48 | 2.39 | 2.33 | 2.28 | 2.24 | 2.21 |
| | 0.050 | 4.75 | 3.89 | 3.49 | 3.26 | 3.11 | 3.00 | 2.91 | 2.85 | 2.80 |
| | 0.025 | 6.55 | 5.10 | 4.47 | 4.12 | 3.89 | 3.73 | 3.61 | 3.51 | 3.44 |
| | 0.010 | 9.33 | 6.93 | 5.95 | 5.41 | 5.06 | 4.82 | 4.64 | 4.50 | 4.39 |

| $k_2$ | $\alpha$ | $k_1$ | | | | | | | | | | |
|---|---|---|---|---|---|---|---|---|---|---|---|---|
| | | 10 | 12 | 15 | 20 | 25 | 30 | 40 | 50 | 60 | 120 | 1000 |
| 1 | 0.100 | 60.19 | 60.71 | 61.22 | 61.74 | 62.05 | 62.26 | 62.53 | 62.69 | 62.79 | 63.06 | 63.30 |
| | 0.050 | 241.88 | 243.90 | 245.95 | 248.02 | 249.26 | 250.10 | 251.14 | 251.77 | 252.20 | 253.25 | 254.19 |
| | 0.025 | 968.63 | 976.72 | 984.87 | 993.08 | 998.09 | 1001.4 | 1005.6 | 1008.1 | 1009.8 | 1014.0 | 1017.8 |
| | 0.010 | 6055.9 | 6106.7 | 6157.0 | 6208.7 | 6239.9 | 6260.4 | 6286.4 | 6302.3 | 6313.0 | 6339.5 | 6362.8 |
| 2 | 0.100 | 9.39 | 9.41 | 9.42 | 9.44 | 9.45 | 9.46 | 9.47 | 9.47 | 9.47 | 9.48 | 9.49 |
| | 0.050 | 19.40 | 19.41 | 19.43 | 19.45 | 19.46 | 19.46 | 19.47 | 19.48 | 19.48 | 19.49 | 19.49 |
| | 0.025 | 39.40 | 39.41 | 39.43 | 39.45 | 39.46 | 39.46 | 39.47 | 39.48 | 39.48 | 39.49 | 39.50 |
| | 0.010 | 99.40 | 99.42 | 99.43 | 99.45 | 99.46 | 99.47 | 99.48 | 99.48 | 99.48 | 99.49 | 99.50 |
| 3 | 0.100 | 5.23 | 5.22 | 5.20 | 5.18 | 5.17 | 5.17 | 5.16 | 5.15 | 5.15 | 5.14 | 5.13 |
| | 0.050 | 8.79 | 8.74 | 8.70 | 8.66 | 8.63 | 8.62 | 8.59 | 8.58 | 8.57 | 8.55 | 8.53 |
| | 0.025 | 14.42 | 14.34 | 14.25 | 14.17 | 14.12 | 14.08 | 14.04 | 14.01 | 13.99 | 13.95 | 13.91 |
| | 0.010 | 27.23 | 27.05 | 26.87 | 26.69 | 26.58 | 26.50 | 26.41 | 26.35 | 26.32 | 26.22 | 26.14 |
| 4 | 0.100 | 3.92 | 3.90 | 3.87 | 3.84 | 3.83 | 3.82 | 3.80 | 3.80 | 3.79 | 3.78 | 3.76 |
| | 0.050 | 5.96 | 5.91 | 5.86 | 5.80 | 5.77 | 5.75 | 5.72 | 5.70 | 5.69 | 5.66 | 5.63 |
| | 0.025 | 8.84 | 8.75 | 8.66 | 8.56 | 8.50 | 8.46 | 8.41 | 8.38 | 8.36 | 8.31 | 8.26 |
| | 0.010 | 14.55 | 14.37 | 14.20 | 14.02 | 13.91 | 13.84 | 13.75 | 13.69 | 13.65 | 13.56 | 13.47 |
| 5 | 0.100 | 3.30 | 3.27 | 3.24 | 3.21 | 3.19 | 3.17 | 3.16 | 3.15 | 3.14 | 3.12 | 3.11 |
| | 0.050 | 4.74 | 4.68 | 4.62 | 4.56 | 4.52 | 4.50 | 4.46 | 4.44 | 4.43 | 4.40 | 4.37 |
| | 0.025 | 6.62 | 6.52 | 6.43 | 6.33 | 6.27 | 6.23 | 6.18 | 6.14 | 6.12 | 6.07 | 6.02 |
| | 0.010 | 10.05 | 9.89 | 9.72 | 9.55 | 9.45 | 9.38 | 9.29 | 9.24 | 9.20 | 9.11 | 9.03 |
| 6 | 0.100 | 2.94 | 2.90 | 2.87 | 2.84 | 2.81 | 2.80 | 2.78 | 2.77 | 2.76 | 2.74 | 2.72 |
| | 0.050 | 4.06 | 4.00 | 3.94 | 3.87 | 3.83 | 3.81 | 3.77 | 3.75 | 3.74 | 3.70 | 3.67 |
| | 0.025 | 5.46 | 5.37 | 5.27 | 5.17 | 5.11 | 5.07 | 5.01 | 4.98 | 4.96 | 4.90 | 4.86 |
| | 0.010 | 7.87 | 7.72 | 7.56 | 7.40 | 7.30 | 7.23 | 7.14 | 7.09 | 7.06 | 6.97 | 6.89 |
| 7 | 0.100 | 2.70 | 2.67 | 2.63 | 2.59 | 2.57 | 2.56 | 2.54 | 2.52 | 2.51 | 2.49 | 2.47 |
| | 0.050 | 3.64 | 3.57 | 3.51 | 3.44 | 3.40 | 3.38 | 3.34 | 3.32 | 3.30 | 3.27 | 3.23 |
| | 0.025 | 4.76 | 4.67 | 4.57 | 4.47 | 4.40 | 4.36 | 4.31 | 4.28 | 4.25 | 4.20 | 4.15 |
| | 0.010 | 6.62 | 6.47 | 6.31 | 6.16 | 6.06 | 5.99 | 5.91 | 5.86 | 5.82 | 5.74 | 5.66 |
| 8 | 0.100 | 2.54 | 2.50 | 2.46 | 2.42 | 2.40 | 2.38 | 2.36 | 2.35 | 2.34 | 2.32 | 2.30 |
| | 0.050 | 3.35 | 3.28 | 3.22 | 3.15 | 3.11 | 3.08 | 3.04 | 3.02 | 3.01 | 2.97 | 2.93 |
| | 0.025 | 4.30 | 4.20 | 4.10 | 4.00 | 3.94 | 3.89 | 3.84 | 3.81 | 3.78 | 3.73 | 3.68 |
| | 0.010 | 5.81 | 5.67 | 5.52 | 5.36 | 5.26 | 5.20 | 5.12 | 5.07 | 5.03 | 4.95 | 4.87 |
| 9 | 0.100 | 2.42 | 2.38 | 2.34 | 2.30 | 2.27 | 2.25 | 2.23 | 2.22 | 2.21 | 2.18 | 2.16 |
| | 0.050 | 3.14 | 3.07 | 3.01 | 2.94 | 2.89 | 2.86 | 2.83 | 2.80 | 2.79 | 2.75 | 2.71 |
| | 0.025 | 3.96 | 3.87 | 3.77 | 3.67 | 3.60 | 3.56 | 3.51 | 3.47 | 3.45 | 3.39 | 3.34 |
| | 0.010 | 5.26 | 5.11 | 4.96 | 4.81 | 4.71 | 4.65 | 4.57 | 4.52 | 4.48 | 4.40 | 4.32 |
| 10 | 0.100 | 2.32 | 2.28 | 2.24 | 2.20 | 2.17 | 2.16 | 2.13 | 2.12 | 2.11 | 2.08 | 2.06 |
| | 0.050 | 2.98 | 2.91 | 2.85 | 2.77 | 2.73 | 2.70 | 2.66 | 2.64 | 2.62 | 2.58 | 2.54 |
| | 0.025 | 3.72 | 3.62 | 3.52 | 3.42 | 3.35 | 3.31 | 3.26 | 3.22 | 3.20 | 3.14 | 3.09 |
| | 0.010 | 4.85 | 4.71 | 4.56 | 4.41 | 4.31 | 4.25 | 4.17 | 4.12 | 4.08 | 4.00 | 3.92 |
| 11 | 0.100 | 2.25 | 2.21 | 2.17 | 2.12 | 2.10 | 2.08 | 2.05 | 2.04 | 2.03 | 2.00 | 1.98 |
| | 0.050 | 2.85 | 2.79 | 2.72 | 2.65 | 2.60 | 2.57 | 2.53 | 2.51 | 2.49 | 2.45 | 2.41 |
| | 0.025 | 3.53 | 3.43 | 3.33 | 3.23 | 3.16 | 3.12 | 3.06 | 3.03 | 3.00 | 2.94 | 2.89 |
| | 0.010 | 4.54 | 4.40 | 4.25 | 4.10 | 4.01 | 3.94 | 3.86 | 3.81 | 3.78 | 3.69 | 3.61 |
| 12 | 0.100 | 2.19 | 2.15 | 2.10 | 2.06 | 2.03 | 2.01 | 1.99 | 1.97 | 1.96 | 1.93 | 1.91 |
| | 0.050 | 2.75 | 2.69 | 2.62 | 2.54 | 2.50 | 2.47 | 2.43 | 2.40 | 2.38 | 2.34 | 2.30 |
| | 0.025 | 3.37 | 3.28 | 3.18 | 3.07 | 3.01 | 2.96 | 2.91 | 2.87 | 2.85 | 2.79 | 2.73 |
| | 0.010 | 4.30 | 4.16 | 4.01 | 3.86 | 3.76 | 3.70 | 3.62 | 3.57 | 3.54 | 3.45 | 3.37 |

| $k_2$ | α | $k_1$ | | | | | | | | |
|---|---|---|---|---|---|---|---|---|---|---|
| | | 1 | 2 | 3 | 4 | 5 | 6 | 7 | 8 | 9 |
| 13 | 0.100 | 3.14 | 2.76 | 2.56 | 2.43 | 2.35 | 2.28 | 2.23 | 2.20 | 2.16 |
| | 0.050 | 4.67 | 3.81 | 3.41 | 3.18 | 3.03 | 2.92 | 2.83 | 2.77 | 2.71 |
| | 0.025 | 6.41 | 4.97 | 4.35 | 4.00 | 3.77 | 3.60 | 3.48 | 3.39 | 3.31 |
| | 0.010 | 9.07 | 6.70 | 5.74 | 5.21 | 4.86 | 4.62 | 4.44 | 4.30 | 4.19 |
| 14 | 0.100 | 3.10 | 2.73 | 2.52 | 2.39 | 2.31 | 2.24 | 2.19 | 2.15 | 2.12 |
| | 0.050 | 4.60 | 3.74 | 3.34 | 3.11 | 2.96 | 2.85 | 2.76 | 2.70 | 2.65 |
| | 0.025 | 6.30 | 4.86 | 4.24 | 3.89 | 3.66 | 3.50 | 3.38 | 3.29 | 3.21 |
| | 0.010 | 8.86 | 6.51 | 5.56 | 5.04 | 4.69 | 4.46 | 4.28 | 4.14 | 4.03 |
| 15 | 0.100 | 3.07 | 2.70 | 2.49 | 2.36 | 2.27 | 2.21 | 2.16 | 2.12 | 2.09 |
| | 0.050 | 4.54 | 3.68 | 3.29 | 3.06 | 2.90 | 2.79 | 2.71 | 2.64 | 2.59 |
| | 0.025 | 6.20 | 4.77 | 4.15 | 3.80 | 3.58 | 3.41 | 3.29 | 3.20 | 3.12 |
| | 0.010 | 8.68 | 6.36 | 5.42 | 4.89 | 4.56 | 4.32 | 4.14 | 4.00 | 3.89 |
| 16 | 0.100 | 3.05 | 2.67 | 2.46 | 2.33 | 2.24 | 2.18 | 2.13 | 2.09 | 2.06 |
| | 0.050 | 4.49 | 3.63 | 3.24 | 3.01 | 2.85 | 2.74 | 2.66 | 2.59 | 2.54 |
| | 0.025 | 6.12 | 4.69 | 4.08 | 3.73 | 3.50 | 3.34 | 3.22 | 3.12 | 3.05 |
| | 0.010 | 8.53 | 6.23 | 5.29 | 4.77 | 4.44 | 4.20 | 4.03 | 3.89 | 3.78 |
| 17 | 0.100 | 3.03 | 2.64 | 2.44 | 2.31 | 2.22 | 2.15 | 2.10 | 2.06 | 2.03 |
| | 0.050 | 4.45 | 3.59 | 3.20 | 2.96 | 2.81 | 2.70 | 2.61 | 2.55 | 2.49 |
| | 0.025 | 6.04 | 4.62 | 4.01 | 3.66 | 3.44 | 3.28 | 3.16 | 3.06 | 2.98 |
| | 0.010 | 8.40 | 6.11 | 5.19 | 4.67 | 4.34 | 4.10 | 3.93 | 3.79 | 3.68 |
| 18 | 0.100 | 3.01 | 2.62 | 2.42 | 2.29 | 2.20 | 2.13 | 2.08 | 2.04 | 2.00 |
| | 0.050 | 4.41 | 3.55 | 3.16 | 2.93 | 2.77 | 2.66 | 2.58 | 2.51 | 2.46 |
| | 0.025 | 5.98 | 4.56 | 3.95 | 3.61 | 3.38 | 3.22 | 3.10 | 3.01 | 2.93 |
| | 0.010 | 8.29 | 6.01 | 5.09 | 4.58 | 4.25 | 4.01 | 3.84 | 3.71 | 3.60 |
| 19 | 0.100 | 2.99 | 2.61 | 2.40 | 2.27 | 2.18 | 2.11 | 2.06 | 2.02 | 1.98 |
| | 0.050 | 4.38 | 3.52 | 3.13 | 2.90 | 2.74 | 2.63 | 2.54 | 2.48 | 2.42 |
| | 0.025 | 5.92 | 4.51 | 3.90 | 3.56 | 3.33 | 3.17 | 3.05 | 2.96 | 2.88 |
| | 0.010 | 8.18 | 5.93 | 5.01 | 4.50 | 4.17 | 3.94 | 3.77 | 3.63 | 3.52 |
| 20 | 0.100 | 2.97 | 2.59 | 2.38 | 2.25 | 2.16 | 2.09 | 2.04 | 2.00 | 1.96 |
| | 0.050 | 4.35 | 3.49 | 3.10 | 2.87 | 2.71 | 2.60 | 2.51 | 2.45 | 2.39 |
| | 0.025 | 5.87 | 4.46 | 3.86 | 3.51 | 3.29 | 3.13 | 3.01 | 2.91 | 2.84 |
| | 0.010 | 8.10 | 5.85 | 4.94 | 4.43 | 4.10 | 3.87 | 3.70 | 3.56 | 3.46 |
| 21 | 0.100 | 2.96 | 2.57 | 2.36 | 2.23 | 2.14 | 2.08 | 2.02 | 1.98 | 1.95 |
| | 0.050 | 4.32 | 3.47 | 3.07 | 2.84 | 2.68 | 2.57 | 2.49 | 2.42 | 2.37 |
| | 0.025 | 5.83 | 4.42 | 3.82 | 3.48 | 3.25 | 3.09 | 2.97 | 2.87 | 2.80 |
| | 0.010 | 8.02 | 5.78 | 4.87 | 4.37 | 4.04 | 3.81 | 3.64 | 3.51 | 3.40 |
| 22 | 0.100 | 2.95 | 2.56 | 2.35 | 2.22 | 2.13 | 2.06 | 2.01 | 1.97 | 1.93 |
| | 0.050 | 4.30 | 3.44 | 3.05 | 2.82 | 2.66 | 2.55 | 2.46 | 2.40 | 2.34 |
| | 0.025 | 5.79 | 4.38 | 3.78 | 3.44 | 3.22 | 3.05 | 2.93 | 2.84 | 2.76 |
| | 0.010 | 7.95 | 5.72 | 4.82 | 4.31 | 3.99 | 3.76 | 3.59 | 3.45 | 3.35 |
| 23 | 0.100 | 2.94 | 2.55 | 2.34 | 2.21 | 2.11 | 2.05 | 1.99 | 1.95 | 1.92 |
| | 0.050 | 4.28 | 3.42 | 3.03 | 2.80 | 2.64 | 2.53 | 2.44 | 2.37 | 2.32 |
| | 0.025 | 5.75 | 4.35 | 3.75 | 3.41 | 3.18 | 3.02 | 2.90 | 2.81 | 2.73 |
| | 0.010 | 7.88 | 5.66 | 4.76 | 4.26 | 3.94 | 3.71 | 3.54 | 3.41 | 3.30 |
| 24 | 0.100 | 2.93 | 2.54 | 2.33 | 2.19 | 2.10 | 2.04 | 1.98 | 1.94 | 1.91 |
| | 0.050 | 4.26 | 3.40 | 3.01 | 2.78 | 2.62 | 2.51 | 2.42 | 2.36 | 2.30 |
| | 0.025 | 5.72 | 4.32 | 3.72 | 3.38 | 3.15 | 2.99 | 2.87 | 2.78 | 2.70 |
| | 0.010 | 7.82 | 5.61 | 4.72 | 4.22 | 3.90 | 3.67 | 3.50 | 3.36 | 3.26 |

| $k_2$ | α | $k_1$ | | | | | | | | | | |
|---|---|---|---|---|---|---|---|---|---|---|---|---|
| | | 10 | 12 | 15 | 20 | 25 | 30 | 40 | 50 | 60 | 120 | 1000 |
| 13 | 0.100 | 2.14 | 2.10 | 2.05 | 2.01 | 1.98 | 1.96 | 1.93 | 1.92 | 1.90 | 1.88 | 1.85 |
| | 0.050 | 2.67 | 2.60 | 2.53 | 2.46 | 2.41 | 2.38 | 2.34 | 2.31 | 2.30 | 2.25 | 2.21 |
| | 0.025 | 3.25 | 3.15 | 3.05 | 2.95 | 2.88 | 2.84 | 2.78 | 2.74 | 2.72 | 2.66 | 2.60 |
| | 0.010 | 4.10 | 3.96 | 3.82 | 3.66 | 3.57 | 3.51 | 3.43 | 3.38 | 3.34 | 3.25 | 3.18 |
| 14 | 0.100 | 2.10 | 2.05 | 2.01 | 1.96 | 1.93 | 1.91 | 1.89 | 1.87 | 1.86 | 1.83 | 1.80 |
| | 0.050 | 2.60 | 2.53 | 2.46 | 2.39 | 2.34 | 2.31 | 2.27 | 2.24 | 2.22 | 2.18 | 2.14 |
| | 0.025 | 3.15 | 3.05 | 2.95 | 2.84 | 2.78 | 2.73 | 2.67 | 2.64 | 2.61 | 2.55 | 2.50 |
| | 0.010 | 3.94 | 3.80 | 3.66 | 3.51 | 3.41 | 3.35 | 3.27 | 3.22 | 3.18 | 3.09 | 3.02 |
| 15 | 0.100 | 2.06 | 2.02 | 1.97 | 1.92 | 1.89 | 1.87 | 1.85 | 1.83 | 1.82 | 1.79 | 1.76 |
| | 0.050 | 2.54 | 2.48 | 2.40 | 2.33 | 2.28 | 2.25 | 2.20 | 2.18 | 2.16 | 2.11 | 2.07 |
| | 0.025 | 3.06 | 2.96 | 2.86 | 2.76 | 2.69 | 2.64 | 2.59 | 2.55 | 2.52 | 2.46 | 2.40 |
| | 0.010 | 3.80 | 3.67 | 3.52 | 3.37 | 3.28 | 3.21 | 3.13 | 3.08 | 3.05 | 2.96 | 2.88 |
| 16 | 0.100 | 2.03 | 1.99 | 1.94 | 1.89 | 1.86 | 1.84 | 1.81 | 1.79 | 1.78 | 1.75 | 1.72 |
| | 0.050 | 2.49 | 2.42 | 2.35 | 2.28 | 2.23 | 2.19 | 2.15 | 2.12 | 2.11 | 2.06 | 2.02 |
| | 0.025 | 2.99 | 2.89 | 2.79 | 2.68 | 2.61 | 2.57 | 2.51 | 2.47 | 2.45 | 2.38 | 2.32 |
| | 0.010 | 3.69 | 3.55 | 3.41 | 3.26 | 3.16 | 3.10 | 3.02 | 2.97 | 2.93 | 2.84 | 2.76 |
| 17 | 0.100 | 2.00 | 1.96 | 1.91 | 1.86 | 1.83 | 1.81 | 1.78 | 1.76 | 1.75 | 1.72 | 1.69 |
| | 0.050 | 2.45 | 2.38 | 2.31 | 2.23 | 2.18 | 2.15 | 2.10 | 2.08 | 2.06 | 2.01 | 1.97 |
| | 0.025 | 2.92 | 2.82 | 2.72 | 2.62 | 2.55 | 2.50 | 2.44 | 2.41 | 2.38 | 2.32 | 2.26 |
| | 0.010 | 3.59 | 3.46 | 3.31 | 3.16 | 3.07 | 3.00 | 2.92 | 2.87 | 2.83 | 2.75 | 2.66 |
| 18 | 0.100 | 1.98 | 1.93 | 1.89 | 1.84 | 1.80 | 1.78 | 1.75 | 1.74 | 1.72 | 1.69 | 1.66 |
| | 0.050 | 2.41 | 2.34 | 2.27 | 2.19 | 2.14 | 2.11 | 2.06 | 2.04 | 2.02 | 1.97 | 1.92 |
| | 0.025 | 2.87 | 2.77 | 2.67 | 2.56 | 2.49 | 2.44 | 2.38 | 2.35 | 2.32 | 2.26 | 2.20 |
| | 0.010 | 3.51 | 3.37 | 3.23 | 3.08 | 2.98 | 2.92 | 2.84 | 2.78 | 2.75 | 2.66 | 2.58 |
| 19 | 0.100 | 1.96 | 1.91 | 1.86 | 1.81 | 1.78 | 1.76 | 1.73 | 1.71 | 1.70 | 1.67 | 1.64 |
| | 0.050 | 2.38 | 2.31 | 2.23 | 2.16 | 2.11 | 2.07 | 2.03 | 2.00 | 1.98 | 1.93 | 1.88 |
| | 0.025 | 2.82 | 2.72 | 2.62 | 2.51 | 2.44 | 2.39 | 2.33 | 2.30 | 2.27 | 2.20 | 2.14 |
| | 0.010 | 3.43 | 3.30 | 3.15 | 3.00 | 2.91 | 2.84 | 2.76 | 2.71 | 2.67 | 2.58 | 2.50 |
| 20 | 0.100 | 1.94 | 1.89 | 1.84 | 1.79 | 1.76 | 1.74 | 1.71 | 1.69 | 1.68 | 1.64 | 1.61 |
| | 0.050 | 2.35 | 2.28 | 2.20 | 2.12 | 2.07 | 2.04 | 1.99 | 1.97 | 1.95 | 1.90 | 1.85 |
| | 0.025 | 2.77 | 2.68 | 2.57 | 2.46 | 2.40 | 2.35 | 2.29 | 2.25 | 2.22 | 2.16 | 2.09 |
| | 0.010 | 3.37 | 3.23 | 3.09 | 2.94 | 2.84 | 2.78 | 2.69 | 2.64 | 2.61 | 2.52 | 2.43 |
| 21 | 0.100 | 1.92 | 1.87 | 1.83 | 1.78 | 1.74 | 1.72 | 1.69 | 1.67 | 1.66 | 1.62 | 1.59 |
| | 0.050 | 2.32 | 2.25 | 2.18 | 2.10 | 2.05 | 2.01 | 1.96 | 1.94 | 1.92 | 1.87 | 1.82 |
| | 0.025 | 2.73 | 2.64 | 2.53 | 2.42 | 2.36 | 2.31 | 2.25 | 2.21 | 2.18 | 2.11 | 2.05 |
| | 0.010 | 3.31 | 3.17 | 3.03 | 2.88 | 2.79 | 2.72 | 2.64 | 2.58 | 2.55 | 2.46 | 2.37 |
| 22 | 0.100 | 1.90 | 1.86 | 1.81 | 1.76 | 1.73 | 1.70 | 1.67 | 1.65 | 1.64 | 1.60 | 1.57 |
| | 0.050 | 2.30 | 2.23 | 2.15 | 2.07 | 2.02 | 1.98 | 1.94 | 1.91 | 1.89 | 1.84 | 1.79 |
| | 0.025 | 2.70 | 2.60 | 2.50 | 2.39 | 2.32 | 2.27 | 2.21 | 2.17 | 2.14 | 2.08 | 2.01 |
| | 0.010 | 3.26 | 3.12 | 2.98 | 2.83 | 2.73 | 2.67 | 2.58 | 2.53 | 2.50 | 2.40 | 2.32 |
| 23 | 0.100 | 1.89 | 1.84 | 1.80 | 1.74 | 1.71 | 1.69 | 1.66 | 1.64 | 1.62 | 1.59 | 1.55 |
| | 0.050 | 2.27 | 2.20 | 2.13 | 2.05 | 2.00 | 1.96 | 1.91 | 1.88 | 1.86 | 1.81 | 1.76 |
| | 0.025 | 2.67 | 2.57 | 2.47 | 2.36 | 2.29 | 2.24 | 2.18 | 2.14 | 2.11 | 2.04 | 1.98 |
| | 0.010 | 3.21 | 3.07 | 2.93 | 2.78 | 2.69 | 2.62 | 2.54 | 2.48 | 2.45 | 2.35 | 2.27 |
| 24 | 0.100 | 1.88 | 1.83 | 1.78 | 1.73 | 1.70 | 1.67 | 1.64 | 1.62 | 1.61 | 1.57 | 1.54 |
| | 0.050 | 2.25 | 2.18 | 2.11 | 2.03 | 1.97 | 1.94 | 1.89 | 1.86 | 1.84 | 1.79 | 1.74 |
| | 0.025 | 2.64 | 2.54 | 2.44 | 2.33 | 2.26 | 2.21 | 2.15 | 2.11 | 2.08 | 2.01 | 1.94 |
| | 0.010 | 3.17 | 3.03 | 2.89 | 2.74 | 2.64 | 2.58 | 2.49 | 2.44 | 2.40 | 2.31 | 2.22 |

| $k_2$ | α | $k_1$ | | | | | | | | |
|---|---|---|---|---|---|---|---|---|---|---|
| | | 1 | 2 | 3 | 4 | 5 | 6 | 7 | 8 | 9 |
| 25 | 0.100 | 2.92 | 2.53 | 2.32 | 2.18 | 2.09 | 2.02 | 1.97 | 1.93 | 1.89 |
| | 0.050 | 4.24 | 3.39 | 2.99 | 2.76 | 2.60 | 2.49 | 2.40 | 2.34 | 2.28 |
| | 0.025 | 5.69 | 4.29 | 3.69 | 3.35 | 3.13 | 2.97 | 2.85 | 2.75 | 2.68 |
| | 0.010 | 7.77 | 5.57 | 4.68 | 4.18 | 3.85 | 3.63 | 3.46 | 3.32 | 3.22 |
| 26 | 0.100 | 2.91 | 2.52 | 2.31 | 2.17 | 2.08 | 2.01 | 1.96 | 1.92 | 1.88 |
| | 0.050 | 4.23 | 3.37 | 2.98 | 2.74 | 2.59 | 2.47 | 2.39 | 2.32 | 2.27 |
| | 0.025 | 5.66 | 4.27 | 3.67 | 3.33 | 3.10 | 2.94 | 2.82 | 2.73 | 2.65 |
| | 0.010 | 7.72 | 5.53 | 4.64 | 4.14 | 3.82 | 3.59 | 3.42 | 3.29 | 3.18 |
| 27 | 0.100 | 2.90 | 2.51 | 2.30 | 2.17 | 2.07 | 2.00 | 1.95 | 1.91 | 1.87 |
| | 0.050 | 4.21 | 3.35 | 2.96 | 2.73 | 2.57 | 2.46 | 2.37 | 2.31 | 2.25 |
| | 0.025 | 5.63 | 4.24 | 3.65 | 3.31 | 3.08 | 2.92 | 2.80 | 2.71 | 2.63 |
| | 0.010 | 7.68 | 5.49 | 4.60 | 4.11 | 3.78 | 3.56 | 3.39 | 3.26 | 3.15 |
| 28 | 0.100 | 2.89 | 2.50 | 2.29 | 2.16 | 2.06 | 2.00 | 1.94 | 1.90 | 1.87 |
| | 0.050 | 4.20 | 3.34 | 2.95 | 2.71 | 2.56 | 2.45 | 2.36 | 2.29 | 2.24 |
| | 0.025 | 5.61 | 4.22 | 3.63 | 3.29 | 3.06 | 2.90 | 2.78 | 2.69 | 2.61 |
| | 0.010 | 7.64 | 5.45 | 4.57 | 4.07 | 3.75 | 3.53 | 3.36 | 3.23 | 3.12 |
| 29 | 0.100 | 2.89 | 2.50 | 2.28 | 2.15 | 2.06 | 1.99 | 1.93 | 1.89 | 1.86 |
| | 0.050 | 4.18 | 3.33 | 2.93 | 2.70 | 2.55 | 2.43 | 2.35 | 2.28 | 2.22 |
| | 0.025 | 5.59 | 4.20 | 3.61 | 3.27 | 3.04 | 2.88 | 2.76 | 2.67 | 2.59 |
| | 0.010 | 7.60 | 5.42 | 4.54 | 4.04 | 3.73 | 3.50 | 3.33 | 3.20 | 3.09 |
| 30 | 0.100 | 2.88 | 2.49 | 2.28 | 2.14 | 2.05 | 1.98 | 1.93 | 1.88 | 1.85 |
| | 0.050 | 4.17 | 3.32 | 2.92 | 2.69 | 2.53 | 2.42 | 2.33 | 2.27 | 2.21 |
| | 0.025 | 5.57 | 4.18 | 3.59 | 3.25 | 3.03 | 2.87 | 2.75 | 2.65 | 2.57 |
| | 0.010 | 7.56 | 5.39 | 4.51 | 4.02 | 3.70 | 3.47 | 3.30 | 3.17 | 3.07 |
| 40 | 0.100 | 2.84 | 2.44 | 2.23 | 2.09 | 2.00 | 1.93 | 1.87 | 1.83 | 1.79 |
| | 0.050 | 4.08 | 3.23 | 2.84 | 2.61 | 2.45 | 2.34 | 2.25 | 2.18 | 2.12 |
| | 0.025 | 5.42 | 4.05 | 3.46 | 3.13 | 2.90 | 2.74 | 2.62 | 2.53 | 2.45 |
| | 0.010 | 7.31 | 5.18 | 4.31 | 3.83 | 3.51 | 3.29 | 3.12 | 2.99 | 2.89 |
| 50 | 0.100 | 2.81 | 2.41 | 2.20 | 2.06 | 1.97 | 1.90 | 1.84 | 1.80 | 1.76 |
| | 0.050 | 4.03 | 3.18 | 2.79 | 2.56 | 2.40 | 2.29 | 2.20 | 2.13 | 2.07 |
| | 0.025 | 5.34 | 3.97 | 3.39 | 3.05 | 2.83 | 2.67 | 2.55 | 2.46 | 2.38 |
| | 0.010 | 7.17 | 5.06 | 4.20 | 3.72 | 3.41 | 3.19 | 3.02 | 2.89 | 2.78 |
| 60 | 0.100 | 2.79 | 2.39 | 2.18 | 2.04 | 1.95 | 1.87 | 1.82 | 1.77 | 1.74 |
| | 0.050 | 4.00 | 3.15 | 2.76 | 2.53 | 2.37 | 2.25 | 2.17 | 2.10 | 2.04 |
| | 0.025 | 5.29 | 3.93 | 3.34 | 3.01 | 2.79 | 2.63 | 2.51 | 2.41 | 2.33 |
| | 0.010 | 7.08 | 4.98 | 4.13 | 3.65 | 3.34 | 3.12 | 2.95 | 2.82 | 2.72 |
| 100 | 0.100 | 2.76 | 2.36 | 2.14 | 2.00 | 1.91 | 1.83 | 1.78 | 1.73 | 1.69 |
| | 0.050 | 3.94 | 3.09 | 2.70 | 2.46 | 2.31 | 2.19 | 2.10 | 2.03 | 1.97 |
| | 0.025 | 5.18 | 3.83 | 3.25 | 2.92 | 2.70 | 2.54 | 2.42 | 2.32 | 2.24 |
| | 0.010 | 6.90 | 4.82 | 3.98 | 3.51 | 3.21 | 2.99 | 2.82 | 2.69 | 2.59 |
| 200 | 0.100 | 2.73 | 2.33 | 2.11 | 1.97 | 1.88 | 1.80 | 1.75 | 1.70 | 1.66 |
| | 0.050 | 3.89 | 3.04 | 2.65 | 2.42 | 2.26 | 2.14 | 2.06 | 1.98 | 1.93 |
| | 0.025 | 5.10 | 3.76 | 3.18 | 2.85 | 2.63 | 2.47 | 2.35 | 2.26 | 2.18 |
| | 0.010 | 6.76 | 4.71 | 3.88 | 3.41 | 3.11 | 2.89 | 2.73 | 2.60 | 2.50 |
| 1000 | 0.100 | 2.71 | 2.31 | 2.09 | 1.95 | 1.85 | 1.78 | 1.72 | 1.68 | 1.64 |
| | 0.050 | 3.85 | 3.00 | 2.61 | 2.38 | 2.22 | 2.11 | 2.02 | 1.95 | 1.89 |
| | 0.025 | 5.04 | 3.70 | 3.13 | 2.80 | 2.58 | 2.42 | 2.30 | 2.20 | 2.13 |
| | 0.010 | 6.66 | 4.63 | 3.80 | 3.34 | 3.04 | 2.82 | 2.66 | 2.53 | 2.43 |

| $k_2$ | α | $k_1$ 10 | 12 | 15 | 20 | 25 | 30 | 40 | 50 | 60 | 120 | 1000 |
|---|---|---|---|---|---|---|---|---|---|---|---|---|
| 25 | 0.100 | 1.87 | 1.82 | 1.77 | 1.72 | 1.68 | 1.66 | 1.63 | 1.61 | 1.59 | 1.56 | 1.52 |
| | 0.050 | 2.24 | 2.16 | 2.09 | 2.01 | 1.96 | 1.92 | 1.87 | 1.84 | 1.82 | 1.77 | 1.72 |
| | 0.025 | 2.61 | 2.51 | 2.41 | 2.30 | 2.23 | 2.18 | 2.12 | 2.08 | 2.05 | 1.98 | 1.91 |
| | 0.010 | 3.13 | 2.99 | 2.85 | 2.70 | 2.60 | 2.54 | 2.45 | 2.40 | 2.36 | 2.27 | 2.18 |
| 26 | 0.100 | 1.86 | 1.81 | 1.76 | 1.71 | 1.67 | 1.65 | 1.61 | 1.59 | 1.58 | 1.54 | 1.51 |
| | 0.050 | 2.22 | 2.15 | 2.07 | 1.99 | 1.94 | 1.90 | 1.85 | 1.82 | 1.80 | 1.75 | 1.70 |
| | 0.025 | 2.59 | 2.49 | 2.39 | 2.28 | 2.21 | 2.16 | 2.09 | 2.05 | 2.03 | 1.95 | 1.89 |
| | 0.010 | 3.09 | 2.96 | 2.81 | 2.66 | 2.57 | 2.50 | 2.42 | 2.36 | 2.33 | 2.23 | 2.14 |
| 27 | 0.100 | 1.85 | 1.80 | 1.75 | 1.70 | 1.66 | 1.64 | 1.60 | 1.58 | 1.57 | 1.53 | 1.50 |
| | 0.050 | 2.20 | 2.13 | 2.06 | 1.97 | 1.92 | 1.88 | 1.84 | 1.81 | 1.79 | 1.73 | 1.68 |
| | 0.025 | 2.57 | 2.47 | 2.36 | 2.25 | 2.18 | 2.13 | 2.07 | 2.03 | 2.00 | 1.93 | 1.86 |
| | 0.010 | 3.06 | 2.93 | 2.78 | 2.63 | 2.54 | 2.47 | 2.38 | 2.33 | 2.29 | 2.20 | 2.11 |
| 28 | 0.100 | 1.84 | 1.79 | 1.74 | 1.69 | 1.65 | 1.63 | 1.59 | 1.57 | 1.56 | 1.52 | 1.48 |
| | 0.050 | 2.19 | 2.12 | 2.04 | 1.96 | 1.91 | 1.87 | 1.82 | 1.79 | 1.77 | 1.71 | 1.66 |
| | 0.025 | 2.55 | 2.45 | 2.34 | 2.23 | 2.16 | 2.11 | 2.05 | 2.01 | 1.98 | 1.91 | 1.84 |
| | 0.010 | 3.03 | 2.90 | 2.75 | 2.60 | 2.51 | 2.44 | 2.35 | 2.30 | 2.26 | 2.17 | 2.08 |
| 29 | 0.100 | 1.83 | 1.78 | 1.73 | 1.68 | 1.64 | 1.62 | 1.58 | 1.56 | 1.55 | 1.51 | 1.47 |
| | 0.050 | 2.18 | 2.10 | 2.03 | 1.94 | 1.89 | 1.85 | 1.81 | 1.77 | 1.75 | 1.70 | 1.65 |
| | 0.025 | 2.53 | 2.43 | 2.32 | 2.21 | 2.14 | 2.09 | 2.03 | 1.99 | 1.96 | 1.89 | 1.82 |
| | 0.010 | 3.00 | 2.87 | 2.73 | 2.57 | 2.48 | 2.41 | 2.33 | 2.27 | 2.23 | 2.14 | 2.05 |
| 30 | 0.100 | 1.82 | 1.77 | 1.72 | 1.67 | 1.63 | 1.61 | 1.57 | 1.55 | 1.54 | 1.50 | 1.46 |
| | 0.050 | 2.16 | 2.09 | 2.01 | 1.93 | 1.88 | 1.84 | 1.79 | 1.76 | 1.74 | 1.68 | 1.63 |
| | 0.025 | 2.51 | 2.41 | 2.31 | 2.20 | 2.12 | 2.07 | 2.01 | 1.97 | 1.94 | 1.87 | 1.80 |
| | 0.010 | 2.98 | 2.84 | 2.70 | 2.55 | 2.45 | 2.39 | 2.30 | 2.25 | 2.21 | 2.11 | 2.02 |
| 40 | 0.100 | 1.76 | 1.71 | 1.66 | 1.61 | 1.57 | 1.54 | 1.51 | 1.48 | 1.47 | 1.42 | 1.38 |
| | 0.050 | 2.08 | 2.00 | 1.92 | 1.84 | 1.78 | 1.74 | 1.69 | 1.66 | 1.64 | 1.58 | 1.52 |
| | 0.025 | 2.39 | 2.29 | 2.18 | 2.07 | 1.99 | 1.94 | 1.88 | 1.83 | 1.80 | 1.72 | 1.65 |
| | 0.010 | 2.80 | 2.66 | 2.52 | 2.37 | 2.27 | 2.20 | 2.11 | 2.06 | 2.02 | 1.92 | 1.82 |
| 50 | 0.100 | 1.73 | 1.68 | 1.63 | 1.57 | 1.53 | 1.50 | 1.46 | 1.44 | 1.42 | 1.38 | 1.33 |
| | 0.050 | 2.03 | 1.95 | 1.87 | 1.78 | 1.73 | 1.69 | 1.63 | 1.60 | 1.58 | 1.51 | 1.45 |
| | 0.025 | 2.32 | 2.22 | 2.11 | 1.99 | 1.92 | 1.87 | 1.80 | 1.75 | 1.72 | 1.64 | 1.56 |
| | 0.010 | 2.70 | 2.56 | 2.42 | 2.27 | 2.17 | 2.10 | 2.01 | 1.95 | 1.91 | 1.80 | 1.70 |
| 60 | 0.100 | 1.71 | 1.66 | 1.60 | 1.54 | 1.50 | 1.48 | 1.44 | 1.41 | 1.40 | 1.35 | 1.30 |
| | 0.050 | 1.99 | 1.92 | 1.84 | 1.75 | 1.69 | 1.65 | 1.59 | 1.56 | 1.53 | 1.47 | 1.40 |
| | 0.025 | 2.27 | 2.17 | 2.06 | 1.94 | 1.87 | 1.82 | 1.74 | 1.70 | 1.67 | 1.58 | 1.49 |
| | 0.010 | 2.63 | 2.50 | 2.35 | 2.20 | 2.10 | 2.03 | 1.94 | 1.88 | 1.84 | 1.73 | 1.62 |
| 100 | 0.100 | 1.66 | 1.61 | 1.56 | 1.49 | 1.45 | 1.42 | 1.38 | 1.35 | 1.34 | 1.28 | 1.22 |
| | 0.050 | 1.93 | 1.85 | 1.77 | 1.68 | 1.62 | 1.57 | 1.52 | 1.48 | 1.45 | 1.38 | 1.30 |
| | 0.025 | 2.18 | 2.08 | 1.97 | 1.85 | 1.77 | 1.71 | 1.64 | 1.59 | 1.56 | 1.46 | 1.36 |
| | 0.010 | 2.50 | 2.37 | 2.22 | 2.07 | 1.97 | 1.89 | 1.80 | 1.74 | 1.69 | 1.57 | 1.45 |
| 200 | 0.100 | 1.63 | 1.58 | 1.52 | 1.46 | 1.41 | 1.38 | 1.34 | 1.31 | 1.29 | 1.23 | 1.16 |
| | 0.050 | 1.88 | 1.80 | 1.72 | 1.62 | 1.56 | 1.52 | 1.46 | 1.41 | 1.39 | 1.30 | 1.21 |
| | 0.025 | 2.11 | 2.01 | 1.90 | 1.78 | 1.70 | 1.64 | 1.56 | 1.51 | 1.47 | 1.37 | 1.25 |
| | 0.010 | 2.41 | 2.27 | 2.13 | 1.97 | 1.87 | 1.79 | 1.69 | 1.63 | 1.58 | 1.45 | 1.30 |
| 1000 | 0.100 | 1.61 | 1.55 | 1.49 | 1.43 | 1.38 | 1.35 | 1.30 | 1.27 | 1.25 | 1.18 | 1.08 |
| | 0.050 | 1.84 | 1.76 | 1.68 | 1.58 | 1.52 | 1.47 | 1.41 | 1.36 | 1.33 | 1.24 | 1.11 |
| | 0.025 | 2.06 | 1.96 | 1.85 | 1.72 | 1.64 | 1.58 | 1.50 | 1.45 | 1.41 | 1.29 | 1.13 |
| | 0.010 | 2.34 | 2.20 | 2.06 | 1.90 | 1.79 | 1.72 | 1.61 | 1.54 | 1.50 | 1.35 | 1.16 |

| $k_2$ | α | $k_1$ | | | | | | | | | | |
|---|---|---|---|---|---|---|---|---|---|---|---|---|
| | | 10 | 12 | 15 | 20 | 25 | 30 | 40 | 50 | 60 | 120 | 1000 |
| 25 | 0.100 | 1.87 | 1.82 | 1.77 | 1.72 | 1.68 | 1.66 | 1.63 | 1.61 | 1.59 | 1.56 | 1.52 |
| | 0.050 | 2.24 | 2.16 | 2.09 | 2.01 | 1.96 | 1.92 | 1.87 | 1.84 | 1.82 | 1.77 | 1.72 |
| | 0.025 | 2.61 | 2.51 | 2.41 | 2.30 | 2.23 | 2.18 | 2.12 | 2.08 | 2.05 | 1.98 | 1.91 |
| | 0.010 | 3.13 | 2.99 | 2.85 | 2.70 | 2.60 | 2.54 | 2.45 | 2.40 | 2.36 | 2.27 | 2.18 |
| 26 | 0.100 | 1.86 | 1.81 | 1.76 | 1.71 | 1.67 | 1.65 | 1.61 | 1.59 | 1.58 | 1.54 | 1.51 |
| | 0.050 | 2.22 | 2.15 | 2.07 | 1.99 | 1.94 | 1.90 | 1.85 | 1.82 | 1.80 | 1.75 | 1.70 |
| | 0.025 | 2.59 | 2.49 | 2.39 | 2.28 | 2.21 | 2.16 | 2.09 | 2.05 | 2.03 | 1.95 | 1.89 |
| | 0.010 | 3.09 | 2.96 | 2.81 | 2.66 | 2.57 | 2.50 | 2.42 | 2.36 | 2.33 | 2.23 | 2.14 |
| 27 | 0.100 | 1.85 | 1.80 | 1.75 | 1.70 | 1.66 | 1.64 | 1.60 | 1.58 | 1.57 | 1.53 | 1.50 |
| | 0.050 | 2.20 | 2.13 | 2.06 | 1.97 | 1.92 | 1.88 | 1.84 | 1.81 | 1.79 | 1.73 | 1.68 |
| | 0.025 | 2.57 | 2.47 | 2.36 | 2.25 | 2.18 | 2.13 | 2.07 | 2.03 | 2.00 | 1.93 | 1.86 |
| | 0.010 | 3.06 | 2.93 | 2.78 | 2.63 | 2.54 | 2.47 | 2.38 | 2.33 | 2.29 | 2.20 | 2.11 |
| 28 | 0.100 | 1.84 | 1.79 | 1.74 | 1.69 | 1.65 | 1.63 | 1.59 | 1.57 | 1.56 | 1.52 | 1.48 |
| | 0.050 | 2.19 | 2.12 | 2.04 | 1.96 | 1.91 | 1.87 | 1.82 | 1.79 | 1.77 | 1.71 | 1.66 |
| | 0.025 | 2.55 | 2.45 | 2.34 | 2.23 | 2.16 | 2.11 | 2.05 | 2.01 | 1.98 | 1.91 | 1.84 |
| | 0.010 | 3.03 | 2.90 | 2.75 | 2.60 | 2.51 | 2.44 | 2.35 | 2.30 | 2.26 | 2.17 | 2.08 |
| 29 | 0.100 | 1.83 | 1.78 | 1.73 | 1.68 | 1.64 | 1.62 | 1.58 | 1.56 | 1.55 | 1.51 | 1.47 |
| | 0.050 | 2.18 | 2.10 | 2.03 | 1.94 | 1.89 | 1.85 | 1.81 | 1.77 | 1.75 | 1.70 | 1.65 |
| | 0.025 | 2.53 | 2.43 | 2.32 | 2.21 | 2.14 | 2.09 | 2.03 | 1.99 | 1.96 | 1.89 | 1.82 |
| | 0.010 | 3.00 | 2.87 | 2.73 | 2.57 | 2.48 | 2.41 | 2.33 | 2.27 | 2.23 | 2.14 | 2.05 |
| 30 | 0.100 | 1.82 | 1.77 | 1.72 | 1.67 | 1.63 | 1.61 | 1.57 | 1.55 | 1.54 | 1.50 | 1.46 |
| | 0.050 | 2.16 | 2.09 | 2.01 | 1.93 | 1.88 | 1.84 | 1.79 | 1.76 | 1.74 | 1.68 | 1.63 |
| | 0.025 | 2.51 | 2.41 | 2.31 | 2.20 | 2.12 | 2.07 | 2.01 | 1.97 | 1.94 | 1.87 | 1.80 |
| | 0.010 | 2.98 | 2.84 | 2.70 | 2.55 | 2.45 | 2.39 | 2.30 | 2.25 | 2.21 | 2.11 | 2.02 |
| 40 | 0.100 | 1.76 | 1.71 | 1.66 | 1.61 | 1.57 | 1.54 | 1.51 | 1.48 | 1.47 | 1.42 | 1.38 |
| | 0.050 | 2.08 | 2.00 | 1.92 | 1.84 | 1.78 | 1.74 | 1.69 | 1.66 | 1.64 | 1.58 | 1.52 |
| | 0.025 | 2.39 | 2.29 | 2.18 | 2.07 | 1.99 | 1.94 | 1.88 | 1.83 | 1.80 | 1.72 | 1.65 |
| | 0.010 | 2.80 | 2.66 | 2.52 | 2.37 | 2.27 | 2.20 | 2.11 | 2.06 | 2.02 | 1.92 | 1.82 |
| 50 | 0.100 | 1.73 | 1.68 | 1.63 | 1.57 | 1.53 | 1.50 | 1.46 | 1.44 | 1.42 | 1.38 | 1.33 |
| | 0.050 | 2.03 | 1.95 | 1.87 | 1.78 | 1.73 | 1.69 | 1.63 | 1.60 | 1.58 | 1.51 | 1.45 |
| | 0.025 | 2.32 | 2.22 | 2.11 | 1.99 | 1.92 | 1.87 | 1.80 | 1.75 | 1.72 | 1.64 | 1.56 |
| | 0.010 | 2.70 | 2.56 | 2.42 | 2.27 | 2.17 | 2.10 | 2.01 | 1.95 | 1.91 | 1.80 | 1.70 |
| 60 | 0.100 | 1.71 | 1.66 | 1.60 | 1.54 | 1.50 | 1.48 | 1.44 | 1.41 | 1.40 | 1.35 | 1.30 |
| | 0.050 | 1.99 | 1.92 | 1.84 | 1.75 | 1.69 | 1.65 | 1.59 | 1.56 | 1.53 | 1.47 | 1.40 |
| | 0.025 | 2.27 | 2.17 | 2.06 | 1.94 | 1.87 | 1.82 | 1.74 | 1.70 | 1.67 | 1.58 | 1.49 |
| | 0.010 | 2.63 | 2.50 | 2.35 | 2.20 | 2.10 | 2.03 | 1.94 | 1.88 | 1.84 | 1.73 | 1.62 |
| 100 | 0.100 | 1.66 | 1.61 | 1.56 | 1.49 | 1.45 | 1.42 | 1.38 | 1.35 | 1.34 | 1.28 | 1.22 |
| | 0.050 | 1.93 | 1.85 | 1.77 | 1.68 | 1.62 | 1.57 | 1.52 | 1.48 | 1.45 | 1.38 | 1.30 |
| | 0.025 | 2.18 | 2.08 | 1.97 | 1.85 | 1.77 | 1.71 | 1.64 | 1.59 | 1.56 | 1.46 | 1.36 |
| | 0.010 | 2.50 | 2.37 | 2.22 | 2.07 | 1.97 | 1.89 | 1.80 | 1.74 | 1.69 | 1.57 | 1.45 |
| 200 | 0.100 | 1.63 | 1.58 | 1.52 | 1.46 | 1.41 | 1.38 | 1.34 | 1.31 | 1.29 | 1.23 | 1.16 |
| | 0.050 | 1.88 | 1.80 | 1.72 | 1.62 | 1.56 | 1.52 | 1.46 | 1.41 | 1.39 | 1.30 | 1.21 |
| | 0.025 | 2.11 | 2.01 | 1.90 | 1.78 | 1.70 | 1.64 | 1.56 | 1.51 | 1.47 | 1.37 | 1.25 |
| | 0.010 | 2.41 | 2.27 | 2.13 | 1.97 | 1.87 | 1.79 | 1.69 | 1.63 | 1.58 | 1.45 | 1.30 |
| 1000 | 0.100 | 1.61 | 1.55 | 1.49 | 1.43 | 1.38 | 1.35 | 1.30 | 1.27 | 1.25 | 1.18 | 1.08 |
| | 0.050 | 1.84 | 1.76 | 1.68 | 1.58 | 1.52 | 1.47 | 1.41 | 1.36 | 1.33 | 1.24 | 1.11 |
| | 0.025 | 2.06 | 1.96 | 1.85 | 1.72 | 1.64 | 1.58 | 1.50 | 1.45 | 1.41 | 1.29 | 1.13 |
| | 0.010 | 2.34 | 2.20 | 2.06 | 1.90 | 1.79 | 1.72 | 1.61 | 1.54 | 1.50 | 1.35 | 1.16 |

# 참고문헌


1. 박성현·조신섭·김성수, 『한글 SPSS』(개정판), SPSS 아카데미
2. 서울대학교 통계학과 편, 『일반통계학』(개정판), 영지문화사, 2004.
3. 서울대학교 통계학과 편, 『통계학개론』(제4개정판), 영지문화사, 2000.
4. 서울대학교 통계학과 편, 『현대통계학』(제4개정판), 영지문화사, 2002.
5. 송문섭·조신섭, 『EXCEL에 기초한 통계학 입문』, 자유아카데미, 2002.
6. 송문섭·조신섭, 『SAS를 이용한 통계자료분석』(개정판), 자유아카데미, 2004.

# 연습문제 해답

## 제1장 서론

**1.1** (a) 모집단: A 대학 학생들, 표본: 선택된 100명의 학생

(b) 모집단: 우리나라의 주부, 표본: 선택된 500명의 주부

(c) 모집단: TV를 소유한 모든 가구, 표본: 선정된 700가구

**1.3** 모집단: 모든 맥주소비자들의 모임, 표본: 선택된 200명의 맥주 소비자들

**1.5** (a) A 고등학교가 우리나라 전체 고등학교를 대표하기 어렵다.

(b) 토요일 아침의 교통량은 평일의 교통량과 다를 수 있다.

## 제2장 기술통계학

**2.1** (a),(b) 양적자료 (c) 질적자료

**2.3** (a) 양적자료

(b) 막대도표 또는 원도표

**2.5** 평균: 6.20, 중앙값: 9, 분산: 114.40, 표준편차: 10.696, 범위: 33

**2.7** (b)

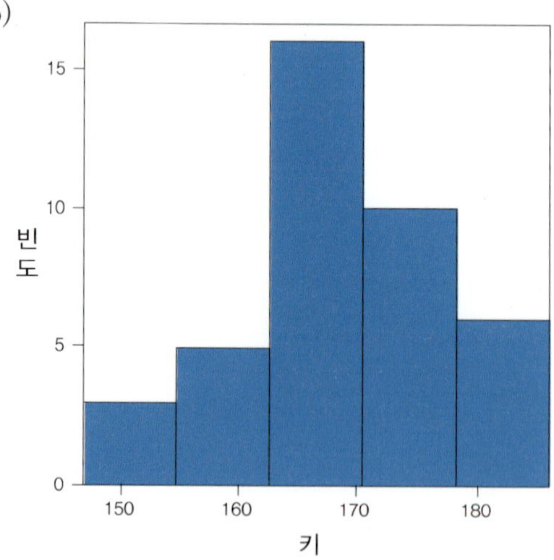

**2.9** (a)

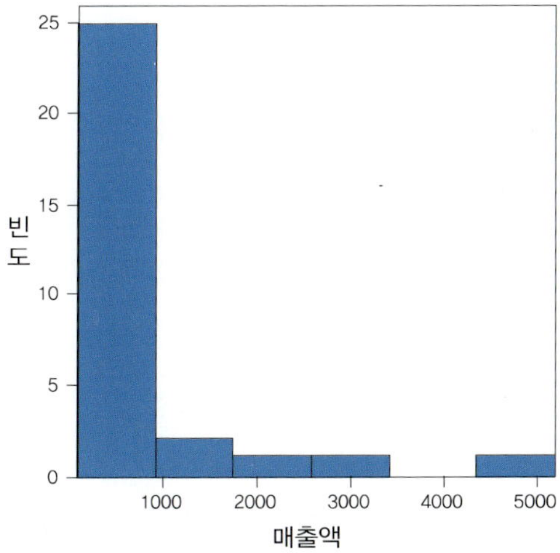


(b) 오른쪽으로 긴 꼬리를 갖는 분포

(c)

| | 평균 | 중위수 | 표준편차 | 범위 |
|---|---|---|---|---|
| | 729 | 301 | 1101 | 5086 |

(d) 1.48262

**2.11** (b)

| | 평균 | 중위수 | 표준편차 |
|---|---|---|---|
| 1 | 80.3 | 85.8 | 13.5 |
| 2 | 89.7 | 91.0 | 6.1 |
| 3 | 68.0 | 68.0 | 0 |
| 4 | 52.0 | 52.0 | 0 |

## 제3장 확률

**3.1** 모든 경우의 수: $6 \times 6 = 36$

합이 4가 되는 경우의 수: 3

따라서, 구하는 확률은 $(36-3)/36 = 11/12$

**3.3** 모든 경우의 수: $2 \times 2 \times 2 = 8$

(a) 2개의 앞면을 얻는 경우의 수 : 3

따라서, 확률은 3/8

(b) 앞면을 한 개도 얻지 못할 확률: 1/8

따라서, 구하는 확률은 $1 - 1/8 = 7/8$

(c) $1/2$

**3.5** 7개의 문제에서 5개의 문제를 선택하는 경우의 수: $\binom{7}{5} = 21$

선택된 5개의 문제에서 4개의 문제가 출제되는 경우의 수: $\binom{5}{4} = 5$

구하는 확률: $5/21$

**3.7** B팀이 이기는 사상을 B,

전문가가 승부의 결과를 바르게 예측할 사상을 C라고 하면,

$P(B) = 0.4,\quad P(B^c) = 0.6,\quad P(C|B) = 0.8,\quad P(C|B^c) = 0.2$

따라서, $P(B|C) = \dfrac{P(C|B)P(B)}{P(C|B)P(B) + P(C|B^c)P(B^c)} \fallingdotseq 0.73$

**3.9** 종속

## 제 4장 이산확률변수와 이항분포

**4.1** 연속형: (a) (b), 이산형: (c) (d)

**4.3** (a) $E(X) = \sum_{x=0}^{6} xP[X = x] = 2.18$

$$\mathrm{Var}(X) = \sum_{x=0}^{6} x^2 P[X = x] - \mu^2 = 1.2746$$

(b) $P(X \geqq 4) = \sum_{x=4}^{6} P(X = x) = 0.1$

$$P(2 \leqq X \leqq 5) = \sum_{x=2}^{5} P(X = x) = 0.73$$

**4.5** (a) $X$의 주변확률분포 :

| $x$ | 0 | 1 | 2 |
|---|---|---|---|
| $P_1(x)$ | 0.3 | 0.55 | 0.15 |

$Y$의 주변확률분포 :

| $y$ | 0 | 1 |
|---|---|---|
| $P_2(y)$ | 0.45 | 0.55 |

(b) $E(X) = 0.85,\quad Var(X) = 0.4275$

$E(Y) = 0.55$, $Var(Y) = 0.2475$

(c) $Cov(X, Y) \fallingdotseq -0.0175$

(d) $Corr(X, Y) \fallingdotseq -0.0538$

**4.7** (a)

| $y$ | 0 | 1 |
|---|---|---|
| $P(Y=y)$ | $\frac{2}{3}$ | $\frac{1}{3}$ |

(b) $\mathrm{Cov}(X, Y) = 0$

**4.9** $E(X) = 5$, $E(Y) = 5$, $E(0.5X + 0.5Y) = 5$

$\mathrm{Var}(X) = 12.5$, $\mathrm{Var}(Y) = 12.5$

$\mathrm{sd}(X) = \mathrm{sd}(Y) = \sqrt{12.5} = 3.54$

$\mathrm{Cov}(X, Y) = -12.5$이므로

$$\mathrm{Var}(X+Y) = (0.5)^2\mathrm{Var}(X) + (0.5)^2\mathrm{Var}(Y) + 2(0.5)(0.5)\mathrm{Cov}(X, Y)$$
$$= 0$$

$\mathrm{sd}(0.5X + 0.5Y) = 0$

**4.11** 기댓값 : 9, 표준편차 : 6.36

**4.13** .262, .393, .246, .082, .015, .002, .000

**4.15** (a) 0.12

(b) $1 - P(X \leqq 2) = 1 - 0.968 = 0.032$

(c) $P(X \leqq 6) - P(X \leqq 3) = 0.913 - 0.411 = 0.502$

**4.17** (a) $1 - P(X \leqq 2) = 1 - 0.974 = 0.026$

(b) 공정에 이상이 있다.

## 제 5장 연속확률변수와 정규분포

**5.1** (a) $P(Z \geqq 1.69) = 0.045$

(b) $P(Z \geqq -1.69) = 0.955$

(c) $P(|Z| > 1.64) = 0.025 \times 2 = 0.05$

(d) $P(-1.2 < Z < 2.1) = 0.867$

**5.3** (a) $P(45 \leqq X < 60) = P(-0.5 \leqq Z < 1) = 0.533$

(b) $P(X \geqq 55) = P(X \leqq 45) = 0.309$

(c) $P(X \geqq 47.5) = P(Z \geqq -0.25) = 0.599$

(d) $P(40 \leqq X \leqq 48) = P(-1 \leqq Z \leqq -0.2) = 0.262$

**5.5** (a) $P(X > b) = P\left(\frac{X-200}{50} > \frac{b-200}{50}\right) = 0.0023 = P(Z > 2.83)$

$\Leftrightarrow b = 50 \times 2.83 + 200 = 341.5$

(b) $P(X \leq b) = P\left(\frac{X-200}{50} \leq \frac{b-200}{50}\right) = 0.5239 = P(Z < 0.06)$

$\Leftrightarrow b = 50 \times 0.06 + 200 = 203$

**5.7** 시험 성적을 $X$라고 하면 $X \sim N(70, 8^2)$이고, 상위 30% 이내에 해당하는 점수를 $a$라고 하면

$$P(X \geqq a) = P\left(\frac{X-70}{8} \geqq \frac{a-70}{8}\right) = 0.3$$

한편 $P(Z \geqq 0.524) = 0.3$이므로 $a = 8 \times 0.524 + 70 = 74.192$

**5.9** 수익률 $X$는 $N(15, 4^2)$이므로

(a) $P(X \geqq 20) = P\left(\frac{X-15}{4} \geqq \frac{20-15}{4}\right) = P(Z \geqq 1.25)$

$= 1 - 0.8944 = 0.1056$

(b) $P(X \leq 5) = P\left(\frac{X-15}{4} \leq \frac{5-15}{4}\right) = P(Z \leq -2.5)$

$= 0.0062$

**5.11** 접착력 $X$는 $X \sim N(100, 8^2)$이므로

(a) $P(X \leqq 98) = P\left(\frac{X-100}{8} \leqq \frac{98-100}{8}\right) = P(Z \leqq -0.25) = 0.4013$

(b) 실패 횟수를 $Y$라고 하면 $Y \sim B(10, 0.4)$
따라서, 6번 이상 실패할 확률은 $P(Y \geq 6) = 0.166$

(c) 마찬가지 방법으로 $P(X \leq 102) = 0.590$ 이고 $Y \sim B(15, 0.6)$
따라서, 5회 이하 실패할 확률은 $P(Y \leqq 5) = 0.034$

**5.13** (a) $k = \frac{1}{9}$

(b) $P(1 \leq X \leq 2) = \frac{7}{27}$

## 제 6장 표본분포

**6.1** 376, 692, 579, 655, 9, 22, 973, 423, 393, 388, 79, 68

**6.3** (a) 평균: 9.6, 분산: 12.64

(b) 표본 크기가 2인 경우

| 가능한 표본 | (5, 12) | (5, 15) | (5, 9) | (5, 7) | (12, 15) | (12, 9) | (12, 7) | (15, 9) | (15,7) | (9,7) |
|---|---|---|---|---|---|---|---|---|---|---|
| 표본평균 | 8.5 | 10 | 7 | 6 | 13.5 | 10.5 | 9.5 | 12 | 11 | 8 |

(c) 표본 크기가 2인 경우

평균: 9.6, 표준오차: 2.177

**6.5** 1/4로 줄어든다.

**6.7** 0.2119

**6.9** (a) $N(3.5, 1/64)$ (b) 0.7994

## 제 7장 추정과 검정의 원리

**7.1** (6.28, 6.72)

**7.3** (a) 240.816 (b) 30.729 (c) (180.587, 301.045)

**7.5** 가설 $H_0: \mu = 20$, $H_1: \mu > 20$. 유의수준 1%에서 귀무가설을 기각할 수 없다.

따라서, 치료받기까지 걸리는 시간이 20분 이상이라는 확실한 근거는 없다.

**7.7** 가설 $H_0: \mu = 1.9$, $H_1: \mu > 1.9$. 유의수준 5%에서 귀무가설을 기각할 수 없다.

따라서, 대형 할인점이 흑자로 전환하기까지 걸리는 시간이 증가했다는 확실한 근거는 없다.

**7.9** 가설 $H_0: \mu = 18$, $H_1: \mu > 18$. 유의수준 1%에서 귀무가설을 기각한다.

따라서, 올해의 졸업생들이 지난해보다 더 많은 회사에 원서를 냈다고 할 수 있다.

**7.11** 가설 $H_0: \mu = 1.57$, $H_1: \mu < 1.57$. 유의수준 1%에서 귀무가설을 기

각한다.

따라서, 평균 독서량이 줄었다는 충분한 근거가 있다.

**7.13** 17,074명

**7.15** $n = 78$

## 제8장 추정과 검정의 방법

**8.1** (a) (7.281, 16.053)

(b) 가설 $H_0:\ \mu = 13$ , $H_1:\ \mu \neq 13$ . 유의수준 5%에서 귀무가설을 기각하지 못한다.

따라서, 이 심리학자의 주장이 옳지 않다는 충분한 근거가 부족하다.

**8.3** 지지율: 0.167, 표준오차: 0.0124

**8.5** (0.232, 0.302)

**8.7** 0.486

**8.9** 1801명

**8.11** (a) (−0.08, 0.68)

(b) 가설 $H_0:\ \mu_1 = \mu_2$ , $H_1:\ \mu_1 \neq \mu_2$. 유의수준 5%에서 귀무가설을 기각할 수 없다.

**8.13** 가설 $H_0:\ \mu_1 = \mu_2$ , $H_1:\ \mu_1 \neq \mu_2$. 유의수준 10%에서 귀무가설을 기각한다

**8.15** 가설 $H_0:\ \mu_1 = \mu_2$ , $H_1:\ \mu_1 > \mu_2$. 유의수준 5%에서 귀무가설을 기각할 수 없다.

따라서, 프로그램 후 체중이 줄었다고 주장할 근거는 없다.

**8.17** 90% 신뢰구간 : (0.0523, 0.248)

가설 $H_0:\ p_1 = p_2$ , $H_1:\ p_1 \neq p_2$. 유의수준 10%에서 귀무가설을 기각할 수 없다.

따라서, 남학생과 여학생의 찬성률에 차이가 있다는 충분한 근거는 없다.

**8.19** 가설 $H_0:\ p_1 = p_2$ , $H_1:\ p_1 \neq p_2$. 유의수준 5%에서 귀무가설을 기각할 수 없다. 따라서, 두 교수의 A 학점 비율이 다르다고 할 수 없다.

**8.21** 가설 $H_0:\ \mu_1 = \mu_2$ , $H_1:\ \mu_1 > \mu_2$. 유의수준 5%에서 귀무가설을 기각

한다. 따라서, 피임약은 혈압을 저하시킨다고 할 수 있다.

## 제 9장 범주형 자료의 분석

**9.1** 각 경품의 기대도수: $500 \times \frac{1}{3} = 166.7$

관측도수와 기대도수의 차인 잔차는 다음과 같다.

| | 관측도수 | 기대도수 | 잔차 |
|---|---|---|---|
| 티셔츠 | 183 | 166.7 | 16.3 |
| 커피잔 | 175 | 166.7 | 8.3 |
| 귀걸이 | 142 | 166.7 | −24.7 |

$$\chi^2\text{-통계량 : } \chi^2 = \sum_{i=1}^{8} \frac{(O_i - E_i)^2}{E_i} = \frac{(16.3)^2}{166.7} + \frac{(8.3)^2}{166.7} + \frac{(-24.7)^2}{166.7}$$

$$= 5.668 < \chi^2_{0.05}(2) = 5.991$$

따라서, 경품의 선호도에 차이가 있다고 결론지을 수 없다.

**9.3** 주변합의 곱을 총계로 나누어 기대도수를 구하면 다음과 같다.

| | 찬성 | 미정 | 반대 |
|---|---|---|---|
| 전 | 8(6.5) | 20(17) | 12(16.5) |
| 후 | 5(6.5) | 14(17) | 21(16.5) |

따라서

$$\chi^2 = \frac{(8-6.5)^2}{6.5} + \frac{(20-17)^2}{17} + \frac{(12-16.5)^2}{16.5} + \frac{(5-6.5)^2}{6.5} + \frac{(14-17)^2}{17} + \frac{(21-16.5)^2}{16.5}$$

$$= 4.206 < \chi^2_{0.05}(2) = 5.991$$

이므로, 유의수준 5%에서 전과 후의 의견이 달라졌다고 확신할 수 없다.

**9.5** 귀무가설하에서 각 칸의 기대도수 :

| 나이 \ 정당 | 갑 | 을 | 병 | 정 |
|---|---|---|---|---|
| 30세 미만 | 184.65 | 290.86 | 286.29 | 112.2 |
| 30~50세 | 180.42 | 284.21 | 279.74 | 109.63 |
| 50세 이상 | 159.93 | 251.93 | 247.97 | 97.18 |

$$\chi^2 = \frac{(158-184.65)^2}{184.65} + \cdots + \frac{(143-97.18)^2}{97.18} = 116.61$$

$$> \chi^2_{0.01}(6) = 16.8119$$

따라서, 나이에 따라 선호하는 정당이 다르다고 할 수 있다.

**9.7** 독립성의 가정하에 기대도수 :

| 나이 \ 자동차 | A | B | C | D | E |
|---|---|---|---|---|---|
| 30세 미만 | 50.38 | 31.49 | 40.78 | 25.19 | 67.17 |
| 30~50세 | 52.25 | 32.66 | 42.30 | 26.13 | 69.67 |
| 50세 이상 | 65.37 | 40.86 | 52.92 | 32.69 | 87.16 |

$\chi^2 = 103.7221 > \chi^2_{0.05}(8) = 15.5073$ 이므로 나이에 따라 자동차의 선호도가 다르다고 할 수 있다.

## 제10장 회귀분석

**10.1** $r = 0.245$

**10.3** (a) $r = \dfrac{S(xy)}{\sqrt{S(xx)S(yy)}} = \dfrac{381.5}{\sqrt{468.9 \times 462.5}} = 0.819$

(b) $t = \dfrac{\sqrt{n-2}\,r}{\sqrt{1-r^2}} = \dfrac{\sqrt{10-2}\,(0.819)}{\sqrt{1-(0.819)^2}} = 4.037 > t_{0.05}(8) = 1.86$

따라서, 유의수준 5%에서 양의 상관관계가 있다고 할 수 있다.

**10.5** (a) $S(xx)$=8, $S(yy)$=20, $S(xy)$=12

(b) $\hat{y} = 2.5 + 1.5x$

(c) $R^2 = 0.90$, 총변동의 90%를 회귀모형으로 설명

(d) (6.713, 10.287)

**10.7** (a) $\hat{y} = -2.312 + 1.928x$, $R^2 = 0.95$

(b) (1.417, 2.439)

**10.9** (b) 상관계수: $r = 0.585$, 결정계수: $R^2 = 0.342$

(d) 회귀식: $y = 2.502 + 0.072x$

(e) 610,200,000원

## 제11장 분산분석

**11.1**

| 요인 | 제곱합 | 자유도 | 평균제곱합 | F |
|---|---|---|---|---|
| 처리 | 320 | 2 | 160 | |
| 잔차 | 180 | 9 | 20 | 8 |
| 계 | 500 | 11 | | |

**11.3** $F = 6.29$, $H_0$를 기각

**11.5** $F = 0.5896$, $H_0$를 기각할 수 없다.

| 요인 | 제곱합 | 자유도 | 평균제곱 | $F$ |
|---|---|---|---|---|
| 처리 | 57.69 | 2 | 28.84 | |
| 잔차 | 587.05 | 12 | 48.92 | 0.5896 |
| 계 | 644.74 | 14 | | |

## 제12장 조사이론과 설문조사 방법

**12.1** (a) 단순랜덤추출

(b) 층화추출법

(c) 집락추출법

(d) 계통추출법

**12.3** $\hat{\mu} = \overline{x} = 12.5$

$$\widehat{\mathrm{SE}}(\overline{X}) = \frac{\sqrt{1252}}{\sqrt{100}}\sqrt{1-\frac{100}{10000}} = 3.53$$

**12.5** $\hat{p} = \dfrac{25}{30} = 0.8333$

$$\widehat{\mathrm{SE}}(\hat{p}) = \sqrt{0.83(1-0.83)\frac{300-30}{300-1}} = 0.066$$

# 찾아보기

## 저자 약력


**김 용 대**

서울대학교 자연과학대학 계산통계학과(학사)
서울대학교 대학원 계산통계학과(석사)
오하이오 주립대학교 통계학과(박사)

**김 우 철**

서울대학교 문리과대학 수학과(학사)
서울대학교 대학원 수학과(석사)
퍼듀대학교 대학원 통계학과(박사)

**박 병 욱**

서울대학교 자연과학대학 계산통계학과(학사)
서울대학교 대학원 계산통계학과(석사)
캘리포니아대학교(버클리) 대학원 통계학과(박사)

**박 태 성**

서울대학교 자연과학대학 계산통계학과(학사)
서울대학교 대학원 계산통계학과(석사)
미시간대학교 보건대학원 생물통계학과(박사)

**오 희 석**

연세대학교 상경대학 응용통계학과(학사)
연세대학교 대학원 응용통계학과(석사)
텍사스A&M 주립대학교 대학원 통계학과(박사)

**원 중 호**

서울대학교 공과대학 전기공학부(학사)
스탠포드대학교 대학원 통계학과(석사)
스탠포드대학교 대학원 전기공학과(석사)
스탠포드대학교 대학원 전기공학과(박사)

**이 상 열**

서울대학교 자연과학대학 계산통계학과(학사)
메릴랜드 주립대학교 대학원 수학과 통계학 전공(석사)
메릴랜드 주립대학교 대학원 수학과 통계학 전공(박사)

**이 영 조**

서울대학교 자연과학대학 계산통계학과(학사)
아이오와 주립대학교 대학원 통계학과(석사)
아이오와 주립대학교 대학원 통계학과(박사)

**이 재 용**

서울대학교 자연과학대학 계산통계학과(학사)
서울대학교 대학원 계산통계학과(석사)
네브라스카 주립대학교 대학원 수학통계학과(석사)
퍼듀대학교 대학원 통계학과(박사)

**임 요 한**

서울대학교 자연과학대학 계산통계학과(학사)
서울대학교 대학원 계산통계학과(석사)
스탠포드대학교 대학원 통계학과(박사)

**장 원 철**

서울대학교 자연과학대학 계산통계학과(학사)
서울대학교 대학원 계산통계학과(석사)
텍사스A&M 주립대학교 대학원 통계학과(석사)
카네기멜론대학교 대학원 통계학과(박사)

**조 명 희**

서울대학교 가정대학 식품영양학과(학사)
피츠버그대학교 보건대학원 생물통계학과(석사)
피츠버그대학교 보건대학원 생물통계학과(박사)

**조 신 섭**

서울대학교 공과대학 응용수학과(학사)
서울대학교 대학원 계산통계학과(석사)
위스콘신대학교 대학원 통계학과(박사)

SPSS를 이용한 **자료분석입문 제2판**

| 저　　자 서울대학교 통계학과
| 펴 낸 이 주 정 희
| 펴 낸 곳 자유아카데미
| 주　　소 경기도 파주시 회동길 37-42
파주출판도시
| 전　　화 031-955-1321
| 팩　　스 031-955-1322
| 홈페이지 www.freeaca.com
| 전자우편 main@freeaca.com(대표)
editor@freeaca.com(편집)
| 등　　록 제406-2003-017호, 1980. 7. 12
| 제2판1쇄 2014년 3월 1일 발행
| 정　　가 28,000원

저자와의
협의하에
인지생략



ISBN 978-89-7338-392-4 93310